ERZÄHLUNGEN
DER ALHAMBRA

Übersetzung: Conchita Sánchez

© Ediciones Edilux S.L.
C/ Juncos 7, bajo
18006 Granada
Tlf.: (+34) 958 08 20 00
E-mail: ediciones@edilux.es
Web: www.andaluciabooks.es

ISBN: 978-84-95856-63-0
Hinterlegund: GR. 767-2017
Druck: Imprenta Comercial.
Einband: Hermanos Olmedo S.L.

Gravuren und Lithographien aus der Sammlung
von Carlos Sánchez und Eduardo Páez.

WASHINTON IRVING

Erzählungen der
ALHAMBRA

VORWORT

Es ist unmöglich, Washington Irving in der Alhambra zu vergessen. Mit einem einzigen Band wurde der einfache, liebenswürdige und freundliche amerikanische Mann der Literatur eine fast so wichtige Figur im *Roten Palast der Mauren* wie Boabdil und Lindaraxa, über die er schrieb. Dabei hat wahrscheinlich kaum ein Buch weniger bewusst Anspruch auf Beliebtheit erhoben als dieses. Irving besuchte Granada 1828. Er kehrte das Jahr darauf zurück, als ihm die Räume des Statthalters in der Alhambra als Unterkunft zur Verfügung gestellt wurden. Dort verbrachte er mehrere Wochen, während seine Liebe zu diesem Platz mit jedem Tag und jeder Stunde wuchs. Es war diese Zuneigung und nichts anderes, was ihn dazu bewegte, Höfe und Gärten zu beschreiben, und die Legenden aufzuzeichnen. Diese Arbeit diente ihm zur Abwechslung in seiner Freizeit inmitten der Abfassung zweier, jetzt gänzlich unbekannter, historischer Werke.

Damals konnten nicht viele Menschen auf so unmittelbare Weise über Spanien oder irgend etwas Spanisches schreiben. Denn 1829, als er zwischen den Wänden Alhamars und Yusefs dem Geplauder von Mateo und Dolores zuhörte, schrieb Alfred de Musset in Paris seine *Contes d´Espagne* und Victor Hugo veröffentlichte eine neue Ausgabe seiner *Orientales*. Ein Jahr danach wurde der Streit um *Hernani* an der *Comedie Française* ausgetragen; noch ein wenig später und

Théophile Gautier war auf dem Weg durch die Pyrenäen. Es war einige Zeit vergangen seitdem Châteaubriand, der Vorläufer der Romantik, die Alhambra mit einem Wort abtun konnte. Hugo, der seinen Blick auf den Osten richtete, hatte erklärt, Spanien sei auch Orient, und für seine Schüler war die erträumte oder verwirklichte Reise durch das Land, das Irving in unbefangener Freude bereiste, ein Vorwand, um ihrem literarischen Credo zu folgen. Irving, was immer auch sein Verdienst sei, war mit keiner Mission belastet und unschuldig in seiner Haltung. Es besteht kein Grund dafür anzunehmen, dass er von den Romantikern gehört hatte, noch davon, welche Rolle Spanien in dieser Revolution spielte; obwohl er in Paris war, als der Sturm sich zusammenzog; obwohl er dahin zurückkehrte, nachdem die berühmte rote Weste ostentativ vor dem Publikum zur Schau getragen worden war. Auf jeden Fall, ähnlich dem wahren Genie der heutigen Zeit, behielt er sein Wissen für sich.

Die Literatur brachte Irving nach Spanien. Einige Jahre zuvor im Jahre 1818 hatte er den totalen geschäftlichen Zusammenbruch seines Bruders erlebt. Dies war das zweite wichtige Ereignis in seiner ansonsten ruhigen und farblosen Existenz. Das erste war der Tod des Mädchens gewesen, das er heiraten wollte, ein Verlust, der ihn jedes Interesse und Ehrgeiz verlieren ließ. Es bestand damals für ihn keine Notwendigkeit zu arbeiten, und er hatte eine schwache Gesundheit. Er machte einige Reisen und war ein intelligenter, sympathischer und aufmerksamer Tourist. Er schrieb ein wenig und entdeckte mit *Knickerbocker,* dass er ein Schriftsteller war. Aber er schrieb nur unregelmäßig bis er mit fünfundreißig Jahren durch den Bankrott seines Bruders dazu gezwungen wurde, die Literatur zu seinem Beruf zu machen. Nachdem er *Sketch-Book, Bracebridge Hall* und *Old Christmas* veröffentlicht hatte und ihr Erfolg sogar die

Schriftsteller der heutigen Generation zufrieden gestellt hätte, die den Wert eines Werkes an dem Preis messen, der dafür bezahlt wird, empfahl ihm jemand er solle die Reisen des Kolumbus übersetzen, an die ein spanischer Autor namens Navarette damals Hand angelegt hatte. Murray würde, so nahm man an, eine nette Summe für diese Übersetzung ausgeben. Murray selber war sich dessen jedoch nicht so sicher; er wollte, als weiser Mann der er war, zuerst einen Teil des Manuskripts sehen. Genau das war nicht möglich, bevor Irving nicht mit seiner Arbeit begonnen hatte. Aber einmal in Madrid, und ohne eine Zusage erhalten zu haben, fand er für sich die Rolle eines Übersetzers weniger angemessen als die eines Historikers, und das spanische Werk entwickelte sich schließlich in sein *Life of Columbus.* "Schürfend in den reichen Pfründen" der alten Chroniken in der Bibliothek der Jesuiten von Sankt Isidoro fand er am Rande seiner Forschung über diesen Zeitraum Berichte, die ihn über alles entzückten. Es handelte sich um die Eroberung Granadas, jener glänzenden Epoche, die ihn schon fasziniert hatte, als er als Kind an den Ufern des Hudson spielte, und er sich hin und her gerissen fühlte zwischen der Gefolgschaft für die spanischen Ritter in goldenen und silbernen Rüstungen, die über die Vega stürmten, und den Roten Indianern, die ihren Tomahawk auf dem Kriegspfad schwangen. Nun war Kolumbus vorübergehend vergessen, so dass er Material für eine neue historische Darstellung der *Conquista* sammeln konnte. Auf der Suche nach zusätzlichen Unterlagen unternahm er im Frühling 1828, als die Mandelbäume blühten, eine Reise nach Andalusien; und Granada lag natürlich auf seiner Reiseroute. Auf diese Weise brachte ihn der Zufall in die Alhambra; während anderseits 1829 das Zuvorkommen des Statthalters und die Freundlichkeit von *Tía Antonia* ihm zur Benutzung der Räume der schönen Elisabeth von Parma, die zum

Garten der Lindaraxa mit ihren Orangenbäumen und Brunnen liegen, verhalfen.

Dem vorübergehenden Besucher enthüllt die Alhambra kaum die Hälfte ihres Charmes. Ich weiß aus eigener Erfahrung wie sehr die Gewohnheit dazu führt, ihre unglaubliche Vielfalt nicht wahrzunehmen; wie sie einem jedoch Tag für Tag schöner erscheint, wenn man das Spiel von Licht und Schatten an den Wänden beobachtet und wie man sich von den Tagträumen, für die sie erbaut wurde, täglich mehr einfangen läßt. Einen ganzen Sommer lang, im Juli und August, boten mir ihre Säle und Höfe Schutz vor der sengenden und blendenden Sonne Andalusiens; und im Verlauf der Wochen verstärkte sich der Zauber, der mich dort gefangen hielt. Für Gautier gewann dieser Platz neuen Reiz in der einen Nacht, die er im Löwenhof schlief. Aber sowohl bei Tag als auch bei Nacht gehörte dieser Platz zu Irving; er sah ihn, bevor er in ein schlecht verwaltetes Museum und in einen Anbau zu einem Souvenirladen für Touristen verwandelt wurde; und er hatte alle seine Geschichten gehört oder Zeit gehabt, sie zu erfinden, bevor er auf Grund einer vorherigen Abmachung zu einem sinnlosen und unnötigen diplomatischen Posten in der amerikanischen Delegation in London abgerufen wurde.

Das Buch wurde erst zwei Jahre später (1832) veröffentlicht. Irving, obwohl in gewisser Weise ein Lohnschreiber, hatte zuviel Selbstachtung, um auf die kleinste Aufforderung hin sein Werk in Druck zu geben. Colburn und Bentley waren seine englischen Verleger und die Veröffentlichung ging nur einige Monate der amerikanischen durch Lea und Carey von Philadelphia voraus. Das gleiche Jahr sah zwei weitere Auflagen in Paris: eine durch Galignani und die andere in Baudry´s Foreign Library sowie auch eine französische Übersetzung aus dem Haus Fournier. Der Erfolg von *The Alhambra* war unmittelbar. De Musset und Victor Hugo hatten das breite Publikum in Frankreich so unberührt wie immer gegenüber dem Land hinter den Pyrenäen gelassen. Irving erntete einen Sturm öffentlicher Anerkennung in England und Amerika, als er plötzlich Spanien zur Beute der Bürger machte, die von den Romantikern natürlich nur verachtet wurden. Aber nicht nur das breite Publikum applaudierte. Nur wenige Literaten in England begrüßten dieses Buch nicht mit Entzücken.

Ich denke, ohne mich dem Verdacht mangelnder Loyalität aussetzen zu wollen, dass man sich heutzutage ein wenig über diesen Erfolg wundern kann. Denn schließlich ist *The Alhambra* in der ersten Ausgabe ungeschliffen und gestelzt, obwohl, wenn man es mit dem pompösen Schund vergleicht den Roscoe drei Jahre später als Textvorlage für die Zeichnungen von David Roberts ablieferte, es als ein Meisterwerk angesehen werden muss. Irving, der kritischer war als seine Leser, wusste, dass es einer Revision bedurfte. "Im allgemeinen ist es verlorene Liebesmühe," sagte er in einem Brief an Alexander Everett, "zu versuchen, ein Buch zu verbessern, das schon seinen Eindruck auf das Publikum gemacht hat." Nichtsdestoweniger wurde *The Alhambra* 1857 alles außer neugeschrieben, als Irving eine Ausgabe seiner gesammelten Werke für Putnam, den New Yorker Verleger, vorbereitete; und sie gewann mit der Überarbeitung ungeheuer dazu. Nicht so sehr durch die Hinzufügung neuer Kapitel oder der Neuanordnung alter; eher durch die Veränderungen im Text selber -hier ein leichter Hauch lokaler Stimmung- dort das Beenden eines Zeitabschnitts -die Ausarbeitung eines Zwischenfalls.- Zum Beispiel "Die Reise", die so fröhlich und lebendig in der endgültigen Fassung ist, war zu Beginn nur eine reine Aufzählung von Tatsachen, ohne Raum für die kleinen Abenteuer unterwegs: die Rast an der alten Mühle in der Nähe von Sevilla; die flüchtigen Blicke auf

Archidona, Antequera, Osuna -alles Namen, die der Reise eine malerische Note hinzufügen-, die Unterhaltungen und Geschichten aus dem Gasthaus in Loja. Eine andere, weniger gelungene Veränderung in den späten Ausgaben, ist die Auslassung seiner Widmung für Wilkie. Es war eine schöne Würdigung des britischen Malers, der mit einigen Gleichgesinnten - Lewis und Roberts - von der Welle des Orientalismus erfasst worden war, die zu Zeiten Regnaults ihre Kraft nocht nicht verloren hatte, und die die Franzosen Marilhat und Decamps, Fromentin und Delacroix in den Osten verschlug. Die Widmung war gut geschrieben, freundlich und anerkennend: eine freundschaftliche Erinnerung an die Streifzüge, die die zwei Männer zusammen in Toledo und Sevilla unternommen hatten, deren gemeinsames Interesse für die Spuren maurischer Schönheit sie lehrte, dieses Land zu lieben. Es war ein Denkmal für die Freundschaft zwischen dem Schriftsteller und dem Maler, und es wäre besser gewesen, die historischen Kapitel zu streichen, die nur dazu dienten, den Band anschwellen zu lassen.

Sogar in der überarbeiteten Ausgabe könnte Irvings Leistung leicht in Frage gestellt werden, da es jetzt Mode ist, ihn als Schriftsteller abzuwerten. Sicherlich ist *The Alhambra* nicht mit dem außergewöhnlichen Melodrama Borrows in *Bible in Spain* oder mit einem der malerischen Berichte Gautiers zu vergleichen. Es ist weit entfernt davon, dieses "etwas im Stil Haroun Araschids" mit einem Hauch arabischer Würze zu sein, wozu Wilkie ihn überreden wollte. Aber seine Unterlassungen haben nicht nur negative Seiten. Sicherlich hat das Buch seine langweiligen Stellen. Es kommen zahlreiche Wiederholungen vor. Gewisse Adjektive erscheinen mit einer irritierenden Häufigkeit. Die *Vega* blüht, die Schlacht ist blutig, das maurische Mädchen ist mehr als einmal zu oft wunderschön.

Schlimmer noch, es wiederholen sich die Beschreibungen, wobei beinah identische Abschnitte mehrfach auftauchen, ausgewalzt werden oder an anderer Stelle einfach als das Geplapper eines oberflächlichen Dichters anmuten. Tatsächlich scheinen mehrere der rein historischen Kapitel offensichtlich nur hineingestopft worden zu sein, weil er sie gerade zur Hand hatte und nicht wusste, wie er sie besser verwenden sollte und sie dann einfach stückweise in diesem Band unterbrachte; weshalb es nicht schwerfällt, sie ganz aus dieser Ausgabe herauszuholen. Ein veränderter Tom Jones, ein umgemodelter Shakespeare wären wahrscheinlich ein Unding. Aber einige Kapitel von *The Alhambra* auszusparen, bedeutet nur dem Leser beim Überschlagen zuvorzukommen. Nichts geht verloren, denn alle wichtigen Tatsachen und Beschreibungen sind an anderer Stelle im Buch lebendiger und unterhaltsamer vorhanden.

Es mag unangebracht scheinen, die Neuauflage eines so beliebten Werkes mit dem Hinweis auf seine Unzulänglichkeiten einzuführen. Aber man kann es sich leisten, ehrlich über Irving zu sprechen. Selbst wenn man mehr an *The Alhambra* aussetzen könnte, würde sein Charme glorreich der härtesten Kritik widerstehen. Denn wenn auch Feinheit oder Eleganz dem Stil Irvings fehlen mögen, zeichnet er sich immer durch etwas aus, das, in Ermangelung eines besseren Namens, Charme genannt wird, eine Eigenschaft, die immer so schwer zu definieren ist, wie Lowell dachte, wenn er ihr in einem Vers oder Parfum begegnete. Aber sie ist in allem was Washington Irving geschrieben hat vorzufinden: dies ist der Schlüssel, der das überschwengliche Lob seiner Zeitgenossen verständlich macht- von Coleridge, der *The Conquest of Granada* als ein *chef d´oeuvre* bezeichnete, bis Campbell, der glaubte die englische Sprache habe durch ihn an Klarheit gewonnen; von Byron, Scott und Southey bis Dickens, dessen Taschen einmal voll mit zerlesenen Büchern von Irving gefüllt waren; von Thackeray, der diesen Amerikaner mit Goldsmith verglich, und ihn als einer der "charmantesten Meister unserer leichteren Literatur" beschrieb.

Ein großer Teil dieser Fähigkeit zu gefallen, hat zweifelsohne mit der Einfachheit und Ehrlichkeit von Irvings Stil, in seinen Besten Momenten zu tun. Trotz einer Neigung zur Unklarheit, trotz einer Vorliebe für die Verzierungen, wenn eine Geschichte erzählt wird, kann sie so einfach und unmittelbar sein wie eines Kindes "es war einmal", wie er einige seiner Legenden beginnt; sehr angebracht, denn die Legenden der Alhambra sind nichts anderes als Märchen für Erwachsene. Und seine Liebe zu allem was einen romantischen Beigeschmack hat steht außer Frage. Denn tatsächlich ist es selten, dass er nicht meint was er sagt und es nicht wahrheitsgemäß aus ganzem Herzen sagt, so dass es einen überzeugt; wobei man anderseits den Gefühlen De Amicis nicht vertraut, wenn er Tränen der Bewunderung vor unglaubwürdigen Dingen hervorruft und auch micht überzeugt ist, wenn Maurice Barrès ganz Spanien durch einen Schleier an Blut, Sinnlichkeit und Tod sieht. Es war die Stärke seines Gefühls für die Alhambra, die Irving dazu veranlasste, zu ihrer Lobpreisung zu schreiben, nicht der Wunsch zu schreiben, der das Gefühl hervorrief. Humor und Gefühl sind, wie einige seiner Kritiker geglaubt haben, die hervorragenden Merkmale seines Schreibens und seines Charakters. Das ergibt eine glückliche Mischung: sein Gefühl, obwohl häufig kurz davor, schlägt selten in Schwärmerei über, da es von seinem Sinn für Humor in Schach gehalten wird, der bei ihm selten versagt. Seine Beobachtungsgabe leistete ihm sogar noch bessere Dienste. Er wusste seine Augen zu benutzen. Er war fähig, die Dinge mit seinen eigenen Augen zu sehen. Und er hatte ein feines Gespür, um Charaktere zu erkennen. Manchmal ertappt man ihn bei einem Ausrutscher. In seiner Landschaft erheben sich die roten Berge von Alhama wann immer sie sich wirksam in das Bild einfügen; und der Schnee ist so rücksichtsvoll, niemals von den Gipfeln der Sierra Nevada zu schmelzen, die ich dagegen im Hochsommer ganz braun gesehen habe. Er konnte nur durch das Vergrößerungsglas der Überlieferung die Hand und den Schlüssel am Tor der Gerechtigkeit sehen: Symbole, die so gigantisch in der Erzählung wirken und so unbedeutend in der Wirklichkeit sind, dass man sie sogar ganz übersehen könnte, würde in Granada nicht jedes Buch, jeder Artikel und Paragraph, immer übertreibend und schwindelnd -ich spreche von den Fremdenführern- einen dazu einladen, nach ihnen zu suchen. Aber dies sind kleinere Unstimmigkeiten. Im Allgemeinen spielte ihm seine Beobachtungsgabe keinen Streich. Vielleicht gleicht keiner seiner Abschnitte an Ausdruckskraft und Meisterschaft der wunderbaren Beschreibung eines Stierkampfs in Málaga durch Gautier; jedoch sind Irvings Eindrücke so klar, seine Berichte so glaubwürdig, dass die Wirkung seines Buches bestehen bleibt, während die sprachliche Leistung eines besseren Künstlers vielleicht kaum noch erinnert wird. Es ist Irving, der uns am Besten auf die strenge Größe und zerfurchte Feierlichkeit der Landschaft zwischen Sevilla und Granada vorbereitet. Die Reise kann jetzt mit dem Zug unternommen werden. Aber wenn wir, wie er, die Landstraßen benutzen -was auch ich getan habe- erfahren wir, dass diese dürren Berge und wilden Pässe nicht übertriebener beschrieben werden als die schönen Täler und Ebenen, die dazwischen liegen. Denn Spanien ist nicht nur Fröhlichkeit, wie die meisten Reisenden gerne glauben würden, und wie die meisten

Maler es, mit Ausnahme Daumiers in seinen Bildern von Don Quijote auf den kahlen Hügeln der Mancha, gemalt haben. Und wenn einen nichts an Granada und der Alhambra völlig überrascht, ist es, weil man es alles schon vorher mit Irving gesehen hat: vom hohen Comaresturm und den Fenstern des Saales der Gesandten aus oder ihm durch die Bäder, Moscheen und Höfe des stillen Palastes folgend -auf dem Weg durch die Schlucht zu den kühleren Gärten des Generalife und den Albaycín hochsteigend zu der weißen Kirche auf seiner Spitze.

Vieles mag sich in der Alhambra seit den Zeiten Irvings verändert haben. Der Löwenhof verlor viel von seiner Lieblichkeit, als die Rosen, mit denen er sie sah, herausgerissen wurden. Der verfallene Zustand der Räume, die er vorfand, war malerischer als die jetzige Restaurierung und deren vorgebliche Ordnung. Irving war beeindruckt von der Anstrengung, die der damalige Statthalter Don Francisco de Serna unternahm, um den Palast in einem annehmbaren Zustand zu erhalten, und seinem nur zu sicheren Verfall entgegenzuwirken. Hätten die Vorgänger De Sernas, dachte er, die Pflichten ihres Amtes gleichermaßen treu erfüllt, könnte die Alhambra beinah wie zur Zeit der Mauren oder zumindest so wie sie die spanische Monarchie verlassen hatte aussehen. Was würde er dazu sagen, fragt man sich, wie die Alhambra zur Zeit verwaltet wird? Ungeschminkte Vernachlässigung ist häufig weniger schlimm als unechter Eifer. Der Student, der überwacht, gehetzt und unterdrückt wird, verwandelt sich nicht durch bürokratische Überwachung; noch ist der Palast sicherer, weil die Verantwortung dafür einer angenehm plaudernden alten Frau weggenommen und einem halben Dutzend träger Führer übergeben worden ist. Das verbrannte Dach vom Vorraum des Saales der Gesandten zeugt von der Nachläßigkeit, die man den neuen Wächtern vorwerfen kann; die Streichhölzer und Zigarettenstummel mit denen Höfe und Säle überstreut sind zeigen, dass diese beredte Warnung umsonst war. Und wenn man schon dem Restaurateur in der Alhambra freien Lauf ließ, so ist im Generalife ein italienischer Besitzer darauf erpicht, so scheint es, dem verträumten Spanier die flottere Art des jungen Italiens beizubringen. Zypressen aus der Zeit Zoraydas sind schon rücksichtslos auf der einst unvergleichlichen Allee abgeschnitten worden und ihre Zerstörung, so befürchtet man, ist nur der Anfang vom Ende.

Aber welche Veränderungen auch immer die letzten sechzig Jahre über Granada gebracht haben, der Beliebtheit von Irvings Buch hat die Zeit nichts anhaben können. Weder Ford, noch Murray, noch Hare haben es ersetzen können. Der Tourist liest es zwischen den Wänden, denen zu Ehre es geschrieben ist, so aufmerksam, wie in Florenz Ruskin mit Hingabe gelesen wird. Man kann es als Führer für den Löwenhof und den Garten der Lindaraxa benutzen. Es ist das Nachschlagewerk des Studenten für den hohen *Mirador* der Sultanin und den Moscheenhof, den Fortuny gemalt hat. In der spanischen Übersetzung wird es einem gleichsam in die Hand gedrückt sobald man die Schwelle übertritt. Die Räume Irvings im Palast sind immer verschlossen, damit der Führer etwas zusätzlich dafür erhält, sie -als besonderen Gefallen- zu öffnen; und es sind Räume, die die Hälfte der Besucher sehen wollen. So wie die Dampfer "Rip Van Winkle" und "Knickerbocker" den Hudson rauf und runter schaukeln, so erscheint das Hotel Washington Irving unter dem Schatten der Alhambra. Sogar die Geister und Gespenster, die jeden Hain und Garten heimsuchen, sind alles seine Erfindung, was die Spanier selber einem schnellstens mitteilen; obwohl nur wenige erklären könnten wer Irving -oder in ihrer

Umgangssprache "Vashington"- war. Und auf diese Weise ist sein Name so eng mit diesem Platz verbunden, dass, genauso wie Diedrich Knickerbocker erinnert werden wird solange New York steht, Washington Irving nicht vergessen werden kann solange der Rote Palast herunter auf die *Vega* schaut und die Überlieferungen der Mauren in Granada verweilen.

ELIZABETH ROBINS PENNELL

DIE REISE

Im Frühjahr des Jahres 1829 unternahm der Verfasser dieses Buches, den die Neugier nach Spanien von getrieben hatte, in Begleitung eines Freundes der russischen Botschaft in Madrid einen Ausflug von Sevilla nach Granada. Der Zufall hatte uns aus verschiedenen Winkeln der Erde zusammengeführt, und da wir Ähnliches liebten, ließen wir uns gemeinsam durch die romantischen Berge Andalusiens treiben.

An dieser Stelle möchte ich zuerst einige Bemerkungen über die spanische Landschaft und über das Reisen in Spanien einfügen. Die meisten Menschen stellen sich Spanien als eine sanfte südliche Region vor, ausgestattet mit den üppigen Reizen des sinnenfreudigen Italiens. Es ist ganz im Gegenteil mit Ausnahme einiger Küstenregionen ein ernstes, ja melancholisches Land mit schroffen Gebirgszügen und weiten baumlosen Ebenen, deren unbeschreibliche Stille und Einsamkeit an das wilde und einsame Afrika erinnern. Dieser Eindruck wird noch verstärkt durch die Abwesenheit von Singvögeln, da es an Büschen und Hecken, ihrer natürlichen Umgebung, mangelt. Geier und Adler schweben über den Berggipfeln und über den weiten Ebenen, während schreckhafte Trappen sich im Heidekraut herumtreiben; es fehlt die unendliche Vielfalt an Vogelarten, die die Weite der Landschaft in anderen Gegenden beleben, und die hier hauptsächlich zwischen den Obst- und Gemüsegärten in der Nähe der menschlichen Siedlungen anzutreffen sind.

Im Inneren des Landes durchquert der Reisende manchmal unendliche Weiten, die, so weit das Auge reicht, mit grün wogendem Getreide bebaut sind oder brach unter der sengenden Sonne liegen; aber umsonst hält er Ausschau nach der Hand, die den Boden bearbeitet. Nach einiger Zeit wird er ein kleines Dörfchen auf einem steilen Hügel oder über einem felsigen Abhang erblicken, umgeben von Mauerresten und den Ruinen der Wachtürme, früher eine Bastion im Bürgerkrieg oder eine Vorhut gegen den Einfall der Mauren. Denn die Landbevölkerung hat immer noch die Angewohnheit zum gegenseitigen Schutz gegen die herumschweifenden Banditen nah zusammenzurücken.

Obwohl einem großen Teil Spaniens der Schmuck der Büsche, Wälder sowie anderer sanfter landschaftlicher Reize fehlt, ist das Land erhaben in seiner Kargheit und steht im Einklang mit den Eigenschaften seines Volkes. Ich glaube den stolzen, unbeugsamen, anspruchslosen und enthaltsamen Spanier und seinen männlichen, der Gefahr trotzenden Charakter, der alle weichliche Nachgiebigkeit verachtet, besser verstehen zu können, seitdem ich das Land kenne, das er bewohnt.

Diese einfache Kargheit der spanischen Landschaft vermittelt der Seele ein Gefühl von Erhabenheit. Die weiten Ebenen beider Kastilien und der *Mancha*, die sich bis an den Horizont erstrecken, beeindrucken gerade wegen ihrer Blöße und Unendlichkeit und erinnern in gewisser Weise an die erhabene Grenzenlosigkeit des Ozeans. Auf der Reise durch diese endlosen Ebenen nimmt das Auge von Zeit zu Zeit eine vereinzelte Schafherde wahr, gehütet von einem einsamen und bewegungslosen Schäfer, der mit seinem langen dünnen Hirtenstab, wie eine Lanze in den Himmel zeigend, einer Statue gleicht. Oder man gewahrt einen langsamen Zug Maulesel, die durch die Einöde ziehen, gleich den Kamelherden in der Wüste. Manchmal taucht auch ein einsamer Reiter auf, der mit Doppelflinte und Stilett bewaffnet die Ebene durchstreift. Auf diese Art weisen das Land, die Sitten, sogar das Aussehen seiner Bewohner arabische Züge auf. Der Brauch Waffen zu tragen, muss zudem als Beweis für die unsicheren Verhältnisse im Lande angesehen werden. Sowohl der Rinderhirt auf dem Feld als auch der Schafhirt auf der Ebene tragen einen Karabiner und ein Messer. Selten wagt sich ein reicher Bauer ohne seinen *Trabuco* in die nächste Stadt und wenn, dann nur in Begleitung eines Knechtes, der auch ein Gewehr schultert, und so wird aus jedem kleinen Unternehmen ein wahrer Kriegszug.

Die Gefahren der Reisen bringen es daher mit sich, dass diese in etwa den orientalischen Karawanen ähneln. Die *Arrieros* oder Maultiertreiber finden sich in Geleitzügen zusammen und brechen wohlbewaffnet in großen Gruppen an einem zuvor festgelegten Tag auf, so dass sich andere Reisende anschließen können, was für alle Beteiligten die Sicherheit und Schlagkraft des Zuges erhöht. Auf diese urtümliche Weise wickelt sich der Handel im Land ab. Der Maultiertreiber stellt das allgemeine Beförderungsmittel zur Verfügung und ist zudem der wahre Reisende dieses Landes, welches er von den Pyrenäen und von den Bergen Asturiens bis zu den *Alpujarras* oder der *Serranía de Ronda* und sogar bis zu den Toren Gibraltars durchzieht. Er lebt bescheiden und anspruchslos; seine *Alforjas* aus grobem Stoff enthalten den kargen Proviant; am Sattelknopf hängt der Lederbeutel, mit Wein oder Wasser gefüllt und unerlässlich, um in den kahlen Bergen und den trockenen Ebenen den Durst zu löschen; eine auf den Boden gebreitete Pferdedecke ist sein Nachtlager und der Packsattel sein Kissen; seine kleine wohlgeformte und sehnige Gestalt zeugt von Kraft, sein Gesicht ist dunkel und sonnenverbrannt, der Blick fest und der Ausdruck ruhig, es sei denn seine Augen blitzen bei einer plötzlichen Gemütserregung auf; er ist offenherzig, männlich und freundlich und geht nie an uns vorüber ohne diesen feierlichen Gruß auszusprechen: *Dios guarde a usted! Vaya usted con Dios, caballero!* Gott behüte Sie! Gehen Sie mit Gott, mein Herr!

Da häufig der ganze Besitz dieser Männer in der Ladung ihrer Maulesel steckt, hängen die Waffen immer griffbereit am Sattel, um sich im Falle eines Angriffs bis aufs Letzte verteidigen zu können; aber ihre zahlenmäßige Überlegenheit schützt sie vor den kleinen herumschweifenden Räuberbanden und vor dem einsamen, schwer bewaffneten *Bandolero* auf seinem andalusischen Ross, der ihnen auflauert wie der Pirat einem Handelsschiff, ohne den Angriff zu wagen.

Der spanische Maultiertreiber verfügt über einen unerschöpflichen Schatz an Liedern und Balladen, mit denen er sich auf seiner ununterbrochenen Wanderfahrt unterhält. Es sind eintönige und einfache Melodien, die er laut in langem und schleppendem Tonfall hinaussingt, während er seitlich auf seinem Maulesel sitzt, der ihm augenscheinlich in feierlicher Stimmung zuhört und mit seinen Hufen den Takt schlägt. Er singt altüberlieferte Romanzen aus der Zeit der Mauren, Legenden über irgendeinen Heiligen, oder Liebeslieder; sogar noch häufiger Balladen über einen waghalsigen *Contrabandista* oder unerschrockenen *Bandolero*, denn dies sind Heldenfiguren für das einfache Volk. Manchmal gehorchen diese Lieder einer Eingebung des Augenblicks und beziehen sich auf die umliegende Landschaft oder einen Zwischenfall auf der Reise. Dieses Talent für Gesang und Improvisation ist nicht ungewöhnlich in Spanien und es soll ein Erbteil der Mauren sein. Es verursacht eine seltsam wilde Freude inmitten dieser rauhen und verlassenen Landschaft die Lieder zu hören, die sie beschreiben, begleitet von einem gelegentlichen Bimmeln der Glöckchen, die am Hals der Maulesel hängen.

Wenn man einem Zug der *Arrieros* in der Mitte eines Bergpasses begegnet, ist es ein höchst malerischer Anblick. Zuerst hört man die Glöckchen der Leittiere, die mit ihrer schlichten Melodie die Ruhe der luftigen Höhe unterbrechen; vielleicht erklingt auch die Stimme des Maultiertreibers, der ein säumiges oder vom Wege abgekommenes Tier ermahnt, oder die eines *Arrieros*, der aus voller Lunge eine überlieferte Ballade singt. Endlich sind die Maultiere zu sehen, die sich langsam durch den gewundenen und schroffen Engpass bewegen, und sich abreichnen als Silhouette beim Abstieg in eine Schlucht gegen den Horizont, oder die schroffen Abhänge hochsteigend, unter dem Abgrund zu unseren Füßen zu erkennen sind. Dann, wenn der Zug sich nähert, sieht man den farbenfreudigen Schmuck und die Verzierungen am Zaumzeug, an den Decken und am Packsattel glänzen; und beim Vorüberreiten fällt einem der griffbereite Karabiner am Sattel ins Auge, der eine Vorstellung von den Gefahren des Weges vermittelt.

Das alte Königreich Granada, dessen Grenzen wir gerade überschritten, ist eines der gebirgigsten Gegenden in Spanien. Weitreichende *Sierras* oder Bergketten, deren kahle Hänge mit farbigem Granit und Marmor durchzogen sind, recken ihre sonnenverbrannten Kämme bis in den tiefblauen Himmel. Die rauhen Tiefen verbergen jedoch fruchtbare Täler, in deren sattem Grün, sich Brachland und Gärten um die Vorherrschaft streiten. Selbst der Felsen sieht sich gleichsam gezwungen Feigen-, Orangen-, und Zitronenbäume sowie Rosen und Myrthenbüsche zu tragen.

Städte und Dörfer, von zerfallenen Wehrmauern und zinnengeschmückten maurischen Wachtürmen umringt, hängen wie Adlernester zwischen den Klippen und versetzen uns im Geiste zurück in die Zeit der Kriege zwischen Mauren und Christen im romantischen Kampf um die Eroberung Granadas. Oft sieht sich der Reisende, der durch diese unwirtliche *Sierra* streift, gezwungen, von seinem Pferd abzusteigen und sein Tier am Zügel zu führen, wenn er auf den steilen Wegen, die im Zickzack gleich einer alten, zerfallenen Treppe verlaufen, nicht stürzen und zu Schaden kommen will. Zuweilen windet sich der Pfad an tiefen Abgründen entlang, dann wieder führt er über schreckliche und dunkle Tiefen ohne den geringsten Halt, der Schutz vor den gefährlichen Schluchten bieten könnte. Oftmals zwängt sich ein Pfad durch rauhe *Barrancos*, von Winterbächen ausgewaschene Schluchten, die geheimen Wege und Pfade der *Contrabandistas*. Hier und dort erkennt man auf einem Steinhaufen ein Kreuz, eindeutiges Anzeichen dafür, dass an diesem Ort ein mörderischer Raubüberfall begangen wurde, was den Reisenden daran erinnert, dass er sich vielleicht in der Nähe eines Schlupfwinkels der Banditen befindet und womöglich in diesem Augenblick von einem lauernden *Bandolero* beobachtet wird. Oft, wenn der Reisende in tiefe Täler eindringt, wird er plötzlich von einem dumpfen Brüllen aufgeschreckt und erblickt hoch oben auf einem grünen Berghang eine Herde wilder andalusischer Stiere, die für den Kampf in der Arena bestimmt sind. Ich habe, um ehrlich zu sein, ein angenehmes Schaudern empfunden, als ich aus nächster Nähe diese schreckenerregenden und kraftvollen Tiere betrachten konnte, die mit ihrer ganzen ungezähmten Wildheit ungestört weiden, ohne dem Menschen die geringste Aufmerksamkeit zu schenken. Sie kennen nur den einsamen Hirten, der sie hütet, und der sich manchmal auch nicht in ihre Nähe wagt. Das dumpfe Brüllen dieser Stiere und ihr furchteinflössender Anblick, wenn sie aus der Höhe hinunterschauen, lassen diese felsige Landschaft nur noch rauher und wilder anmuten als sie es eh schon ist.

Ich habe mich unwillkürlich zu einer viel längeren Beschreibung der allgemeinen Reisebedingungen in

Spanien hinreissen lassen als beabsichtigt, denn die Erinnerung an die iberische Halbinsel hat stets etwas Romantisches an sich, von dem die menschliche Phantasie sich zu Höhenflügen angeregt fühlt.

Da unsere geplante Reise nach Granada durch unwegsames Gelände führte, über Wege, die eher einem Saumpfad gleichen und häufig von Räubern heimgesucht werden, trafen wir für unsere Reise alle notwendigen Vorbereitungen. Ein paar Tage vor dem Aufbruch sandten wir den größten Teil unseres Gepäcks mit einem Geleitzug der *Arrieros* voraus und behielten nur die Kleidung, das Nötigste für die Reise und etwas Geld für den Weg zurück und natürlich einen kleinen Überschuss für den Fall eines Überfalls, um die Wegelager nicht zu enttäuschen. Der Reisende sollte immer dafür sorgen, den Banditen nicht mit einem leeren Geldbeutel in die Hände zu fallen, möchte er mit heilen Knochen davon kommen. "Diese *Caballeros* der Landstrasse können es sich nicht leisten, umsonst die Strassen zu verunsichern und den Galgen zu riskieren."

Wir mieteten zwei kräftige Pferde für uns selbst und ein drittes für unser dürftiges Gepäck, das den Sattel mit einem stämmigen, ungefähr zwanzigjährigen baskischen Burschen teilen musste, der unser Führer, Stalljunge, Leibdiener und Beschützer wurde. Dafür war er mit einem außergewöhnlich großen *Trabuco* ausgestattet, mit dem er uns, wie er versicherte, vor *Rateros*, kleinen Gaunern und einzelnen Strolchen verteidigen würde; mächtige Banden, wie die "Söhne Écijas" lagen, so versicherte er uns, nicht im Bereich seiner Möglichkeiten. Er gab am Anfang der Reise mit der Vorzüglichkeit seiner Waffe an, während der Reise hing diese jedoch zu seiner Schande immer ungeladen hinten am Sattel.

Wie vorher vereinbart würde der Mann bei dem wir die Pferde gemietet hatten, für die Kosten und die Verpflegung der Tiere aufkommen und auch für die unseres baskischen Schildknappen, der zu diesem Zweck mit allem Nötigen ausgestattet worden war. Wir hatten ihm allerdings im Vertrauen gesagt, dass er trotz dieser Abmachung mit seinem Herrn dieses Geld behalten könnte, wenn er sich als treuer und ehrlicher Begleiter bewährte, da wir in diesem Falle die Kosten für seinen Unterhalt und den der Pferde übernehmen würden. Diese unerwartete Großzügigkeit und eine Zigarette von Zeit zu Zeit eroberten sein Herz vollständig. Er war tatsächlich ein treues, zuverlässiges, fröhliches und gutherziges Wesen, voll von Redensarten und Sprichwörtern, als sei er der wiedergeborene Sancho selber, jenes Wunder von einem Schildknappen, mit dessem Namen wir ihn tauften. Obwohl wir ihn vertraulich behandelten, wusste er als echter Spanier sogar bei bester Laune einen respektvollen Abstand zu wahren.

Dies waren also unsere Reisevorbereitungen; aber vor allem brachen wir mit einem großen Vorrat an guter Stimmung auf und mit dem festen Vorsatz, es bestens zu verbringen, was auch immer auf uns zukommen sollte, Angenehmes oder Unangenehmes. Wie echte *Contrabandistas* wollten wir durch die Gegend ziehen, um Land und Leute kennenzulernen, denn dies ist wahrlich die beste Art in Spanien zu reisen. Was für ein Land für einen Reisenden mit dieser Einstellung, in dem das einfachste Wirtshaus die gleichen Abenteuer bieten kann wie ein verzaubertes Schloss und jede Mahlzeit ein besonderes Ereignis ist! Mögen andere sich darüber beklagen, dass ihnen weder gute Straßen noch prachtvolle Hotels zur Verfügung stehen, noch all die anderen Bequemlichkeiten eines kultivierten und zivilisierten Landes, das aber in die Vulgarität der Routine verfallen ist. Ich ziehe das rauhe Wanderleben und das ziellose Umherschweifen vor und den Genuss der halbwilden, grosszügigen und gastfreundlichen Sitten der romantischen Spanier.

Auf diese Weise mit allem Notwendigen ausgestattet, verließen wir um sechs Uhr an einem strahlenden Maimorgen die schöne Stadt Sevilla, in Begleitung eines uns bekannten Paares, das einige Meilen mit uns ritt, um sich dann nach spanischer Art von uns zu verabschieden. Unser Weg führte uns durch Alcalá de Guadaira am Fluss Aira, einer alten Stadt, die Sevilla mit Wasser und Brot versorgt. Hier wohnen die Bäcker, die dieses vorzügliche Brot backen, das ihrer Stadt zu großem Ruhm verholfen hat, und hier fertigen sie ihre *Roscas* an, die ihren volkstümlichen Namen *Pan de Dios* (Gottesbrot) wahrlich verdienen. Übrigens ordneten wir unserem Leibdiener Sancho an, die *Alforjas* mit diesem Brot als Reiseproviant zu füllen. Zu Recht erhielt dieses Städtchen den Beinamen Alcalá *de los Panaderos*, denn die meisten Bewohner sind Bäcker, weshalb ununterbrochen lange Reihen Maultiere mit riesigen Brotlaiben und *Roscas* die Strasse nach Sevilla entlangziehen.

Ich habe schon erwähnt, dass Alcalá die Stadt Sevilla auch mit Wasser versorgt. Hier gibt es große Wasserspeicher oder Reservoirs römischen oder maurischen Ursprungs, von denen das Wasser nach Sevilla über Aquädukte geleitet wird. Die Einwohner Alcalás sind stolz auf ihre Quellen und auch auf ihr Brot, dessen vorzüglicher Geschmack auf die Reinheit und Sauberkeit des Wassers zurückzuführen sein soll.

Wir hielten eine Weile an den Ruinen eines alten maurischen Kastells an, einem beliebten Ziel für Ausflügler aus Sevilla, wo wir viele angenehme Stunden verbracht hatten. Ihre breiten, mit Schießscharten versehenen Mauern umgeben einen riesigen viereckigen Turm, in dem noch die *Mazmorras*, die unterirdischen Kerker, zu sehen sind. Der Fluss Guadaira windet sich um den Hügel und biegt gerade an dieser Stelle um die Grundmauern der Festungsruine, plätschert durch das Schilfrohr, zwischen Binsen und Seerosen, überschattet von Rhododendron, gelber Myrthe und einer Vielzahl an aromatischen Sträuchern und wilden Blumenarten, während seine Ufer Obsthaine mit Orangen, Zitronen und Granatäpfel schmücken, in denen man den Morgengesang der Nachtigall hören kann.

Eine malerische Brücke überspannt den Fluss, an dessen einem Ufer, von einem Turm aus gelbem Stein geschützt, die maurische Burgmühle steht. An einer Turmwand hing ein Fischernetz zum Trocknen aus und ganz in der Nähe, unten am Fluss, lag das dazugehörige Fischerboot. Einige Frauen in farbenfrohen Kleidern überquerten die Brücke und spiegelten sich in der sanften Strömung wieder; es war ein wunderbares Bild für einen Landschaftsmaler.

Die alten maurischen Mühlen, oft an abgelegenen Strömen gelegen, sind fester Bestandteil der typisch spanischen Landschaft und erinnern an vergangene Zeiten voller Gefahren. Sie sind aus Stein gebaut, häufig in Form von Rundtürmen und mit Schießscharten und Zinnen versehen. So boten sie Schutz in kriegerischen Zeiten, als das Land von beiden Grenzseiten her ständig der Gefahr eines plötzlichen Angriffs oder einer Plünderung ausgesetzt war, die Männer mit Waffen zur Arbeit gingen und nahe Zufluchtsorte vonnöten waren.

Als Nächstes hielten wir in Gandul an, erneut ein maurisches Kastell mit Storchennestern und einem weiten Blick über die ganze *Campiña*, einer fruchtbaren Ebene, mit den Bergen Rondas im Hintergrund. Einst boten diese Burgen Schutz vor den *Talas*, den Plünderungen und Einfällen, bei denen die Kornfelder verwüstet und die Herden zusammen mit den gefangenen Bauern in langen *Cabalgatas* über die Grenzen getrieben wurden.

In Gandul fanden wir Einkehr in einer akzeptablen *Posada*. Die guten Seelen, die dort wohnten, konnten uns nicht sagen, wieviel Uhr es war, da die Dorfuhr nur ein einziges Mal am Tag schlug, und zwar um zwei Uhr Nachmittags; bis dahin konnten wir nur Vermutungen anstellen. Wir kamen überein, dass es Zeit zum Mittagessen war, weshalb wir abstiegen und etwas zu Essen bestellten. Während die Mahlzeit hergerichtet wurde, besuchten wir das Schloss, einst die Residenz des Markgrafen von Gandul. Das Schloss war fast vollständig verfallen, nur zwei oder drei Räume schienen noch bewohnbar, aber auch sie standen beinahe leer. Jedoch gab es Spuren einer glorreichen Vergangenheit: eine Gartenterrasse, auf der einstmals sicherlich schöne Damen und galante Ritter zu spazieren pflegten, ein Fischteich und ein verwilderter Garten mit Weinreben und Dattelpalmen. An dieser Stelle stieß ein fülliger Priester zu uns, der einen Strauß Rosen pflückte und ihn galant der Dame anbot, die uns begleitete.

Unterhalb des Schlosses befand sich die Mühle, umringt von Orangenbäumen und Aloen und einem Wasserlauf von außergewöhnlicher Reinheit. Wir setzten uns in den Schatten und die Müller, die ihre Arbeit unterbrochen hatten, taten ein Gleiches, um eine Zigarette mit uns zu rauchen, denn die Andalusier sind stets zu einem Schwätzchen aufgelegt. Sie erwarteten den allwöchentlichen Besuch des Barbiers, der ihre Bärte in Ordnung bringen sollte und der kurz darauf auch erschien: ein siebzehnjähriger Bursche auf einem Esel, der mit Stolz seine neuen *Alforjas* herzeigte. Diese hatte er auf dem Markt für einen Dollar erstanden, der am Johannistag fällig wurde. Er ging davon aus, dass er bis zu diesem Zeitpunkt genug Bärte rasiert haben würde, um das Geld zusammenzubringen.

Als die Burguhr lakonisch zwei Uhr schlug, waren wir gerade mit unserem Essen fertig. So nahmen wir also Abschied von unseren Freunden aus Sevilla, ließen die Müller in den Händen des Barbiers zurück und nahmen unseren Ritt durch die *Campiña* wieder auf. Wir ritten durch eine dieser weiten Ebenen, die in Spanien so häufig vorkommen, in denen meilenweit kein einziges Haus oder Baum zu sehen ist. Der unglückliche Reisende, der wie wir, den starken und häufigen Regenschauern ausgesetzt ist, kann keinen einzigen Schlupfwinkel finden. Den einzigen Schutz gewährten uns unsere spanischen Mäntel, die sowohl den Reiter als auch fast das ganze Pferd bedecken, bei jeder Meile aber ständig schwerer werden. Sobald wir uns vor einem solchen Schauer sicher wähnten, war schon der nächste unausweichlich in Sicht. Glücklicherweise schien zwischendurch immer wieder die andalusische Sonne, die mit ihren klaren und leuchtenden Strahlen Dampfwolken aus unseren Mänteln entweichen ließ und sie dabei vor dem nächsten Guss etwas trocknete.

So kamen wir kurz nach Sonnenuntergang nach Arahal, einem von Bergen umgebenen kleinen Dörfchen, in dem wir bei unserer Ankunft eine Gruppe *Migueletes* vorfanden, Landjägern, die die Gegend auf der Suche nach Räubern durchquerten. Die Anwesenheit von Fremden wie uns war in diesen Dörfern etwas Außergewöhnliches, ein Ereignis, das hierzulande die Dorfbewohner in Staunen und Aufregung versetzt. Der Wirt überprüfte in einem Winkel der *Posada* unsere Reisepässe mit Hilfe von zwei oder drei älteren Freunden in rostbraunen Mänteln, während ein Gerichstdiener, der *Alguacil*, bei flackerndem Kerzenlicht einige Anmerkungen aufzuschreiben schien. Die Pässe in fremder Sprache verwirrten diese Leute, aber unser guter Schildknappe Sancho erwies sich sofort als nützliche Hilfe, denn er pries uns wortgewandt, wie ein richtiger Spanier, als wichtige Persönlichkeiten an. In der Zwischenzeit hatte uns die großzügige Verteilung von Zigaretten die Zuneigung aller Umstehenden eingebracht und kurz danach hatte jeder das Bestreben, uns willkommen zu heißen. Sogar der *Corregidor*, der hiesige Stadtoberste, kam höchtspersönlich, um uns seine Aufwartung zu machen, so dass ein großer Lehnstuhl mit viel Aufwand von unserer Wirtin für den wichtigen Gast an den Tisch geschoben wurde. Der Hauptmann der *Migueletes* aß mit uns zu Abend: ein fröhlicher Andalusier, wach und geschwätzig, der bei einem Feldzug in Südamerika als Soldat gekämpft hatte, und der sich mit seinen kriegerischen Leistungen und Liebesabenteuern brüstete, die er mit heftigen Handbewegungen und geheimnisvollem Augenrollen unterstrich. Er teilte uns mit, er besäße eine vollständige Liste der Räuber, die diese Gegend unsicher machten, und dass er nicht ruhen noch rasten würde, bis er auch den letzten dieser Halunken geschnappt hätte. Gleichtzeitig bot er uns einige Soldaten als Geleit an.

Einer allein ist genug, meine Herren, Sie zu beschützen. Die Räuber kennen mich und fürchten meine Männer; schon ihr Anblick versetzt die ganze *Sierra* in Furcht und Schrecken.

Wir lehnten sein Angebot dankend ab, versicherten ihm aber gleichzeitig feierlich, dass wir unter dem Schutz unseres mutigen Schildknappen Sancho nicht einmal alle Räuber Spaniens auf einem Flecken fürchten würden.

Während wir mit unseren prahlerischen Genossen zu Abend aßen, hörten wir die Noten einer Gitarre und das Klappern von Kastagnetten, gleich darauf stimmte ein Chor eine volkstümliche Weise an. Tatsächlich hatte der Wirt einige Sänger und Musiker sowie eine Gruppe hübscher Dorfmädchen aus der Nachbarschaft in sein Gasthaus zusammengetrommelt, so dass nach dem Abendessen im Innenhof der *Posada*, im *Patio,* ein höchst andalusisches Fest in Gang kam. Zusammen mit unseren Wirten und dem Hauptmann nahmen wir unter einem Bogen im *Patio* Platz. Die Gitarre ging von Hand zu Hand, aber der Beste des Ortes war schlechthin der

Dorfschuhmacher. Es war ein gutaussehender junger Mann mit langem schwarzen Schnurrbart, der seine Hemdsärmel bis zum Ellbogen aufgerollt hatte. Er spielte meisterhaft die Gitarre und erfreute uns mit einem kleinen Liebeslied, bei dem er den anwesenden Damen, unter denen er zweifellos sehr beliebt war, bedeutungsvolle Blicke zuwarf. Später tanzte er mit einem fröhlichen andalusischen Mädchen einen *Fandango,* an dem die Zuschauer großen Gefallen fanden. Aber keine der hier anwesenden jungen Damen konnte sich mit Pepita, der hübschen Wirtstochter, vergleichen, die sich zu diesem Anlass besonders zurecht gemacht hatte: mit roten Nelken im Haar tanzte sie feurig einen *Bolero* in Begleitung eines jungen Soldaten. Bei unseren Wirten bestellten wir Wein und Erfrischungen, die großzügig unter der Gesellschaft verteilt wurden. Obwohl es sich um eine buntgemischte Gesellschaft aus Soldaten, Maultiertreibern und Dorfbewohnern handelte, wusste sich jeder an das rechte Maß zu halten. Bei dieser Szene hätte das Herz eines Malers höher geschlagen. Eine malerische Gruppe Tänzerinnen, die Soldaten in ihrer halbmilitärischen Kleidung, die Bauern in braune Mäntel gehüllt. Nicht zu vergessen der alte und magere *Alguacil* in seinem schwarzen Mantel, der sich durch nichts von dem, was um ihn herum vorging, stören ließ, während er in einer Ecke sitzend fast fieberhaft schrieb bei dem wenigen Licht, das von der kupfernen Öllampe ausging, die möglicherweise schon zu Zeiten Don Quijotes benutzt worden war.

Der Morgen war so strahlend und duftend wie, den Dichtern zufolge, ein Maimorgen sein sollte. Wir brachen um sieben Uhr morgens auf und die ganze *Posada* stand zu unserem Abschied bereit. So verließen wir das Dorf Arahal und durchritten fruchtbare Ebenen, in denen das Korn grünte und leuchtete; Felder, die im Sommer nach der Ernte eintönig und einsam erscheinen müssen, denn auf unserem Ritt sahen wir weder Häuser noch Menschen. Die meisten Einwohner dieser Gegend schließen sich in Häusergruppen um eine der alten Festungen herum zusammen, als gelte es immer noch, sich vor den Überfällen der Mauren zu schützen.

Zur Mittagszeit entdeckten wir mitten auf einer prächtigen Weide eine Baumgruppe am Ufer eines kleinen Baches. Hier stiegen wir zum Essen ab. Es war in der Tat ein reizendes Plätzchen zwischen wildwachsenden Blumen und aromatischen Kräutern und Singvögeln. Wir hatten schon vorher gewusst, dass in den spanischen Wirtshäusern die Lebensmittel knapp zu sein pflegen und auch, dass wir durch öde und einsame Landstriche reisen mussten. Also versahen wir uns vor der Abreise mit allem Nötigen, füllten die Alforjas unseres Sancho mit kalten Vorräten und seine *Bota*, eine lederne Flasche, randvoll mit köstlichem Wein aus Valdepeñas. Da unser Wohlbefinden mehr davon als von seinem *Trabuco* abhing, legten wir unserem Schildknappen nahe, dafür zu sorgen, eher seine *Alforjas* als sein Gewehr bereit zu halten. Und um dem Jungen gerecht zu werden, muss man sagen, dass es außer seinem Namensvetter, dem gefräßigen Sancho Panza, nie einen fürsorglicheren Proviantmeister gegeben hat. Auch wenn wir unsere *Alforjas* von Zeit zu Zeit regelrecht überfielen, hatten diese die wunderbare Gabe sich immer wieder zu füllen, dank unseres aufmerksamen Leibdieners, der umsichtig alle unsere Essensreste aus den *Posadas* in unseren Taschen verschwinden ließ und somit diese köstlichen Mahlzeiten am Strassenrand ermöglichte, die er selbst über alles genoss.

Diesmal legte er uns auf der Wiese eine komplette und üppige Auswahl der verschiedensten geretteten Köstlichkeiten vor, gekrönt von einem ausgezeichneten Bergschinken, den wir in Sevilla gekauft hatten; dann setzte er sich in einem gewissen Abstand in unsere Nähe und erquickte sich mit dem, was in den *Alforjas* übrig geblieben war. Der Inhalt der Lederflasche, die er ein oder zweimal ansetzte, versetzte ihn in so freudige Laune wie der Morgentau einen Grashüpfer. Als ich die Freude, die er dank der *Bota* an den Tag legte, mit der Sanchos vor den völlen Töpfen bei der Hochzeit Camachos verglich, konnte ich feststellen, dass er sehr wohl mit der Geschichte Don Quijotes vertraut war. Aber wie die meisten Leute des einfachen spanischen Volkes, glaubte er auch fest, es sei eine wahre Geschichte.

-All dies ist vor langer Zeit geschehen, *Señor* -sagte er mit fragendem Blick.-

-Vor sehr langer Zeit - antwortete ich.

-Vor über tausend Jahren wahrscheinlich- und noch immer klang Zweifel in seiner Stimme mit.

-Wahrscheinlich ist es schon mindestens so lange her.

Unser Schildknappe war es zufrieden. Nichts erfüllte diesen einfachen und gutherzigen Leibdiener mit mehr Zufriedenheit, als mit dem berühmten Sancho verglichen zu werden, und so riefen wir ihn auf dieser Reise nur noch bei diesem Namen.

Nach dieser ergiebigen Mahlzeit breiteten wir unsere Mäntel auf dem grünen Rasen aus und hielten unter dem Schatten eines Baumes, so wie es in Spanien üblich ist, eine köstliche *Siesta*. Nachdem es aber anfing nach Regen auszusehen und ein kräftiger Wind von Südosten aufkam, machten wir uns wieder auf den Weg. Gegen fünf Uhr erreichten wir Osuna, am Fuße eines Bergausläufers gelegen, eine Stadt von fünfzehntausend Einwohnern, mit einer Kirche und den Ruinen einer Festung. Das Gasthaus befand sich außerhalb der Stadtmauern und machte einen düsteren Eindruck. Es war kalt an diesem Abend und die Bewohner saßen um einen *Brasero*, einem Kohlebecken, in der Kaminecke. Die Wirtin, eine alte, trockene Frau, glich einer Mumie.

Als wir den Raum betraten, würdigten uns die Anwesenden nur mit einem misstrauischen Blick, so wie man in Spanien eben einen Fremden anblickt. Wir begrüßten sie respektvoll und freundlich, indem wir unsere *Sombreros* berührten und beruhigten damit ihren spanischen Stolz. Als wir uns schließlich zu ihnen setzten und unsere Tabaktasche die Runde drehte, war unser Sieg vollständig. Nie habe ich einen Spanier kennengelernt, egal welcher Herkunft oder Stellung, der es erlauben würde, von jemandem in seiner Höflichkeit übertroffen zu werden; und für einen einfachen Spanier ist ein *Puro*, eine Zigarre, ein unwiderstehliches Geschenk. Trotzdem darf man sie ihm nicht herablassend oder mit einer Geste der Überlegenheit anbieten: ein echter *Caballero* würde nie etwas auf Kosten seiner Würde annehmen.

Wir verließen Osuna bei Tagesanbruch und begaben uns in die *Sierra*. Unser Weg schlängelte sich durch eine einsame aber malerische Landschaft. Hier und da erinnerte ein Kreuz, Denkmal für einen an dieser Stelle begangenen Mord, dass wir uns den Schlupfwinkeln der Räuber näherten. Diese undurchdringliche und rauhe Gegend, mit ihren von Bergketten durchschnittenen Tälern, ist schon immer für ihre Banditen berühmt gewesen. Hier hat Omar Ibn Hassan, ein Anführer der Banditen unter den Moslems, im IX. Jahrhundert seine ruchlose Macht ausgeübt und sogar den Kalifen von Córdoba ihre Herrschaft streitig gemacht. Zu Zeiten Ferdinands und Isabellas wurde diese Gegend auch häufig von Ali Atar geplündert, dem alten maurischen Bürgermeister von Loja und Schwiegervater Boabdils, weshalb man sie Ali Atars Garten nannte. Hier lagen auch einige der Lieblingsverstecke "Jose Marías", einer berühmten Persönlichkeit in der Geschichte der Bandoleros in Spanien.

Im Laufe des Tages ritten wir durch Fuente de la

Piedra, das bei einem kleinen Salzsee gleichen Namens liegt, einem schönen Wasserspiegel in dem das Bild der fernen Berge zu sehen ist. Wir waren nun in Sichtweite von Antequera, einer alten kriegerischen Stadt in den Falten der großen *Sierra*, die Andalusien durchzieht. Eine wunderschöne *Vega* breitet sich vor ihr aus, ein fruchtbares Land inmitten felsiger Berge. Nachdem wir einen sanft dahinfließenden Fluss überquert hatten, näherten wir uns der Stadt zwischen Hecken und Gärten, in denen die Nachtigallen ihr Abendlied erklingen ließen. Bei Einbruch der Nacht erreichten wir die Stadttore. Alles in dieser ehrwürdigen Stadt hat einen eindeutig spanischen Charakter. Antequera liegt zu weit abseits der Reiserouten der Fremden, als dass ihre alten Bräuche in Gefahr kommen könnten. Hier habe ich die alten Männer noch ihre *Monteros* tragen sehen, die alte Jagdmütze, die früher in ganz Spanien üblich war; während die jungen Männer den kleinen runden Hut mit aufgeschlagener Krempe vorziehen, der aussieht wie eine auf den Unterteller umgestülpte Tasse, an der kleine schwarze Bommeln hängen. Auch die Frauen trugen ihre Trachten, die *Mantillas* und *Basquiñas*. Die Mode von Paris hatte Antequera noch nicht erreicht.

Wir setzten unseren Weg auf einer breiten Straße fort, die uns zur *Posada* San Fernando führte. In Antequera hatte ich eine schlechte Unterkunft und eine armselige Bewirtung im Gasthaus erwartet, da sie, wie schon erwähnt, etwas abseits der Reiseroute liegt. Daher war ich angenehm überrascht, als wir eine reichliche Abendtafel vorfanden und desgleichen gute, saubere Zimmer und bequeme Betten, die unsere Erwartungen bei weitem übertrafen. Unser guter Sancho war so zufrieden wie sein Namensvetter in der Küche des Herzogs und ließ mich wissen, bevor ich mich zur Nacht zurückzog, dass auch die *Alforjas* ihre Gelegenheit wahrgenommen hatten.

Am frühen Morgen des 4. Mai spazierte ich durch die Ruine des alten maurischen Schlosses, das auf den Trümmern einer römischen Festung steht. Hier setzte ich mich auf die Mauerreste eines verfallenen Turms und genoss die Aussicht auf eine weite und abwechslungsreiche Landschaft, an sich schön zu betrachten und dazu noch umwoben von romantischen Legenden. Ich befand mich nun genau an der Stelle, die berühmt ist für die tapferen Kämpfe zwischen Mauren und Christen. Unter mir zwischen den Hügeln lag die alte Kriegerstadt, die so oft in Chroniken und Balladen besungen wird. Jenseits der Tore und am Fusse der Hügel hatten sich die spanischen Edelmänner höchsten Ranges und tapferster Gesinnung versammelt, um zu Zeiten der Eroberung Granadas einen Kriegszug zu unternehmen, der in jenem bedauernswerten Blutbad in den Bergen Málagas endete, das ganz Andalusien in Trauer stürzte. Unter mir erstreckte sich die *Vega*, bedeckt mit Obstgärten und Kornfeldern und smaragdgrünen Wiesen, die nur von der berühmten *Vega* von Granada übertroffen werden. An meiner rechten Seite zog sich der "Fels der Liebenden" in die Ebene, gleich einem zerklüfteten Felsvorsprung, von dem sich die Tochter des maurischen *Alcayde* und ihr Liebster in die Tiefe warfen, als sie auf der Flucht beinah eingeholt wurden.

Als ich hinunterging, erklang in der Morgenluft das liebliche Läuten zum Morgengebet. Der Marktplatz begann sich mit Leuten zu füllen, die mit der üppigen Ernte der *Vega* ihren Handel treiben, dem üblichen Geschäft in einer ländlichen Gegend. Auf dem Marktplatz standen eine große Menge frisch geschnittener Rosen zum Verkauf, denn keine Dame oder Fräulein Andalusiens hält ihre Festkleidung für vollständig ohne eine Rose, die wie ein Juwel zwischen ihren rabenschwarzen Zöpfen leuchtet.

Bei meiner Rückkehr zum Wirtshaus fand ich unseren

guten Sancho in ein Gespräch mit unserem Wirt und zwei oder drei seiner Kumpel verwickelt. Er hatte gerade eine phantastische Geschichte von Sevilla erzählt, die unseren Wirt offenbar dazu anregte, mit einer genauso phantastischen über Antequera aufzuwarten.

-Es gab einmal einen Brunnen auf einem der öffentlichen Plätze Antequeras, *la fuente del toro* (der Brunnen des Stiers) genannt, denn das Wasser schoss aus dem in Stein gehauenen Maul des Stierkopfes. Unter dem Kopf des Stiers war eine Inschrift zu lesen:

En frente del toro se hallen tesoro

(Vor der Stirn des Stiers befindet sich ein Schatz).

Viele gruben vor dem Brunnen, aber umsonst, denn sie fanden kein Gold. Schließlich kam ein schlauer Kerl auf die Idee, den Satz auf andere Art zu interpretieren. Er meinte "vor der Stirn" könne auch im Inneren der Steinstirn meinen und dort sei der Schatz sicherlich zu finden und er derjenige, für den er gedacht sei. Daher ging er spät in der Nacht mit einem Hammer zum Brunnen und schlug ihn in Stücke: Und was glaubt Ihr fand er dort vor?

-Viel Gold und Silber! -schrie Sancho aufgeregt.-

-Er fand nichts -erwiderte mein Wirt trocken- und er zerstörte den Brunnen.

Hier brachen die Kumpel meines Wirts in schallendes Gelächter aus, da sie fanden, dass Sancho glatt auf die Geschichte hereingefallen war, die wahrscheinlich zum Grundstock der Scherze gehörte, die mein Wirt für jede Gelegenheit parat hielt.

Wir verließen Antequera um acht Uhr morgens und unser köstlicher Ritt führte uns am Fluss entlang durch Gärten und Obstpflanzungen, die nach Frühling dufteten und vom Gesang der Nachtigall wiederklangen klangen. Unsere Straße lief an dem Felsen der Liebenden vorbei (*el peñón de los enamorados*), der hoch über uns in den Himmel ragte. Im Laufe des Morgens kamen wir durch

Archidona, einer Stadt, die am Hang eines hohen Hügels, unterhalb eines dreispitzigen Berges und der Ruine einer maurischen Festung, liegt. Der Aufstieg über eine steile steinige Strasse, die in die Stadt führt, war schon ziemlich schwierig, obwohl sie den ermunternden Namen *Calle Real del Llano* (die königliche Strasse der Ebene) führt, aber es war noch schwieriger auf der anderen Seite von dieser Bergstadt hinunterzukommen.

Zu Mittag hielten wir auf einer hübschen kleinen Wiese zwischen mit Olivenbäumen bestandenen Hügeln in Sichtweite von Archidona an. Wir breiteten unsere Mäntel unter einer Ulme am Ufer eines plätschernden Baches auf dem Graß aus, banden unsere Pferde dort an, wo sie nach Herzenslust Graß fressen konnten und sagten Sancho, er solle den Inhalt seiner *Alforjas* vorzeigen. Er war den ganzen Morgen, seitdem auf seine Kosten gelacht worden war, ungewöhnlich schweigsam gewesen, aber jetzt hellte sich seine Miene auf, und er zeigte den Inhalt seiner *Alforjas* mit einem Ausdruck des Triumphs. Sie enthielt was er in vier Reisetagen gesammelt hatte, war aber zudem außerordentlich am vorigen Abend, in dem gut bestückten Gasthaus in Antequera, angereichert worden, und das schien ihm Rache genug an dem Wirt, der sich über ihn lustig gemacht hatte.

En frente del toro se hallan tesoro rief er glucksend aus, während er einen nach dem anderen den reichhaltigen Inhalt herausholte, der nie ein Ende zu haben schien: zuerst das beinah unversehrte Schulterstück eines gebackenen Lamms, dann ein ganzes Rebhuhn, später ein gutes Stück in Papier gepackten, gesalzenen Kabeljaus, die Reste eines Schinkens und ein halbes Huhn, zudem mehrere Brötchen und einen Haufen Orangen, Feigen, Trauben und Wallnüsse. Seine *Bota* war auch mit einem ausgezeichneten Málaga aufgefüllt worden. Bei jeder neuen Erscheinung aus seiner

Speisekammer genoss er unsere Anzeichen der Überraschung und, indem er sich rückwärts auf das Gras warf, schrie er lachend: *"Frente del toro! - Frente del Toro!"* Ach, *Señores*, in Antequera haben sie Sancho für einen Dummkopf gehalten, aber Sancho wusste wo er den Schatz zu finden hatte.

Während wir uns mit seinen unschuldigen Späßen vergnügten, näherte sich ein einsamer Bettler, der beinah wie ein Pilger aussah. Sein ehrwürdiger grauer Bart wies darauf hin, dass er sehr alt war; er stützte sich auf einen Stock, doch das Alter hatte ihn nicht gebeugt: er war groß, ging hochaufgerichtet und es waren noch die Spuren seiner vergangenen Eleganz zu erkennen. Er trug einen runden andalusischen Hut, eine Schaffelljacke, lederne Kniehosen und Sandalen. Sein Anzug, obwohl alt und geflickt, war sauber und seine Haltung männlich, und er wandte sich mit der feierlichen Höflichkeit an uns, die man an dem einfachsten Spanier beobachten kann. Wir waren in günstiger Stimmung für solch einen Besuch und in einem Anfall von Großzügigkeit gaben wir ihm etwas Kleingeld, eine Scheibe feinstes Weizenbrot und einen Schluck unseres guten Málaga. Er nahm es dankend entgegen, aber nicht mit einer Geste unterwürfiger Dankbarkeit. Als er den Wein gekostet hatte, hielt er das Glas gegen das Licht und in seinen Augen blitzte es vor Überraschung leicht auf. Dann trank er ihn mit einem Schluck aus und sagte:

-Es ist schon lange her, dass ich nicht mehr so einen Wein probiert habe. Es ist eine Labsal für das Herz eines alten Mannes.

Dann, indem er auf das Brot schaute:

-*Bendito sea el pan* (Gesegnet sei dies Brot)- und er steckte es in seinen Sack.

Wir forderten ihn auf, es gleich zu essen.

-Nein, meine Herren -erwiderte er-, den Wein musste ich trinken oder zurücklassen, aber das Brot kann ich mit nach Hause nehmen und mit meiner Familie teilen.

Unser guter Sancho suchte mit den Augen unsere Zustimmung, und da er in ihnen unsere Einwilligung lesen konnte, gab er dem alten Mann einen Teil unseres reichlichen Mahls mit der Bedingung, sich hinzusetzen und es dort zu verspeisen.

Daraufhin setzte er sich etwas abseits von uns und begann langsam zu essen mit einer Zurückhaltung und einem Anstand, die einem *Hidalgo* angestanden hätten. Dieser alte Mann verhielt sich so würdevoll und mit so ruhiger Selbstbeherrschung, dass mir der Gedanke kam, er habe wohl bessere Tage gesehen: auch seine Sprache, obwohl einfach, hatte manchmal etwas malerisches und fast poetisches in der Ausdrucksweise. Ich hielt ihn für einen ruinierten Edelmann. Ich irrte mich, es war nichts anderes als die angeborene Höflichkeit eines Spaniers. Seine poetischen Wendungen und Gedanken sind häufig sogar in den niedrigsten Schichten dieses wachen Menschenschlags zu finden. Fünfzig Jahre lang, so erzählte er uns, war er Hirt gewesen, jetzt aber arbeitslos und bedürftig.

-Als junger Mann -sagte er- konnte mir nichts etwas anhaben; mir ging es immer gut, ich war immer fröhlich; doch jetzt bin ich neunundsiebzig Jahre alt und ein Bettler und mein Herz beginnt mir Schwierigkeiten zu bereiten.

Er war noch kein richtiger Bettler, denn die Not hatte ihn erst vor kurzem in diese Lage gebracht. Er zeichnete uns ein bewegendes Bild von dem Kampf zwischen Hunger und Stolz, als er sich zum ersten Mal gezwungen sah zu betteln. Er war von Málaga ohne Geld zurückgekehrt; er hatte seit einiger Zeit nichts gegessen und durchquerte eine dieser weiten Ebenen Spaniens in der nur wenige Menschen leben. Halbtot vor Hunger bettelte er an der Tür einer *Venta* oder Landgasthaus. *"Perdón usted por Dios hermano!"* (Verzeihe uns um

Gottes Willen, Bruder); denn dies ist die übliche Formel mit der ein Bettler abgewiesen wird.

- Ich entfernte mich -fuhr er fort- mit mehr Scham als Hunger, denn mein Herz war noch zu stolz. Ich gelangte an einen Fluss zwischen hohen Uferbänken und einem tiefen, schnellen Lauf und war versucht mich hineinzuwerfen: Wofür soll ein so unglücklicher und unnützer Alter noch weiterleben? Als ich aber kurz davor war, mich in den Strom zu stürzen, dachte ich an die Heilige Jungfrau und wandte mich ab. Ich ging weiter, bis ich an einem Bauernhaus in der Nähe der Landstrasse vorbeikam und näherte mich dem Tor. Es war geschlossen, aber zwei junge *Señoras* standen am Fenster. Ich näherte mich ihnen und bettelte; "*Perdón usted por Dios hermano!*" - und das Fenster wurde geschlossen. Ich kroch aus dem Vorhof und mein Herz verzagte; ich dachte meine Stunde sei gekommen, so dass ich mich vor das Hoftor legte, mich der Heiligen Jungfrau empfahl und meinen Kopf bedeckte, bereit zu sterben. Nach einer Weile kam der Hausherr zurück, fand mich vor seiner Tür, nahm das Tuch von meinem Kopf und erbarmte sich meiner grauen Haare, so dass er mich in sein Haus holte und mir zu essen gab. So sehen Sie, meine Herren, man sollte immer Vertrauen in die Hilfe der Heiligen Jungfrau haben.

Dieser alte Mann war auf dem Weg zu seinem Heimatort Archidona, das von uns aus auf einem steilen, felsigen Hügel gut zu erkennen war. Er zeigte auf die Schlossruine.

Dieses Schloss -sagte er- wurde zu Zeiten der Eroberung Granadas von einem Maurenkönig bewohnt. Königin Isabella belagerte es mit einem großen Heer; aber der König schaute von seinem Schloss zwischen den Wolken auf sie herunter und lachte verächtlich. Da erschien der Königin die Jungfrau Maria und führte sie und ihre Armee durch die Berge hoch über einen geheimnisvollen Pfad, der nie zuvor gesehen worden war. Als der Maure sie kommen sah, war er sprachlos; er sprang mit seinem Pferd in einen Abgrund und starb zerschmettert in der Tiefe. Die Hufabdrucke seines Pferdes -sagte der alte Mann- sind noch heute am Rand des Abgrunds zu sehen. Und schauen Sie, *Señores*, dort unten ist der Pfad über den die Königin und ihr Heer hochstiegen: Sie sehen, er schlängelt sich hoch wie ein Band über den Hang; aber das Wunder besteht darin, dass, obwohl es aus der Ferne zu erkennen ist, es in der Nähe vor den Augen verschwindet!

Der Weg, auf den er zeigte, war unzweifelhaft ein sandiger Abhang in den Bergen, der aus der Weite geschlängelt und scharf zu erkennen war, aber im Näherkommen einer breiten Sandfläche gleicht.

Da das Herz des alten Mannes sich mit Trank und Speise erwärmt hatte, erzählte er noch eine andere Geschichte von einem Schatz, den der maurische König unter dem Schloss vergraben hatte. Sein eigenes Haus lag in der Nähe seiner Grundmauern. Der Pfarrer und der Notar hatten dreimal vom Schatz geträumt und beschlossen, an dem im Traum bezeichneten Platz zu graben. Sein eigener Schwiegersohn hörte nachts das Geräusch von Hacke und Schaufel. Niemand weiss, was sie gefunden haben; sie waren plötzlich reich, aber sie verrieten ihr Geheimnis nicht. Auf diese Art hatte das Glück einmal an die Tür des alten Mannes geklopft, der aber dazu verdammt war, es nicht hineinzulassen.

Ich habe bemerkt, dass Geschichten von den vergrabenen Schätzen der Mauren am beliebtesten unter den ärmsten Leuten in Spanien sind. Die gütige Natur tröstet mit den Bildern der Phantasie über den wirklichen Mangel hinweg. Der Durstige träumt von Brunnen und fließenden Strömen, der Hungrige von reichlich gedeckten Tischen und der Arme von großen Goldhaufen; sicherlich ist keine Vorstellungskraft reicher als die eines Bettlers.

Unser Ritt am Nachmittag führte uns über einen steilen und abschüssigen Hohlweg, *Puerto del Rey*, der Königspass genannt. Es war dies einer der wichtigsten Pässe auf dem Weg in die Gebiete Granadas, auf dem auch König Ferdinand sein Heer gegen Granada geführt hatte. Bei Sonnenuntergang brachte uns der Pfad, der sich um den Hügel schlängelte, in Sichtweite Lojas, der berühmten kleinen Grenzstadt, die damals König Ferdinand von ihren Mauern aus widerstand. Ihr arabischer Name bedeutet "Wächter" und dies war sie auch für die *Vega* von Granada als einer ihrer wichtigsten Vorposten gewesen. Es war das Bollwerk jenes wilden Kriegers Ali Atar, dem Schwiegervater Boabdils. Hier versammelte letzterer seine Truppen und setzte zu jenem unglückseligen Kriegszug an, der mit dem Tod des alten *Alcayde* und seiner eigenen Gefangenschaft endete. Wegen seiner beherrschenden Stellung am Eingang zum Pass ist Loja nicht zu Unrecht der Schlüssel Granadas genannt worden. Es liegt malerisch wild in den Falten eines trockenen Abhangs. Die Ruine einer maurischen *Alcazar* oder Zitadelle krönt einen felsigen Hügel, der sich inmitten der Stadt erhebt. Der Fluss Genil, den eine maurische Brücke überquert, umspült seine Grundfesten zwischen Felsen, kleinen Wäldern, Gärten und Wiesen. Oberhalb der Stadt ist alles wild und trocken, unterhalb liegt die üppigste Vegetation und das frischeste Grün. Ein ähnlicher Kontrast ist am Fluss zu sehen: oberhalb der Brücke fließt er ruhig und gemächlich; unterhalb ist er schnell, laut und wild. Die Sierra Nevada, die königliche Bergkette Granadas, gekrönt durch ewigen Schnee, bildet in der Ferne den Abschluss dieser abwechslungsreichen Landschaft, die für Spanien so charakteristisch ist.

An den Toren der Stadt stiegen wir ab und übergaben Sancho unsere Pferde, der sie zum Gasthaus führen sollte, während wir einen kleinen Spaziergang machen wollten, um die außergewöhnliche Schönheit dieser

Umgebung zu genießen. Als wir über die Brücke zu einer schönen *Alameda* oder Allee gingen, riefen die Glocken zum Gebet. Bei ihrem Klang blieb jeder stehen, der unterwegs war, sei es zum Vergnügen oder zur Arbeit, zog seinen Hut, bekreuzigte sich und murmelte sein Abendgebet: eine fromme Sitte, die in den entlegenen Gegenden Spaniens immer noch bewahrt wird. Im Ganzen ein feierliches und schönes Bild in der Abenddämmerung; und wir wanderten weiter, während der Abend langsam zur Neige ging, und der Neumond zwischen den hohen Ulmen zu glänzen begann. Die Stimme unseres treuen Schildknappen, der uns aus der Ferne rief, schreckte uns aus dieser friedlichen Glückseligkeit auf. Er lief atemlos auf uns zu.

-*Ay Señores,* -schrie er- *el pobre Sancho no es nada sin Don Quixote*. (Ach, meine Herren, der arme Sancho ist nichts ohne Don Quijote.)

Er hatte sich Sorgen gemacht, weil wir nicht zum Gasthaus gekommen waren; Loja war solch ein wilder Platz in den Bergen, voll mit *Contrabandistas*, Hexerei und *Infiernos*; er hatte befürchtet es sei uns etwas zugestoßen und war losgelaufen uns zu suchen, wobei er jeden den er traf nach uns fragte, bevor er an der Brücke unsere Spur aufnahm und uns zu seiner großen Freude auf der Alameda herumschweifend aus der Ferne erkannte.

Das Gasthaus, in das er uns führte, hiess *Corona,* oder die Krone und wir fanden, dass der Ort dem Namen gerecht wurde, dessen Bewohner immer noch den verwegenen, ungezähmten Geist aus alten Zeiten bewahren. Die Wirtin war eine hübsche junge Witwe, deren *Basquiña* aus schwarzer Seide, am Saum mit Glasperlen bestickt, den Reiz ihrer anmutigen Figur und ihrer wohlgeformten Beine nur noch hervorhob. Ihr Schritt war fest und elastisch, ihre dunklen Augen feurig und ihr kokettes Benehmen wies darauf hin, dass sie an Bewunderung gewöhnt war.

Ihr Bruder, ungefähr so alt wie sie, passte zu ihr. Sie bildeten das perfekte Paar eines andalusischen *Majos* und einer *Maja*. Er war groß, kräftig und wohlgeformt, hatte eine helle olivfarbene Haut, einen dunklen durchdringenden Blick und einen haselnussfarbenen Schnurrbart, dessen Spitzen sich unter seinem Kinn trafen. Er war elegant in eine kurzn grüne Samtjacke gekleidet, die sich eng an seinen Körper schmiegte und mit einer großen Anzahl silberner Knöpfe und einem weißen Taschentuch in jeder Jackentasche geschmückt war. Seine Kniehosen waren aus dem gleichen Material mit einer Reihe Knöpfe von der Hüfte bis zu den Knien. Er trug zudem ein rosa Seidentuch um den Hals, durch einen Ring auf einem feingebügelten Hemd befestigt und eine farblich passende Schärpe um den Leib. Seine Galoschen, elegant aus feinstem dunkelrotem Leder gearbeitet und auf halber Höhe an der Wade offen, um die Strümpfe vorzuzeigen, umschlossen seine roten Schuhe, die seine wohlgeformten Füsse erkennen ließen.

Als er so an der Tür stand, erschien ein Reiter und vertiefte sich mit ihm in ein ernstes Gespräch. Er war ähnlich gekleidet und beinah genauso fein; ein Mann um die dreißig, breitschultrig, mit markanten Gesichtszügen, gutaussehend, obwohl leicht von Pockennarben gezeichnet, dessen Haltung die eines freien und unerschrockenen Mannes war. Sein kräftiges schwarzes Pferd war auf andalusische Art mit Quasten und farbenfreudigem Saumzeug gesattelt und ein Paar Karabiner hingen hinter dem Sattel. Er sah wie diese *Contrabandistas* aus, die ich in den Bergen von Ronda gesehen habe und verstand sich offenbar gut mit dem Bruder meiner Wirtin; zudem, falls ich mich nicht irre, stand er auch in der Gunst der Witwe. Tatsächlich lag in dem ganzen Wirtshaus etwas in der Luft, das auf die Gegenwart von *Contrabandistas* hinwies; in jeder Ecke stand neben der

Gitarre auch eine Donnerbüchse. Der Reiter, den ich erwähnt habe, verbrachte den Abend in der *Posada* und sang sehr stilvoll mehrere wilde Bergromanzen. Als wir gerade zu Abend aßen, kamen zwei arme Asturianer herein, die in ihrer Notlage um etwas Essen und ein Nachtlager baten. Sie waren auf dem Rückweg von einem Markt in den Bergen von Banditen überfallen worden, die ihr Pferd mit all ihrem Gut geraubt, ihr Geld entwendet und sie auch noch zusammengeschlagen hatten, als sie Widerstand leisteten. Mein Gefährte bestellte mit der ihm eigenen spontanen Großzügigkeit das Abendessen für sie, übernahm die Kosten ihrer Unterkunft und gab ihnen auch etwas Geld, das ihnen den Weg nach Hause ermöglichen sollte. Im Laufe des Abends erhöhte sich die Anzahl der *dramatis personae*. Ein beleibter Mann von ungefähr sechzig Jahren und kräftiger Statur tauchte auf und begann mit unserer Wirtin eine Unterhaltung. Er trug die übliche andalusische Tracht, aber unter seinem Arm steckte ein riesiger Säbel; er hatte einen langen Schnurrbart und machte alles in allem einen überheblichen und angeberischen Eindruck. Jeder schien ihn mit großem Respekt zu betrachten.

Sancho flüsterte uns ins Ohr, dass es sich um Don Ventura Rodríguez handelte, dem Helden Lojas, berühmt für seine Taten und für die Kraft seiner Arme. Zu Zeiten der französischen Invasion überraschte er sechs schlafende Soldaten; zuerst brachte er ihre Pferde in Sicherheit, griff sie dann mit seinem Säbel an, tötete einige und machte die anderen zu seinen Gefangenen. Für diese Heldentat gewährte ihm der König eine lebenslange Rente von einer Pesete (einem Dollar) pro Tag und verlieh ihm den Titel *Don*.

Ich unterhielt mich damit, seinem geschwollenen Stil zuzuhören und sein Auftreten zu beobachten. Er war offensichtlich ein waschechter Andalusier, so prahlerisch wie tapfer, seinen Säbel immer in der Hand oder unter seinem Arm. Auch schien er ihn überall mit sich herumzutragen wie ein Kind seine Puppe, nannte ihn seine *Santa Teresa* und sagte: Wenn ich ihn ziehe, bebt die Erde (*tiembla la tierra*).

Ich blieb bis spät in die Nacht auf und hörte den Unterhaltungen dieser Gesellschaft zu, die so zusammengewürfelt war, wie es in einer spanischen *Posada* üblich ist. Es gab Lieder über *Contrabandistas* zu hören, Geschichten von Raubüberfällen, Ruhmestaten der *Guerrilla* und maurische Legenden. Letztere erzählte unsere hübsche Wirtin, die eine poetische Geschichte über die *Infiernos,* die höllischen Gegenden um Loja zum Besten gab- dunklen Höhlen in denen unterirdische Ströme und Wasserfälle ein geheimnisvolles Geräusch verursachen. Die einfachen Leute sagen, dort sei seit den Zeiten der Mauren Geld versteckt; und dass die maurischen Könige in diesen Höhlen ihre Schätze in Sicherheit gebracht hätten.

Den Kopf voll von all den Geschichten und Bildern, die ich in dieser alten Kriegerstadt gehört und gesehen hatte, zog ich mich in mein Bett zurück. Kaum war ich eingeschlafen, als ich von einem furchtbaren Lärm und Gezeter aufgeschreckt wurde, das sogar den Helden der Mancha in Person verwirrt hätte, der daran gewöhnt war, dass sein Erscheinen in den spanischen Gasthäusern einen unentwegten Tumult verursachte. Es schien einen Augenblick lang, als ob die Mauren von neuem in die Stadt eingefallen seien; oder die *Infiernos,* von denen meine Wirtin erzählt hatte, ihre Teufel losgeschickt hätten. Ich lief nur halb angezogen aus meinem Zimmer, um zu erfahren was los war. Es war nichts anderes als Katzenmusik, eine *Charivari,* um die Hochzeit eines alten Mannes mit einem vollbusigen Fräulein zu feiern. Indem ich ihm Freude an seiner Braut und seiner Serenade wünschte, kehrte ich zu meinem ruhigen

Bett zurück und schlief tief und fest bis zum Morgen.

Während ich mich anzog, vergnügte ich mich damit, das Kommen und Gehen der Leute vom Fenster aus zu beobachten. Da standen Gruppen gutaussehender junger Männer in reichgeschmückten andalusischen Trachten und ärmellosen Männermänteln herum, die die Spanier auf so unnachahmliche Weise über ihre Schulter zu werfen verstehen, mit den kleinen runden Hüten der *Majos*, die sie so geschickt aufzusetzen wissen. Sie sahen genauso stolz aus wie die eitlen Bergbewohner der Sierra von Ronda. Tatsächlich ist dieser Teil Andalusiens reich an diesen malerischen Typen. Sie ziehen untätig durch Dörfer und Städte, scheinen über einen Haufen Zeit und Geld zu verfügen, "und jeder hat ein Pferd und trägt eine Waffe." Große Unterhalter, unermüdliche Raucher, geschickt beim Anschlagen der Gitarre, beim Singen der Serenaden für ihre schönen *Majas* und berühmt für ihren Stil beim Tanzen der *Boleros*. In ganz Spanien scheinen die Männer, auch wenn sie arm sind, über viel Zeit zu verfügen, denn es gehört zum guten Ton, es als wahrer *Caballero* nie eilig zu haben. Was die Andalusier angeht, sind sie so fröhlich wie müßig, und daher leiden sie nicht unter den lästigen Folgen des Faulenzens. Das abenteuerliche Schmugglerdasein, das in diesen Gebirgen und an den Küsten Andalusiens vorherrscht, ist zweifellos der Grund für diese Lebensart.

Ganz anders als die Kleidung dieser Gruppen war die der zwei langbeinigen jungen Männern aus Valencia, die einen Esel bei sich führten, schwer beladen mit Waren, die Musketen griffbereit auf dem Rücken. Ihr Anzug bestand aus ärmellosen Jacken (*chalecos*), weiten Leinenhosen (*bragas*), kaum knielang, ähnlich den schottischen Röcken, enganliegenden roten *Fajas* oder Schärpen, Sandalen aus *Esparto* und farbenfreudigen Tüchern, die sie in gewisser Weise wie einen Turban, der den oberen Teil des Kopfes unbedeckt lässt, umgebunden hatten; kurz gesagt, ihr ganzes Aussehen erinnerte eindeutig an den traditionellen maurischen Stil.

Bei unserem Abschied von Loja gesellte sich ein Reiter, gut zu Ross und schwer bewaffnet zu uns, gefolgt von einem *Escopetero* oder Waffenträger zu Fuss. Er grüßte uns höflich und ließ uns bald wissen, welche Stellung er bekleidete. Er war ein hoher Zollbeamter, oder wie ich anzunehmen geneigt bin, der Anführer einer bewaffneten Zolleinheit, deren Aufgabe es ist, die Wege zu überwachen und die *Contrabandistas* aufzuspüren. Der *Escopetero* war einer seiner Wachen. Im Laufe des Vormittags entlockte ich ihm einige Information über die Schmuggler, die sich in Spanien zu einer Art gemischter Kavallerie entwickelt haben. Sie kommen aus verschiedenen Teilen Spaniens nach Andalusien, vor allem aber aus La Mancha; manchmal um Güter abzuholen, die an einer bestimmten Nacht über die *Plaza* oder den Strand von Gibraltar als Schmuggelware eingeschleust werden oder aber um ein Boot zu entladen, das sie an einer vorherbestimmten Nacht an einer gewissen Stelle erwartet. Sie halten zueinander und reisen nur nachts. Tagsüber erholen sie sich ruhig in den *Barrancos,* den Bergschluchten, oder in abgelegenen Bauernhäusern, wo sie im allgemeinen gut angesehen sind, da sie die Familienmitglieder großzügig mit geschmuggelten Waren beschenken. Tatsächlich stammt ein großer Teil des Zierats und des Plunders, der die Frauen und Töchter der Dörfer und Bauernhäuser in den Bergen schmückt, von den Geschenken der fröhlichen und großzügigen *Contrabandistas*.

Sobald sie nachts an der Küste an dem vereinbarten Platz ankommen, wo das Boot anlegen soll, verstecken sie sich hinter einem Felsen oder Felsvorsprung. Wenn sie ein Segelboot in der Nähe der Küste wahrnehmen, machen sie das verabredete Signal; oft ist es das dreimalige Aufleuchten einer Laterne zwischen den Falten ihrer Pelerine. Wenn das Lichtzeichen beantwortet wird, gehen sie ans Ufer und bereiten sich darauf vor, die Arbeit schnell zu erledigen. Das Segelboot nähert sich so weit es kann, die Boote entladen fleißig die in Paketen gebündelte Schmuggelware, die bequem auf dem Pferd zu transportieren ist. Diese wird hastig auf den Strand geworfen, auf die Pferde gepackt und dann reiten die *Contrabandistas* so schnell sie können in die Berge. Sie reiten durch die abschüssigsten und einsamsten Hohlwege, auf denen eine Verfolgung beinah aussichtslos ist. Die Zollwächter versuchen es auch erst gar nicht: sie schlagen einen anderen Weg ein. Wenn sie von einer dieser Banden hören, die voll beladen durch die Berge zurückreiten, senden sie Einheiten aus, die manchmal bis zu zwölf Infanteristen und acht Reiter umfassen, die sich dort aufstellen, wo sich die Bergschluchten zur Ebene hin öffnen. Die Infanteristen, die am Wegrand versteckt im Gebüsch der Schlucht liegen, lassen die Bande vorbei, dann springen sie auf und beschießen sie von hinten. Die *Contrabandistas* stürmen vorwärts, werden aber von den Reitern erwartet. Es entsteht ein wildes Gemenge. Wenn die *Contrabandistas* in die Enge getrieben werden, tun sie in ihrer Verzweiflung alles Mögliche. Manche steigen ab und benutzen ihr Pferd als Schutzschild hinter dem sie zurückschießen; andere schneiden die Stricke durch, lassen die Pakete fallen, um den Feind aufzuhalten, und versuchen mit ihren Rössern zu fliehen. Einige entkommen auf diese Art wobei sie ihre Waren verlieren, andere werden gefangen genommen mit Pferden, Paketen und allem drum und dran; andere lassen alles zurück und fliehen, indem sie sich in den Bergen verkriechen.

Und dann -schrie Sancho,- der höchst aufmerksam zugehört hatte -*se hacen ladrones legítimos*- werden sie legitime Räuber.

Ich konnte es mir nicht verkneifen, über Sanchos Idee zu lachen, solch eine Arbeit als legitim zu bezeichnen. Aber der Zollbeamte erzählte mir, dass es tatsächlich so war, dass die Schmuggler, wenn sie auf diese Art in eine aussichtslose Situation gedrängt wurden, dachten sie hätten ein Recht darauf, die Straßen zu kontrollieren und den Reisenden einen Beitrag abzuverlangen, der ihnen erlauben würde, sich wieder als echte *Contrabandistas* auszurüsten.

Gegen Mittag nahm unser Reisegefährte Abschied von uns und ritt fort in einen Engpass hinein, gefolgt von seinem *Escopetero*; kurz darauf kamen wir aus den Bergen heraus und betraten die weltberühmte *Vega* von Granada.

Unsere letzte Mittagsrast hielten wir unter einem Baum in einem Olivenhain an einem Bächlein. Dies war ein historischer Platz aus klassischer Zeit, denn nicht weit von uns lagen die Haine und Obstgärten des *Soto de Roma*. Der Legende zufolge ließ hier Graf Julián einen Zufluchtsort zum Trost für seine Tochter Florinda bauen. Die maurischen Könige von Granada benutzten es später als Landhaus und zur Zeit gehört es dem Herzog von Wellington.

Unser guter Schildknappe schaute etwas melancholisch drein, als er zum letzten Mal den Inhalt seiner *Alforjas* herausholte und dabei bedauerte, dass unser Ausflug sich seinem Ende näherte, denn mit solchen Herrschaften wie uns, sagte er, könnte er bis ans Ende der Welt reisen. Unser Mahl verlief jedoch fröhlich, da wir es unter so guten Vorzeichen einnahmen. Der Himmel strahlte wolkenlos. Eine kühle Brise aus den Bergen erfrischte uns trotz der sengenden Sonne. Vor uns lag die herrliche *Vega*. In der Ferne war das romantische Granada zu sehen, gekrönt von den roten Türmen der Alhambra, während weit dahinter die beschneiten Gipfel der Sierra Nevada wie Silber leuchteten.

Nach unserem Mahl legten wir unsere Reisemäntel aus und hielten unsere letzte Siesta *al fresco*, eingeschläfert vom Summen der Bienen zwischen den Blumen und dem Girren der Tauben auf den Olivenbäumen. Als die heißen Mittagsstunden vorüber waren, nahmen wir unsere Reise wieder auf. Nach einer Weile überholten wir ein rundes Männchen, das einer Kröte glich, wie es so auf seinem Maulesel ritt. Er begann eine Unterhaltung mit Sancho und da er erfuhr, dass wir Fremde waren, bot er an, uns zu einer *Posada* zu führen. Er sei ein *Escribano,* ein Notar, sagte er, und er kenne die Stadt so gut wie seine eigene Hosentasche.

-Ach, *Dios, Señores*! Was für eine Stadt werden Sie zu sehen bekommen! Was für Strassen! Was für Plätze! Und dann die Frauen -ach, *Santa María Purísima*- was für Frauen!

Aber die *Posada* von der Sie sprechen -sagte ich-, sind Sie sicher, dass sie gut ist?

-Gut? *Santa María*! Die beste in Granada! *Salones grandes -camas de lujo- colchones de pluma* (große Salons, luxuriöse Schlafzimmer, Federbetten). Ach, *Señores*, sie werden essen wie der *Rey Chico* in der Alhambra.

-Und wie werden meine Pferde versorgt werden? -schrie Sancho.-

-Wie die Pferde vom *Rey Chico. Chocolate con leche y bollos para almorzar* (Schokolade mit Milch und süße Brötchen zum Frühstück). -Dabei zwinkerte er unserem Schildknappen listig zu.

Nach diesem zufriedenstellenden Bericht, blieb uns in dieser Hinsicht nichts mehr zu wünschen übrig. So ritten wir ruhig weiter, den kleinen, feisten Notar vor uns, der sich bei jeder Gelegenheit umdrehte und neue Lobpreisungen über die Schönheit Granadas ausstieß und über die wunderbare Zeit, die wir in der *Posada* verbringen würden.

Auf diese Art begleitet, ritten wir zwischen Agaven und Feigenkakteen durch die unendliche Folge von Gärten mit denen die *Vega* bedeckt ist und erreichten bei Sonnenuntergang die Tore der Stadt. Unser eifriger kleiner Führer wies uns eine Straße hoch, eine andere runter, bis er schließlich in den Hof eines Gasthauses hineinritt, in dem er sich wie zu Hause zu fühlen schien. Er rief den Hausherrn bei seinem Vornamen, empfahl uns seiner Fürsorge als zwei *Caballeros de mucho valor*, die seine besten Räume und das reichhaltigste Mahl verdienten. Wir erinnerten uns sofort jenes fürsorglichen Fremden, der Gil Blas mit einem ähnlichen Schwall an Lobpreisungen beim Wirt und der Wirtin vom Gasthaus in Peñaflores einführte, sich Forellen zum Abendessen bestellte, und gierig auf dessen Kosten aß. "Ihr wisst nicht, wen Ihr unter Eurem Dach beherbergt," hatte dieser dem Besitzer des Gasthauses und seiner Frau zugerufen. "Ihr beherbergt einen Schatz in Eurem Haus. Ihr seht in diesem jungen Herrn das achte Weltwunder nichts in diesem Haus ist gut genug für Señor Gil Blas de Santillana, der es verdient wie ein Prinz bewirtet zu werden."

Da wir beschlossen, dass dieser kleine Notar keine Forellen auf unsere Kosten essen würde wie sein Vorbild von Peñaflor, vermieden wir es, ihn zum Abendessen einzuladen; wir hatten später keinen Grund uns der Undankbarkeit zu bezichtigen, denn noch vor dem nächsten Morgen fanden wir heraus, dass jener Kerl uns in eine der schäbigsten *Posadas* ganz Granadas geführt hatte.

DER PALAST DER ALHAMBRA

Für den Reisenden, der Sinn für Geschichte und Poesie hat -beide sind so unzertrennlich in den Berichten über das romantische Spanien ineinander verwoben- ist die Alhambra ebenso ein Gegenstand der Verehrung, wie für den Moslem die Kaaba von Mekka. Mit diesem orientalischen Bau sind so viele wahre und erfundene Legenden und Überlieferungen verbunden und so viele arabische und spanische Lieder und Balladen über Liebe, Krieg und Rittertum! Es war der Königssitz der maurischen Könige. Von hier aus, umgeben vom Glanz und der Eleganz der asiatischen Pracht, herrschten sie über ihr Reich, das sie für ein irdisches Paradies hielten, welches ihre letzte Bastion in Spanien sein sollte. Der königliche Palast nimmt nur einen Teil der Festung ein. Ihre mit Türmen gekrönten Mauern ziehen sich über den ganzen Kamm eines weitläufigen Hügels, einem Ausläufer der Sierra Nevada, der die Stadt überblickt. Von außen gesehen ist es eine planlos angelegte, wuchtige Ansammlung von Türmen und Zinnen bar jeden architektonischen Reizes, die nichts von der Eleganz und Schönheit verspricht, die im Inneren herrscht.

Zu Zeiten der Mauren war die Festung in der Lage, ein Heer von über vierzigtausend Mann zu beherbergen, und hinter ihren Mauern brachten sich die Monarchen manchmal vor den Aufständen ihrer Untertanen in Sicherheit. Nachdem das Königreich in die Hände der

Christen gefallen war, wurde die Alhambra Krongut und diente zuweilen den spanischen Monarchen als Residenz. Kaiser Karl V. begann den Bau eines prunkhaften Palastes innerhalb seiner Mauern, jedoch verhinderten heftige Erdbeben die Fertigstellung dieses Vorhabens. Die letzten königlichen Bewohner waren Anfang des XVIII. Jahrhunderts Philipp V. und seine schöne Gemahlin, Elisabeth von Parma. Große Vorbereitungen wurden zu ihrem Empfang getroffen, der Palast und die Gärten in Stand gesetzt und eine neue Flucht königlicher Gemächer errichtet, die von italienischen Künstlern ausgeschmückt wurden. Das Königspaar hielt sich nur vorübergehend dort auf, und nach seiner Abreise blieb der Palast von neuem verlassen zurück, war jedoch weiterhin ein militärischer Stützpunkt mit eigener Garnison. Der Statthalter erhielt dieses Privileg direkt von den Königen; seine Gerichtsbarkeit erstreckte sich bis in die Vororte der Stadt und unterstand nicht dem Generalkapitän von Granada. Er lebte in den Räumen gegenüber dem alten maurischen Palast, liebte aber den militärischen Pomp und besuchte Granada nie, ohne auf irgendeine Art eine Militärparade daraus zu machen. Die Festung war tatsächlich eine kleine unabhängige Stadt mit mehreren Häuserreihen sowie einem Franziskanerkloster und einer Gemeindekirche in ihren Mauern.

Vom Königshof verlassen worden zu sein, stellte sich jedoch als schwerer Schlag für die Alhambra heraus. Ihre wunderschönen Säle verfielen und einige wurden ganz zerstört; die Gärten verwilderten und die Brunnen trockneten aus. Allmählich füllte sich die Gegend mit liederlichem und unverschämtem Gesindel: *Contrabandistas*, die aus der unabhängigen Gerichtsbarkeit ihren Nutzen zogen, um unverfroren zu schmuggeln, wie auch Diebe und Schurken aller Art, die die Alhambra in ihren Zufluchtsort verwandelten, um von dort aus Granada und die anliegenden Gebiete zu überfallen. Der starke Arm der Justiz griff schließlich durch. Der ganze Ort wurde streng durchsucht, nur die, die sich als ehrlich erwiesen oder ein legitimes Recht zum Aufenthalt erworben hatten, durften bleiben. Der größte Teil der Häuser wurde niedergerissen und nur ein kleines Viertel neben der Kirche und dem Franziskanerkloster blieb erhalten. Während der letzten Unruhen in Spanien, als Granada in die Hand der Franzosen geriet, deren Truppen die Alhambra besetzten, bewohnte den Palast für einige Zeit der französische Kommandant. Dank des ausgezeichneten Geschmacks, der die Franzosen immer in ihren Eroberungen ausgezeichnet hat, war damit dieses Monument maurischer Eleganz und Größe vor der größten Trostlosigkeit und dem endgültigen Verfall gerettet. Die Dächer wurden repariert, die Säle und Galerien vor Wind und Wetter geschützt, die Gärten neu angelegt, die Wasserleitungen erneuert und die Brunnen in Stand gesetzt, damit sie wieder ihre glitzernden Schauer springen lassen konnten. Spanien mag seinen Invasoren dafür danken, sein schönstes und interessantestes historisches Denkmal vor dem Verfall gerettet zu haben.

Bei ihrem Rückzug sprengten die Franzosen einige der Außentürme in die Luft und ließen die Festung kaum verteidigungsfähig zurück. Seitdem hat dieser Posten seine militärische Bedeutung verloren. Die Garnison besteht aus einer Handvoll invalider Soldaten, deren wichtigste Aufgabe es ist, einige der Außentürme zu bewachen, die zeitweilig als Staatsgefängnis benutzt werden. Der Statthalter, der den luftigen Hügel der Alhambra verlassen hat, residiert zur besseren Erledigung seiner offiziellen Pflichten im Zentrum Granadas.

Natürlich galt unser erster Besuch am ersten Morgen nach unserer Ankunft diesem altehrwürdigen Gebäude; es ist so häufig und so ausführlich von anderen

Reisenden beschrieben worden, dass ich darauf verzichten werde, mich weiter darüber auszulassen. Ich werde nur einige Teile im Zusammenhang mit Zwischenfällen und Erinnerungen an unseren Besuch kurz beschreiben.

Wir verließen unsere *Posada* und überquerten den berühmten Platz Bibrambla, zu anderen Zeiten Schauplatz maurischer Turniere und Wettkämpfe und heutzutage ein belebter Marktplatz; wir gingen weiter den Zacatín entlang, eine historisch bedeutsame Straße, in der die Mauren ihren Großen Bazar abhielten, und in der immer noch Sträßchen und kleine Läden mit orientalischem Flair zu sehen sind. Daraufhin überquerten wir einen großen Platz vor dem Palast des Generalkapitäns und stiegen eine enge und gewundene Straße hoch, deren Name mich an die Vergangenheit Granadas erinnert. Sie heisst *Calle de Gomeres*, ein Name, der auf eine berühmte, in Chroniken und Romanzen besungene maurische Familie verweist. Diese Straße führt zur *Puerta de las Granadas*, einem massiven Tor in griechischem Baustil, das von Karl V. erbaut wurde und heutzutage der Eingang zum Gelände der Alhambra ist.

An diesem Tor dösten auf einer Steinbank einige zerlumpte Veterane vor sich hin, die sicherlich Nachfolger der *Zegris* und der *Abencerrajes* waren, während ein großer, magerer Bursche, dessen dunkelbrauner Mantel offenbar den bedauernswerten Zustand seiner Kleidung verdecken sollte, in der Sonne saß und mit einem alten diensthabenden Veteranen plauderte. Als wir durch das Tor gingen, kam er auf uns zu und erbot sich, uns die Festung zu zeigen. Wie jeder erfahrene Weltenbummler habe ich eine gewisse Abneigung gegen jene, die sich zu eifrig als Reiseleiter anbieten, und zudem flößte mir sein Aussehen kein zu großes Vertrauen ein.

Ich nehme an, Sie sind gut mit dem Platz vertraut?

Ninguno más; pues, Señor, soy hijo de la Alhambra.

(Niemand besser als ich; mein Herr, denn ich bin ein echter Sohn der Alhambra.)

Der gewöhnliche Spanier hat tatsächlich eine höchst poetische Art sich auszudrücken! "Ein Sohn der Alhambra!" Dieser Name nahm mich sofort gefangen; das abgerissene Aussehen meines neuen Bekannten gewann sogar eine gewisse Würde in meinen Augen. Es entsprach dem Schicksal dieses Platzes und war so etwas wie ein Symbol dieser Ruine.

Ich stellte ihm einige Fragen und fand heraus, dass er diesen Titel mit vollem Recht trug. Seine Familie hatte von Generation zu Generation seit Zeiten der Wiedereroberung in dieser Festung gelebt. Sein Name war Mateo Jiménez.

Dann sind Sie -sagte ich- vielleicht ein Abkömmling des berühmten Kardinal Jiménez?

Diós sabe! Wer weiß, *Señor*! Vielleicht haben Sie recht. Wir sind die älteste Familie in der Alhambra, *Cristianos viejos*, alte Christen, wir haben uns niemals mit Mauren oder Juden gemischt. Ich weiss, wir stammen von irgendeiner alten Familie ab, aber ich habe vergessen von welcher. Mein Vater kennt sich darin aus: er hat ein Wappenschild in unserem Haus hängen, oben in der Festung.

Ich kenne keinen Spanier, so arm er auch sei, der keinen Anspruch darauf erheben würde, von einem edlen Geschlecht abzustammen. Es war jedoch der erste Titel dieses zerlumpten Menschen, der mich ganz für ihn eingenommen hatte, und gerne nahm ich daher die Dienste dieses "Sohnes der Alhambra" in Anspruch.

Wir befanden uns jetzt auf einem engen und steilen Abhang mit edlen Baumsorten; eine Allee führt hoch, von Fußpfaden durchzogen und geschmückt mit Brunnen, an denen Steinbänke stehen. Links über uns konnten wir die Türme der Alhambra erkennen, rechts auf der gegenüberliegenden Seite des Abhangs noch andere Türme auf einem felsigen Vorsprung. Dies waren, wie man uns sagte, die *Torres Bermejas,* benannt nach ihrer roten Farbe; niemand kennt ihren Ursprung und sie sind noch viel älter als die Alhambra. Einige nehmen an, sie seien von den Römern erbaut worden, andere glauben, sie seien das Werk einer Phöniziersiedlung. Wir stiegen die steile und schattige Allee hoch und kamen zu einem massiven, viereckigen maurischen Turm, einer Art von Außenwerk, durch den der Haupteingang in die Festung führt. Daneben sahen wir eine weitere Gruppe invalider Soldaten; einer von ihnen stand Posten am Tor, während die anderen in ihren zerlumpten Mänteln auf den Steinbänken schliefen. Dieser Eingang heisst *Puerta de la Justicia,* das Tor der Gerechtigkeit, denn dahin setzte sich zu Zeiten der Moslems der Gerichtshof, der bei kleinen Vergehen umgehend das Urteil fällte. Dies ist eine Sitte der orientalischen Kulturen, auf die auch in den Heiligen Schriften angespielt wird. "Richter und Amtmänner sollst du dir in allen deinen Ortschaften, welche dir Jahwe, dein Gott, für jeden deiner Stämme gibt, bestellen, damit sie dem Volke gerechtes Gericht halten" (Deut. XVI, 18).

Das Eingangsportal wird durch einen großen arabischen Hufeisenbogen gebildet, der bis zu halber Höhe des Turmes reicht. Im Schlussstein dieses Bogens ist eine riesige Hand eingemeißelt und im Innenbogen, schon innerhalb des Vorhofes, ein großer Schlüssel. Jemand, der glaubt, etwas von moslemischer Symbologie zu verstehen, behauptet, dass die Hand das Sinnbild für die Doktrin ist; die fünf Finger sind die fünf wichtigsten Gebote des islamischen Glaubens: Fasten, Pilgern, Almosen, Waschungen und Krieg gegen die Ungläubigen. Der Schlüssel, so sagen sie, ist das Symbol für den Glauben oder für die Macht: der Schlüssel Davids, den er dem Propheten übergab. "Ich lege den Schlüssel des Hauses David auf seine Schulter; wenn er öffnet, wird niemand schließen, wenn er schließt, wird niemand öffnen" (Is. XXII,22). Es wurde uns erzählt, dass in jenen Tagen, als die Moslems in Spanien oder Andalusien herrschten, der Schlüssel nach arabischer Sitte und im Kontrast zum christlichen Symbol des Kreuzes mit glänzenden Farben bemalt gewesen war. Er stellte die siegreiche Macht dar, die dem Propheten verliehen worde. "Der den Schlüssel Davids hat, der öffnet, so dass niemand zu schließen, der schließt, so dass niemand zu öffnen vermag" (Apoc. III,7).

Der legitime Sohn der Alhambra lieferte jedoch eine andere Erklärung, die den volkstümlichen Legenden entspricht, in denen alles Maurische mit Geheimnis und Zauberei sowie mit allem möglichen Aberglauben über diese alte Festung verbunden ist. Mateo meinte diese Überlieferung werde von den ältesten Bewohnern der Alhambra von einer Generation an die andere weitergegeben und sei von seinem Vater und Großvater auf ihn übergegangen. Demnach seien Hand und Schlüssel Zauberwerk von dem die Zukunft der Alhambra abhinge. Der maurische König, der sie erbaute, sei ein großer Zauberer gewesen oder habe sich, wie andere glaubten, dem Teufel verschrieben, der das ganze Gebäude unter seinem Zauberbann halte. Daher habe es so viele Jahre den Stürmen und Erdbeben widerstehen können, während beinah alle anderen Gebäude der Mauren zusammengefallen und verschwunden waren. Dieser Bann sei dazu bestimmt, so erzählte die Legende weiter, so lange zu dauern, bis die Hand auf dem äußeren Bogen nach dem Schlüssel im inneren Bogen griffe; dann würde alles zusammen fallen und alle Schätze, die die Mauren dort vergraben hätten, ans Tageslicht treten.

Trotz dieser düsteren Voraussagen wagten wir uns durch das verwunschene Tor, fühlten uns aber erst sicher, als wir das Abbild der Heiligen Jungfrau in einer Mauernische bemerkten.

Nachdem wir das Tor durchquert hatten, gingen wir einen engen Pfad entlang, der sich zwischen den Mauern hinschlängelt, und gelangten auf einen großen Vorplatz innerhalb der Festung, *Plaza de los Aljibes* oder Platz der Zisternen genannt, weil unter ihm große Wasserbehälter liegen, die von den Mauren aus den Felsen geschlagen wurden, um das Wasser aufzufangen, das über Wasserleitungen vom Darro zur Versorgung der Festung hochgeleitet wird. Hier liegt auch ein Brunnen von ungeheurer Tiefe, der das reinste und kälteste Wasser liefert- ein weiteres Anzeichen für den guten Geschmack der Mauren, die unermüdlich dieses kostbare Element in seiner größten Reinheit zu gewinnen suchten.

Am vorderen Ende dieser Esplanade steht der unvollendete Palast, der von Kaiser Karl V. mit der Absicht begonnen wurde, einmal die Residenz der maurischen Könige in den Schatten zu stellen. Ein großer Teil der orientalischen Winterpaläste wurde zerstört, um für dieses massive Gebäude Platz zu schaffen, und das große Tor zu den maurischen Palästen zugemauert, so dass der Eingang jetzt durch ein einfaches und bescheidenes Tor führt. Trotz seiner Größe und seines unzweifelbaren architektonischen Wertes, wirkt der Palast Karl V. wie ein anmaßender Eindringling, weshalb wir ihn beinahe verächtlich links liegen ließen und am moslemischen Tor klingelten.

Während wir darauf warteten, eingelassen zu werden, erzählte uns unser Begleiter, dass der königliche Palast der Obhut einer alten und ehrwürdigen Dame namens *Doña Antonia* Molina unterstand, die aber nach spanischer Sitte den familiären Namen *Tía Antonia* führte. Sie hielt die maurischen Säle und Gärten in Ordnung und zeigte sie den fremden Besuchern. Bald darauf wurde das Tor von einem kleinen, rundlichen und schwarzäugigen andalusischen Fräulein geöffnet, die Mateo mit

Dolores ansprach, ihrem freundlichen Aussehen nach aber einen fröhlicheren Namen verdient hätte. Mateo flüsterte mir zu, sie sei die Nichte von *Tía Antonia* und es stellte sich heraus, dass sie die gute Fee war, die uns durch diesen verzauberten Ort zu führen hatte. Wir folgten ihr über die Schwelle zum Palast und wurden wie durch Zauberhand sofort in eine frühere Zeit, in ein orientalisches Reich zurückversetzt, in dem wir uns als Mitspieler der arabischen Geschichte fühlen konnten. Einen größeren Gegensatz als das reizlose Äußere dieser Gebäude und die Herrlichkeiten, die nun vor uns lagen, kann man sich kaum vorstellen. Wir befanden uns in einem großen, mit weissem Marmor gepflasterten *Patio* oder Hof, fünfundvierzig Meter lang und fast vierundzwanzig Meter breit. An beiden Enden konnte man schöne arabische Rundbögen bewundern, deren zierliche Säulen Pilaster und Wölbungen feinster Machart trugen. Auf den Simsen und an den Wänden waren nebst Wappen und Ziffern fromme Inschriften der moslemischen Monarchen sowie die Namen der Erbauer der Alhambra und die Beschreibung ihrer Heldentaten in kufischer und arabischer Schrift im Relief eingelassen. In der Mitte des Hofes liegt ein Wasserbecken (*estanque*) von ungewöhnlichen Ausmaßen, sechsunddreißig Meter lang und acht Meter breit sowie anderthalb tief, welches das Wasser aus zwei Marmorschalen erhält. Daher heißt der Hof *Patio de la Alberca* (von *al beerkah*, dem arabischen Namen für Wasserbecken). In seinem Wasser sieht man Fische in verschiedenen Farben glitzern und um das Becken herum stehen Rosenbüsche.

Vom *Patio de la Alberca* führt ein maurischer Bogen in den berühmten Löwenhof hinein. Kein Platz vermittelt eine bessere Vorstellung über die Schönheit dieses Gebäudes wie dieser Hof, denn keiner hat so wenig unter dem Einfluss der Zeit gelitten. In seiner Mitte steht der weltbekannte, in Geschichten und Romanzen besungene Brunnen. Seine Alabasterschale versprüht diamantene Tropfen wie eh und jeh und aus den zwölf Löwen unter ihm, die dem Hof den Namen geben, fließen kristallklare Ströme wie in den Tagen Boabdils. Die Löwen verdienen jedoch ihren Ruhm nicht, denn es sind unbedeutende Skulpturen, wahrscheinlich das Werk irgendeines christlichen Gefangenen. Anstelle des alten und dem Platz angemessenen Marmorbodens ist der Hof mit Blumen übersät; die Franzosen sind dafür verantwortlich und haben in diesem Fall keinen guten Geschmack bewiesen. Den Hof umgeben luftige arabische Arkaden, die von zierlichen weißen, filigrangeschmückten Marmorsäulen getragen werden, von denen man annimmt, dass sie früher vergoldet waren. Die Architektur ist, wie üblich im Inneren des Palastes, eher auf Eleganz denn auf Großartigkeit angelegt und zeugt von einem auserlesenen und feinen Geschmack und einer gewissen Neigung zum sorglosen Genuss. Wenn man die feenhaften Verzierungen an den Bögen betrachtet und die anscheinend zerbrechlichen Stuckarbeiten an den Wänden, ist es kaum zu glauben, dass dies alles das Kommen und Gehen von Jahrhunderten überdauert hat, die Erdbeben, die heftigen Kriege und die stillen, wenn auch ebenso schädlichen Plünderungen durch die Kunstliebhaber; man ist daher geneigt der volkstümlichen Meinung glauben zu schenken, hier sei alles von einem magischen Zauber geschützt.

An der einen Seite des Hofes liegt hinter einem prachtvollem Portal der Saal der Abencerrajes, so genannt nach den stolzen Kavalieren jenes erlauchten Geschlechts, die hier hinterlistig ermordet wurden. Manche zweifeln an dieser Geschichte; aber unser schlichter Schlossführer zeigte uns die kleine Tür, durch die sie einzeln zum Löwenhof geführt wurden und den weißen Marmorbrunnen in der Mitte des Saales, neben dem man sie enthauptete. Er machte uns auch auf rote

Flecken auf dem weißen Boden aufmerksam, Spuren ihres Bluts, die volkstümlicher Überlieferung nach nie ausgelöscht werden können. Da wir ihm zu glauben schienen, fügte er hinzu, dass des Nachts im Löwenhof oft seltsame Geräusche zu hören seien, die dem Murmeln einer Menschenmenge ähnelten und von Zeit zu Zeit ein fernes Klappern und Rasseln von Ketten. Diese Geräusche sollten von den Geistern der ermordeten Abencerrajes verursacht werden, die zu nächtlicher Stunde den Schauplatz ihres Leidens besuchten und die Rache des Himmels auf ihre Mörder herabriefen.

Sie waren zweifellos, und ich hatte später Gelegenheit es zu überprüfen, dem Blubbern und Rauschen in den Wasserleitungen zuzuschreiben, die unter den gepflasterten Höfen liegen und die Brunnen mit Wasser versorgen; aber ich war rücksichtsvoll genug, dies meinem einfältigen Begleiter nicht einmal anzudeuten.

Mateo fühlte sich durch meine Leichtgläubigkeit ermuntert und erzählte mir, als sei es eine wahre Begebenheit, folgende Geschichte, die er von seinem Großvater gehört hatte:

"Es war einmal ein invalider Soldat, der damit beauftragt war, die Alhambra den Besuchern zu zeigen. Als er eines Abends im Zwielicht durch den Löwenhof ging, hörte er Fußschritte im Saal der Abencerrajes; da er annahm, dass sich dort Fremde aufhielten, näherte er sich, um ihnen seine Dienste anzubieten. Doch zu seinem großen Erstaunen gewahrte er vier reich gekleidete Mauren mit goldenen Rüstungen, Maurensäbeln und mit Edelsteinen besetzten, glitzernden Dolchen. Sie gingen feierlich auf und ab; aber als sie ihn sahen, blieben sie stehen und winkten ihn zu sich heran. Der alte Soldat jedoch lief davon und war niemals mehr dazu zu bewegen, in die Alhambra zu gehen." So kehren manche Menschen ihrem Glück den Rücken; denn Mateo ist der festen Überzeugung, dass die Mauren ihm zu zeigen versuchten, wo sie ihren Schatz vergraben hielten. Ein Nachfolger dieses invaliden Soldaten war da schlauer; er kam als armer Mann in die Alhambra, aber nach einem Jahr ging er nach Málaga, kaufte dort Häuser, fuhr in einer Karrosse herum und lebt dort immer noch als einer der reichsten und ältesten Männer der Stadt; was alles, wie Mateo weise folgerte, darauf zurückzuführen sei, dass er das goldene Versteck der maurischen Geister gefunden hatte.

Jetzt war mir klar, dass diese Bekanntschaft mit dem Sohn der Alhambra für mich von unschätzbarem Wert war, denn er kannte alle ihre Legenden, an die er wort-wörtlich glaubte, und sein Kopf war voll mit der Art Kenntnisse, für die ich mich im Geheimen begeistere, die aber von weniger nachsichtigen Philosophen für Unsinn gehalten werden; daher beschloss ich die Freundschaft mit diesem gebildeten "Thebaner" zu pfle-gen.

Genau gegenüber dem Saal der Abencerrajes führt ein reich verziertes Portal in einen anderen Saal, der weni-ger tragische Erinnerungen wachruft. Er ist hoch und luf-tig, reizvoll in seiner Bauweise, mit weißen Marmorplatten ausgelegt und trägt den anregenden Namen Saal der Zwei Schwestern. Der romantische Beiklang dieses Namens geht verloren, wenn man daran glaubt, was bei Mateo Jiménez der Fall war, dass er auf die zwei riesigen Alabasterplatten, die nebeneinander liegen und den grössten Teil des Bodens bedecken, zurückzuführen sei. Andere hingegen sind geneigt, dem Namen eine poetischere Bedeutung zu geben, ihn als Widerhall der maurischen Schönheiten zu verstehen, die zu anderen Zeiten diese Säle mit ihrer Gegenwart schmückten, denn es handelt sich zweifelsohne um Räume des königlichen Harems. Es freute mich sehr, dass diese Meinung von Dolores geteilt wurde, unserer schönen Begleiterin mit den leuchtenden Augen. Sie zeigte auf einen Balkon über dem Innenhof, dessen Galerie, wie es heißt, zu den Frauengemächern gehörte. Sie sehen, *Señor*, es ist alles vergittert und verhangen, wie die Galerie in der Kapelle eines Klosters, wo die Nonnen Messe hören; denn die maurischen Könige -fügte sie empört hinzu- sperrten ihre Frauen wie Nonnen ein.

Die Jalousien bestehen tatsächlich noch; von dorther konnten die schwarzäugigen Schönheiten des Harems ungesehen auf die *Zambras* und andere Tänze und Festlichkeiten blicken. An jeder Seite dieses Saales gibt es Nischen und Alkoven für Ottomanen und Liegebetten, auf denen die sinnenfreudigen Herren der Alhambra sich der beschaulichen Rast hingaben, die der orientalischen Kultur so lieb ist. Eine Kuppel lässt von oben ein gedämpftes Licht hinein und gestattet gleichzeitig der Luft freien Durchzug; während auf der einen Seite, der erfrischende Wasserstrahl des Löwenbrunnens zu hören ist und auf der anderen das sanfte Plätschern vom Wasserbecken des Gartens der Lindaraja.

Es ist unmöglich diese orientalische Umgebung zu betrachten, ohne sich in eine arabische Romanze zurückversetzt zu fühlen und beinah zu erwarten, dass der weiße Arm einer geheimnisvollen Prinzessin uns von einer Galerie her zuwinkt oder schwarze Augen durch die Gitter leuchten. Hier ist der Sitz der Schönheit, als sei er noch gestern bewohnt gewesen; aber wo sind die zwei Schwestern, wo die Zoraydas und Lindarajas geblieben!

Ein üppiger Wasserzulauf, der durch alte maurische Wasserleitungen von den Bergen her dem Schloss zuge-leitet wird, versorgt die Bäder und die Fischteiche, spru-delt aus Brunnen oder murmelt in den Kanälen der Marmorböden. Hat das Wasser nun dem königlichen Palast seinen Tribut bezahlt und seine Gärten und

Terrassen besucht, fließt es die lange Allee hinunter, die zur Stadt führt, flüstert in den Bächlein, ergießt sich in die Brunnen und belebt das ewige Grün der Wäldchen, die den ganzen Hügel der Alhambra überziehen und verschönern.

Nur wer im sengenden Klima des Südens gelebt hat, weiß die lustvolle Empfindung zu schätzen, die dadurch entsteht, dass sich an einer Stelle die Brise der Berge mit der Kühle und dem Grün der Täler vereinen. Während die Stadt unten in der Mittagshitze brütet und die verdörrte Vega in der Luft flimmert, spielt die sanfte Luft der Sierra Nevada durch diese luftigen Säle und bringt den Duft der anliegenden Gärten mit sich. Alles lädt zu lässiger Ruhe ein, diesem Zauber des südlichen Klimas; und während man durch halbgeschlossene Augen vom schattigen Balkon die flimmernde Landschaft beobachtet, wird das Ohr vom Rauschen der Blätter in den Wäldern und dem Murmeln fließenden Wassers eingeschläfert.

Ich vebiete mir jetzt jedoch, weiter auf die anderen erlesenen Gemächer des Palastes einzugehen. Mein Anliegen ist es, dem Leser nur eine allgemeine Einführung in dieses Gebäude zu geben, wo er, wenn ihm danach ist, Tag für Tag mit mir herumstreifen kann, bis wir mit all seinen Winkeln vertraut sind.

WICHTIGE VERHANDLUNGEN. DER VERFASSER
ERBT DEN THRON BOABDILS

D er Tag ging schon zur Neige, als wir es schließlich
schafften, uns von diesem Ort der Poesie und
Romantik loszureißen, um zur nüchternen Realität einer
spanischen *Posada* zurückzukehren. Während unseres
Höflichkeitsbesuches beim Statthalter der Alhambra,
dem wir Empfehlungsschreiben übergaben, schwärmten
wir in höchsten Tönen von all dem, was wir gesehen hatten, und konnten es nicht vermeiden, ihm unsere
Verwunderung darüber auszudrücken, dass er es vorzog,
in der Stadt zu wohnen, obwohl ihm solch ein Paradies
zur Verfügung stand. Er erklärte uns die Nachteile, die
durch die Lage des Palastes hoch oben auf dem Hügel,
entfernt von seinen Geschäften und den Plätzen sozialen
Austausches, für ihn entstanden. Das sei nur angemessen
gewesen für Monarchen, die häufig die Festungsmauern
zum Schutz gegen ihre eigenen Untertanen benötigt hätten.

Aber *Señores*, -fügte er lächelnd hinzu- wenn Sie den
Aufenthalt dort so wünschenswert finden, stehen Ihnen
meine Gemächer zur Verfügung.

Es gehört zur guten Sitte und ist für einen Spanier
Pflicht zu sagen, sein Haus sei dein Haus. "*Esta casa está
siempre a la disposición de vuesa merced.*" Tatsächlich,
wenn man Bewunderung für etwas verlauten lässt, bietet
er es einem sofort an. Und natürlich gehört es auch zum

guten Ton, es nicht anzunehmen; daher beschränkten wir uns auf eine leichte Verbeugung, um uns für die Freundlichkeit des Statthalters zu bedanken, der uns seinen Königssitz anbot. Aber wir irrten uns. Der Statthalter sprach im Ernst.

-Sie werden einige Räume leer und unmöbliert vorfinden -sagte er zu uns-, aber *Tía Antonia* ist für den Palast zuständig und wird in der Lage sein, etwas für Sie herzurichten und Sie während ihres Aufenthaltes zu versorgen. Wenn Sie sich mit ihr einig werden und mit einem bescheidenen Mahl in einer königlichen Residenz Vorlieb nehmen, können Sie nach Gutdünken über den Palast des *Rey Chico* verfügen.

Wir nahmen natürlich den Vorschlag des Statthalters gerne an und eilten die steile Cuesta de Gomeres hoch und durch das Tor der Gerechtigkeit, um mit *Tía Antonia* zu verhandeln, noch nicht ganz sicher, ob nicht alles ein Traum sei und besorgt bei der Vorstellung, dass die umsichtige *Dueña* der Festung vielleicht nicht einwilligen würde. Wir konnten zumindest mit einer Verbündeten in der Festung rechnen. Die kleine Dolores mit den leuchtenden Augen würde sich für uns einsetzen, denn wir hatten ihre Zuneigung bei unserem ersten Besuch gewonnen, so dass sie uns bei unserer Rückkehr in den Palast mit einem ihrer strahlendsten Blicke empfing.

Alles ging jedoch gut. Die gute *Tía Antonia* verfügte über einige schlichte Möbel, die sie in unsere Zimmer stellte, obwohl wir ihr versicherten, wir könnten auch auf dem Boden schlafen. Sie war auch bereit uns zu verköstigen, aber nur auf ihre einfache Art- wir wünschten nichts Besseres. Ihre Nichte Dolores würde uns aufwarten; woraufhin wir unsere Hüte in die Luft warfen und damit die Abmachung besiegelten.

Schon am nächsten Tag richteten wir uns im Palast ein und niemals haben Herrscher einen Thron in grösserer

Eintracht geteilt. Mehrere Tage vergingen wie im Traum, wonach mein geschätzter Gefährte gezwungen war abzudanken, da er nach Madrid zu diplomatischen Geschäften gerufen wurde und mich so als alleinigen Herrscher in diesem Schattenreich zurückließ. Da ich mich in gewisser Weise gern durch die Welt treiben lasse und dazu neige, mich an ihren angenehmen Plätzen etwas länger aufzuhalten, beschloss ich hier zu bleiben, fasziniert wie ich war von diesem alten, verwunschenen Palast. Da ich mich meinem Leser verbunden fühle und entschlossen bin, mit ihm eine familiäre Beziehung aufzubauen, beabsichtige ich meine Erkundungen und Tagträume, für die Dauer dieser köstlichen Versklavung, mit ihm zu teilen. Wenn er die Fähigkeit hat, sich in seiner Vorstellung dem zauberhaften Charme auch nur einigen dieser Plätze zu öffnen, wird er es nicht bedauern, sich für eine Weile mit mir, in den legendären Sälen der Alhambra aufzuhalten.

An erster Stelle schulde ich ihm ein annäherndes Bild meiner häuslichen Einrichtung; sie ist sehr bescheiden für den Bewohner eines Königssitzes, aber sicherlich weniger Unglücksfällen ausgesetzt als die meiner königlichen Vorgänger.

Mein Zimmer befindet sich an dem einen Ende der Wohnung des Statthalters, die aus einer Reihe leerer Zimmer besteht, gegenüber dem maurischen Palast mit Blick auf den großen Vorplatz, *Plaza de los Aljibes* genannt. Das Zimmer ist modern, aber an der gegenüberliegenden Seite mit einer Reihe kleinerer Räume verbunden, von denen einige maurischer, andere spanischer Bauart sind und die der *Dueña* des Schlosses und ihrer Familie zustehen. Da sie den Palast in Stand hält, darf die gute Dame alle Trinkgelder der Besucher behalten und auch die Früchte des Gartens, von denen sie ab und zu einen Tribut an den Statthalter abführen muss. Ihre Familie besteht aus einem Neffen und einer Nichte, den Kindern ihrer Brüder. Der Neffe, Manuel Molina, ist wirklich ein verdienstvoller junger Mann voll spanischer Würde. Er hat im Heer gedient sowohl in Spanien wie auf den Westindischen Inseln, studiert jetzt aber Medizin in der Hoffnung, einmal Arzt auf der Festung zu werden, eine Anstellung, die ihm mindestens hundertvierzig Dollar im Jahr einbringen würde. Die Nichte ist die rundliche, kleine und schwarzäugige Dolores, die ich schon erwähnt habe, von der es heißt, dass sie eines Tages alles von ihrer Tante erben wird, die mehrere kleine, halbverfallene Häuschen in der Festung besitzt, die ihr aber, wie mir Mateo heimlich versicherte, hundertfünfzig Dollar por Jahr einbringen; so viel, dass sie in den Augen des schlichten Sohnes der Alhambra eine reiche Erbin ist. Dieser außergewöhnliche Mensch, dem nichts entgeht, teilte mir auch mit, dass der zurückhaltende Manolo und seine fröhliche Kousine sich im Stillen zugeneigt sind und ihre Heirat und ihr Glück nur von seinem Arzttitel und einer Dispens des Papstes auf Grund ihrer Blutsverwandschaft abhängen.

Die gute *Doña Antonia* erfüllt treu unsere Abmachung in Bezug auf meine Unterkunft und Verpflegung und da ich nicht anspruchsvoll bin, finde ich mein Essen ausgezeichnet. Die fröhliche Dolores hält mein Zimmer in Ordnung und wartet mir beim Essen auf. In meinen Diensten steht auch ein schlaksiger, blonder, stotternder junger Bursche, Pepe genannt, der die Gärten versorgt und gerne mein Diener gewesen wäre; aber Mateo Jiménez, der "Sohn der Alhambra", ist ihm zuvorgekommen. Dieser unermüdliche und diensteifrige Mensch hat es geschafft, ich weiss nicht wie, sich vom ersten Tag an, als ich ihn zum ersten Mal am Eingang zur Festung traf, an meine Fersen zu heften, und sich seitdem in alle meine Angelegenheiten zu mischen, so dass er sich selbst zu meinem Diener, *Cicerone*, Führer, Beschützer und historischem Berichterstatter erkoren hat: weshalb

ich mich gezwungen gesehen habe, seine Ausstattung zu verbessern, damit er sich nicht bei der Ausübung seiner verschiedenen Funktionen seiner selbst schämen muss. Er hat also, auf die gleiche Weise wie eine Schlange ihre Haut wechselt, seinen alten rostbraunen Mantel abgelegt, und kann jetzt zu seiner großen Zufriedenheit und ebenso großem Erstaunen seiner Kameraden in der Nachbarschaft mit seinem eleganten andalusischen Hut und seiner Jacke angeben. Der Hauptfehler des guten Mateo ist sein übertriebener Eifer, mir zu Diensten zu sein. Er ist sich bewusst, dass er sich mir gewissermaßen aufgezwungen hat, und da meine einfachen und friedlichen Gewohnheiten eine Goldmiene für ihn sind, bemüht er sich Mittel zu finden, um sich mir unentbehrlich zu machen. Auf diese Art bin ich sozusagen das Opfer seines Diensteifers. Kaum habe ich die Schwelle des Palastes überschritten, um einen Spaziergang in der Umgebung der Festung zu unternehmen, da habe ich ihn auch schon an meiner Seite, bereit mir alles zu erklären, was ich sehe; und wenn ich mich in die nahegelegenen Berge wage, besteht er darauf, mir als Beschützer zu dienen, obwohl ich ganz davon überzeugt bin, dass er im Falle eines Angriffs mehr Vertrauen in seine Füße hätte als in die Stärke seiner Arme. Letzten Endes ist der arme Kerl trotz allem eine unterhaltsame Begleitung; er hat einen einfachen Charakter, ist immer guter Laune und so gesprächig und großmäulig wie ein Dorfbarbier; zudem kennt er alle Klatschgeschichten dieses Platzes und der Umgebung. Am stolzesten ist er jedoch auf seinen Schatz an Kenntnissen über den Palast, da er über jeden Turm, Gewölbe oder Tor der Festung eine wunderbare Geschichte zu erzählen hat, von deren Wahrhaftigkeit er absolut überzeugt ist.

Die meisten davon hat er, wie er selber zugibt, von seinem Großvater gehört, einem legendären Schneiderlein, das beinah hundert Jahre gelebt und sich nur zweimal in seinem Leben aus den Mauern der Festung begeben hat. Sein Laden war fast ein Jahrhundert lang Treffpunkt für eine Gruppe alter und ehrwürdiger Schwätzer, die halbe Nächte damit verbrachten, über alte Zeiten und wunderbare Ereignisse sowie verborgene Schätze dieser Plätze zu reden. Sein ganzes Leben, jede Bewegung, jede Handlung und Idee dieses berühmten Schneiders hatte sich somit in den Grenzen der Mauern der Alhambra abgespielt; er wurde dort geboren, lebte dort, wuchs heran und warde dort sab alt, bis er dort starb und dort begraben wurde. Zum Glück für die Nachwelt sind seine Überlieferungen nicht mit ihm gestorben. Mateo selbst, als er noch ein Kind war, pflegte aufmerksam den Geschichten seines Großvaters sowie denen seiner Besucher, die sich um den Ladentisch des Schneiders versammelten, zuzuhören; und auf diese Weise kam er in den Besitz eines wertvollen Vorrats an Kenntnissen, die in keinem Buch zu finden sind, obwohl sie die Aufmerksamkeit jedes wissbegierigen Reisenden verdienen.

Dies sind also die Leute, die meinen königlichen Haushalt bilden, und ich bezweifle, dass irgendein maurischer oder christlicher Herrscher, der vor mir in diesem Palast gelebt hat, jemals treuere Dienste erhalten oder eine friedlichere Herrschaft genossen hat.

Morgens, wenn ich aufstehe, zollt mir Pepe, der stotternde Gärtner, einen Tribut frischgeschnittener Rosen, die Dolores später geschickt in Vasen verteilt, denn sie sorgt mit weiblichem Stolz für die Dekoration meiner Räume. Meine Mahlzeiten werden mir dort serviert, wo ich Lust dazu habe; manchmal in einem der maurischen Säle, manchmal unter den Bögen des Löwenhofs, umgeben von Blumen und dem Wasser des Springbrunnens; und wenn ich spazieren gehe, werde ich vom eifrigen Mateo in die romantischsten Winkel der Berge geführt und zu den köstlichsten Verstecken der anliegenden

Täler, jedes von ihnen Schauplatz einer wunderbaren Legende.

Obwohl ich gerne den größten Teil des Tages alleine verbringe, nehme ich von Zeit zu Zeit abends an den familiären Zusammenkünften im Haus von *Doña Antonia* teil. Diese finden im allgemeinen in einem alten maurischen Raum statt, den die gute Dame als Wohnzimmer, Küche und Empfangszimmer verwendet, der allen Anzeichen nach unter den Mauren sicherlich einen gewissen Glanz aufzuweisen hatte. Jetzt steht ein einfacher Kamin in einer Ecke, dessen Rauch die Wände mit Ruß schwärzt, so dass die alten Arabesquen beinah nicht mehr zu sehen sind. Ein Fenster, dessen Balkon den Darro überblickt, lässt die kühle Abendbrise herein. Hier nehme ich mein einfaches Abendessen ein, aus Obst und Milch bestehend, und beteilige mich an der Unterhaltung der Familie. Die Spanier haben ein natürliches Talent, das sie *chispa* nennen, das sie zu einer angenehmen und geistig anregenden Gesellschaft macht, unabhängig davon welcher sozialen Schicht sie angehören oder welche Erziehung sie genossen haben, wobei hinzukommt, dass sie überhaupt nicht anbiedernd sind, denn die Natur hat ihnen einen angeborenen Sinn für Würde verliehen. Die gute *Tía Antonia* hat einen starken und intelligenten, wenn auch unkultivierten Geist; und Dolores mit den leuchtenden Augen, obwohl sie in ihrem ganzen Leben nur drei oder vier Bücher gelesen hat, ist eine gewinnende Mischung aus Schlichtheit und gesundem Menschenverstand, die mich häufig mit erstaunlichen Einfällen überrascht. Der Neffe unterhält uns manchmal mit der Lektüre einer alten Komödie von Calderón oder Lope de Vega, augenscheinlich sowohl um sich selbst weiterzubilden, als auch um seine Kousine zu beeindrucken, obwohl diese zu seinem großen Leidwesen meistens noch vor Ende des ersten Akts einschläft. Manchmal "empfängt" *Tía*

Antonia ihre schlichten Bekannten und Freunde, die Bewohner der anliegenden Häuser oder die Frauen der invaliden Soldaten. Alle behandeln sie mit großem Respekt, da sie die Wärterin dieses Platzes ist und zahlen ihren Tribut, indem sie ihr die neuesten Nachrichten bringen oder Gerüchte erzählen, die von Granada heraufgedrungen sein mögen. Bei diesen Gelegenheiten habe ich viele besondere und auffällige Ereignisse aus dem Leben und von den Gewohnheiten dieses Volkes mitbekommen.

Dies sind einfache Begebenheiten eines einfachen Alltags; es ist nur die Eigenart dieses Platzes, die ihnen ihren Reiz und ihre Wichtigkeit verleiht. Ich bewege mich auf verwunschenem Boden und bin von romantischen Erinnerungen umgeben. Seitdem ich in meiner fernen Kindheit an den Ufern des Hudson zum ersten Mal die Seiten der alten apokryphen Berichte über den Bürgerkrieg in Granada und die Fehden ihrer galanten Edelmänner, der Zegris und Abencerrajes, von Gines Pérez de Hyta durchblätterte, war diese Stadt immer Inhalt meiner Träume; in der Vorstellung hatte ich schon oft die romantischen Säle der Alhambra besucht. Und nun, zum ersten Mal, sehe ich meinen Traum in Realität verwandelt; ich kann kaum meinen Sinnen trauen oder glauben, dass ich tatsächlich den Palast Boabdils bewohne und von seinen Balkonen auf das Granada der Mauren blicke. Wenn ich durch diese orientalischen Räume streife und das Murmeln der Brunnen und den Gesang der Nachtigall höre; wenn ich den Duft der Rosen einatme und dieses samtene Klima auf meiner Haut spüre, dann fühle ich mich wie im Paradies Mohammeds und bilde mir ein, dass die kleine, rundliche Dolores eine der Horen mit den strahlenden Augen ist, bestimmt zur Glückseligkeit der wirklich Gläubigen beizutragen.

DIE BEWOHNER DER ALHAMBRA

Ich habe häufig beobachtet, dass je prachtvoller ein Gebäude in den Tagen seiner Blütezeit ist, desto ärmer pflegen seine Bewohner in den Tagen seines Verfalls zu sein, und dass der Palast eines Königs zu guter Letzt oft zum Schlupfwinkel eines Bettlers wird.

Die Alhambra ist auf dem besten Weg, ein ähnliches Schicksal zu erfahren. Wann immer ein Turm zu verfallen beginnt, nimmt ihn irgendeine zerlumpte Familie in Besitz, haust zusammen mit den Fledermäusen und Eulen in den goldenen Sälen und hängt ihre Lumpen, diese Zeichen der Armut, an die Fenster und Balkone.

Gerne vertrieb ich mir die Zeit damit, einige dieser malerischen Gestalten zu beobachten, die auf diese Weise den ehemaligen Königspalast besetzt haben, und deren Gegenwart den Sinn zu haben scheint, uns das lächerliche Ende im Drama des menschlichen Stolzes vor Augen zu führen. Eine unter ihnen ist als Trägerin eines königlichen Titels bekannt. Es ist ein altes Frauchen namens María Antonia Sabonea, die aber nur *la Reina Coquina*, die Muschelkönigin, genannt wird. Sie ist so klein, dass sie eine Hexe sein könnte; und vielleicht ist sie es sogar, denn so weit ich herausfinden konnte, weiss niemand, woher sie stammt. Ihre Behausung ist eine Art Kammer unter der Außentreppe des Palastes; sie sitzt in dem kalten Steinkorridor, näht vor sich hin, singt den ganzen lieben langen Tag und hat für jeden Vorübergehenden ein Späßchen bereit, denn obwohl eine der ärmsten, ist sie eine der fröhlichsten Frauchen auf dieser Erde. Ihr größtes Verdienst ist ihr Talent, Geschichten zu erzählen, denn ich glaube, sie kennt wirklich so viele Geschichten wie die unerschöpfliche Scheherezade in Tausend und Eine Nacht. Einige davon habe ich auf den abendlichen *Tertulias* bei *Doña Antonia* gehört, auf denen sie als bescheidene Teilnehmerin manchmal erscheint.

Dieses geheimnisvolle alte Frauchen muss wohl über Zauberkräfte verfügen, wenn man ihrem außergewöhnlichen Glück in Liebesdingen glauben schenken will, denn obwohl sie sehr klein, sehr hässlich und sehr arm ist, hat sie ihren eigenen Erzählungen nach fünfeinhalb Ehemänner gehabt, wobei ein junger Dragonergefreiter als halber zählt, da er während der Brautzeit starb. Mit dieser kleinen Hexenkönigin rivalisiert ein mächtiger alter Mann mit einer Schnapsnase, der in einem verwahrlosten Anzug mit einem gewachsten Dreispitz auf dem Kopf, an dem eine rote Kokarde hängt, herumläuft. Er ist einer der legitimen Söhne der Alhambra und hat hier sein ganzes Leben verbracht, wobei er mehrere Ämter im Laufe der Zeit bekleidet hat; unter anderem war er stellvertretender Gerichtsdiener, Aushilfsmessner in der Pfarrei und Anschläger bei einem Ballspiel, das am Fuße eines Turmes stattfindet. Er ist ärmer als eine Maus, aber so stolz wie heruntergekommen, und rühmt sich, von der edlen Familie Aguilar abzustammen, wie Gonzalo Fernández de Córdoba, dem *Gran Capitán*. Er trägt tatsächlich den Namen von Alonso de Aguilar, so bekannt in der Geschichte der Reconquista, obwohl ihm die Spaßvögel der Alhambra einen anderen Titel verliehen haben. Sie nennen ihn *Padre Santo*, oder Heiliger Vater, die Anrede für den Papst, wobei ich annahm, sie sei wahren Katholiken zu heilig, um damit jemanden zu verspotten. Es ist eine jener seltsamen Launen des Schicksals in der Gestalt dieses zerlumpten Gesellen, der

Nachwelt einen Namensvetter und Abkömmling des stolzen Alonso Aguilar vorzustellen, der das Vorbild des andalusischen Adels war. Hier lebt er wie ein Bettler auf dieser Burg, die einstmal mit Hilfe seines Vorfahren erobert wurde. Dieses Los hätte ebenso gut auch die Nachkommen Agamemnons und des Achilles treffen können, wenn ihre Vorfahren zwischen den Ruinen von Troja geblieben wären!

Die Familie meines geschwätzigen Knappen, Mateo Jiménez, stellt zumindest zahlenmäßig einen beachtlichen Anteil an dieser buntgemischten Gesellschaft dar. Sein Anspruch, ein Sohn der Alhambra zu sein, ist nicht unbegründet. Seine Familie hat seit Zeiten der *Conquista* immer in der Festung gewohnt und hat von Vater zu Sohn die Armut als Erbe weitergegeben, ohne dass jemals einer von ihnen, so weit bekannt ist, einen *Maravedí* besessen hätte. Sein Vater, von Beruf Bandweber, der dem geschichtskundigen Schneider als Familienoberhaupt folgte, ist nun siebzig Jahre alt und lebt in einer Lehmhütte mit Strohdach, die er mit eigenen Händen gerade oberhalb der *Puerta de Hierro* hingesetzt hat. Die Möblierung besteht aus einem wackligen Bett, einem Tisch und zwei oder drei Stühlen; eine Holztruhe enthält ausser seiner dürftigen Kleidung die "Archive der Familie". Dies sind nicht mehr und nicht weniger als Prozessschriften von mehreren Generationen; woraus man entnehmen kann, dass sie trotz all ihrer sichtlichen Nachlässigkeit und ihrer guten Laune einem kämpferischen Geschlecht angehören. Die meisten Klagen haben sie gegen ihre klatschsüchtigen Nachbarn geführt, die an der Reinheit ihrer Abstammung und an der Tatsache Zweifel geäußert hatten, dass sie *Cristianos Viejos* sind, d.h. unvermischt mit Juden oder Mauren. Tatsächlich glaube ich, dass dieser Eifer, die Reinheit ihrer Abstammung zu beweisen, der Hauptgrund für ihre schmale Börse ist: sie haben alles, was sie verdient haben, für *Escribanos* und *Alguaciles* ausgegeben. Der Stolz dieser Hütte ist ein Wappen an der Wand, dessen Felder die Waffen des Herzogs von Cayesedo und anderer edler Familien aufweisen, mit denen diese von Armut gezeichneten Leute, durch Blutsverwandschaft verbunden zu sein vorgeben.

Was nun Mateo selbst angeht, der jetzt ungefähr fünfunddreißig Jahre alt ist, hat er sein Bestes getan seine Sippe fortzupflanzen und die Armut der Familie nicht aussterben zu lassen; er hat eine Frau und eine zahlreiche Nachkommenschaft und sie leben in einer jämmerlichen Hütte nahe der Kirche. Wie sie es schaffen zu überleben, weiss nur Er, der alle Geheimnisse kennt. Das Leben einer spanischen Familie dieser Schichten ist für mich immer ein Geheimnis gewesen; jedoch sie überleben, und nicht nur das, sie scheinen ihr Leben zu genießen. Die Frau geht sonntags auf dem *Paseo* von Granada spazieren, mit einem Kind im Arm und einem halben Dutzend an ihre Fersen geheftet; und die älteste Tochter, die schon beinah eine Frau ist, schmückt ihre Haare mit Blumen und tanzt fröhlich zu den Kastagnetten.

Es gibt auf Gottes Welt nur zwei Klassen Menschen, denen das Leben ein langer Festtag zu sein scheint: die sehr Reichen und die ganz Armen. Den einen, weil sie nichts tun müssen, den anderen, weil sie nichts zu tun haben; doch niemand versteht es so gut, nichts zu tun und von nichts zu leben, wie die Armen in Spanien. Das Klima tut seinen Teil und das Temperament das Übrige. Man gebe einem Spanier Schatten im Sommer und Sonne im Winter, ein bisschen Brot, Knoblauch, Öl und eine Handvoll Kichererbsen, einen alten Mantel und eine Gitarre, dann komme, was kommen mag. Armut! Das ist für ihn keine Schande. Er trägt sie mit Eleganz wie seinen zerlumpten Mantel. Er ist ein *Hidalgo*, wenn auch in Lumpen.

Die "Söhne der Alhambra" veranschaulichen bestens diese praktische Philosophie. Wie die Mauren, die glaubten das himmlische Paradies hinge über diesem privilegierten Platz, so neige auch ich manchmal dazu anzunehmen, dass ein Abglanz des goldenen Zeitalters immer noch über dieser zerlumpten Gemeinde hängt. Sie besitzen nichts, sie tun nichts, sie sorgen sich um nichts. Jedoch, obwohl sie offensichtlich die ganze Woche untätig verbringen, halten sie sich so genau an den Sonntag und alle vorgeschriebenen Feiertage wie der fleissigste Handwerker. Sie nehmen an allen Festen und Tänzen in Granada und in der Nachbarschaft teil, entzünden auf den Hügeln Festfeuer zur Johannisnacht und tanzen unter dem Mond die Nächte durch auf den frisch geernteten kleinen Getreidefeldern im Inneren der Festung, die kaum einige Scheffel Weizen abwerfen.

Bevor ich diese Bemerkungen abschließe, möchte ich noch einen typischen Zeitvertreib an diesem Ort erwähnen, da er mich besonders beeindruckt hat. Ich hatte mehrmals beobachtet, dass ein schlaksiger, dünner Kerl auf einer der hohen Turmzinnen mit zwei oder drei Angelruten in der Luft zu fischen schien, als würde er Sterne angeln. Ich war einige Zeit verblüfft bei der Beobachtung dieses Luftfischers und meine Verwun-derung wuchs, als an verschiedenen Stellen der Wälle und Zinnen andere auftauchten, die in die gleiche Beschäftigung vertieft zu sein schienen; erst nachdem ich Mateo Jiménez befragt hatte, war ich in der Lage mir dieses Rätsel zu erklären.

Es scheint, dass die reine Luft und die Lage dieser Festung, ähnlich wie das Schloss von Macbeth, die Schwalben und Mauersegler anzieht, die dort ihre zahlreiche Nachkommenschaft ausbrüten, die sich um die Türme herum zu Tausenden herumtummeln, wie Kinder am ersten Tag der Schulferien. Diese

Vögel auf ihrem gleitenden Segelflug mit Fliegen als Köder einzufangen, ist eines der beliebtesten Zeitvertreibe der zerlumpten "Söhne der Alhambra", die mit dem Scharfsinn der Nichtsnutze auf diese Weise die Kunst erfunden haben, im Himmel zu angeln.

DER SAAL DER GESANDTEN

Bei einem meiner Besuche in dem alten maurischen Raum, in dem die gute *Tía Antonia* ihr Essen kocht und ihre Gäste empfängt, entdeckte ich in einer Ecke eine geheimnisvolle Tür, die offenbar in den alten Teil des Gebäudes führte. Voll Neugierde öffnete ich sie. Plötzlich fand ich mich in einem engen dunklen Korridor wieder, durch den ich mich entlangtasten musste, um bis zum Ende einer ebenso dunklen Wendeltreppe zu gelangen, die an einer Ecke des Comaresturmes herabführt. Ich stieg vorsichtig hinunter, wobei ich mich an der Mauer orientierte, bis ich zu einer kleinen Tür kam. Als ich sie aufstieß, war ich plötzlich wie geblendet, denn ich befand mich in der leuchtenden Vorkammer des Saales der Gesandten mit dem schimmernden Springbrunnen des Patio de la Alberca vor mir. Die Vorkammer ist vom Hof durch eine elegante Galerie getrennt, die von schlanken Säulen getragen wird und mit Arabesquen im maurischen Stil verziert ist. An beiden Enden sind Alkoven eingelassen, deren Decken üppig mit Stuckarbeiten und Malereien geschmückt sind. Ich durchquerte ein prächtiges Portal und befand mich in dem weltberühmten Saal der Gesandten, dem Audienzsaal der maurischen Monarchen. Er soll hundertzwanzig Quadratmeter messen und achtzehn Meter hoch sein, füllt den ganzen Innenteil des Comaresturmes und trägt immer noch die Spuren seiner prächtigen Vergangenheit. Die Wände sind mit wunderschönen

Stuckarbeiten bedeckt und mit phantasievollen Arabesquen dekoriert; die hohe Decke bestand ursprünglich auch aus dieser Lieblingsdekoration der Mauren, den üblichen *Calados* und den eleganten Stalagtiten, die, goldverziert und in lebhaften Farben bemalt, aussergewöhnlich prachtvoll wirken mussten. Leider brach die Decke bei einem Erdbeben zusammen und mit ihr ein riesiger Bogen, der sich über die ganze Halle spannte. Er wurde durch das jetzige Gewölbe mit Querbalken aus Zedernholz ersetzt, alles sehr fein gearbeitet und reich bemalt; immer noch orientalisch in seiner Art, ähnlich diesen Decken aus Zedernholz und Zinnober, von denen wir bei den Propheten und in den *Arabischen Nächten* gelesen haben.

Durch die Höhe des Gewölbes über den Fenstern verliert sich der obere Teil des Saales beinah in der Dunkelheit; es liegt jedoch etwas Großartiges und gleichzeitig Feierliches in diesem Halbdunkel, denn wir können den Glanz des satten Goldes und die brillanten Farbtöne des maurischen Pinsels hindurchschimmern sehen.

Der Königsthron steht genau gegenüber dem Eingang in einer Nische, die noch immer eine Inschrift trägt, auf der steht, dass König Jusuf I. (der Monarch, der die Alhambra fertigstellte) diesen zum Thron seines Reiches erkor. Es scheint, als ob alles, was in diesem edlen Saal zu sehen ist, nur dazu dienen sollte, die eindrucksvolle Würde und den Glanz des Thrones hervorzuheben. Hier herrscht nicht die elegante Sinnlichkeit, die in anderen Räume im Palast zu finden ist. Der Turm von massiver Strenge beherrscht das ganze Gebäude und steht an einem steilen Abhang. An drei Seiten des Saales der Gesandten sind Fenster in die ungeheure Breite der Wände hineingeschlagen und erlauben einen Blick in die Weite. Der Balkon des Mittelfensters schaut auf das grüne Tal des Darro, auf seine Spazierwege, Wäldchen und Gärten. Zur linken ist die *Vega* in der Ferne zu sehen; während genau vor dem Turm der rivalisierende Hügel des Albaycín liegt, mit seinem Labyrinth an Straßen, Terrassen und Gärten, in anderen Zeiten von einer Festung gekrönt, die mit der Alhambra wetteiferte. "Welch hartes Schicksal, das eines Mannes, der all dies verlor!" rief Karl V. aus, als er aus diesem Fenster auf das wunderbare Panorama vor diesem Turm blickte.

Der Balkon, an dem der König diesen Satz sprach, ist mit der Zeit einer meiner Lieblingsplätze geworden. Ich habe gerade dort gesessen und das Ende eines langen, strahlenden Tages genossen. Die Sonne sandte, als sie hinter den purpurroten Bergen von Alhama versank, noch einen Strom von Licht in das Tal des Darro, der den roten Türmen der Alhambra eine melancholische Größe verlieh; während die *Vega*, bedeckt mit einem leichten und drückenden Dunstschleier, die letzten Strahlen der Sonne auffing und einem Meer von flüssigem Gold glich. Kein Lufthauch störte die Ruhe der Stunde und obwohl dann und wann leichte Musik und Gesang aus den Gärten des Darro zu hören waren, ließen diese die Stille des Gebäudes, das mich umschloss, nur noch eindrucksvoller erscheinen. Es war eine jener Stunden in denen die Erinnerung eine fast magische Gewalt ausübt, welche, gleich der Abendsonne, die diese verfallenen Türme beleuchtet, ihre rückblickenden Strahlen aussendet, um die Schönheiten vergangener Zeiten so richtig ins Licht zu rücken.

Als ich so die wunderbaren Lichteffekte der untergehenden Sonne auf diesem maurischen Gebäude betrachtete, verglich ich im Geiste die leichten, eleganten und sinnenfreudigen Formen der Innenarchitektur der maurischen Paläste mit der erhabenen, aber düsteren Feierlichkeit der gotischen Gebäude der spanischen Eroberer. Schon in der Bauart spiegeln sich die unversöhnlichen Gegensätze zweier kriegerischer Völker wieder, die hier so lange um die Herrschaft über die iberische Halbinsel gestritten haben. Ich versank in Betrachtungen über dieses einmalige Schicksal der *Moriscos*, der spanischen Araber, deren ganzes Schicksal märchenhaft anmutet, wobei es sich sicherlich um eine der seltsamsten und gleichzeitig glänzendsten Episoden der europäischen Geschichte handelt. Obwohl ihre Herrschaft dauerhaft und mächtig war, wissen wir eigentlich nicht unter welchem Namen wir von ihnen sprechen sollen. Sie waren eine Nation ohne ein rechtmäßiges Vaterland noch einen eigenen Namen. Als eine ferne Woge der großen arabischen Sturmflut gelangten sie an europäisches Gestade und landeten dort mit der ganzen Wucht der ersten Welle. Ihr Eroberungszug vom Felsen Gibraltars bis zu den Berggipfeln der Pyrenäen war ebenso rasch und glänzend wie die muslimischen Siege in Syrien und Ägypten. Wäre ihnen nicht auf der Ebene von Tours Einhalt geboten worden, hätten sie ganz Frankreich und Europa mit der gleichen Leichtigkeit überrollt wie die Reiche im Osten, und auf den Türmen von Paris und London glänzte jetzt der Halbmond.

Von den Pyrenäen zurückgehalten, gaben die gemischten Horden Afrikas und Asiens, aus denen diese Eroberer bestanden, das muslimische Ziel der Eroberung auf und versuchten in Spanien eine friedliche und dauerhafte Herrschaft aufzubauen. Als Eroberer waren sie so tapfer wie maßvoll; und in beidem überragten sie eine Zeit lang alle Nationen, mit denen sie kämpften. Fern von ihrer Heimat liebten sie das Land, das, wie sie meinten, ihnen von Allah geschenkt worden sei, und bemühten sich, es mit allem zu verschönern, was zum irdischen Glück eines Menschen beitragen konnte. Ihre Macht untermauerten und festigten sie durch ein System weiser und gerechter Gesetze, sie pflegten die Künste und die Wissenschaften, förderten Landwirtschaft, Handwerk und Handel und schufen allmählich ein Reich, dem kein christliches Land an Wohlstand, Organisation und Entwicklung nahekam. Auch umgaben sie sich mit all der lieblichen Anmut und Feinheit, die die arabische Herrschaft zur Zeit ihrer größten Blüte im Osten auszeichnete, so dass sie das Licht des orientalischen Wissens über das damals noch umnachtete Europa ausbreiten konnten.

Die Städte des arabischen Spaniens wurden zum Sammelplatz aller christlichen Künstler und Handwerker, die sich in diesen nützlichen Künsten ausbilden wollten. Die Universitäten von Toledo, Córdoba, Sevilla und Granada zogen blasse Studenten viele anderer Länder an, die kamen, um sich hier die arabischen Wissenschaften und die Schätze der antiken Kultur anzueignen. Die Liebhaber der fröhlichen Wissenschaften gingen nach Córdoba und Granada, um dort die Poesie und Musik des Ostens aufzusaugen; die stahlharten Krieger aus dem Norden eilten an die maurischen Fürstenhöfe, sich dort in höfischen Sitten und im edlen Wettstreit hoch zu Ross zu üben.

Wenn die muslimischen Bauten in Spanien, die Moschee von Córdoba, der Alcázar von Sevilla und die Alhambra von Granada, heute noch Inschriften zeigen, in denen von der Größe und der Dauer der Maurenherrschaft gesprochen wird, kann man ihre Bauherren dafür als eitel und anmassend verurteilen? Geschlechter kamen und gingen, Jahrhundert nach Jahrhundert zog vorüber und noch immer waren sie die Herren dieses Landes. Der Zeitraum ihrer Herrschaft ist länger, als derjenige, der seit der Eroberung Englands durch die Normannen vergangen ist. Die Nachkommen von Muza und Tarik haben wahrscheinlich ebenso wenig davon träumen können, einmal wieder über die Meeresenge zurückgetrieben zu werden, die ihre

Vorfahren so siegreich überquert hatten, wie die Nachfahren Wilhelm des Eroberers sich jetzt vorstellen könnten, wieder an die Küsten der Normandie zurückkehren zu müssen.

Trotz allem war das muslimische Reich in Spanien nur eine schöne, fremde Pflanze, die in dem von ihr verschönerten Boden keine Wurzeln schlug. Durch unüberwindbare Schranken des Glaubens und der Sitten von ihren Nachbarn im Westen getrennt und durch Meere und Wüsten von ihresgleichen im Osten abgeschnitten, lebten die *Moriscos* in Spanien völlig isoliert. Ihre ganze Existenz war ein durch Jahrhunderte geführter ritterlicher Kampf um eine Lebensgrundlage in einem widerrechtlich in Besitz genommenen Land.

Sie waren die Vorposten des Islams im westlichen Europa. Die iberische Halbinsel war der Kampfplatz, auf dem die gotischen Eroberer des Nordens und die muslimischen Eroberer des Südens sich trafen und um die Herrschaft stritten; bis endlich nach Jahrhunderten die feurige Kampfeslust der Mauren der ruhigen und ausdauernden Tapferkeit der spanischen Christen unterlag.

Bisher ist kein Volk vollständiger vernichtet worden als die spanischen *Moriscos*. Wo sind sie geblieben? Fragt die Küsten Barbariens und die Wüsten Afrikas! Die exilierten Überlebenden dieses einst machtvollen Reiches verschwanden zwischen den Barbaren Afrikas und wurden als Nation ausgelöscht. Sie haben nicht einmal einen eigenen Namen als Erinnerung zurückgelassen, obwohl sie fast acht Jahrhunderte lang ein eigenes Volk waren. Das Land, das sie jahrhundertelang als ihr eigenes ansahen und besetzt hielten, verweigert ihnen die Anerkennung und behandelt sie ausschließlich als Eindringlinge und Eroberer. Nur wenige verfallene Denkmäler zeugen noch heute von ihrer Macht und Herrschaft. Einsam und vereinzelt stehen sie da wie große Felsen in der Landschaft, die, vom Hochwasser angeschwemmt, noch nach Jahren von der Katastrophe zeugen. Ein Monument dieser Art ist die Alhambra; ein muslimisches Kunstdenkmal mitten in einem christlichen Land; ein orientalisches Bauwerk unter gotischen Gebäuden; ein elegantes Denkmal für ein tapferes, intelligentes und anmutiges Volk, das eroberte, herrschte, blühte und unterging.

DIE GEHEIMNISVOLLEN GEMÄCHER

Eines Tages entdeckte ich bei einem meiner Rundgänge in den maurischen Palästen eine Tür in einer entlegenen Galerie, die offensichtlich zu einem Teil der Alhambra führte, die ich noch nicht entdeckt hatte. Ich versuchte sie zu öffnen, aber sie war verschlossen. Ich klopfte, doch niemand antwortete, und mein Klopfen schien in leeren Räumen wiederzuhallen. Es schien alles sehr geheimnisvoll. Hier lag der verzauberte Teil des Schlosses. Wie konnte ich an die dunklen Geheimnisse herankommen, die hier vor den Augen der Öffentlichkeit versteckt lagen? Sollte ich nachts herkommen, bewaffnet mit Lampe und Schwert; oder sollte ich es wagen, jemandem das Geheimnis zu entlocken, entweder Pepe, dem stotternden Gärtner, oder der einfallsreichen Dolores oder dem geschwätzigen Mateo? Oder sollte ich im Gegenteil ohne Umschweife zur Hauswärterin *Doña* Antonia gehen und sie danach fragen? Ich entschied mich für letzteres, der einfachsten, wenn auch weniger romantischen Lösung; und ich erfuhr, ein wenig zu meiner Enttäuschung, dass es sich nicht um ein Geheimnis handelte. Mir wurde gesagt, ich könnte ohne weiteres die Räume erforschen und der Schlüssel stünde zu meiner Verfügung.

Derart ausgestattet, kehrte ich zur Tür zurück. Sie führte, wie ich angenommen hatte, zu einer Reihe leerer Räume, die sich jedoch ziemlich von den anderen im Palast unterschieden. Die Gemächer waren zwar alt und prächtig, jedoch europäisch; es waren keine Anzeichen maurischer Kunst zu sehen. Die ersten zwei Räume mit hohen und an mehreren Stellen beschädigten Decken aus geschnitztem Zedernholz schmückten florale Motive und Früchte, die sich mit grotesken Masken oder Figuren mischten.

An den Wänden hatten offensichtlich früher edle Wandteppiche gehangen; jetzt waren sie nackt und bekritzelt von Reisenden, die die ehrwürdigen Monumente dazu benutzen, ihre wertlosen Namen einzugraben. Durch die kaputten Fenster, ausgehängt und keinen Schutz gegen Wind und Wetter bietend, schaute man auf einen kleinen idyllischen Garten, in dem ein Alabasterbrunnen zwischen Rosen und Myrthen sprühte, der von Orangen und Zitronenbäumen umgeben war, von denen einige ihre Zweige in die Räume steckten. Hinter diesen Räumen lagen zwei längere aber nicht so hohe Säle, die auch zum Garten schauten. In den Kassettendecken sah man in gut erhaltenem Zustand Körbe mit Früchten und Blumengirlanden, die von einer geschickten Hand gemalt worden waren. Auch die Wände waren mit italienischen, beinah verwitterten Freskenmalereien bedeckt und die Fenster in dem gleichen verwahrlosten Zustand wie die der anderen Zimmer. Diese Reihe prächtiger Räume endete in einer weiträumigen Galerie, deren Balustrade im rechten Winkel auf die andere Seite des Gartens führte. All diese Gemächer mit ihrer anmutigen und eleganten Ausschmückung, derart vollkommen in ihrer Anordnung um den kleinen, abgelegenen Garten herum und so verschieden im Stil von den anliegenden Sälen weckten meine Neugierde, so dass ich mehr über ihre Geschichte erfahren wollte. Meine Nachforschungen ergaben, dass diese Räume Anfang des letzten Jahrhunderts von italienischen Künstlern dekoriert worden waren, als Philipp V. und dessen Gemahlin, die schöne Isabella von Farnese,

Tochter des Herzogs von Parma, in der Alhambra erwartet wurden. Die Räumlichkeiten waren der Königin und ihren Hofdamen vorbehalten. Ihr Schlafgemach hatte sich in einem der höchsten Räume befunden. Ein enges vermauertes Treppchen führte zu einem entzückenden Aussichtsplatz, früher ein *Mirador* der maurischen Sultaninnen, der mit dem Harem verbunden war. Damals wurde er als Ankleiderraum der wunderschönen Isabella hergerichtet und bewahrt noch heute den Namen *Tocador de la Reina* oder der Ankleideraum der Königin.

Ein Fenster des königlichen Schlafgemachs überblickte den Generalife und seine Gartenterrassen; ein anderes lag zu dem schon erwähnten abgelegenen Gärtchen, das eindeutig maurischen Stils war und seine eigene Geschichte hatte. Es war tatsächlich der Garten der Lindaraja, so häufig in den Beschreibungen der Alhambra erwähnt, obwohl ich noch nicht erfahren hatte, wer diese Lindaraja gewesen war. Durch einiges Nachfragen konnte ich das wenige, das man über sie weiss, herausfinden. Sie war eine schöne maurische Dame, die am Hofe Mohammeds des Linkshänders lebte und die Tochter seines treuen Gefolgsmanns, des Alcayde von Málaga, der ihn in seiner Stadt aufnahm, als er vom Thron gestürzt wurde. Als er die Krone wiedererlangte, wurde der Alcayde für seine Treue belohnt. Seine Tochter bekam eigene Räume in der Alhambra zugeteilt und wurde mit Nasar vermählt, einem Jüngling aus dem Geschlecht der Cetti-Merien, Nachfolger von Aben Hud, dem "Gerechten". Die Hochzeitsfeierlichkeiten fanden in den königlichen Palästen statt und ihre Flitterwochen verbrachten sie wahrscheinlich auch unter ihren Kuppeln[1].

[1] Eines der Vorbehalte der maurischen Könige war die Vermählung ihrer Edlen: daher kam es, dass alle Edelmänner, die dem König als Gefolgsleute dienten, im Palast verheiratet wurden; und es gab immer ein Zimmer, das zu diesem Zweck bereit-

stand.- *Paseos por Granada*, Paseo XXI.

Vier Jahrhunderte sind seit dem Tod der schönen Lindaraja vergangen und doch lebt noch viel von der vergänglichen Schönheit jener Plätze, die sie bewohnte. Der Garten, der sie entzückte, blüht noch immer; dort steht der Brunnen, in dem sich ihre Reize einmal gespiegelt haben mögen. Die Alabasterschale hat allerdings ihr blühendes Weiß verloren, das Wasserbecken darunter ist von Unkraut überwuchert und dort tummeln sich jetzt die Eidechsen. Aber es waren gerade diese Anzeichen des Verfalls, die diesen Ort noch anziehender machten, denn sie sprachen von der Vergänglichkeit, dem unentrinnbaren Schicksal des Menschen und seiner Werke. Auch die Trostlosigkeit der Gemächer, die einmal Wohnsitz der stolzen und eleganten Isabella waren, berührten mich noch mehr, als hätte ich sie zu ihrer Blütezeit erlebt, belebt vom Glanz ihres Hofes.

Als ich in meine Räume in die Wohnung des Statthalters zurückkehrte, schien mir alles fade und reizlos nach der Poesie, die von den Orten ausging, die ich gerade besucht hatte. Mir kam unwillkürlich der Gedanke: Wieso sollte ich nicht in diese leeren Räume umziehen? So würde ich wirklich in der Alhambra wohnen, umgeben von ihren Gärten und Brunnen, wie zu Zeiten der maurischen Monarchen. Ich schlug dies *Doña* Antonia und ihrer Familie vor, was große Verwunderung hervorrief. Sie konnten einfach keinen vernünftigen Grund dafür finden, so verlassene, abgelegene und einsame Räume zu wählen. Dolores schrie bei der Vorstellung auf, wie erschreckend einsam es dort war; da flatterten nur Fledermäuse und Eulen herum-, und zudem hausten dort ein Fuchs und eine Wildkatze, die nachts in den anliegenden Bädern ihre Runden drehten.

Zigeunern, die in den Höhlen der umliegenden Hügel hausten; der Palast sei verfallen und an vielen Stellen sei es leicht einzudringen; das Gerücht, dass ein Fremder alleine in diesen einsamen und verfallenen Räumen lebte, könnte unwillkommene Gäste zur Nacht herbeirufen, vor allem da man immer davon ausging, dass Ausländer über viel Geld verfügten. Ich war jedoch nicht von dieser Laune abzubringen und mein Wille war Gesetz für diese guten Leute. Daher wurden bald mit Hilfe eines Zimmermanns und des immer hilfsbereiten Mateo Jiménez die Türen und Fenster in einen einigermaßen sicheren Zustand versetzt und der Schlafraum der königlichen Isabella für meinen Empfang vorbereitet. Mateo bot sich freundlicherweise an, zu meinem Schutz im Vorraum zu schlafen; ich hielt es allerdings nicht für angebracht, seinen Mut derart auf die Probe zu stellen.

Trotz all meiner vorgeblichen Kühnheit und all den getroffenen Sicherheitsmaßnahmen muss ich gestehen, dass die erste Nacht in diesen Räumen unsagbar furchterregend war. Ich glaube nicht, dass es wirklich Angst vor Gefahren von außen war, die mich gefangen nahm, sondern der Platz selber, mit all seinen seltsamen Erinnerungen, den gewalttätigen Handlungen, die hier stattgefunden hatten; das tragische Ende vieler, die hier einmal glanzvoll regierten. Als ich auf dem Weg zu meinen Räumen unter den verwunschenen Sälen des Comaresturmes vorbeiging, kam mir ein Vers in Erinnerung, der mich in meiner Kindheit stark berührt hatte:

"Fate sits on this dark battlements and frowns;
And, as the portal opens to receive me,
A voice in sullen echoes through the courts

Tells of a nameless deed!"[2]

Die ganze Familie begleitete mich zu meinem Raum und verabschiedete sich von mir, wie von jemandem, der ein gefährliches Abenteuer begeht; und als ich hörte wie sich ihre Schritte durch die grossen Vorräume und hallenden Galerien entfernten und dabei meine Tür von innen verschloss, erinnerte ich mich an jene Geschichten von Geistern und Gespenstern, in denen der Held in einem verwunschenen Haus zurückgelassen wird, um dort eine Heldentat zu vollbringen.

Sogar die Erinnerung an die holde Isabella und die schönen Damen des Hofes, die einmal diese Räume belebt hatten, erwies sich nun durch eine Umkehrung des Zaubers als bedrohlich. Hier war der Platz ihrer vergänglichen Schönheit und Freude; hier die Spuren ihrer Eleganz und Lustbarkeiten. Aber was und wo waren sie? Staub und Asche! Bewohner des Jenseits! Geister der Vergangenheit!

Eine unbestimmbare und unbeschreibliche Angst stieg in mir hoch. Ich hätte sie gerne der Furcht vor Einbrechern zugeschrieben, bewirkt durch unsere Unterhaltung am Abend, aber ich fühlte, dass es etwas weniger Reales und noch Absurderes war. Die fast vergessenen abergläubigen Schrecken der Kindheit lebten wieder auf und übten ihre Macht über meine Einbildungskraft aus. Alles wurde nun in den Bann meiner Phantasie gezogen.

Das Flüstern des Windes in den Zitronenbäumen unter meinem Fenster hatte jetzt etwas Bedrohliches. Ich warf einen Blick in den Garten der Lindaraja; die Bäume

[2] "Das Schicksal sitzt auf diesen Mauern und Wällen;
Und als das Tor sich öffnet mich zu empfangen,
Klingt das Echo einer Stimme durch die Hallen
Erzählt von unsagbaren Taten!"

Klingt das Echo einer Stimme durch die Hallen
Erzählt von unsagbaren Taten!"

erschienen mir wie ein Abgrund voller Schatten; die
Büsche bildeten scheußliche und verwirrende Umrisse.
Ich fühlte mich befreiter, nachdem ich mein Fenster
geschlossen hatte; jetzt aber wurde mein Zimmer von
diesem Gefühl angesteckt. Da war ein leichtes rascheln-
des Geräusch genau über meinem Kopf; eine
Fledermaus schoss aus dem morschen Gebälk hervor
und begann im Raum und um meine einsame Lampe
herumzuflattern; und als dieses schicksalschwere Tier
mit seinen lautlosen Flügeln beinah mein Gesicht
berührte, schienen die grotesken Gesichter im Halbrelief
der Zedernholzdecke, aus der es herausgeflattert war,
Grimassen zu schneiden und sich über mich lustig zu
machen.

Ich stand auf und halb belustigt über meinen
Angstanfall, beschloss ich wie ein wahrer Held in einem
verwunschenen Schloss, mich der Gefahr zu stellen. So
nahm ich meine Lampe in die Hand und begann einen
Rundgang durch den Palast. Unabhängig von jedwedem
Geisteszustand war dies ein schwieriges Unterfangen.
Ich musste riesige Säle durchqueren und geheimnisvolle
Galerien, wo die Strahlen meiner Lampe kaum mehr als
ein schwaches Umfeld um mich herum erleuchteten. Ich
ging daher vorwärts, geleitet von einem kleinen
Lichtstrahl und umgeben von der undurchdringlichen
Mauer der Dunkelheit. Die gewölbten Gänge wirkten
wie Höhlen; die Decken der Hallen verloren sich in der
Düsternis. Ich erinnerte mich an alles, was mir von den
möglichen Gefahren erzählt worden war, von den
Eindringlingen in diesen verlassenen und verfallenen
Räumen. Lauerte mir dort wohl, vor oder hinter mir, ein
übler Geselle im dunkeln auf? Mein eigener Schatten an
den Wänden begann mich zu stören. Das Echo meiner

lichen Erinnerungen besetzt waren. Ein dunkler Gang führte zu der Moschee, in der der maurische Monarch Yusuf, der die Alhambra fertigstellte, hinterlistig ermordet worden war. An einer anderen Stelle ging ich eine Galerie entlang, in der ein anderer Monarch durch den Dolchstoß eines Verwandten, dem er seine Liebste entrissen hatte, niedergestreckt wurde.

Plötzlich erreichte mein Ohr das schwache Murmeln von traurigen Stimmen und klirrenden Ketten. Es schien aus dem Saal der Abencerrages zu kommen. Ich wusste, dass es das Rauschen des Wassers in den unterirdischen Wasserleitungen war, aber mitten in der Nacht hörte es sich seltsam an und erinnerte mich an die Schauergeschichten, zu denen es Anlass gegeben hatte.

Kurz danach überwältigten mich jedoch Geräusche, die so erschreckend wirklich waren, dass sie nicht das Werk meiner Einbildung sein konnten. Als ich durch den Saal der Gesandten ging, schwoll das Geräusch an, ein leises Stöhnen und stoßweises Schreien, gerade unter meinen Füßen. Ich hielt an und horchte. Es schien mal von außen her zu kommen, dann wieder aus dem Inneren des Turmes. Dann brachen plötzlich Schreie wie die eines Tieres aus - danach hohe Kreischtöne und unverständliche Ausrufe. Zu dieser späten Stunde und an diesem besonderen Platz war der Eindruck überwältigend. Ich hatte keine Lust mehr zu weiteren Erkundungen, weshalb mein Rückweg viel schneller verlief als mein Hinweg, und ich atmete erst freier, als ich wieder in meinem Zimmer war und die Tür von innen verschlossen hatte. Als ich morgens aufwachte und die Sonne in mein Zimmer schien, die jeden Winkel dieses Gebäudes mit ihren fröhlichen und wahrheitsliebenden Strahlen erleuchtete, konnte ich mir kaum die Schatten und Phantasien der vorherigen Nacht ins Gedächtnis rufen, noch glauben, dass die Plätze, die um mich herum so nackt und erkennbar lagen, mit solch eingebildeten Schrecken bekleidet gewesen sein konnten.

Dennoch, die schrecklichen Schreie und Ausbrüche, die ich gehört hatte, waren nicht eingebildet; sie wurden mir bald von meiner Hausmagd Dolores erklärt. Es waren die Anfälle eines armen Verrückten, eines Bruders ihrer Tante, der während seiner heftigen Schreianfälle in einem der Gewölbe unter dem Saal der Gesandten eingesperrt wurde.

Im Laufe einiger Abende fand eine tiefe Verwandlung an diesem Platz statt und damit veränderten sich auch die entsprechenden Gedankenverbindungen. Der Mond, der unsichtbar gewesen war, als ich die Räume in Besitz nahm, gewann jeden Abend etwas mehr Macht über die Dunkelheit und erhob sich schliesslich in all seiner Pracht über den Türmen, eine Flut sanften Lichts, das in jeden Hof und jeden Saal floss. Der Garten unter meinem Fenster, der zuvor in der Düsternis gelegen hatte, war jetzt lieblich erleuchtet; die Orangen und Zitronenbäume silberbesprenkelt; der Brunnen sprühte unter den Strahlen des Mondes und sogar das Purpurrot der Rosen war noch erkennbar.

Jetzt konnte ich die poetische Wahrheit der arabischen Inschrift auf den Wänden nachempfinden, -"Wie wunderschön ist dieser Garten; der Platz, an dem die Blumen der Erde mit den Sternen des Himmels wetteifern. Kann etwas mit der Schale eines Alabasterbrunnens, mit ihrem kristallklaren Wasser verglichen werden? Nichts als der Mond in seiner Fülle, der inmitten eines wolkenlosen Himmels scheint!"-

An solch himmlischen Nächten saß ich dann stundenlang an meinem Fenster, atmete die Süße des Gartens ein und dachte an die wechselhaften Schicksale jener, deren Geschichte sich schemenhaft in dieser eleganten Umgebung widerspiegelte. Manchmal, wenn alles in tiefer Ruhe lag und die Uhr von der Kathedrale Granadas Mitternacht schlug, unternahm ich noch einen

Rundgang durch das ganze Gebäude; aber welch ein Unterschied zu meinem ersten Besuch! Nichts war mehr dunkel und geheimnisvoll; nichts mehr mit schattenhaften Unholden bevölkert; keine Erinnerung mehr an Morde und Gewalttaten; alles war offen, weiträumig, wunderschön; alles rief angenehme und romantische Phantasien wach; Lindaraja ging wieder in ihrem Garten spazieren; die fröhlichen maurischen Edelmänner von Granada entfalteten wieder einmal im Löwenhof ihre Pracht. Wer kann einer Mondnacht in solch einem Klima und an solch einem Platz gerecht werden? Die Temperatur einer Sommernacht in Andalusien ist beinahe ätherisch. Wir scheinen in eine reinere Atmosphäre erhoben worden zu sein, fühlen einen Seelenfrieden, eine Geistesfreude, eine Beweglichkeit des Körpers, die die reinste Lebensfreude erweckt. Wenn dazu noch das Mondlicht kommt, bewirkt es, dass man sich wie verzaubert fühlt. Unter seinem klaren Strahl gewinnt die Alhambra ihre ursprüngliche Größe zurück. Jedes Mal und jede Spur der Zeit und des Wetters sind verschwunden; der Marmor schimmert in ursprünglicher Helle; die langen Säulengänge glänzen im Mondlicht; die Säle werden durch eine sanftes Licht erleuchtet, - wir fühlen uns im verzauberten Palast eines arabischen Märchens.

Welch ein Genuss, in solch einer Nacht zum kleinen luftigen Pavillon des königlichen Ankleideraums hochzusteigen, zum *Tocador de la Reina*, der wie ein Vogelkäfig über dem Tal des Darro hängt, und von seinen leicht geschwungenen Arkaden auf diese Mondlandschaft zu schauen. Zur Rechten die hohen Berge der Sierra Nevada, die, ihrer eckigen Umrisse beraubt, sich in eine Feenlandschaft verwandelt haben und sich mit ihren beschneiten Gipfeln wie silberne Wolken gegen den tiefblauen Himmel abheben. Und sich dann über die Balustrade des *Tocador* zu lehnen und auf Granada und den Albaycín herunterzuschauen, die sich einer Stadtkarte gleich da unten hinziehen; alles ist in tiefen Frieden gehüllt; die weissen Paläste und Klöster schlafen im Mondschein und in der Ferne verschwindet wie ein Traumland die schemenhafte Vega.

Manchmal ist von der Papelallee her das schwache Klappern von Kastagnetten zu hören; da tanzen wohl einige fröhliche Andalusier die Sommernacht durch. Manchmal legen die schwachen Klänge einer Gitarre und der Gesang einer verliebten Stimme Zeugnis davon ab, dass irgenwo ein Verliebter mondsüchtige Serenaden unter dem Fenster seiner Geliebten hält.

Ich habe hier nur eine schwache Vorstellung von den Mondnächten vermitteln können, die ich damit verbracht habe, durch die Höfe und Hallen dieses Gebäudes, die so vieles in mir wachrufen, zu streifen. Ich habe meine Phantasie mit lieblichen Vorstellungen genährt und diese Mischung aus Verträumtheit und sinnlicher Wahrnehmung genossen, die einem das Leben in südlichen Gefilden raubt; so dass es häufig schon Morgen war, bevor ich mich ins Bett zurückzog, wo ich dann vom Plätchern des Wassers im Brunnen der Lindaraja eingeschläfert wurde.

DIE AUSSICHT VOM COMARESTURM

Es ist ein wolkenloser und schöner Morgen und die Sonne ist noch nicht stark genug, die Kühle der Nacht zu vertreiben. Welch wunderbarer Morgen, um auf die Spitze vom Comaresturm zu steigen und Granada und seine Umgebung aus der Vogelperspektive zu betrachten!

Komm mit mir, edler Leser und Begleiter, folge meinen Schritten in diese reichgeschmückte Vorhalle, die in den Saal der Gesandten führt. Wir werden allerdings nicht in diesen Saal eintreten, sondern uns zu einer kleinen Tür in der Wand richten. Vorsicht! Hier ist die Treppe steil und gewunden und es dringt nur wenig Licht ein; jedoch auf dieser engen, dunklen Wendeltreppe sind die stolzen Monarchen und ihre Gemahlinnen oft hochgestiegen, um von dieser Warte aus heranziehende feindliche Armeen oder die Schlachten in der Vega klopfenden Herzens zu beobachten.

Schließlich erreichen wir die Dachterrasse und schöpfen wieder Atem; und mit einem Blick nehmen wir diese prächtige Aussicht auf die Stadt und das umliegende Land wahr: zerklüftete Berge, grüne Täler und fruchtbare Ebenen; das Schloss, die Kathedrale, maurische Türme, gotische Kuppeln, zerfallene Ruinen und blühende Gärten. Wir treten an die Zinnen heran und schauen genau unter uns. Auf dieser Seite liegt die ganze Anlage der Alhambra ausgebreitet vor uns und wir können in ihre Höfe und Gärten hineinsehen. Am Fuße des Turmes liegt der blumenumgebene Hof der Alberca mit seinem großen Fischteich; daneben der Löwenhof mit seinem berühmten Brunnen und seinen luftigen maurischen Arkaden; und in der Mitte des Gebäudes der kleine Garten der Lindaraja, gleichsam als Herzstück der ganzen Anlage, wo Rosen, Zitronen und smaragdgrüne Büsche blühen.

Dieser Gürtel, gebildet durch Wälle und Zinnen und mit viereckigen Türmen bestückt, zieht sich um den ganzen Hügel und ist die Außengrenze der Festung. Einige Türme liegen in Ruinen und ihre massiven Steinblöcke liegen unter Weinstöcken, Feigenbäumen und Aloesträuchern begraben.

Jetzt blicken wir vom Turm aus in Richtung Norden. Welch schwindelerregende Höhe! Das Fundament des Turmes ragt hier zwischen den Bäumen des steilen Abhangs empor. Und schau nur! Ein langer Riss in den massiven Wänden weist darauf hin, dass der Turm von einem dieser Erdbeben erschüttert wurde, die Granada von Zeit zu Zeit heimgesucht haben und die dieses zerbröckelnde Gebäude früher oder später in eine riesige Ruine verwandeln werden. Die tiefe Schlucht unter uns, die allmählich in Richtung der Berge breiter wird, ist das Tal des Darro. Der kleine Fluss schlängelt sich zwischen schattigen Terrassen, Obsthainen und Blumengärten hindurch. In alten Zeiten war dieser Strom bekannt für sein Gold, und sein Sand wird manchmal noch auf der Suche nach diesem kostbaren Material durchwühlt. Einige dieser weißen Häuschen, die hier und dort zwischen Bäumen und Weinreben hervorschimmern, waren Sommerhäuser der Mauren, in denen sie die Kühle ihrer Gärten genossen. Mit Recht vergleichen sie einige ihrer Dichter mit in Smaragden eingefassten Perlen.

Der luftige Palast mit seinen hohen weißen Türmen und langen Arkaden, der sich zwischen üppigen Hainen und hängenden Gärten an den gegenüberliegenden

Hügel lehnt, ist der Generalife, der Sommerpalast der maurischen Könige.Dorthin zogen sie sich in der heißesten Jahreszeit zurück, um dort eine noch frischere Brise als die der Alhambra zu genießen. Der nackte Berggipfel oberhalb, auf dem man eine formlose Ruine erkennen kann, heißt *Silla del Moro* oder der Sitz des Mauren, wohin sich der unglückliche Boabdil während einer Volkserhebung flüchtete und von wo aus er tief betrübt auf seine rebellierende Stadt herunterblickte.

Das Murmeln eines Wasserlaufs steigt dann und wann aus dem Tal herauf. Das Wasser stammt vom Aquädukt einer maurischen Mühle, die am Fuße des Hügels liegt. Die Baumallee am Ufer des Darro ist die *Alameda*, in der sich abends die Bevölkerung von Granada trifft und wo die Verliebten sich in Sommernächten, wenn die Gitarre zu später Stunde von den Bänken am Ufer erklingt, ein Stelldichein geben. In diesem Augenblick sind nur einige müßige Mönche und eine Gruppe Wasserträger zu sehen. Letztere tragen Wasserkrüge alter maurischer Machart, wie sie auch schon von den Mauren benutzt wurden, und die sie mit dem kühlen und sauberen Wasser der *Fuente del Avellano* gefüllt haben. Ein Bergpfad führt zu diesem Brunnen, einem Lieblingsort sowohl der Moslems wie auch der Christen; denn es soll sich um den Adinamar (*Aynu-l-adamar*) den "Brunnen der Tränen" handeln, der von Ibn Batuta, dem Reisenden, erwähnt, und in den Geschichten und Romanzen der Mauren besonders hervorgehoben wird.

Plötzlich schreckt uns der Flügelschlag eines Habichts auf, den wir in seinem Nest gestört haben. Dieser alte Turm ist eine bevorzugte Brutstätte für Vögel aller Art; in jedem Mauerloch und jeder Ritze nisten Schwalben und Mauersegler, die den ganzen Tag durch die Luft gleiten; während nachts, wenn alle anderen Vögel schlafen, die Schleiereule aus ihrem Versteck hervorkommt und ihren düsteren Schrei von den Zinnen hören läßt. Sieh nur, wie der Habicht, den wir aufgeschreckt haben, unter uns davonschwebt, über die Wipfel der Bäume streift und zu den Ruinen über dem Generalife gleitet.

Ich sehe, du hebst deinen Blick zu den verschneiten Gipfeln einer Bergkette, die wie eine weiße Sommerwolke im Himmel glänzt. Es ist die Sierra Nevada, der Stolz und die Freude Granadas; der Ursprung ihrer frischen Brise und des immerwährenden Grüns, ihrer sprudelnden Brunnen und ewigen Wasserströme. Diese herrliche Bergkette verleiht Granada jene rare und köstliche Mischung, die so selten in einer südlichen Stadt ist - frische Vegetation und gemäßigte Temperaturen einerseits und das belebende Strahlen der südlichen Sonne und das wolkenlose Blau des Himmels anderseits. Sie trägt einen Schatz an ewigem Schnee, der mit zunehmender Sommerhitze schmilzt und Bächlein und Ströme durch jeden Spalt und jede Schlucht der Alpujarras schickt, wobei er smaragdgrüne Fruchtbarkeit in fortlaufende Täler verteilt, die das Glück haben, dieses Wasser zu empfangen.

Diesen Bergen verdankt Granada seine Herrlichkeit. Sie beherrschen ganz Andalusien und können von den verschiedensten Stellen aus gesehen werden. Der Maultiertreiber grüßt sie, sobald er in der sengendheißen Ebene ihre eisigen Gipfel erkennen kann; und der spanische Seemann auf dem Deck seines Schiffes weit, weit entfernt, mitten auf dem blauen Mittelmeer, betrachtet sie nachdenklich und denkt an das entzückende Granada, während er leise eine alte maurische Romanze singt.

Am Fuße dieser Bergkette liegt im Süden eine Reihe baumloser Hügel, durch die sich ein langer Zug Maulesel langsam fortbewegt. Dort fand der letzte Akt der moslemischen Herrschaft statt. Vom Gipfel eines dieser Hügel warf der unglückselige Boabdil noch einen letzten Blick auf Granada und gab seinem Schmerz freien Lauf. Es ist der in Geschichten und Liedern besungene Platz, genannt der "letzte Seufzer des Mauren".

Weiter unten gehen diese trockenen Hügel in die üppige *Vega* über, aus der sie sich gleichzeitig erheben. Eine blühende Wildnis, bestehend aus Bäumen und Gärten mit Tausenden von Obsthainen, durchzogen vom silbernen Band des Genil, der unzähligen Bewässerungskanälen das Wasser liefert und das ewige Grün der Landschaft erhält. Hier liegen die Gärten mit ihren Gartenlauben und den Landhäusern, für die die unglückseligen Mauren so tapfer kämpften. Die Häuschen und Bauernhäuser, die jetzt vom ungeschlachten Volk bewohnt werden, bezeugen mit ihren Arabesquen und anderen geschmackvollen Überresten ihrer alten Dekoration, dass sie elegante Residenzen der Mauren gewesen sind. In der Mitte dieses abwechslungsreichen Tales gewahrt man einen Platz, der in gewisser Weise die Geschichte der alten mit der der neuen Welt verbindet. Eine Linie an Mauern und Türmen, die in der Morgensonne glänzen, verweist auf die Stadt Santa Fé, erbaut von den katholischen Königen während der Belagerung Granadas, nachdem ihr Zeltlager in einem Überfall zerstört worden war. In diese Mauern wurde Kolumbus von der heroischen Königin zurückgerufen und hier wurde der Vertrag unterzeichnet, der zu der Entdeckung der westlichen Welt führen sollte. Im Westen, hinter einem Felsvorsprung liegt die Brücke von Pinos, bekannt für viele blutige Kämpfe zwischen Mauren und Christen. An dieser Brücke holte ein Bote Kolumbus ein, als dieser schon die Hoffnung aufgegeben hatte, die christlichen Könige für sein Projekt zu gewinnen und auf dem Weg war, dasselbe dem Königshof in Frankreich zu unterbreiten.

Hinter der Brücke umringt eine Bergkette die Vega, die frühere Grenze zwischen Granada und den christlichen Ländern. Zwischen ihren Gipfeln sind noch die alten Kriegerstädte zu erkennen; ihre grauen Mauern und Anlagen unterscheiden sich kaum von den Felsen, auf denen sie gebaut worden sind. Hier und dort steht ein einsamer *Atalaya* oder Wachturm auf einem Berggipfel und schaut, als sei es vom Himmel, auf die Täler zu beiden Seiten hinunter. Wie häufig haben doch diese *Atalayas* mit Feuer bei Nacht und Rauchzeichen bei Tag vor herannahenden Feinden gewarnt! Durch eine dieser Bergschluchten, *Paso de Lope* genannt, drangen die christlichen Armeen in die *Vega* ein. Um jenen grauen und nackten Berg herum (*Sierra Elvira*), dessen trockene Felsen sich bis in die Mitte der Ebene hinein erstrecken, erschienen die eindringenden Schwadrone mit wehenden Bannern zum Klang der Trommeln und Trompeten.

Fünfhundert Jahre sind vergangen, seitdem Ismael ben Ferrag, ein Maurenkönig von Granada, von diesem Turm aus eine dieser Invasionen und die schamlose Plünderung der *Vega* mit ansehen musste, zu welcher Gelegenheit er ein Beispiel ritterlicher Großmut gab, das häufig in den Annalen bezeugt wird; "dessen Geschichte - so sagt ein arabischer Chronist - viele großzügige und edle Handlungen aufweist, die durch alle kommenden Zeiten überliefert und im Gedächtnis der Menschen verbleiben werden". Aber setzen wir uns auf diesen Mauervorsprung und ich werde die Anekdote erzählen.

Es war im Jahr 1319 unserer Zeitrechnung, als Ismael ben Ferrag von diesem Turm aus ein christliches Feldlager in den Falten der Sierra Elvira ausmachte. Die Prinzen Don Juan und Don Pedro, die Regenten Kastiliens für den minderjährigen Alfons XI., hatten das Land schon von Alcaudete bis Alcalá la Real verwüstet, das Schloss von Illora erobert und seine Vororte in Brand gesteckt, und jetzt brachten sie ihre schamlose Plünderung vor die Tore Granadas, womit sie den König herausforderten, ihnen eine Schlacht zu liefern.

Obwohl Ismael ein junger und verwegener Prinz war, zögerte er, diese Herausforderung anzunehmen. Er hatte nicht genügend Truppen zur Hand und erwartete Verstärkung aus den Nachbarstädten. Die christlichen Prinzen, die seine Absicht missverstanden, gaben die Hoffnung auf einen Kampf auf und nachdem sie befanden, hinreichend geplündert zu haben, brachen sie ihre Zelte ab und begannen ihren Rückzug. Don Pedro führte die Truppen an und Don Juan bildete die Nachhut, aber sie marschierten in unordentlichen und unregelmäßigen Reihen, da das Heer verwöhnt worden war durch die reiche Beute, die es sich angeeignet hatte.

In der Zwischenzeit erhielt König Ismael die erwartete Verstärkung, unterstellte sie dem Kommando von Osmyn, einem seiner tapfersten Generäle, und sandte sein Heer schnellstens zur Verfolgung seiner Feinde aus. Diese wurden in einer der Bergschluchten überholt. Die Panik brach unter ihnen aus; sie wurden vollständig aufgerieben und unter großen Verlusten über die Grenze zurückgetrieben. Beide Prinzen verloren ihr Leben. Der Leichnam Don Pedros wurde von seinen Soldaten mitgenommen, aber der von Don Juan war in der Dunkelheit nicht zu finden. Sein Sohn schrieb dem maurischen König und bat ihn darum, den Körper seines Vaters zu suchen, um ihn würdig bestatten zu können. Ismael vergaß für einen Augenblick, dass Don Juan ein Feind war, der ihn vor den Toren seiner Hauptstadt beleidigt und ausgeraubt hatte; er dachte an ihn nur als einem edlen Ritter und einem königlichen Prinzen. Er befahl daher, den Körper zu suchen. Er wurde in einem *Barranco* gefunden und nach Granada gebracht. Dort ließ er ihn, umgeben von Fackeln und Kerzen, in einer der Hallen der Alhambra aufbahren. Osmyn und andere edle Ritter hielten die Totenwache und den christlichen Gefangenen wurde befohlen, für ihn zu beten.

Unterdessen schrieb Ismael dem Sohn von Prinz Juan,

er könne einen Konvoi schicken, um den Körper abzuholen und versicherte ihm, er würde ihn wie verabredet
übergeben. Zu gegebener Zeit erschien eine Gruppe
christlicher Edelmänner zu diesem Zweck. Sie wurden
ehrenvoll von Ismael empfangen und bewirtet, und bei
ihrer Abreise begleitete eine Ehrengarde maurischer
Ritter den Trauerzug bis zur Grenze.

Aber genug davon; die Sonne steht hoch über den
Bergen und ergießt sich über uns. Die Dachterrasse
unter unseren Füßen ist schon heiß; verlassen wir sie
und erfrischen wir uns unter den Arkaden beim Brunnen
im Löwenhof.

DER BALKON

Ich habe schon an anderer Stelle einen Balkon am Mittelfenster des Saales der Gesandten erwähnt. Er diente mir sozusagen als Warte, auf der ich häufig zu sitzen pflegte und nicht nur den Himmel, sondern auch die Erde unter mir beobachtete. Außer der wunderbaren Aussicht auf die Berge, das Tal und die *Vega* lag auch eine kleine bewegte Szene aus dem menschlichen Alltag offen vor meinen Blicken. Am Fuße des Hügels war eine *Alameda* oder Allee zu sehen, die ein buntes und malerisches Publikum vorweisen konnte, obwohl sie nicht so beliebt war wie die modernere und prächtigere Promenade des *Paseo* am Genil. Hier kommt nämlich der Kleinadel der Vorstädte mit den Priestern und Mönchen zusammen, die täglich ihren Verdauungsspaziergang zu machen pflegen; zudem die *Majos* und *Majas,* die schönen jungen Männer und Frauen des einfachen Volkes in ihren andalusischen Trachten; prahlerische *Contrabandistas* und manchmal halb vermummte, geheimnisvolle Müßiggänger aus den höheren Ständen, die zu einem Treffen eilen.

Es war eine bewegte Darstellung des spanischen Lebens und Charakters, die ich entzückt betrachtete; und auf die gleiche Weise, wie der Astronom mit seinem Fernglas den Himmel erforscht und auf diese Art die Sterne zu ihrer Untersuchung heranholt, so benutzte ich für meine Beobachtungen ein kleineres Glas in Taschenformat, mit dem ich die unteren Gefilde durchkämmte und die Bewegungen dieser bunten Gruppen so nahe an mich heranbrachte, dass ich beinah die Unterhaltungen an ihren Spielen und am Ausdruck ihrer Gesten ablesen konnte. Derart war ich in gewissem Sinne ein unsichtbarer Beobachter und konnte mich von einem Augenblick zum anderen in die Mitte der Gesellschaft begeben, ohne meine Einsamkeit aufzugeben -ein kostbarer Vorteil für jemanden mit eher scheuen und ruhigen Gewohnheiten, der, wie ich, gerne das Drama des Lebens beobachtet, ohne daran teilnehmen zu wollen.

Es liegt eine ziemlich große Vorstadt unter der Alhambra, die sich durch die enge Schlucht des Tals bis hinauf zum gegenüberliegenden Hügel des Albaycín zieht. Viele der Häuser sind im maurischen Stil erbaut, mit den offenen *Patios* oder Höfen in der Mitte, vom Wasser eines Springbrunnens gekühlt; und da die Bewohner einen Großteil ihrer Zeit in diesen Höfen und im Sommer auf den Dachterrassen verbringen, kann ein Beobachter aus der Höhe, der wie ich aus den Wolken auf sie herabschaut, vieles aus ihrem Alltagsleben erfahren.

Ich genoss in gewisser Weise den gleichen Vorteil wie der spanische Student in jener berühmten alten spanischen Erzählung, der ganz Madrid ohne Dächer beobachten konnte; und so wie ihm Asmodeo, erzählte mir mein geschwätziger Knappe Mateo Jiménez die Anekdoten der diversen Anwesen und deren Bewohner.

Ich zog es allerdings vor, mir selber alle möglichen Geschichten auszudenken, weshalb ich mich stundenlang damit unterhielt, zufällige Vorfälle und verschiedene Verhaltensweisen der Sterblichen unter mir als Anlass zur Ausmalung entsprechender Vorhaben, Intrigen und Beschäftigungen zu nehmen. Es gab kaum ein hübsches Gesicht oder auffällige Gestalt, die ich täglich sah, um die ich nicht irgendeine dramatische Geschichte gesponnen hätte, obwohl einige meiner Hauptdarsteller manchmal genau das Gegenteil von dem taten, was ihrer Rolle entsprochen hätte und damit das ganze Drama durcheinanderbrachten. Als ich eines Tages mit meinem Fernglas die Straßen des Albaycíns erforschte, beobachtete ich einen Begleitzug für eine Novize, die auf dem Weg zum Kloster war, um den Schleier zu nehmen. Dabei fielen mir mehrere Umstände auf, die in mir die stärkste Anteilnahme am Schicksal dieses jungen Wesens hervorriefen, das im Begriffe stand, sich lebendig begraben zu lassen. Ich stellte zu meiner Genugtung fest, dass sie schön und der Blässe ihrer Wangen nach zu urteilen, eher ein Opfer war und nicht freiwillig handelte. Sie trug Brautkleidung und einen weißen Brautkranz; doch ihr Herz sträubte sich ganz offensichtlich gegen diese überirdische Vereinigung und sehnte sich nach einer irdischen Liebe. Ein großer, ernster Mann ging an ihrer Seite; es handelte sich natürlich um ihren tyrannischen Vater, der aus irgendeinem frommen oder undurchsichtigen Grund dieses Opfer gefordert hatte. In der Menschenmenge befand sich ein braunhäutiger, gutaussehender junger Mann in andalusischer Tracht, der sie leiderfüllt zu betrachten schien. Zweifellos handelte es sich um den geheimen Geliebten, von dem sie für immer getrennt wurde. Meine Empörung wuchs, als ich die boshaften Blicke der sie begleitenden Mönche und Priester wahrnehmen konnte. Der Zug erreichte die Klosterkapelle; die Sonne warf zum letzten Mal ihre Strahlen auf den Kranz der armen Novize, bevor sie die verhängnisvolle Schwelle überschritt und für immer in diesem Gebäude verschwand. Die Menschenmenge strömte hinterher, in Kutten gekleidet und mit Kreuz und Gesang; der geheime Geliebte zögerte an der Tür. Ich konnte den Tumult seiner Gefühle erahnen; aber er beherrschte sich und ging hinein. Danach geschah lange Zeit gar nichts. Ich stellte mir die Szene im Gebäude vor:

die arme Novize wurde ihres irdischen Schmuckes beraubt und mit der Nonnentracht gekleidet, der Brautkranz von ihrer Stirn entfernt und von ihrem schönen Haupt die langen seidenen Haare geschoren. Ich hörte das Murmeln ihres unwiderruflichen Gelübdes. Ich sah sie auf einer Bahre; sie wurde mit einem Leichentuch bedeckt; die Totenmesse verkündete, dass die Welt für sie gestorben sei; ihre Seufzer gingen im tiefen Dröhnen der Orgel und im klagenden Requiem der Nonnen unter; der Vater sah unbewegt vor sich hin; der Geliebte- nein -meine Phantasie weigerte sich das Leid des Geliebten auszumalen- an dieser Stelle blieb das Bild leer.

Nach längerer Zeit erschien die Menschenmenge wieder und verlief sich auf verschiedenen Wegen, um das Sonnenlicht zu genießen und sich in den Strom des Lebens zu werfen; aber das Opfer mit dem Brautkranz war nicht mehr dabei. Die Tür des Klosters trennte sie für immer von der Welt. Ich sah den Vater und den Geliebten davongehen; sie führten eine ernste Unterhaltung. Letzterer gestikulierte heftig; ich erwartete ein gewalttätiges Ende dieses Dramas; aber eine Häuserreihe kam dazwischen und beendete die Szene. Danach richtete ich meine Blicke häufig mit schmerzlichem Interesse auf das Kloster. Ich bemerkte eines nachts den Schein eines einsamen Lichts in einem der vergitterten Turmfenster. "Da -sagte ich zu mir- sitzt die unglückliche Nonne weinend in ihrer Zelle, während ihr Geliebter vielleicht auf der Straße unter ihr in unbeschreiblicher Trauer hin und her läuft."

Der dienstfertige Mateo unterbrach mein Fabulieren und zerstörte in einem Augenblick mein phantasievolles Hirngespinst. Mit seinem charakteristischen Eifer hatte er Erkundungen zu den Einzelheiten dieser Szene eingeholt, die meine Traumbilder im Nu verscheuchten. Die Heldin meiner romantischen Geschichte war weder jung noch schön; sie hatte keinen Geliebten; sie war freiwillig ins Kloster, einen würdigen Zufluchtsort, eingetreten und gehörte zu seinen zufriedensten Bewohnerinnen.

Es verging einige Zeit bis ich der Nonne vergeben konnte, dass sie, entgegen allen Regeln einer romantischen Geschichte, so glücklich in ihrer Zelle war. Ich tröstete mich jedoch, indem ich ein oder zwei Tage lang das kokette Flirten einer dunkeläugigen brünetten Schönheit beobachtete, die sich hinter den blühenden Ranken ihres Balkons, den ein seidenes Zeltdach bedeckte, in einer geheimnisvollen Zeichensprache mit ihrem braungebrannten, gutaussehenden, mit einem stattlichen Schnurrbart versehenen, jungen Kavalier unterhielt, der oft auf der Straße unter ihrem Fenster spazieren ging. Manchmal sah ich ihn zu früher Morgenstunde davonschleichen, bis zur Nasenspitze in einen Mantel gehüllt. Manchmal stand er in verschiedenen Verkleidungen an der Straßenecke, offenbar auf ein geheimes Zeichen wartend, um in das Haus zu schlüpfen. Dann war wieder nachts das Klimpern einer Gitarre zu hören und eine Laterne bewegte sich auf dem Balkon von einer Seite zur anderen. Ich malte mir eine Liebesintrige aus, wie die von Almaviva in Figaros Hochzeit, aber von neuem wurden meine Phantasiegebilde zerstört. Der angebliche Geliebte entpuppte sich als der Ehemann der schönen Dame, ein bekannter *Contrabandista*; und all diese geheimnisvollen Zeichen und Bewegungen entsprachen zweifelsohne der Planung eines Schmuggelgeschäftes.

Manchmal vergnügte ich mich damit, von diesem Balkon aus, je nach Tageszeit, den Wechsel der Szenen unter mir zu beobachten.

Kaum hat das Morgenrot den Himmel gestreift und der erste Hahn aus den Hütten am Hügel gekräht, erwacht auch schon das Leben in den Vorstädten, denn die kühlen Morgenstunden sind kostbar in der heißen

Jahreszeit eines südlichen Klimas. Jeder ist darauf bedacht, der Sonne, bei den Geschäften des Tages, keinen Vorsprung zu gewähren. Der Maultiertreiber macht sich mit seinen schwer beladenen Tieren auf die Reise; der Reisende schnallt seinen Karabiner am Sattelknopf fest und steigt am Tor der Herberge auf sein Pferd; der sonnengegerbte Bauer treibt auf dem Land seine Tragtiere mit Körben voll mit sonnengereiftem Obst und taufrischem Gemüse an, denn die vorsorglichen Hausfrauen eilen schon auf den Markt.

Die Sonne ist aufgegangen und scheint durch das Tal, wobei sie das durchsichtige Laub der Bäume erglänzen läßt. Die Kirchenglocken erklingen mit ihrer lieblichen Melodie in der frischen, klaren Luft und verkünden die Stunde der Andacht. Der Maultiertreiber hält seine Lasttiere vor der Kapelle an, steckt den Peitschenstiel in den Gürtel, glättet sein rabenschwarzes Haar und tritt mit dem Hut in der Hand in die Kirche, um dort die Messe zu hören und für eine glückliche Fahrt durch die *Sierra* zu beten. Als nächstes erscheint leichten Schrittes eine anmutige *Señora* in schmucker *Basquiña*, den niemals ruhenden Fächer in der Hand, mit blitzenden schwarzen Augen unter der anmutig über den Kopf geworfenen *Mantilla;* um ihr Morgengebet zu verrichten, geht sie zu einer gutbesuchten Kirche in der Nachbarschaft; aber das geschmackvoll anliegende Kleid, die zierlichen Schuhe und hauchdünnen Strümpfe, die rabenschwarzen, kunstvoll geflochtenen Zöpfe in denen eine frischgepflückte Rose wie ein Juwel schimmert, bezeugen, dass Himmel und Erde sich die Herrschaft über ihre Gedanken streitig machen. Habt ein wachsames Auge auf sie, sorgsame Mutter, jungfräuliche Tante oder wachsame *Dueña*, wer auch immer hinter ihr hergeht und sie begleitet.

Im Laufe des Morgens nehmen die Anzeichen der Geschäftigkeit überall zu; die Straßen füllen sich mit

Menschen, Pferden und Tragtieren und es ist ein Wogen und Tosen wie das Rauschen des Meeres zu vernehmen. Während die Sonne am Horizont hochsteigt, schwillt das Geräusch langsam ab; zur Mittagsstunde tritt eine Unterbrechung ein. Die glühendheiße Stadt versinkt in schlaffe Ruhe und einige Stunden lang findet eine allgemeine Ruhepause statt. Die Fenster sind geschlossen, die Jalousien zugezogen, die Bewohner ziehen sich in die kühlsten Räume ihrer Häuser zurück; der feiste Mönch schnarcht in seiner Schlafzelle; der muskulöse Lastträger legt sich auf einen kühlen Boden neben seine Last; der Bauer und der Arbeiter schlafen unter den Bäumen der *Alameda*, eingeschläfert vom eintönigen Zirpen der Zikaden. Niemand ist auf der Straße, mit Ausnahme des Wasserträgers, der die Luft mit der Anpreisung seines sprudelnden Getränks erfrischt, "kälter als der Schnee der Berge" (*más fría que la nieve*).

Wenn die Sonne untergeht, lebt alles langsam wieder auf; und wenn die Abendglocke den sinkenden Tag ankündigt, scheint sich die ganze Natur darüber zu freuen, dass für heute der Tyrann gefallen ist. Nun beginnt ein vergnügtes Treiben, wenn die Bürger hinausströmen, um die Abendluft zu genießen und sich während des kurzen Zwielichts auf den Spazierwegen und in den Gärten des Darro und Genil zu ergötzen.

Bei Einbruch der Nacht nimmt dieses abwechslungsreiche Bild neue Züge an. Nacheinander flimmern hier und dort Lichter auf; hier eine Kerze auf einem Balkonfenster, dort eine Votivlampe vor einem Heiligenbild. So zeichnet sich die Stadt allmählich in der durchdringenden Dunkelheit ab und ihre verstreuten Lichter glänzen wie Sterne am Firmament. Jetzt erklingt aus Höfen und Gärten, Straßen und Gassen der Klang unzähliger Gitarren und das Klappern der Kastagnetten, die hier bei mir in der luftigen Höhe in ein schwaches, aber gut hörbares Konzert verschmelzen. "Genieße den

Augenblick" ist das Glaubensbekenntnis des fröhlichen und liebenswürdigen Andalusiers, und nie folgt er diesem Leitspruch getreuer als in den lauen Sommernächten, wenn er seiner Erwählten beim Tanz mit Liebesliedern und leidenschaftlichen Serenaden den Hof macht.

Eines Abends saß ich auf meinem Balkon und genoss die leichte Brise, die von den Hügeln zwischen den Baumwipfeln herüberwehte, als mein schlichter Berichterstatter Mateo, der neben mir stand, auf ein weiträumiges Haus in einer dunklen Straße im Albaycín zeigte, über das er folgende Geschichte erzählte, die ich hier, so gut ich kann, wiedergeben werde.

DAS ABENTEUER DES MAURERS

Es lebte einmal in Granada ein armer Maurer oder Fliesenleger, der alle Sonn- und Festtage ehrte, sogar Sankt Montag, und trotz seiner Frömmigkeit immer ärmlicher lebte und kaum den Unterhalt für seine Familie verdienen konnte. Eines Nachts wurde er aus dem ersten Schlummer durch Schläge gegen seine Tür geweckt. Er öffnete und sah vor sich einen Priester, so dürr und hage, dass er einer Leiche glich.

-Höre zu, guter Freund -sagte der Unbekannte zu ihm-. Ich habe beobachtet, dass du ein guter Christ bist, in den ich Vertrauen haben kann. Willst du noch heute Nacht eine kleine Arbeit für mich erledigen?

-Sehr gerne, *Señor padre*, wenn ich nur so viel verdiene, wie mir zusteht.

-So soll es sein; aber du musst erlauben, dass ich dir die Augen verbinde.

Dagegen hatte der Maurer nichts einzuwenden. Auf diese Art wurde er mit verbundenen Augen vom Priester durch mehrere verwinkelte Gässchen und gewundene Straßen geführt, bis sie vor dem Tor eines Hauses anhielten. Der Priester holte den Schlüssel heraus, drehte an einem kreischenden Schloss und öffnete etwas, was sich wie eine schwere Tür anhörte. Nachdem sie eingetreten waren, verschloss er die Tür wieder, legte eine Stange vor und führte den Maurer durch einen hallenden Korridor und einen weitläufigen Saal in den inneren Teil eines Gebäudes. Dort wurde ihm die Binde abgenommen und der Maurer sah, dass er sich in einem *Patio* befand, der nur schwach von einer einzigen Lampe erhellt war. In der Mitte stand das trockene Becken eines alten maurischen Springbrunnens, worunter er auf Anordnung des Priesters eine kleine Gruft zu graben hatte, für die schon Steine und Mörtel zur Hand waren. Er arbeitete also die ganze Nacht hindurch, ohne aber die Arbeit fertig zu stellen. Kurz vor Sonnenaufgang drückte ihm der Priester eine Goldmünze in die Hand, verband ihm von neuem die Augen und führte ihn zu seiner Wohnung.

-Bist du bereit -fragte er ihn- zurückzukehren und deine Arbeit zu Ende zu bringen?

-Sehr gerne, *Señor Padre,* da die Bezahlung so gut ist.

Gut, dann komme ich morgen um Mitternacht wieder.

So geschah es und die Gruft wurde fertiggestellt.

-Jetzt -sagte der Priester zu ihm- musst du mir helfen, die Leichen herzubringen, die in dieser Gruft begraben werden sollen.

Dem armen Maurer sträubten sich die Haare, als er diese Worte hörte. Mit zitternden Schritten folgte er dem Priester bis zu einem abgelegenen Raum des Hauses, in der Furcht, ein fürchterliches und makabres Schauspiel vorzufinden. Aber er beruhigte sich, als er drei oder vier große Tonkrüge in einer Ecke des Raumes sah, von denen er annahm, sie seien mit Geld gefüllt.

Unter großer Anstrengung trugen sie die Krüge zur Gruft und begruben sie dort. Daraufhin wurde das Loch zugemauert, der Boden in seiner ursprünglichen Form mit Fliesen belegt und alle Spuren der Arbeit beseitigt. Von neuem wurde der Maurer mit verbundenen Augen auf einem anderen Weg zurückgeführt. Nachdem sie lange durch ein kompliziertes Labyrinth von Gässchen und Wegen geirrt waren, hielten sie an. Dann drückte ihm der Priester zwei Goldstücke in die Hand.

-Warte hier -sagte der Priester zu ihm- bis du hörst,

dass die Glocke auf der Kathedrale die Frühmette ein-
läutet. Wenn du es wagst, vorher die Binde von deinen
Augen abzunehmen, wird dir ein Unglück zustoßen.

Nachdem er dies gesagt hatte, entfernte er sich. Der
Maurer wartete treu ab und zu seiner Ablenkung wog er
die Goldmünzen in seiner Hand, und indem er sie
gegeneinander schlug, horchte er auf ihren Klang. In
dem Augenblick, als die Glocke der Kathedrale zur esten
Messe rief, nahm er die Augenbinde ab und sah, dass er
sich am Ufer des Genil befand. Er richtete seine Schritte
so schnell er konnte nach Hause und gab zwei Wochen
lang fröhlich mit seiner Familie das aus, was er sich in
zwei Nächten erarbeitet hatte, wonach er wieder so arm
war wie zuvor.

Er arbeitete weiterhin wenig und betete viel, ehrte die
Sonn- und Feiertage Jahr für Jahr, während seine Familie
dünn und zerlumpt herumlief wie eine Zigeunerfamilie.
Eines Nachmittags, als er wieder an der Tür seiner Hütte
saß, richtete sich ein alter, reicher und knausriger Mann
an ihn, der als Besitzer vieler Häuser und als geiziger
Vermieter bekannt war. Dieser begüterte Mann beobachtete ihn einen Augenblick lang durch seine dichten
und unruhigen Augenbrauen.

-Mein Freund, ich habe gehört, dass du sehr arm bist.

-Ich brauche es nicht zu leugnen, *Señor*, denn
schließlich ist es für jederman sichtbar.

-Demnach kann ich davon ausgehen, dass du gerne
eine kleine Arbeit verrichten möchtest und dass du billig
arbeitest.

-Billiger, *Señor*, als jeder andere Maurer in Granada.

-Das ist es, was ich suche. Ich habe ein altes Haus,
das beinahe zusammenbricht, und es kostet mich an
Reparaturen mehr, als es wert ist, denn niemand will
darin wohnen; daher habe ich beschlossen, es mit dem
geringsten Aufwand in Stand setzen und unterhalten zu
lassen.

Der Maurer wurde zu einem großen verlassenen Haus in zerfallenem Zustand geführt. Nachdem er durch mehrere Hallen und leere Räume gegangen war, drang er in einen Innenhof, wo ein maurischer Springbrunnen seine Aufmerksamkeit auf sich zog. Zutiefst überrascht kam ihm, wie in einem Traum, dieser Platz in Erinnerung.

-Können Sie mir sagen -fragte er- wer dieses Haus vorher bewohnt hat?

-Die Pest soll ihn holen! -rief der Besitzer aus-. Ein alter und knausriger Priester, der sich nur um sich selbst kümmerte, lebte hier. Man sagte ihm nach, er sei unendlich reich, und da er keine Verwandten hatte, glaubte man, er würde alle seine Reichtümer der Kirche überlassen. Er starb ganz plötzlich und es strömten Priester und Mönche her, um von seinem Reichtum Besitz zu nehmen, aber sie fanden nur einige wenige Dukaten in einem Lederbeutel. Mich hat der schlechteste Teil getroffen; seitdem er gestorben ist, besetzt der Alte weiterhin mein Haus, ohne Miete zu bezahlen, da man bei einem Toten das Gesetz nicht anwenden kann. Die Leute behaupten, dass in dem früheren Schlafraum des alten Priesters jede Nacht das Geklingel von Gold zu hören ist, so als würde dort Geld gezählt, und manchmal vernimmt man sogar im Hof Stöhnen und Seufzen. Ob wahr oder falsch, haben diese Gerüchte meinem Haus einen schlechten Ruf eingebracht und niemand will hier wohnen.

-Genug -sagte der Maurer entschieden-; erlauben Sie mir, hier in ihrem Haus ohne Bezahlung zu wohnen, bis ein besserer Mieter erscheint, und ich verpflichte mich, es zu reparieren und den Störgeist, der es verunsichert, zu besänftigen. Ich bin ein guter Christ und ein armer Mann und fürchte nicht einmal den Teufel, auch wenn er sich in Form eines Geldsackes vorstellt.

Das Angebot des ehrlichen Maurers wurde gern angenommen; er zog mit seiner Familie in das Haus und

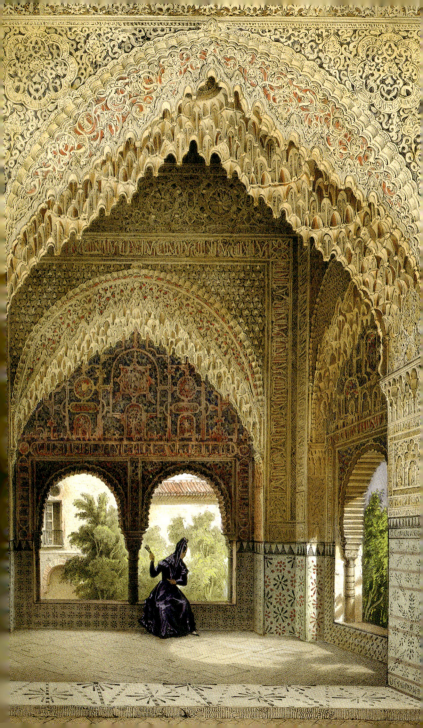

Gate of the Vivarrambla
GRANADA

erfüllte alle seine Verpflichtungen. Er setzte es langsam, aber sicher in Stand, bis es wieder so aussah wie früher. Nun war des Nachts nicht mehr das Klingeln von Gold im Zimmer des verstorbenen Priesters zu hören, wohl aber klingelte es nun in den Taschen des lebenden Maurers. Mit anderen Worte, er vergrößerte seinen Reichtum schnell zur Verwunderung all seiner Nachbarn und bald war er einer der reichsten Männer Granadas. Er spendete der Kirche große Summen, zweifelsohne um sein Gewissen zu besänftigen, und niemals verriet er seinem Sohn und Erben das Geheimnis der Gruft bis zu seinem letzten Tage auf dem Sterbebett.

DER LÖWENHOF

Der besondere Reiz dieses alten verträumten Platzes liegt darin, dass er vage Tagträume und Bilder der Vergangenheit hervorruft und auf diese Weise die rauhe Realität mit der Illusion der Erinnerung und der Einbildungskraft verkleidet. Da ich es liebe, in diesem "eitlen Wahn" zu wandeln, neige ich dazu, mich in jenen Teilen der Alhambra aufzuhalten, die dieses Schattenspiel des Geistes fördern; und keine sind dazu besser geeignet als der Löwenhof und seine umliegenden Säle. Hier ist die Hand der Zeit am schonendsten verfahren und die Spuren maurischer Eleganz und Pracht sind beinah in ihrem ursprünglichen Glanz erhalten. Erdbeben haben das Fundament dieses Gebäudes erschüttert und seinen stärksten Türmen Risse zugefügt; doch wie wir sehen können, ist keine dieser schlanken Säulen von der Stelle gerückt worden und noch kein Bogen dieses so leichten und zerbrechlichen Säulengangs zusamengebrochen, und nach all diesen Jahrhunderten gibt es die zauberhaften Stuckarbeiten und Schnitzarbeiten an den Decken immer noch, die so fein wie Eisblumen eines Wintermorgens sind, und beinah so frisch aussehen, als habe sie gerade die Hand des moslemischen Künstlers fertiggestellt. Ich schreibe, umgeben von diesen Monumenten der Vergangenheit, in der Frische einer frühen Morgenstunde im schicksalsschweren Saal der Abencerrajes. Der blutbefleckte Brunnen, das legendenumwobene Mahnmal ihres

Blutbades liegt vor mir; sein hoher Wasserstrahl netzt mein Papier als seien es Tautropfen. Es ist schwer, die alte Geschichte, die von Gewalt und Bluttaten spricht, mit der eleganten und friedlichen Szene um mich herum in Einklang zu bringen. Hier ist alles dazu angelegt, freundliche und glückliche Gefühle einzuflößen, denn alles ist zart und schön. Sogar das Licht fällt sanft von oben durch den Lichtschacht in einer Decke, die von Feenhänden geschaffen zu sein scheint, hinein. Durch den breiten und mit Stuckarbeiten geschmückten Bogen des Portals sehe ich den Löwenhof im Glanz der Sonne, die die Säulen erstrahlen und die Brunnen funkeln läßt. Die lebhafte Schwalbe taucht in den Hof ein und schwingt sich dann wieder zwitschernd in die Luft über die Dächer; die fleißige Biene summt zwischen den Blumenbeeten, und bunte Schmetterlinge flattern von Blume zu Blume und fliegen hoch, um miteinander in der sonnigen Luft zu spielen. Es bedarf nur wenig Phantasie, um eine schöne, gedankenversunkene Frau in diesem Harem, in orientalischem Luxus vor sich hinleben zu sehen.

Wer aber diesen Platz eher im Einklang mit seiner Geschichte betrachten will, muss herkommen, wenn die Abendschatten die Helle des Hofes mildern und die umliegenden Säle in Düsternis tauchen. Dann gibt es keinen melancholischeren Ort und nichts, was mehr an die Geschichte verlorener Größe erinnerte als dieser Hof.

Zu solchen Gelegenheiten suche ich gerne den Saal der Gerechtigkeit auf, dessen tiefe, schattige Arkaden sich am oberen Ende des Hofes befinden. Hier wurde nach der Eroberung der Alhambra in Gegenwart Isabellas und Ferdinands und ihres triumphierenden Hofstaates die feierliche Hochmesse zelebriert. Selbst das Kreuz an der Wand ist noch zu sehen, da wo der Altar errichtet wurde, und der Kardinal von Spanien und andere hohe kirchliche Würdenträger dieses Landes den Gottesdienst abhielten. Ich male mir diesen Platz aus, wie sich in ihm der siegreiche Hof drängte, zusammengesetzt aus Prälaten in großem Ornat, geschorenen Mönchen, gepanzerten Kriegern und Höflingen in seidenen Gewändern; wie Kreuze, Krummstäbe und Kirchenbanner sich mit stolzen Kriegsbannern und den Standarten und Wappen der edelsten Ritter Spaniens mischten und triumphierend in diesen maurischen Hallen flatterten. Ich stelle mir Kolumbus vor, den zukünftigen Entdecker einer neuen Welt, der hier in einer abgelegenen Ecke gestanden haben mag, unbemerkt und bescheiden das Gepränge betrachtend. Ich sehe in meiner Vorstellung, wie die katholischen Könige sich vor dem Altar verbeugen und tiefste Dankgebete für ihren Sieg aus ihrem Mund strömen; während in den Sälen heiliger Gesang und das innige *Tedeum* widerhallt.

Die flüchtige Vorstellung geht vorbei, -das Gepränge verschwindet aus meiner Phantasie,- die Monarchen, Priester und Krieger geraten wieder in Vergessenheit, zusammen mit den armen Mauren, über die sie siegten. Der Saal ihres Triumphs liegt leer und verlassen da. Die Fledermaus flattert durch das halbdunkle Gewölbe und die Eule schreit vom nahegelegenen Comaresturm.

Als ich vor einigen Abenden den Löwenhof betrat, erschrak ich beinah beim Anblick eines Mauren mit Turban, der ruhig am Brunnen saß. Einen Augenblick lang schien eines der Märchen dieses Platzes Wirklichkeit geworden zu sein: nach Jahrhunderten hatte sich ein verwunschener Maure vom Zauberbann befreit und war sichtbar geworden. Es stellte sich jedoch heraus, dass es ein ganz normaler Sterblicher war, der aus Tetuan in der Berberei stammte und nun einen Laden im Zacatín von Granada besaß, wo er Rhabarber, Schmucksachen und Essenzen verkaufte. Da er fließend

106

spanisch sprach, konnte ich mich mit ihm unterhalten und herausfinden, dass er ein schlauer und intelligenter Mensch war. Er erzählte mir, dass er im Sommer zuweilen hochkäme, um einen Teil des Tages in der Alhambra zu verbringen, die ihn an die alten Paläste in seiner Heimat erinnerte, die ähnlich gebaut und verziert, allerdings weniger prachtvoll seien.

Während wir durch den Palast gingen, wies er mich auf die poetische Schönheit mehrerer arabischer Inschriften hin.

- Ach *Señor*, -sagte er,- als die Mauren in Granada saßen, waren sie fröhlichere Leute als heutzutage. Sie dachten nur an Liebe, Musik und Poesie. Sie verfassten Verse zu jeder Gelegenheit und komponierten die Musik dazu. Wer die schönsten Reime dichtete und die schönste Stimme hatte, konnte sicher sein, am Hof Gefallen zu finden. Wenn jemand in jenen Tagen um Brot bettelte, bekam er die Antwort: Dichte mir einen Reim; und der ärmste Bettler wurde häufig mit einem Goldstück belohnt, wenn er nur in Versen bettelte.

-Und ist dieser ausgeprägte Sinn für Poesie ganz bei euch verloren gegangen?

-Keinesfalls, *Señor*; das Volk in der Berberei, sogar die einfachen Leute, dichten immer noch Verse und sogar gute, wie in alten Zeiten; aber das Talent wird nicht wie damals belohnt. Die Reichen ziehen das Klingeln ihrer Münzen dem Klang der Poesie oder der Musik vor.

Während er noch sprach, fiel sein Blick auf eine der Inschriften, in denen den maurischen Herrschern, den Erbauern dieses Gebäudes, ewiger Ruhm und ewige Macht vorausgesagt wurde. Er schüttelte den Kopf und zuckte mit den Schultern, als er sie übersetzte.

-So hätte es kommen können -sagte er-; die Mauren könnten immer noch in der Alhambra regieren, wäre Boabdil nicht ein Verräter gewesen, der diese Hauptstadt an die Christen auslieferte. Die spanischen Monarchen hätten sie niemals in offener Feldschlacht erobern können.

Ich versuchte das Andenken des armen Boabdil vor dieser Verleumdung zu retten und ihm zu zeigen, dass die Zwistigkeiten, die zum Fall des maurischen Thrones führten, in der Grausamkeit seines hartherzigen Vaters ihren Ursprung hatten; aber der Maure wollte keinen Einwand gelten lassen.

-Muley Abul Hassan -sagte er- ist vielleicht grausam gewesen; aber er war tapfer, wachsam und patriotisch. Hätte er den richtigen Beistand erhalten, wäre Granada immer noch unser; aber sein Sohn Boabdil durchkreuzte seine Pläne, lähmte seine Macht, säte Verrat im Palast und Uneinigkeit im Feldlager. Möge Gott ihn dafür strafen! - Mit diesen Worten verließ der Maure die Alhambra.

Die Empörung meines Begleiters im Turban steht mit einer Anekdote im Einklang, die mir ein Freund erzählte, der auf einer Reise durch die Berberei sich mit einem Pascha unterhielt. Der maurische Statthalter wollte vieles über Spanien wissen und fragte vor allem nach Andalusien und danach, wie es um das schöne Granada und die Ruinen seines Königspalastes bestellt sei. Die Antworten erweckten in ihm die den Mauren so teuren Erinnerungen an die Macht und Pracht des ehemaligen Maurenreiches in Spanien. Der Pascha wandte sich seinen moslemischen Gefolgsleuten zu und indem er sich über den Bart strich, klagte er leidenschaftlich darüber, dass dieses Reich den wahrhaft Gläubigen verloren gegangen sei. Indessen tröstete er sich damit, dass Spaniens Macht und Wohlstand im Abnehmen begriffen sei, und dass die Zeit bevorstünde, in der die Mauren ihren rechtmäßigen Besitz wiedererobern würden. Der Tag sei nicht fern, an dem die Moslems wieder in der Moschee Córdobas beten könnten und ein moslemischer Prinz den Thron der Alhambra besteigen würde.

Das ist allgemein der Glaube und Wunsch der Mauren in Berberien, die Spanien oder Andaluz als ihr rechtmäßiges Erbe betrachten, aus dem sie durch Verrat und Gewalt vertrieben worden seien. Diese Ideen werden durch die in den Städten der Berberei lebenden Nachkommen der letzten granadinischen Mauren genährt und am Leben erhalten. Viele von ihnen leben in Tetuan und haben ihre alten Namen, wie z.B. Paez und Medina beibehalten und mischen sich nicht mit Familien, die nicht auf eine ebenso hohe Abstammung Anspruch erheben können. Die Mitglieder dieser Familien werden vom Volke mit einer Ehrfurcht behandelt, die zwischen den Moslems sonst nur den Mitgliedern der königlichen Familie vorbehalten ist.

Man sagt ihnen nach, dass sie immer noch um das irdische Paradies ihrer Vorfahren seufzen und Freitags in ihren Moscheen Allah anflehen, sich damit zu beeilen, Granada wieder an die Gläubigen zu übergeben; ein Ereignis, in das sie ein so unerschütterliches Vertrauen setzen, wie einstmal die christlichen Kreuzzügler in die Wiedereroberung des Heiligen Landes. Es wird auch erzählt, dass einige unter ihnen die alten Pläne und Besitzurkunden der Häuser und Ländereien ihrer Vorfahren aufbewahren und sogar die Schlüssel zu ihren Häusern, die sie als Zeugnis für ihre Erbansprüche am erhofften Tag der Restauration geltend machen wollen.

Mein Gespräch mit dem Mauren veranlasste mich, über das Schicksal Boabdils nachzudenken. Zu vollem Recht nannten ihn seine Untertanen *El Zogoybi*, den Unglücklichen. Sein Missgeschick begann schon in der Wiege und nahm nicht einmal mit seinem Tod ein Ende. Denn falls er gehofft hatte, einen rühmlichen Namen auf dem Blatt der Geschichte zu hinterlassen, wie grausam ist er dann enttäuscht worden! Niemand kann seine Aufmerksamkeit der romantischen Geschichte der moslemischen Herrschaft in Spanien zugewandt haben, ohne sich über die angeblichen Greueltaten Boabdils zu entrüsten! Wer fühlt sich nicht berührt durch das Geschick seiner schönen und edlen Königin, die er auf Leben und Tod verklagte, weil er sie fälschlicherweise der Untreue verdächtigte! Wer ist nicht entsetzt bei der Vorstellung, er habe angeblich seine Schwester und ihre beiden Kinder in einem Wutanfall getötet! Wem kocht nicht das Blut angesichts des unmenschlichen Massakers an den galanten Abencerrajes, von denen er, so heisst es, sechsunddreissig männliche Familienmitglieder im Löwenhof enthauptet haben soll! All diese Anklagen sind in verschiedenen Versionen wiederholt worden; sie wurden in Balladen, Dramen und Romanzen aufgenommen, bis sie so tief im Volksmund verwurzelt waren, dass sie nicht mehr daraus wegzudenken waren. Es gibt keinen fremden und gebildeten Besucher, der nicht nach dem Brunnenbecken fragen würde, an dem die Abencerrajes enthauptet wurden; und sie blicken mit Entsetzen auf die vergitterte Galerie, in der die Königin eingesperrt gewesen sein soll; kaum ein Bauer in der *Vega* oder Sierra kennt diese Geschichte nicht und singt sie in ungeschlachten Versen zur Begleitung seiner Gitarre, während seine Zuhörer lernen, allein schon den Namen Boabdils zu verabscheuen.

Niemals wurde jedoch ein Mann schmählicher und ungerechter verleumdet. Ich habe alle authentischen Chroniken und Briefe seiner spanischen Zeitgenossen untersucht. Einige von ihnen waren Vertraute der katholischen Monarchen und nahmen an den Feldzügen teil. Ich habe auch Zugang zu der Übersetzung arabischer Quellen gehabt und nichts weist darauf hin, dass diese dunklen und hasserfüllten Anklagen gerechtfertigt sind. Die meisten dieser Geschichten müssen auf ein Werk zurückzuführen sein, das allgemein *Die Bürgerkriege von Granada* genannt wird, und einen angeblich wahrheitsgetreuen Bericht über die Herrschaft der Zegris und

Abencerrajes während des letzten Kampfes um das maurische Reich in Spanien enthält. Das Werk erschien zuerst auf Spanisch, soll aber von Gines Pérez de Hita aus Murcia aus dem Arabischen übersetzt worden sein. Seitdem wurde es in mehrere andere Sprachen übertragen, und Florián hat viel daraus für seinen Gonzalo de Córdoba entliehen. Es erhebt den Anspruch, ein authentisches Geschichtswerk zu sein, was besonders bei den Leuten von Granada glauben findet. Das Ganze ist jedoch nur eine Anhäufung historischer Lügen, gemischt mit einigen verzerrten Wahrheiten, die seine Glaubwürdigkeit belegen sollen.

Seine Unglaubwürdigkeit ist aber leicht dem Werk selber abzulesen, denn die Sitten und Gebräuche der Mauren werden auf absurde Weise fehlinterpretiert und Szenen geschildert, die gänzlich unvereinbar sind mit ihren Gewohnheiten und ihrem Glauben und niemals von einem arabischen Chronisten hätten geschrieben werden können. Ich gestehe, mir scheint diese absichtliche Entstellung des Wirkens von Boabdil fast bösartig: vieles davon ist sicher romantischer Ungenauigkeit zuzuschreiben, aber auch da gibt es Grenzen, die nicht überschritten werden dürften. Man muss dem Namen der hervorragenden Persönlichkeiten der Geschichte nach ihrem Tod genauso viel Respekt bezeugen wie dem der lebenden. Es sollte auch angenommen werden, dass der unglückliche Boabdil für seine verständliche Abneigung den Spaniern gegenüber genug gebüßt hat, als er aus seinem Königreich vertrieben wurde, so dass es nicht nötig ist, auch noch seinen Namen auf diese Art mutwillig zu beflecken und ihn in seinem Vaterland, ja selbst auf seinem Stammschloss, durch den Schmutz zu ziehen.

IM GEDENKEN AN BOABDIL

Während sich mein Geist noch mit dem unglücklichen Boabdil beschäftigte, machte ich mich
daran, die Spuren aufzufinden, die das Gedenken an
seine Herrschaft und sein Missgeschick bewahren. Im
Comaresturm, unter dem Saal der Gesandten, liegen
zwei gewölbte Räume, getrennt nur von einem engen
Gang; in diesen Verliesen, heißt es, sollen er und seine
Mutter Ayxa la Horra eingesperrt gewesen sein; tatsächlich gab es kein geeigneteres Gefängnis. Die Mauern
sind außerordentlich breit und die kleinen Fenster durch
eiserne Gitter gesichert. Eine schmale steinerne Galerie
mit einer niedrigen Mauer umläuft auf drei Seiten den
Turm, gerade unter den Fenstern, jedoch in großer Höhe.
Von dieser Galerie hat die Königin, so glaubt man, ihren
Sohn an zusammengeknüpften Tüchern, ihren eigenen
und denen ihrer Dienerinnen, heruntergelassen, an der
Stelle wo am Hügel treue Diener in der Dunkelheit der
Nacht auf sie warteten, um auf schnellen Pferden in die
Berge zu fliehen.

Ungefähr drei bis vierhundert Jahre sind seitdem vergangen, aber der Schauplatz dieses Dramas hat sich
kaum verändert. Während ich auf der Galerie hin und her-
ging, stellte ich mir die unglückliche Königin vor, wie sie
sich mit dem Herzklopfen einer Mutter über das Gelände
lehnte und auf das letzte Echo der Hufschläge lauschte,
während ihr Sohn im engen Tal des Darro verschwand.

Als nächstes suchte ich nach dem Tor, durch welches Boabdil die Alhambra für immer verließ, nachdem er die Stadt und sein Königreich übergeben hatte. Mit der Melancholie eines gebrochenen Geistes oder vielleicht aus Aberglauben bat er die katholischen Monarchen, dass niemand mehr dieses Tor benützen sollte. Alten Chroniken zufolge gewährte ihm Isabella aus Mitgefühl diesen Gefallen und das Tor wurde zugemauert.

Ich suchte einige Tage erfolglos dieses Portal; schließlich sagte mein schlichter Diener Mateo Jiménez, es müsse jenes sein, das durch Steinblöcke verschlossen ist, denn dort verließ, seinem Vater und Großvater zufolge, König Chico die Festung. Ein Geheimnis lag um diesen Ort und nicht einmal die ältesten Einwohner konnten sich daran erinnern, das Tor jemals geöffnet gesehen zu haben.

Er führte mich zu jenem Platz. Das Tor liegt in der Mitte eines einst riesigen Gebäudes, Turm der Sieben Böden (*la Torre de los siete suelos*) genannt und in der Nachbarschaft als Schauplatz seltsamer Erscheinungen und maurischer Zauberei bekannt. Wie Swinburne, der große Reisende, berichtet, war dies ursprünglich das Hauptportal der Alhambra. Die Antiquarier Granadas meinen, hier habe der Eingang zur königlichen Residenz gelegen, wo die königliche Wache aufgestellt war. Es ist schon möglich, dass dies der direkte Zugang zum Palast gewesen ist, während das Tor der Gerechtigkeit als offizieller Eingang zur Festung benutzt wurde. Als Boabdil sich von hier aus zur *Vega* begab, wo er den spanischen Monarchen die Schlüssel der Stadt überreichen musste, ließ er seinen Wesir Aben Comixa zurück, um die Abteilung und die Offiziere des spanischen Heeres, an die er die Festung auszuhändigen hatte, zu empfangen.

Dieser einst so feste Turm der Sieben Böden ist heute ein einziger Trümmerhaufen, da er von den Franzosen bei ihrem Abzug aus der Festung in die Luft gesprengt wurde. Große Mauerbrocken liegen verstreut herum, begraben unter dichtem Gestrüpp und von Weinstöcken und Feigenbäumen beschattet. Der durch die Explosion beschädigte Torbogen steht noch da, aber der letzte Wunsch des armen Boabdils ist letzlich in Erfüllung gegangen, denn das Portal ist beim Einbruch der Mauer durch herumliegende Steinbrocken verschlossen worden.

Auf meinem Pferd folgte ich dem Weg, den der maurische Monarch hinter dem Tor eingeschlagen hatte. Ich überquerte den Hügel *de los Mártires* (der Märtyrer) an der Gartenmauer des gleichnamigen Klosters entlangreitend und begab mich in eine tiefe Schlucht, die mit Aloen und Feigenkakteen bestanden war und in der es unzählige Höhlen und Hütten voller Zigeuner gab. Der Abhang war so steil und unwegsam, dass ich zum Absteigen gezwungen war, und mein Pferd am Zügel führen musste. Durch diese *Vía dolorosa* hatte sich der arme Boabdil entfernt, um nicht durch die Stadt reiten zu müssen; wahrscheinlich auch um zu vermeiden, dass ihre Bewohner seine Demütigung mit ansehen mussten, höchstwahrscheinlich vor allem aber, weil es zu einer Volkserhebung hätte kommen können. Aus letzterem Grund stieg die Abteilung, die von der Festung Besitz ergreifen sollte, auf dem gleichen Weg hoch.

Als ich die Schlucht verlassen hatte, die so viele melancholische Erinnerungen birgt, und an der *Puerta de los Molinos* (Tor der Mühlen) vorbei war, stieß ich auf die Promenade, die *Prado* genannt wird. Daraufhin folgte ich dem Lauf des Genil und kam zu einer Ermitage, die heute dem heiligen Sebastian geweiht ist und früher eine Moschee war. Hier hatte Boabdil, gemäß der Überlieferung, die Schlüssel Granadas an König Ferdinand übergeben. Daraufhin ritt ich gemächlich durch die *Vega* zu einem Dorf, in dem der Hausstand und die Familie des unglücklichen Königs ihn erwartet hatten, denn er

hatte sie am Abend zuvor von der Alhambra aus hier-
hergeschickt, da er nicht wollte, dass auch die Mutter
und die Gemahlin gedemütigt oder den Blicken der
Eroberer ausgesetzt würden. Dem Weg des königlichen
Verbannten weiter folgend, gelangte ich schließlich an
den Fuß einer kahlen Hügelkette am Rande der
Alpujarras. Vom Gipfel eines dieser Hügel blickte der
unglückliche Boabdil zum letzten Mal auf Granada; dieser Platz trägt den vielsagenden Namen *La Cuesta de las
Lágrimas* (Hügel der Tränen). Darunter schlängelt sich
eine sandige Straße durch eine steinige und unwirtliche
Ebene, die dem unglücklichen Monarchen doppelt so
trostlos erscheinen musste, da sie ihn ins Exil führte.

Ich spornte mein Pferd an und erstieg den hohen
Felsen, von dem aus Boabdil seine letzte Klage ausstieß,
als er sich zum endgültigen Abschied zurückwandte; ein
Platz der immer noch der *Último Suspiro del Moro* (letz-
te Seufzer des Mauren) genannt wird. Wen kann seine
Trauer verwundern, wo er sich aus solch einem
Königreich und Heim vertrieben sah! Mit der Alhambra
schien er die ganze Ehre seines Geschlechtes und alle
Pracht und Genuss seines Lebens aufzugeben.

Zu seiner Trauer gesellte sich die Verbitterung über
den Vorwurf von Aixa, seiner Mutter, die ihm so oft in
Zeiten der Gefahr beigestanden und umsonst versucht
hatte, ihm ihren eigenen, unbeugsamen Geist einzuflößen. "Du tust gut daran, wie ein Weib zu beweinen,
was du als Mann nicht hast verteidigen können;" Worte
die eher dem Stolz der Prinzessin als der Liebe der
Mutter entsprachen.

Als Bischof Guevara diese Anekdote Karl V. erzählte,
schloss dieser sich den abfälligen Bemerkungen über die
Schwäche des wankelmütigen Boabdils an. "Wäre ich er
oder er ich gewesen," sagte der hochmütige Potentat,
"hätte ich die Alhambra eher zu meinem Grab erwählt,
als ohne Königreich in die Alpujarra zu gehen." Wie

einfach ist es für die Mächtigen und Glücklichen, den Besiegten Heldentum zu predigen! Wie schwer können sie verstehen, dass, wenn dem Unglücklichen nichts als das Leben bleibt, dies selber den höchsten Wert hat.

Langsam ritt ich den "Hügel der Tränen" hinunter und ließ meinem Pferd auf dem Rückweg nach Granada freien Lauf, während ich über die unglückselige Geschichte Boabdils nachdachte. Insgesamt, fand ich, schlug die Waage zu seinen Gunsten aus. Während seiner ganzen kurzen, bewegten und von Zwischenfällen heimgesuchten Regierungszeit bezeugte er häufig einen sanften und freundlichen Charakter. In erster Linie gewann er das Herz seiner Leute durch seine angenehme und herzlich Art; er war immer zugänglich und verhängte niemals harte Strafen gegen diejenigen, die bisweilen gegen ihn rebellierten. Er war tapfer, aber es fehlte ihm moralischer Mut; und in schwierigen und unsicheren Zeiten war er schwankend und unentschlossen. Diese Schwäche seines Charakters beschleunigte seinen Fall und brachte ihn gleichzeitig um die Möglichkeit, seinem Schicksal das Siegel der Größe und Würde aufzudrücken und sich damit würdig zu erweisen, das prächtige Drama der moslemischen Herrschaft in Spanien abzuschließen.

DAS HAUS DES WETTERHAHNS

O ben auf dem luftigen Hügel des Albaycín, dem höchsten Stadtteil Granadas, der sich aus dem engen Tal des Darro genau gegenüber der Alhambra erhebt, stehen die Ruinen eines alten Königspalastes der Mauren. Er ist so verfallen, dass er schwierig aufzufinden war, obwohl mir der schlaue und allwissende Mateo Jiménez bei der Suche geholfen hatte. Dieses Gebäude trägt seit Jahrhunderten den Namen "das Haus des Wetterhahns" (*la Casa del Gallo de Viento*), denn früher stand auf einem seiner Türme die bronzene Figur eines berittenen Kriegers, der sich im Winde drehte. Dieser Wetterhahn wurde von den Mauren von Granada für einen mächtigen Talisman gehalten. Einer glaubwürdigen Überlieferung nach soll er folgende arabische Inschrift getragen haben:

> Calet el Bedici Aben Habuz
> Quidat ehahet Lindabuz

Was auf Spanisch bedeutet:

> Dice el sabio Aben Habuz
> Que así se defiende el Andaluz

Und auf Deutsch folgendermaßen heißt:

> Der weise Aben Habuz spricht
> So schützt der Andalusier sich

Dieser Aben Habuz war maurischen Chroniken zufolge ein Feldherr im siegreichen Heer des Tarik, der ihn beim Abmarsch als *Alcayde* in Granada zurückließ. Diese Figur soll als bleibende Mahnung für die Mauren

Andalusiens gedacht gewesen sein, auf dass sie nicht vergessen sollten, dass ihre Sicherheit von ihrer immerwährenden Wachsamkeit und Kriegsbereitschaft abhinge.

Andere Chronisten, zu denen der christliche Historiker Marmol gehört, behaupten, dass "Badis Aben Habus" ein maurischer Sultan Granadas war und dass der Wetterhahn als Ankündiger der Vergänglichkeit maurischer Herrschaft zu verstehen ist und folgende Inschrift trug: "Derart weissagt Ibn Habus al badise, dass Andalusien eines Tages sterben und uns verloren gehen wird."

Eine andere Version dieser berühmten Inschrift stammt von einem maurischen Historiker, der sich auf die Aussagen Sidi Hasans stützt, einem berühmten Fakir zu Zeiten Ferdinands und Isabellas und Augenzeuge der Abnahme des Wetterhahns, vor der Ausbesserung der alten Alcazaba.

"Ich habe sie -so sagt der ehrwürdige Fakir- mit meinen eigenen Augen gesehen; auf einem Siebeneck war in Versen folgende Inschrift eingetragen:

Der Palast des schönen Granada birgt einen Talisman.
Selbst der stramme Reiter, dreht sich mit dem Wind.
Das enthüllt dem Weisen ein Geheimnis. Die Zeit
wird kommen, da wird ein Unglück den Palast und
seinen Herrn zerstören.

Tatsache ist, dass kurz danach folgendes Ereignis geschah. Als der alte Muley Abul Hassan, König von Granada, eines Tages unter seinem prächtigen Baldachin saß und den Vorbeimarsch seiner Truppen besichtigte, die polierte Rüstungen oder prachtvolle Seidenuniformen, gold- und silbergefasste Schwerter, Schilder und Lanzen trugen und auf schnellfüßigen Pferden saßen, brach plötzlich ein Sturm aus Richtung Südosten aus. In kürzester Zeit zogen sich am Himmel tiefe, dunkle Wolken zusammen, aus denen die Sintflut brach. Sturzbäche ergossen sich brausend von den Bergen und rissen Felsen und Bäume mit sich, der Darro trat über seine Ufer; die Mühlen wurden weggespült, die Brücken zerstört und die Gärten verwüstet; die Überschwemmung erreichte die Stadt, untergrub die Häuser und ertränkte ihre Bewohner; sogar der Platz der Großen Moschee wurde überschwemmt. Das Volk lief voller Entsetzen in die Moscheen und flehte Allah um Erbarmen an, denn sie sahen diesen Aufstand der Elemente als die Ankündigung eines entsetzlichen Unglücks an. Tatsächlich war dies, dem arabischen Historiker Al Makkari zufolge, das Vorspiel und die Ankündigung des schrecklichen Krieges, der mit dem Fall des maurischen Reiches in Granada sein Ende finden sollte.

Ich habe wohl genügend historische Daten angeführt, um das wunderbare Geheimnis aufzuzeigen, das um das Haus des Wetterhahns und seinen Talisman, den Reiter, schwebt.

Jetzt werde ich noch Erstaunlicheres über Aben Habuz und seinen Palast erzählen. Und wenn jemand an der Wahrhaftigkeit der Geschichte zweifeln sollte, verweise ich den ungläubigen Leser an den Chronisten Mateo Jiménez und seinesgleichen auf der Alhambra.

DIE LEGENDE VOM ARABISCHEN ASTROLOGEN

Vor langer Zeit, schon vor vielen Jahrhunderten, lebte ein Maurenkönig genannt Aben Habuz, der in Granada herrschte. In seiner Jugend war er ein Draufgänger und Eroberer gewesen und hatte sein Leben ganz dem Rauben und Plündern gewidmet. Im Alter jedoch fühlte er sich schwach und gebrechlich und "sehnte sich nach Ruhe", so dass sein einziges Bestreben darin bestand, in Frieden mit seinen Mitmenschen zu leben, sich auf seinen Lorbeeren auszuruhen und die Besitztümer, die er seinen Nachbarn entrissen hatte, zu genießen.

Es geschah jedoch, dass dieser vernünftige und friedliebende alte Monarch sich mit Rivalen auseinandersetzen musste, Prinzen so jung und ruhmsüchtig wie er vordem, die nicht bereit waren, ihn in aller Ruhe die Siege genießen zu lassen, die er auf Kosten ihrer Väter errungen hatte. Sogar einige entfernte Bezirke seines eigenen Königreichs, die von ihm in seinen besten Zeiten mit harter Hand behandelt worden waren, fühlten sich jetzt stark genug um sich aufzulehnen, nun wo er sich nach Ruhe sehnte und bedrohten ihn sogar damit, ihn in seiner eigenen Stadt zu belagern. Er hatte demnach überall Feinde und da Granada von wilden und unwegsamen Bergen umgeben ist, so dass man die Nähe eines möglichen Feindes nicht von weitem erkennen kann, musste der unglückliche Aben Habuz immer unruhig und auf der Hut sein, ohne wissen zu können, woher ihm die Gefahr drohte.

Obwohl er Wachtürme auf die Gipfel der Berge bauen und alle Pässe bewachen ließ und anordnete, nachts mit Feuer und tagsüber mit Rauch Zeichen zu geben, falls sich der Feind näherte, war alles umsonst. Denn dieser war häufig in der Lage, die Vorsichtsmaßnahmen zu umgehen und auf irgendeinem vergessenen Pfad zu erscheinen, um vor seinen eigenen Augen seine Ländereien zu verwüsten, und sich danach mit den Gefangenen und einer reichen Beute in die Berge zurückzuziehen. Hatte sich jemals ein friedliebender ehemaliger Eroberer in einer unglücklicheren Lage befunden?

So lebte er verbittert, unentwegt gequält von Zweifeln und Zwischenfällen, als eines Tages ein alter arabischer Arzt an seinem Hof erschien. Sein langer grauer Bart reichte ihm bis zur Hüfte und sein ganzes Aussehen zeugte von hohem Alter; trotzdem hatte er den ganzen langen Weg von Ägypten bis Granada zu Fuß zurückgelegt, ohne eine andere Hilfe als die seines Stabes, der mit Hieroglyphen beschrieben war. Sein Ruhm war ihm vorausgeeilt und sein Name war Ibrahim Ebn Abu Ayub. Man sagte von ihm, er sei Zeitgenosse Mohammeds gewesen und Sohn von Abu Ayub, dem letzten Gefährten des Propheten. Als Kind war er dem Heer Amrus bei seinem Siegeszug bis Ägypten gefolgt, wo er viele Jahre die Geheimwissenschaften und vor allem die Zauberei von den ägyptischen Priestern erlernte.

Ihm wurde auch nachgesagt, er habe das Geheimnis entdeckt, wie man das Leben verlängern könne, und sei deshalb beinah zwei Jahrhunderte alt geworden; da er dies Geheimnis aber erst als alter Mann entdeckte, habe er nur seine weißen Haare und Runzeln verewigen können.

Dieser außergewöhnliche Alte wurde sehr freundlich vom König aufgenommen, der wie alle Monarchen, die viele Jahre auf ihren Buckeln tragen, begonnen hatte, seine Gunst den Ärzten zuzuwenden. Er wollte ihm Räume im Palast zur Verfügung stellen, aber der Astrologe zog eine Höhle an einem Hang vor, der sich über der Stadt Granada erhebt und auf dem später die Alhambra gebaut wurde. Der Astrologe ordnete die Erweiterung der Höhle an, so dass ein geräumiger und hoher Salon mit einem runden Loch im Gewölbe entstand, durch den man wie durch einen Schacht das Firmament sehen und die Sterne sogar tagsüber beobachten konnte. Er bedeckte die Wände dieser Höhle mit ägyptischen Hieroglyphen und kabbalistischen Symbolen und mit den Zeichnungen der Himmelskonstellationen. Der Raum wurde mit vielen Gegenständen geschmückt, die von geschickten granadinischen Handwerkern hergestellt worden waren, deren geheime Eigenschaften aber nur der Astrologe selber kannte.

In kürzester Zeit verwandelte sich der weise Ibrahim in den engsten Vertrauten des Königs, der sich an ihn in jeder Bedrängnis wandte. Eines Tages begann Aben Habuz sich bitterlich über die Ungerechtigkeit seiner Nachbarn zu beklagen und sich darüber zu beschweren, dass er gezwungen war, unablässig seine Grenzen zu bewachen, um sich vor Einfällen zu schützen. Als er zu Ende gesprochen hatte, schwieg der Astrologe eine Weile und sagte dann:

Du musst wissen, oh König, dass ich in Ägypten ein großes Wunderwerk habe sehen können, von einer heidnischen Priesterin aus dem Altertum erfunden. Auf einem Berg über der Stadt Borsa hoch über dem Tal des Nils sah ich die Bronzefiguren eines Ziegenbocks und eines Hahns, der auf seinem Rücken stand. Jedes Mal, wenn das Land von einem Angriff bedroht war, drehte sich der Ziegenbock auf seiner Achse in die Richtung des Feindes und der Hahn krähte. Auf diese Art erkannten die Bewohner dieser Stadt frühzeitig die Gefahr und konnten die entsprechenden Mittel einsetzen, um sich davor zu schützen.

-Großer Gott, -rief der friedliebende Aben Habuz aus.-

-Wie wertvoll wäre für mich so ein Ziegenbock, der die Berge bewachen könnte, und ein Hahn wie jener, der bei Gefahr kräht. Allah Akbar! Wie ruhig würde ich in meinem Palast schlafen, wenn ich solche Wächter auf meinen Türmen hätte!

Der Astrologe wartete ab, bis sich die Erregung und der Freudentaumel des Königs etwas gelegt hatten, und fuhr fort:

-Nachdem der siegreiche Amru, er ruhe in Frieden, die Eroberung Ägyptens zu Ende geführt hatte, blieb ich bei den Priestern jenes Landes und erlernte die Riten und Zeremonien ihrer Götzendienste und versuchte vor allem das geheime Wissen zu erwerben, für das sie so berühmt sind. Eines Tages saß ich am Ufer des Nils und unterhielt mich mit einem alten Priester, als dieser auf die riesigen Pyramiden zeigte, die sich wie Berge in der nahegelegenen Wüste erheben, und sagte zu mir: "Alles, was wir dir beibringen können, ist nichts im Vergleich zu dem Wissen, das in diesen mächtigen Gebäuden eingesperrt ist. Im Zentrum der Pyramide, die in der Mitte steht, befindet sich eine Grabkammer und in ihr liegt die Mumie des Großen Priesters, der geholfen hat, diese ungeheure Steinmasse zu erbauen. Mit ihm liegt dort das wunderbare "Buch der Weisheit" begraben, das alle Geheimnisse der Magie und der Kunst enthält. Unser Vorfahre Adam erhielt es nach dem Sündenfall und seitdem ist es von Generation zu Generation weitergegeben worden, bis zu König Salomon dem Weisen, der mit seiner Hilfe den Tempel von Jerusalem baute. Wie es schließlich in die Hände der Erbauer der Pyramiden gelangt ist, weiß nur Der, der alles kennt."

Als ich die Worte des alten Priesters vernommen hatte, brannte mein Herz vor Begehren, dieses Buch zu besitzen. Ich konnte die Dienste vieler ehemaliger Soldaten unseres siegreichen Heeres anheuern und auch die vieler eingeborener Ägypter und so machten wir uns an die Arbeit. Wir öffneten ein Loch in der soliden Masse der Pyramide und nach unsäglichen Anstrengungen trafen wir endlich auf einen der inneren versteckten Gänge. Indem wir ihm durch ein verwirrendes und dichtes Labyrinth folgten, drangen wir in das Herz der Pyramide und sogar bis zur Grabkammer vor, wo seit Jahrhunderten die Mumie des Großen Priesters ruhte. Ich brach die äußeren Särge der Mumie auf, entrollte ihre zahlreichen Hüllen und Binden und fand schließlich das kostbare Buch, das auf ihrer Brust lag. Mit zitternden Händen ergriff ich es und fand meinen Weg aus der Pyramide, die Mumie in ihrem dunklen und stillen Grab zurücklassend, wo sie weiterhin auf den Tag der Auferstehung und des letzten Gerichts wartet.

-Sohn des Abu Ayub -rief Aben Habuz aus-. Du bist ein großer Weltreisender und hast wunderbare Sachen gesehen, aber wozu kann mir das Geheimnis der Pyramide und das "Buch der Weisheit" von König Salomon dienen?

-Oh König, dieses Buch hat mich in alle Zauberkünste eingeweiht, und ich kann die Hilfe der Geister beschwören, um meine Pläne durchzuführen. Ich kenne das Geheimnis des Talismans von Borsa und kann es nachbauen und sogar mit noch größerer Zauberkraft versehen.

-Oh weiser Sohn des Abu Ayib! -rief Aben Hazuz aus.-

-Dieser Talisman ist wertvoller für mich als alle Aussichtstürme und Wachposten meiner Grenzen. Verschaffe mir diesen Schutz und ich werde dich über alle Reichtümer meines Schatzes verfügen lassen.

Der Astrologe machte sich sofort an die Arbeit, um den Wünschen des Monarchen entgegenzukommen. Er befahl, einen hohen Turm auf der Spitze des königlichen Palastes zu errichten, der auf dem höchsten Punkt des Hügels stand, den man Albaycín nennt. Zu diesem Zweck brachte man Steine aus Ägypten, die angeblich einer Pyramide entstammten. Im oberen Teil des Turmes entstand ein runder Raum mit Fenstern; jedes schaute in eine der vier Himmelsrichtungen und vor jedem stand jeweils ein Tisch. Darauf ordnete der Astrologe wie auf einem Schachbrett ein aus Holz geschnitztes Miniaturheer an, dessen Soldaten sowohl zu Pferd wie zu Fuß hinter ihrem König in die jeweilige Himmelsrichtung schauten. Auf den Tischen lagen kleine Lanzen, nicht größer als Stichel, mit gewissen kaldäischen Schriftzeichen versehen. Dieser Saal wurde hermetisch durch eine Bronzetür verschlossen und mit einem Stahlschloss versehen, dessen Schlüssel nur der König besaß.

Auf der Höhe des Turms stand die Bronzefigur eines maurischen Reiters fest auf ihrer Achse verankert, in der Hand ein Schild und die Lanze gen Himmel gerichtet. Das Gesicht des Reiters schaute auf die Stadt, als bewache er sie; näherte sich aber ein Feind, drehten sich die Figur und die Lanze in Angriffsstellung in dessen Richtung.

Als der Talisman vollendet war, hätte Aben Habuz am liebsten sofort seine wunderbaren Eigenschaften erprobt. Im gleichen Maße wie er früher eine feindliche Invasion gefürchtet hatte, sehnte er sich jetzt danach. Sehr bald sollten seine Wünsche in Erfüllung gehen. Eines frühen Morgens brachte ihm der Wachposten die Nachricht, dass der Reiter sein Gesicht in Richtung Sierra Elvira gewandt hatte und dass seine Lanze direkt auf den Pass zeigte, den man Paso de Lope nennt.

-Man rufe mit Trommeln und Trompeten die Männer

zu den Waffen und versetze ganz Granada in Alarmbereitschaft! - ordnete Aben Habuz an.

-Oh König! -sagte der Astrologe;- beunruhige deine Stadt nicht und setze deine Krieger nicht in Bewegung. Wir benötigen keine Gewalt, um dich von deinen Feinden zu befreien. Befiehl deinen Dienern sich zurückzuziehen und lass uns alleine in den geheimen Saal des Turmes gehen.

Der alte Aben Habuz erklomm die Treppen des Turmes, auf den Arm des zweihundert Jahre alten Ibrahim Ebn Abu Ayub gestützt. Sie öffneten die Bronzetür und gingen hinein. Das Fenster in Richtung Paso de Lope stand offen.

-Aus dieser Richtung -sagte der Astrologe- droht Gefahr.

-Oh König, beobachte nun aus der Nähe das Geheimnis dieses Tisches.

König Aben Habuz näherte sich dem, was ein Schachbrett zu sein schien, auf dem die Miniaturfiguren aus Holz angeordnet waren, und beobachtete überrascht, dass sich alle bewegten. Die Pferde machten ihre Kapriolen und bäumten sich auf, die Krieger zückten ihre Waffen und es war ein schwaches Geräusch von Trommeln und Trompeten zu vernehmen, zudem auch das Aufeinanderschlagen der Schwerter und das Wiehern der Pferde. Doch hörte sich alles an wie das Summen der Bienen oder der Mosquitos in den Ohren desjenigen, der bei der Mittagshitze Zuflucht im Schatten sucht.

-Beobachte, oh König -sagte der Astrologe- die Anzeichen dafür, dass deine Feinde noch auf dem Schlachtfeld sind. Sie durchqueren wahrscheinlich gerade die Berge durch den Pass von Paso de Lope. Wenn Verwirrung und Panik unter ihnen ausbrechen sollen, sie sich aber ohne Menschenverluste zurückziehen dürfen, berühre diese Figuren mit dem Schaft dieser Zauberlanze;

soll aber Blut unter ihnen fließen und sie sich gegenseitig abschlachten, dann berühre sie mit der Spitze.

Ein fahles Leuchten erhellte das Gesicht von Aben Habuz. Er ergriff die Lanze mit zitternden Fingern und sein grauer Bart bebte vor Aufregung, als er sich in aller Eile dem Tisch näherte.

-Sohn des Abu Ayub -rief er gepresst aus,- ich glaube es wird etwas Blut fließen.

Indem er dies sagte, verletzte er einige der winzigen Figuren mit der Spitze der Lanze, die daraufhin wie tot auf das Brett fielen, und berührte andere mit dem Schaft, woraufhin diese sich gegeneinander wandten und sich in einen Kampf mit ungewissem Ausgang verwickelten.

Nur mit Mühe hielt der Astrologe den friedliebenden Monarchen davon ab, seine Feinde völlig auszumerzen. Schließlich konnte er ihn davon überzeugen, sich vom Turm zurückzuziehen und Kundschafter zum Paso de Lope zu senden.

Diese kehrten mit der Nachricht zurück, dass ein christliches Heer in das Herz der Sierra eingedrungen sei. Plötzlich sei zwischen den Kriegern ohne erfindlichen Grund, Granada schon in Sichtweite, ein Streit ausgebrochen, so dass sie einander beinahe abgeschlachtet hätten, um sich daraufhin schließlich hinter ihre Grenzen zurückzuziehen.

Aben Habuz erlebte einen Freudentaumel, als er auf diese Weise die Wirksamkeit des Talismans erfuhr.

-Endlich -sagte er- kann ich in Ruhe leben und alle meine Feinde unter meiner Gewalt haben. Oh weiser Sohn des Abu Ayub, wie kann ich dir diese Wohltat vergelten?

-Die Ansprüche eines alten Mannes und Philosophen sind gering, oh mein König. Verschaffe mir die Mittel, meine Höhle in eine bequeme Wohnung und eine angenehme Ermite zu verwandeln und damit will ich mich begnügen.

-Wie edel ist die Bescheidenheit eines wirklichen Weisen! -rief Aben Habuz aus,- und war innerlich höchst befriedigt darüber, wie billig die Belohnung ausfallen würde.

Er befahl seinem Schatzmeister, Ibrahim alles zu gewähren, was dieser zur Einrichtung seiner Höhle fordere.

Der Astrologe ordnete daraufhin an, seine Höhle zu erweitern, indem man mehrere neue Räume aus dem Kalkstein schlug und somit um den mittleren Saal herum, der den astrologischen Studien gewidmet war, eine Reihe ineinander übergehende Gemächer schuf. Diese wurden mit luxuriösen Diwanen und Ottomanen ausgestattet und die Wände mit kostbaren Seiden aus Damaskus verhängt.

-Ich bin ein alter Mann, -sagte er- und kann nicht zulassen, dass meine Knochen auf einem harten Steinbett ausruhen müssen, und außerdem brauchen diese feuchten Wände einen Behang.

Auch ließ er sich Bäder bauen, die reichhaltig mit allerlei duftenden Flüssigkeiten und Ölen gefüelt wurden.

-Mit einem Bad -sagte er- kann man der Steifheit des Alters entgegenwirken und dem Körper, der durch so viele Jahre Studien verwelkt ist, wieder Frische verleihen.

Er ließ auch unzählige Lampen aus Silber und Kristall in die Gemächer hängen, voll mit duftenden Ölen, deren Rezept er in den Gräbern Ägyptens gefunden hatte. Dieses Öl verbrannte nie und verbreitete ein sanftes Morgenlicht.

-Das Sonnenlicht -fügte er hinzu- ist zu hell für die Augen eines alten Mannes und das der Lampen ist angebrachter für die Studien eines Philosophen.

Der Schatzmeister des Königs Aben Habuz beklagte sich beim König über die großen Summen, die täglich von ihm für die Ausstattung jener Höhle gefordert wurden. Dieser hatte jedoch sein königliches Wort gegeben und zuckte nur mit den Achseln.

-Wir müssen Geduld haben -sagte er;- dieser alte Mann hat im Inneren der Pyramiden und der Ruinen Ägyptens den Einfall gehabt, seinen Alterssitz einmal so zu gestalten. Aber alles geht einmal zu Ende und auch die Ausstattung seiner Räume wird einmal ein Ende haben müssen.

Der König hatte Recht, denn der Astrologe befand, dass seine Wohnstätte schließlich zu seiner Zufriedenheit fertig gestellt worden war, als sie einem prächtigen unterirdischen Palast glich. Daraufhin schloss er sich drei Tage darin ein, um sich nur seinen Studien zu widmen, wonach er jedoch wieder vor dem Schatzmeister erschien.

-Ich brauche noch etwas -sagte er zu ihm-. Es handelt sich um eine kleine Abwechslung von meiner geistigen Arbeit.

-Oh weiser Ibrahim! Ich bin verpflichtet dir alles zu geben, was du in deiner Einsamkeit benötigst. Was begehrst du?

-Ich hätte gerne einige Tänzerinnen.

-Tänzerinnen? -wiederholte der Schatzmeister erstaunt.-

-Ja, Tänzerinnen -antwortete der Weise feierlich-. Sie sollten schön und jung sein, denn der Anblick von Schönheit und Jugend ist immer erfrischend. Ich begnüge mich mit einigen wenigen, denn ich bin ein Philosoph mit einfachen Gewohnheiten und mit wenig Ansprüchen.

Während der Philosoph Ibrahim Ebn Ayub in seinem Zufluchtsort seine Zeit dem Studium widmete, lieferte der friedliebende Aben Habuz schreckliche fiktive Schlachten in seinem Turm. Das war eine bequeme Beschäftigung für einen Alten wie ihn, der die Ruhe liebte, und der auf diese Art das seltene Privileg genoss, sich von seinem Lager aus mit der Kriegsführung zu unterhalten und dabei Heere zu zerstören, als seien sie Fliegenschwärme.

Für einige Zeit ließ er seiner neuen Leidenschaft freien Lauf. Er beleidigte und forderte sogar seine Nachbarn heraus, um sie zu Angriffen zu bewegen, aber diese zogen bald die Lehre aus ihren unentwegten Niederlagen und bald wagte es keiner mehr, in sein Land einzudringen. Viele Monate lang verblieb der Bronzereiter unbeweglich in Friedensstellung mit der Lanze in den Himmel zeigend, so dass der Monarch seine gewohnte Ablenkung vermisste und anfing, sich in der monotonen Ruhe zu langweilen.

Eines Tages bewegte sich schließlich der Zauberreiter ganz unerwartet und zeigte mit seiner Lanze auf die Berge von Guadix. Aben Habuz stieg überstürzt in seinen Turm hinauf, aber auf dem Tisch, der in diese Richtung schaute, war keine Bewegung zu erblicken, kein Krieger rührte sich. Verwundert sandte er eine Abteilung berittener Soldaten aus, um die Berge auszukundschaften, und diese kehrte nach drei Tagen wieder zurück.

-Wir haben alle Pässe der Berge durchkämmt- sagten sie, aber wir haben weder Helme noch Lanzen erblickt. Alles was wir auf unseren Erkundungen haben finden können, ist eine junge, aussergewöhnlich schöne Christin, die in der Abenddämmerung neben einem Brunnen schlief und die wir gefangen genommen haben.

-Eine außergewöhnliche Schönheit! -rief Aben Habuz mit vor Freude glänzenden Augen aus-. Bringt sie sofort in meine Gegenwart!

Die schöne junge Frau wurde zu ihm gebracht. Sie war prunkvoll gekleidet nach Art der reichen Spanier zur Zeit der arabischen Eroberungen. In ihre schwarzen Zöpfe waren glänzendweisse Perlen hineingeflochten worden, und auf ihrer Stirne blitzten Juwelen, die mit dem Leuchten ihrer Augen wetteiferten. Um den Hals trug sie eine Goldkette, an der eine silberne Leier befestigt war, die auf ihrer Hüfte ruhte.

Das Licht ihrer schwarzen und schimmernden Augen entflammte das immer noch leicht entzündbare Herz des alten Aben Habuz, und der Reiz und die Anmut ihrer Bewegungen ließen seine Sinne erzittern.

-Oh Zauberin -rief er überschwenglich aus- wer bist du? Wie heisst du?

-Ich bin die Tochter eines christlichen Fürsten, der bis vor kurzem noch Herr dieser Gebiete war. Die Heere meines Vaters wurden wie durch Zauberkraft in diesen Bergen aufgerieben. Er ist aus dem Land vertrieben worden und seine Tochter ist jetzt eine Gefangene.

-Vorsicht, oh König -flüsterte Ibrahim Ibn Abu Ayub ihm zu-. Das kann eine dieser Zauberinnen aus dem Norden sein, von denen wir gehört haban. Sie nehmen die verführerischsten Formen an, um den Unbedachten zu betrügen. Ich vermeine Zauberkraft in ihren Augen wahrzunehmen und Verführung in ihren Gesten. Ohne Zweifel ist dies der Feind, auf den der Talisman zeigte.

-Sohn des Abu Ayub -antwortete der König-, du bist sicherlich ein weiser Mann, ich kann es nicht leugnen nach allem, was ich gesehen habe, aber du bist nicht sehr erfahren in Frauendingen. In dieser Wissenschaft lasse ich niemandem den Vortritt, nicht einmal dem weisen König Salomon mit seinen sämtlichen Frauen und Konkubinen. Was diese junge Frau angeht, so kann ich nichts Böses an ihr entdecken; sie ist wahrhaftig wunderschön und meine Augen erfreuen sich an ihrem Anblick.

-Höre auf mich, oh König! -erwiederte der Astrologe-. Ich habe dir zu vielen Siegen mit meinem Talisman verholfen, aber niemals habe ich teilgehabt an der Beute. Übergib mir diese verirrte Gefangene, so dass sie mich in meiner Einsamkeit mit ihrer Leier unterhält. Falls sie tatsächlich eine Zauberin ist, wird es mir nicht an Zaubersprüchen gegen ihre Verwünschungen mangeln.

-Wie bitte? Noch mehr Frauen? -schrie Aben Habuz auf.- Hast du nicht schon genügend Tänzerinnen, um dich zu unterhalten?

-Sicherlich habe ich Tänzerinnen, aber ich habe keine Sängerin. Mir würde ein wenig Musik gefallen, um meine Vorstellungskraft, wenn sie erschöpft ist von den vielen Studien, wieder aufzufrischen.

-Zähme deine Wünsche ein wenig- antwortete der König ungeduldig. Dieses junge Mädchen habe ich für mich bestimmt. In ihr finde ich so viel Trost wie David, Vater von Salomon dem Weisen, in der Gegenwart von Abizag, der Sulamitin.

Die eindringlichen Bitten und Proteste des Astrologen trafen nur auf taube Ohren beim Monarchen, so dass die Beiden sich schließlich sehr verärgert voneinander trennten. Der Weise sperrte sich grollend in seinen Zufluchtsort ein, nicht ohne den König noch einmal vor seiner gefährlichen Gefangenen gewarnt zu haben. Aber welcher Verliebte, wenn er zudem auch noch alt ist, hätte jemals auf einen Rat gehört? Aben Habuz gab sich ganz seiner Leidenschaft hin. Sein ganzes Bestreben bestand darin, der schönen Christin zu gefallen; und obwohl er wahrlich nicht jung war, so besaß er doch Reichtümer und, wie man weiß, sind die alten Verliebten in der Regel großzügig. Er ließ den Zacatín auf die begehrtesten Waren aus dem Orient durchsuchen: Seidenstoffe, Schmuckstücke, Edelsteine und auserwählte Parfüms. Alle wertvollen und außergewöhnlichen Dinge, die in Afrika und Asien hergestellt werden, legte er ihr großzügig zu Füßen. Er bewirtete sie mit allen Arten von Festen und Schauspielen, bei denen es nicht an Musik, Tanz, Turnieren und Stierkämpfen fehlte.

Granada verwandelte sich für einige Zeit in den Schauplatz ununterbrochener Lustbarkeiten. Die christliche Prinzessin betrachtete all diese Herrlichkeiten wie jemand, der an solche Pracht gewöhnt ist und sie als Tribut für ihren Rang entgegennimmt oder, besser gesagt, für ihre Schönheit, denn diese hält noch mehr auf sich zugute und verlangt noch mehr Unterwerfung als die edelste Abstammung. Man könnte sogar hinzufügen, dass sie ein wahres Vergnügen darin zu finden schien, den König zu Ausgaben zu bewegen, die sein Vermögen schmälerten, um gleichzeitig seine grenzenlose Großzügigkeit als das Natürlichste der Welt abzutun. Trotz seiner ununterbrochenen Freigebigkeit konnte der würdige Liebhaber sich nie rühmen, auch nur den kleinsten Eindruck im Herzen der jungen Frau hinterlassen zu haben; und obwohl diese ihn nicht abweisend behandelte, lächelte sie ihn niemals auch nur an. Sobald der König ihr seine Leidenschaft erklärte, begann sie auf ihrer Silberleier zu spielen, die tatsächlich Zauberkräfte zu besitzen schien. Denn im gleichen Augenblick begann der Monarch sich schläfrig zu fühlen, eine außergewöhnliche Müdigkeit überfiel ihn und langsam aber sicher versank er in einen tiefen Schlaf, aus dem er ungeheuer erfrischt, und vorübergehend ganz von seiner Verliebtheit geheilt, erwachte. Das war nun wirklich verwirrend und stellte sich seinen Absichten in den Weg; auf der anderen Seite aber genoss er die Träume, die ihn in seiner Schläfrigkeit begleiteten, so dass er weiter träumte, während ganz Granada über seine Leidenschaft lachte und gleichzeitig bitter darüber klagte, dass der Schatz der Stadt für ein Lied verschleudert wurde.

Ein schwere Gefahr schwebte über Aben Habuz und gegen diese war der Talisman ganz und gar unwirksam. In seiner eigenen Stadt brach ein Aufstand aus; der Palast wurde von einer Menschenmenge umzingelt, die sein Leben und das seiner Favoritin bedrohte. Im alten

Monarchen erwachte wieder sein Kampfesmut. An der Spitze einer Handvoll Soldaten seiner Wache führte er einen Ausfall durch und vertrieb die Aufständischen, womit er die Unruhen im Keime erstickte.

Als die Ordnung wiederhergestellt war, suchte der König den Astrologen auf, der immer noch in seiner Höhle seinem Groll nachhing.

Aben Habuz wandte sich versöhnlich an ihn.

-Oh weiser Sohn des Abu Ayub! -sagte er zu ihm-. Wohl hast du mir die Gefahren geweissagt, die mir durch die schöne Gefangene drohten. Sag du mir nun, der du geschickt in der Vorhersage der Gefahren bist, was ich tun kann, um ihnen zuvorzukommen.

-Entferne dich von der schönen Ungläubigen, die die Ursache ist.

-Ich wäre eher bereit, mein Königreich zu verlieren -rief Aben Habuz aus.-

-Du läufst Gefahr, beides zu verlieren -erwiderte der Astrologe.

-Sei nicht grausam und sei mir nicht böse, oh weiser-ster aller Philosophen. Denk an das doppelte Leid eines Monarchen und eines Liebenden und erfinde irgendein Mittel, das mich vor den Gefahren bewahren kann, die mich bedrohen. Weder Ruhm noch Größe bedeuten mir noch etwas. Ich möchte nur einen friedlichen Zufluchtsort finden, an den ich vor der Welt und ihren leeren Ritualen fliehen und mich den Rest meines Lebens der Liebe und der Ruhe hingeben kann.

Der Astrologe schaute ihn eine Weile unter seinen dichten Augenbrauen an.

-Was würdest du mir geben, falls ich dir so einen Zufluchtsort verschaffte?

-Du selber könntest deine Belohnung festlegen, und falls es in meinen Händen liegt, stehe ich mit meinem Ehrenwort dafür ein, dass du sie erhältst.

-Hast du, oh König, vom Garten des Iran sprechen

hören, einem der Wunderwerke des glücklichen Arabiens?

-Ja, ich habe von diesem Garten gehört, der im Koran im Kapitel "Die Morgendämmerung des Tages" erwähnt wird. Außerdem sind mir wunderbare Dinge darüber berichtet worden von den Pilgern, die im Mekka gewesen sind. Aber ich habe sie immer als Erfindungen abgetan, wie sie von Reisenden, die ferne Länder bereist haben, gerne erzählt werden.

-Verachte nicht, oh König, die Erzählungen der Reisenden, -antwortete der Astrologe ernst- denn in ihnen sind seltene und kostbare Kenntnisse aus den entferntesten Winkeln der Welt enthalten. Was den Palast und Garten des Iran angeht, ist alles wahr, was man von ihm erzählt, so wie ich es mit meinen eigenen Augen habe bestätigen können. So lausche meinem Abenteuer, denn es hat mit dem zu tun, was du dir wünschst.

"In meiner Jugend, als ich nur ein Nomade war, hütete ich die Kamele meines Vaters. Eines Tages, an dem wir die Wüste von Aden durchquerten, trennte sich eines von der Herde und ging verloren. Ich suchte es mehrere Tage, aber alles war vergebens, so dass ich mich eines nachmittags müde und erschöpft unter eine Palme in der Nähe eines halbtrockenen Brunnens legte. Als ich erwachte, befand ich mich an den Toren einer Stadt; ich ging hinein und sah wunderbare Plätze und Märkte, aber alles war still und schien unbewohnt zu sein. So irrte ich durch die Stadt, bis ich zu einem prächtigen Palast gelangte, dessen Gärten Brunnen und Wasserbecken schmückten und Bäume und Blumen verzierten, aber niemand war zu sehen. Durch diese Einsamkeit verunsichert, beeilte ich mich hinauszukommen, und als ich das Stadttor hinter mir gelassen hatte, kehrte ich mit meinem Blick zurück an diesen Platz. Nichts war mehr zu sehen. Die stille Wüste breitete sich vor meinen Augen aus.

In jener Gegend traf ich einen alten Derwisch, der

sehr bewandt war in den Traditionen und Geheimnissen jenes Landes, und ihm erzählte ich, was mir widerfahren war.

"Dies -sagte er zu mir- ist der berühmte Garten des Iran, eines der Wunder der Wüste. Er erscheint nur manchmal einem verlorenen Wanderer wie dir und verzaubert mit dem Anblick von Türmen und Palästen und Gartenmauern, über die sich Bäume voll wohlschmeckender Früchte lehnen, die sich jedoch plötzlich wie in Luft auflösen. Nur trockenes und verlassenes Land bleibt zurück. Und dies ist die Geschichte. In alten Zeiten, als diese Gegend noch von den Aditen bewohnt war, gründete König Sheddad, Sohn des Ad und Urenkel von Noah eine prachtvolle Stadt. Als sie vollendet war und er ihren Prunk betrachtete, füllte sich sein Herz mit Stolz und Hochmut und er beschloss, ein Königsschloss mit Gärten zu bauen, ebenbürtig den himmlischen Gärten, die im Koran beschrieben sind. Aber ihn traf die Strafe des Himmels ob seiner Anmaßung. Er und seine Untertanen wurden von der Erdoberfläche gefegt und seine prächtige Stadt mit ihren Palästen und Gärten fiel für immer unter einen Bann, der sie vor den Blicken der Menschen verbirgt, von einigen seltenen Gelegenheiten abgesehen, an denen sie sichtbar werden, damit diese Sünde nicht vergessen wird."

Diese Geschichte, oh König, und die Wunderwerke, die ich bestaunen konnte, blieben so stark in meiner Phantasie verankert, dass ich viele Jahre später, schon in Ägypten und im Besitz des "Buches der Weisheit" von Salomon dem Weisen, wieder den Garten von Iran zu besuchen beschloss. Dies tat ich dann auch und konnte feststellen, dass dieser mit Hilfe meiner geheimen Wissenschaft sichtbar wurde. Ich richtete mich im Palast von Sheddad ein und verlebte dort einige Tage an diesem paradiesischen Ort. Die Geister, die ihn bewachten und meiner Zauberkraft gehorchten, verrieten mir, mit welchen Zaubersprüchen jener Garten ins Leben gerufen worden war und wodurch er unsichtbar wurde. Solch einen Palast und Garten, oh König, kann ich für dich bauen, an diesem Platz auf dem Berg über deiner Stadt. Kenne ich nicht etwa alle Geheimnisse der Zauberkunst und bin Herr des "Buches der Weisheit" des weisen Salomon?

-Oh weiser Sohn des Abu Ayub! -rief Aben Habuz aus, vor Aufregung zitternd-. Du bist wahrhaftig ein Weltreisender, der wunderbare Dinge gesehen und gelernt hat. Verschaffe mir solch ein Paradies und bitte mich worum du möchtest, auch wenn es die Hälfte meines Königreichs ist.

-Ach! -antwortete der Astrologe-. Du weisst, dass ich ein alter Mann bin und ein Philosoph, der mit wenig zufrieden ist; das Einzige worum ich dich bitte, ist das erste Tier, das durch das Zaubertor des Palastes tritt, mit allem was es trägt.

Der Monarch war hocherfreut und einverstanden mit diesen bescheidenen Bedingungen und der Astrologe begann mit der Ausführung seines Werkes. Auf dem Gipfel des Hügels, ausgerechnet über seiner unterirdischen Ermite, ließ er ein großes Tor oder Durchgang in der Mitte eines uneinnehmbaren Turmes bauen.

Ihm war eine Vor- oder Außenhalle mit einem hohen Rundbogen vorgebaut und darin ein Innenbogen, der durch massive Türen verschlossen war. In den Schlussstein des Innenbogens meißelte der Astrologe mit seinen eigenen Händen einen riesigen Schlüssel, und in den Schlussstein des Außenbogens, der sich darüber erhob, hub er eine gigantische Hand hinein. Diese Zeichen stellten mächtige Talismane dar, vor denen er einige Worte in einer unbekannten Sprache murmelte.

Als dieses Eingangstor fertig gestellt war, schloss er sich für zwei Tage in seinen Astrologiesaal ein und beschäftigte sich mit seltsamen Zaubereien; am dritten

Tag stieg er auf den Hügel und verbrachte dort die Tagesstunden. Im letzten Abendlicht stieg er hinunter und stellte sich Aben Habuz vor.

-Nun endlich, oh König -sagte er zu ihm- habe ich mein Werk fertiggestellt. Auf dem Hügel wirst du den herrlichsten Palast finden, den jemals ein Menschengeist erfunden und ein Menschenherz hat wünschen können. Er enthält prächtige Salons und Galerien, entzückende Gärten, frische Brunnen und duftende Bäder, mit anderen Worten, der ganze Hügel hat sich in ein Paradies verwandelt. Er ist genauso wie der Garten des Iran durch einen mächtigen Zauberspruch den Blicken und den Nachforschungen der Sterblichen verhüllt außer vor denen, die das Geheimnis des Talismans kennen.

-Damit genug -rief Aben Habuz aufgeregt aus.- Morgen bei Sonnenaufgang werden wir davon Besitz ergreifen.

Der glückliche Monarch schlief wenig jene Nacht. Kaum hatten die Sonnenstrahlen begonnen die weißen Gipfel der Sierra Nevada leuchtend zu färben, als er hoch zu Ross und begleitet von einigen treuen Dienern den engen und steilen Weg, der zum Gipfel des Hügels führt, hochritt. An seiner Seite auf einem weißen Hengst ritt die christliche Prinzessin. Ihr Gewand blitzte von leuchtendem Schmuck und an ihrer Halskette hing die silberne Leier. Der Astrologe begleitete den König an seiner anderen Seite auf seinen Stab mit Hieroglyphen gestützt, denn er stieg grundsätzlich nie auf ein Reittier.

Aben Habuz glaubte zu sehen, wie die Türme des Palastes dort oben blinkten und die blühenden Terrassen der Gärten sich ausbreiteten, aber nichts von dem war noch zu erkennen.

-Das ist das Geheimnis und der Schutz dieses Platzes -sagte der Astrologe zu ihm-; es ist nichts zu sehen, bevor das Zaubertor nicht durchschritten und der Platz nicht in Besitz genommen ist.

Als sie sich dem Eingang näherten, hielt der Astrologe an und wies den König auf die Zauberhand und den Schlüssel hin, die auf den Bögen des Eingangstores eingemeißelt waren.

-Dies sind -sagte er- die Talismane, die den Zugang zu diesem Paradies bewachen. Solange diese Hand nicht herunter nach dem Schlüssel greift, wird keine Menschenkraft noch Zauberspruch in der Lage sein, den Herrn dieses Berges zu besiegen.

Während Aben Habuz diese mystischen Talismane mit offenem Mund und in entrückter Bewunderung betrachtete, schritt der Hengst, auf dem die Prinzessin saß, voran und drang bis in die Mitte des Vorhofs ein.

-Hier -schrie der Astrologe- ist die Belohnung, die du mir versprochen hast: das erste Tier mit seiner Last, das durch dieses Zaubertor eindringt.

Aben Habuz lächelte, denn er hielt es für einen Scherz des alten Mannes; aber als er sah, dass es ernst gemeint war, bebte sein grauer Bart vor Empörung.

-Sohn des Abu Ayub -sagte er erbost-. Was ist das für ein Betrug? Du kennst den Sinn meines Versprechens: das erste Lasttier mit seiner Last, das durch das Tor tritt. Wähle das stärkste Maultier aus meinem Stall, belade es mit den kostbarsten Gegenständen aus meinem Schatz und es gehört dir; aber richte deinen Sinn nicht auf die Wonne meines Herzens.

-Wozu brauche ich diese Reichtümer? -antwortete der Astrologe verächtlich-. Bin ich nicht im Besitz des "Buches der Weisheit" vom weisen Salomon und damit im Besitz aller geheimen Schätze dieser Erde? Die Prinzessin ist rechtens mein Eigentum; dein königliches Ehrenwort ist verpfändet und ich fordere sie für mich ein.

Die Prinzessin beobachtete die beiden alten Männer, die sich um den Besitz ihrer Jugend und Schönheit stritten, hochmütig von ihrem Pferd aus, und ein leicht verächtliches Lächeln glitt über ihre rosaroten Lippen.

Indes ließ die Wut des Monarchen ihn alle Vorsicht vergessen.

-Miserabler Sohn der Wüste! -schrie er-. Du bist vielleicht Meister in vielen Künsten, aber erkenne mich als deinen Herrn an und versuche nicht mit deinem König zu spielen.

-Mein Herr! Mein König! -wiederholte der Astrologe.-

-Der Monarch eines Kaninchenbaus möchte den Besitzer des Talismans von Salomon beherrschen. Auf Wiedersehen, Aben Habuz; herrsche du in deinem kleinen Reich und genieße dein Paradies der Narren; ich werde über dich in meinem philosophischen Zufluchtsort lachen.

Indem er dies sagte, ergriff er die Zügel des Hengstes, klopfte mit seinem Stock auf die Erde und versank mit der Prinzessin in der Mitte des Vorhofes. Die Erde schloss sich hinter ihnen, ohne dass auch nur die geringste Spur auf das Loch hinwies, in dem sie versunken waren.

Aben Habuz verschlug es lange Zeit vor Staunen die Sprache. Als er wieder zu sich kam, befahl er, dass Tausend Soldaten mit Schaufeln und Spaten dort graben sollten, wo der Astrologe verschwunden war. Sie gruben und gruben, aber alles war umsonst. Das felsige Gestein über der Höhle bot allen Geräten Widerstand und zudem, sobald sie auch nur ein wenig in die Tiefe gebohrt und Erde ausgehoben hatten, fiel diese wieder in ihr Loch zurück. Aben Habuz suchte daraufhin am Fuße des Hügels den Eingang zur Höhle, der zum unterirdischen Palast des Astrologen führte, aber er konnte ihn nirgendwo finden. Wo vordem eine Tür gewesen war, war jetzt die harte Oberfläche eines Felsens. Mit dem Verschwinden von Ibrahim Ebn Abu Ayub hörte auch die Wirkung seiner Talismane auf. Der bronzene Reiter blickte unbeweglich auf den Hügel und mit der Spitze seiner Lanze zeigte er auf den Ort, wo der Astrologe versunken war, als ob sich dort immer noch der Todfeind von Aben Habuz versteckt hielte.

Von Zeit zu Zeit konnte man im Inneren des Hügels ein schwaches Geräusch wie von Musik und den Klang einer Frauenstimme vernehmen. So geschah es, dass eines Tages ein Bauer dem König die Nachricht überbrachte, er habe die Nacht zuvor einen Spalt im Felsen entdeckt, durch den er eingedrungen sei. Dieser habe ihn zu einem unterirdischen Salon geführt, wo er den Astrologen gesehen habe, der auf einem prächtigen Diwan zum Klang der silbernen Leier der Prinzessin, die einen magischen Einfluss auf seine Sinne zu haben schien, vor sich hinschlummerte.

Aben Habuz suchte den Spalt im Felsen, aber er hatte sich schon geschlossen. Er versuchte von neuem seinen Feind auszugraben, aber alles war umsonst, denn der Zauber der Hand und des Schlüssels waren zu stark, als dass ihn die Kraft eines Menschen hätte lösen können. Was den Gipfel des Berges angeht, den Ort des versprochenen Palastes und Gartens, so war er weiterhin ein nacktes und ödes Gelände; entweder war das vorgebliche Paradies den Blicken der Menschen verborgen oder es hatte sich nur um eine Erfindung des Astrologen gehandelt. Die Leute nahmen gutgläubig letzteres an; die einen nannten diesen Ort die "Torheit des Königs", andere wiederum nannten ihn das "Paradies des Narren".

Zu allem Unglück für Aben Habuz drangen die feindlichen Nachbarn, die er nach Lust und Liebe herausgefordert und beleidigt hatte, als er noch der Herr des Zauberreiters war, in sein Reich ein, nachdem sie erfahren hatten, dass ihn kein Talisman mehr beschützte, so dass der friedlichste aller Monarchen den Rest seines Lebens in unentwegten Streitigkeiten verbrachte.

Schließlich starb Aben Habuz und wurde begraben. Seitdem sind viele Jahrhunderte vergangen. Die

Alhambra steht auf diesem berühmten Berg und dadurch verwirklichten sich auf gewisse Weise die Erzählungen über die märchenhafte Schönheit der Gärten des Iran. Auch heute noch ist das verwunschene Tor erhalten, zweifelsohne durch Zauberhand und Schlüssel geschützt, und zur Zeit ist es als *Tor der Gerechtigkeit* der Haupteingang zur Festung. Unter diesem Tor, so heißt es, wird weiterhin der alte Astrologe in seinem unterirdischen Salon von der silbernen Leier der Prinzessin in den Schlaf gesungen.

Die alten invaliden Wachposten, die am Tor Wache halten, hören manchmal des Nachts ihre Akkorde und unter dem Einfluss ihrer einschläfernden Wirkung schlafen sie ruhig auf ihren Sitzen ein. Und nicht nur das; an diesem Ort ist der Einfluss der Müdigkeit so groß, dass sogar die Tageswachen auf den Bänken des Vorhofes oder im Schatten der nahestehenden Bäume vor sich hindösen, was diesen Ort in den verschlafensten Militärposten der Christenheit verwandelt. All dies wird, so sagen die alten Legenden, durch die Jahrhunderte hindurch fortdauern. Die Prinzessin wird weiterhin die Gefangene des Astrologen sein und dieser unter dem Bann der Prinzessin im Zauberschlaf liegen; und dies bis zum Tage des letzten Gerichts. Es sei denn, dass eines Tages die Hand den schicksalsschweren Schlüssel ergreift und damit der Verzauberung dieses Zauberberges ein Ende setzt.

BESUCH AUF DER ALHAMBRA

Seit fast drei Monaten hatte ich ungestört im Traum geschwelgt, und mir vorgestellt, alleiniger Herrscher der Alhambra zu sein; ein langer, friedlicher Zeitraum, der meinen Vorgängern selten gewährt wurde. Währenddessen hat der Wechsel der Jahreszeiten die gewöhlichen Veränderungen mit sich gebracht. Bei meiner Ankunft war alles so frisch gewesen, wie es im Mai zu sein pflegt. Das Laub der Bäume war zart und durchsichtig; die Granatäpfel hatten ihre glänzenden karmesinroten Kronen noch nicht entfaltet; die Gärten des Darro und Genils befanden sich in voller Blüte; in den Felsritzen blühten Feldblumen, und Granada machte den Eindruck, ganz von einem Rosenmeer umgeben zu sein, in dem unzählige Nachtigallen bei Tag und Nacht sangen.

Jetzt bei vorgerückter Jahreszeit ist die Rose verblüht und die Nachtigall verstummt, während in der Ferne die Felder, allmählich von der Sonne versengt, eine braune Farbe annehmen; trotzdem herrscht ein ewiges Grün in der unmittelbaren Umgebung der Stadt und in den tiefen, engen Tälern am Fuß der beschneiten Berge.

In der Alhambra findet man Winkel, die der Temperatur der Jahreszeit angepasst sind; dazu gehören insbesondere die fast unterirdischen Hallen der Bäder. Diese sind im alten orientalischen Stil erhalten, obwohl die Zeit auch dort ihre Spuren hinterlassen hat. Im Eingang, der zu einem kleinen, ehemals blumengeschmückten Hof führt, liegt ein Saal, mittelgroß, aber leicht und anmutig erbaut und umgeben von einer kleinen Galerie auf Marmorsäulen mit arabischen Bögen. Ein Alabasterbrunnen in der Mitte wirft noch immer seinen erfrischenden Wasserstrahl empor. Seitlich befinden sich tiefe Alkoven mit erhöhten Liegeflächen, wo die Mauren sich nach dem Bad oder den Waschungen, auf Kissen liegend, der sinnenfreudigen Erholung hingaben, umgeben vom Aroma der parfümierten Luft und dem Klang einer sanften Musik aus den Galerien. Hinter diesem Saal liegen noch intimere Räume; das *sancta sanctorum* der weiblichen Zurückgezogenheit, denn hier gaben sich die schönen Frauen des Harems dem Genuss des Bades hin. Ein sanftes und geheimnisvolles Licht strömt durch alle Gemächer, das durch die engen Öffnungen in der gewölbten Decke -den sogenannten *lumbreras*- hineinfällt. Noch sind die Spuren der ehemaligen Eleganz zu sehen sowie der Alabasterbrunnen, über den sich die Sultaninnen beugten. Die Dunkelheit und Stille, die hier herrscht, haben ihn in den Lieblingsplatz der Fledermäuse verwandelt, die sich tagsüber in Ritzen und Winkeln verstecken und die, wenn sie aufgescheucht werden, durch die dunklen Säle flattern, womit der Eindruck der Verlassenheit und Einsamkeit noch erhöht wird.

An diesem kühlen und schönen, wenn auch verfallenen Zufluchtsort, der die Frische und Zurückgezogenheit einer Höhle bietet, verbrachte ich bei fortschreitendem Sommer die heißen Tagesstunden und kam erst wieder hervor, wenn die Sonne unterging, um nachts im großen Wasserteich des Haupthofes zu baden oder besser gesagt zu schwimmen. Auf diese Art konnte ich in gewisser Weise die erdrückende und erschöpfende Wirkung des Klimas aufheben.

Mein Traum absoluter Alleinherrschaft fand jedoch ein Ende. Eines Morgens weckte mich ein Flintenfeuer, das in den Türmen so laut widerhallte, als sei die Festung überraschend angegriffen worden. Ich ging hinaus und traf einen alten Edelmann und eine gewisse Anzahl Diener, die sich im Saal der Gesandten breit gemacht hatten. Es handelte sich um einen alten Grafen, der von seinem Palast in Granada hochgekommen war, um einige Tage in der frischeren Luft der Alhambra zu verbringen, und der sich als eingefleischter Jäger die Zeit vor dem Frühstück damit vertrieb, vom Balkon aus auf die Schwalben zu schiessen. Dies war ein harmloser Zeitvertreib; denn obwohl seine Diener nicht müde wurden, ihm die Büchse zu laden, kann ich ihn nicht beschuldigen, den Tod einer einzigen Schwalbe verursacht zu haben. Die Vögel selbst schienen an dem Spiel Freude zu haben und ihn jedesmal zu verspotten, wenn er sein Ziel verfehlte, indem sie Kreise über den Balkonen zogen oder sich wie Pfeile in seine Nähe stürzten.

Die Ankunft dieses alten Edelmanns veränderte alles erheblich, ohne dass dies zu Streit oder Eifersucht geführt hätte. Wir teilten uns stillschweigend unser Reich, wie es die letzten Könige Granadas einmal getan hatten, mit dem Unterschied, dass wir die freundschaftlichsten Beziehungen aufrecht erhielten. Er herrschte uneingeschränkt über den Löwenhof und die anliegenden Säle, während ich weiterhin meine friedliche Herrschaft über das Gebiet der Bäder und den kleinen Garten der Lindaraja ausübte. Wir aßen zusammen unter den Arkaden des Hofes, wo die Brunnen die Luft erfrischten und sprudelndes Wasser in den offenen Kanälen im Marmorboden dahinfloss.

Am Abend versammelte sich die Familie um den edlen, alten Herrn. Die Gräfin, seine zweite Ehefrau, kam von der Stadt mit ihrer Stieftochter Carmen hoch, einem entzückenden jungen Wesen, fast noch ein Kind. Es begleiteten sie fast immer einige Offiziere, sein

Kaplan, der Rechstanwalt, sein Privatsekretär, der Haushofmeister und andere Verwalter seiner weitläufigen Besitztümer, die ihm Nachrichten und Gerüchte von der Stadt brachten und an der abendlichen Kartenpartie *Tresillo oder Ombre* teilnahmen. Auf diese Art genoss er so etwas wie einen private Hofhaltung, wo jeder ihm Respekt bezeugte und zu seiner Unterhaltung beizutragen suchte, jedoch ohnen jeden Anflug an Unterwürfigkeit oder mangelnder Selbstachtung. Das Verhalten des Grafen schien auch nichts dergleichen zu fordern, denn was man auch immer vom Stolz der Spanier sagt, so greift dieser selten störend in das Familienleben ein. Wohl bei keinem anderen Volk sind die Beziehungen zwischen Verwandten offener und herzlicher, ist das Verhältnis zwischen Vorgesetzten und Untergebenen freier und ungezwungener. Auf diese Art hat das Leben, vor allem in den Provinzen Spaniens, immer noch etwas von der Einfachheit und Offenheit der guten alten Zeit.

Das anziehendste Familienmitglied war in meinen Augen die Tochter des Grafen, die bezaubernde, kleine Carmen. Sie war ungefähr sechzehn Jahre alt, wurde aber noch wie ein Kind behandelt und von der Familie, die sie im allgemeinen *la Niña* rief, vergöttert. Ihre Gestalt hatte noch nicht die volle Reife erlangt, zeigte aber schon jenes Ebenmaß und die gefällige Anmut, die in diesem Land die Frauen auszeichnet. Ihre blauen Augen, helle Haut und blondes Haar waren selten in Andalusien und verliehen ihrem Wesen eine Milde und Zartheit, die sie stark vom üblichen Feuer der spanischen Schönheiten unterschied, aber im Einklang stand mit der Einfachheit und arglosen Unschuld ihres Benehmens. Sie besaß gleichzeitig die angeborene Geschicklichkeit und Vielseitigkeit, die die Frauen in Spanien auszeichnen. Sie schien alles gut und ohne Anstrengung zu machen. Sie sang, spielte die Gitarre und andere

Instrumente und tanzte die malerischen Tänze ihres Landes, wobei sie viel Bewunderung erntete, ohne sie suchen zu wollen. Alles an ihr war spontan, Ausdruck ihres fröhlichen Charakters und glücklichen Wesens.

Die Gegenwart dieses faszinierenden kleinen Wesens verlieh der Alhambra zusätzlichen Reiz, da es im Einklang mit diesem Platz zu stehen schien. Während der Graf und die Gräfin mit dem Kaplan und dem Sekretär ihre Partie *Tresillo* unter dem Vordach des Löwenhofes spielten, setzte sie sich mit Dolores, die die Rolle ihrer Ehrendame übernommen hatte, neben einen Brunnen, und sich selber mit der Gitarre begleitend sang sie einige dieser volkstümlichen Romanzen, die in Spanien so beliebt sind, und, noch mehr nach meinem Geschmack, traditionelle Balladen über die Mauren.

Meine Erinnerung an die Alhambra wird für immer an dieses köstliche Wesen gebunden sein, das mit einfältiger und glücklicher Unschuld jene Marmorsäle genoss, in denen es zum Klang der Kastagnetten tanzte oder seine silberhelle Stimme mit der Musik der Brunnen mischte.

DER GENERALIFE

Hoch über der Alhambra am Berghang zwischen blühenden Gärten und prächtigen Terrassen erheben sich die hohen und weißen Mauern des Generalife; ein Traumpalast voller historischer Erinnerungen. Dort sind immer noch die berühmten riesigen Zypressen zu sehen, die schon zu Zeiten der Araber blühten und die in der Überlieferung mit der aussergewöhnlichen Geschichte Boabdils und seiner Frau, der Sultanin, in Verbindung gebracht werden.

Hier sind die Abbildungen von vielen erhalten, die im romantischen Drama der *Conquista* mitspielten. Ferdinand und Isabella, Ponce de León, der tapfere Herzog von Cádiz und Garcilaso de la Vega, der einen maurischen Ritter, den herkulischen Tarfe, in einem verzweifelten Kampf tötete. Hier hängt auch ein Bild von dem lange Zeit angenommen wurde es stelle den unglücklichen Boabdil dar, das aber in Wirklichkeit ein Abbild des maurischen Königs Aben Huds ist, von dem die Fürsten von Almería abstammen. Von einem dieser Fürsten, der gegen Ende der *Reconquista* dem Banner Ferdinands und Isabellas folgte, und mit dem Namen Don Pedro de Granada Venegas getauft wurde, stammt der jetzige Besitzer dieses Palastes, Herzog von Campotéjar, ab. Der Besitzer indessen hält sich in einem fremden Land auf und der Palast hat keinen fürstlichen Bewohner mehr.

Jedoch gibt es hier alles was einen Genießer des Südens erfreuen kann: Früchte, Blumen, Duft, grüne

Gartenlauben und Myrtenhecken, eine sanfte Brise und sprudelndes Wasser. Hier hatte ich Gelegenheit, Zeuge von Szenen zu sein, die von Malern oft als Hintergrund auf Bildern andalusischer Paläste und Gärten benutzt werden.

Wir feierten den Namenstag der Tochter des Grafen und Carmencita hatte mehrere ihrer Freundinnen von Granada eingeladen, um einen fröhlichen Sommertag in den luftigen Sälen und Gartenlauben der maurischen Paläste zu verspielen. Ein Besuch des Generalife war die morgendliche Zerstreuung. Hier verteilte sich die fröhliche Gesellschaft in Grüppchen zwischen den grünen Pappelhainen, den Springbrunnen, den italienischen Freitreppen, den eleganten Terrassen und den Marmorbalustraden. Andere, zu denen auch ich zählte, setzen sich in eine offene Galerie, die ein weites Panorama beherrschte: vor uns lag die Alhambra, die Stadt und die *Vega* und im Hintergrund die Silhouette der Berge, eine Traumwelt, die vor unseren Augen unter der Sommersonne flimmerte. Während wir so herumsaßen, stahl sich das allgegenwärtige Klimpern von Gitarren und Klappern von Kastagnetten aus dem Tal des Darro hoch und wir konnten am Abhang unter den Bäumen eine festliche Gruppe erkennen, die sich nach wahrer andalusischer Art amüsierten; einige lagen hingestreckt auf dem Gras, andere tanzten zum Klang der Musik.

All diese Bilder und Klänge zusammen mit der fürstlichen Abgeschiedenheit des Platzes, der süßen Ruhe um uns herum und dem köstlichen guten Wetter übten eine zauberhafte Wirkung auf unseren Geist aus und bewegten einige gute Kenner der Gegend dazu, volkstümliche Geschichten und Legenden zu erzählen, die diesen alten maurischen Palast zum Schauplatz hatten und "aus dem Material bestanden, aus dem die Träume gemacht sind", aus dem ich auch folgende Erzählung geschaffen habe, von der ich hoffe, dass sie dem Leser gefallen wird.

DIE LEGENDE VOM PRINZEN AHMED AL KAMEL, DEM PILGER DER LIEBE

E s lebte einmal ein Maurenkönig in Granada, dessen einziger Sohn Ahmed von seinen Gefolgsleuten *al Kamel* oder der Vollkommene genannt wurde, da man von frühester Kindheit an eindeutige Anzeichen hervorragender Anlagen an ihm beobachten konnte. Die Astrologen bestätigten dieses, indem sie ihm alle Gaben voraussagten, die ihn zu einem vorzüglichen Prinzen und einem glücklichen Herrscher machen würden. Nur eine, wenn auch rosige Wolke verdunkelte sein Schicksal: seine Neigung zu romantischen Gefühlen könnte ihm zum Verhängnis werden. Wenn man ihn jedoch den Verführungen und Schmeicheleien der Liebe bis zum Erwachesenenalter entzöge, wären alle Gefahren gebannt und sein Leben würde von da an in ununterbrochener Glückseligkeit verlaufen.

Um den Gefahren verzubeugen, beschloss der König, den Prinzen vorsichtshalber in der Abgeschiedenheit zu erziehen, wo er nie ein weibliches Gesicht erblicken sollte und in der er niemals das Wort Liebe vernähme. Mit dieser Absicht ließ er einen prächtigen Palast auf dem etwas über der Alhambra liegenden Hügel bauen, umgab ihn mit wundervollen Gärten und hohen Mauern und schuf damit den Generalife. In diesen Palast wurde der junge Prinz eingesperrt und der Fürsorge und Erziehung von Eben Bonabben unterstellt, einem der strengsten Weisen der arabischen Länder. Dieser hatte den größten Teil seines Lebens dem Studium der Hieroglyphen in den Gräbern und Pyramiden Ägyptens gewidmet und war dafür bekannt, dass er eine ägyptische Mumie reizvoller fand als das bezaubernste Mädchen auf der Welt. Eben Bonabben erhielt den Auftrag, den Prinzen in alle Wissenschaften einzuweihen, außer in die eine: er dürfe nie erfahren, was Liebe bedeute.

-Benutze zu diesem Zweck, welche Mittel auch immer erforderlich sind - sagte der König- aber vergiss niemals, oh Eben Bonabben, dass du mit deinem Kopf dafür herhalten musst, falls der Prinz jemals etwas von der verbotenen Wissenschaft der Liebe erfährt.

Ein bitteres Lächeln verdunkelte das Gesicht des Weisen, als er diese Drohung hörte.

-Sorgt Euch nicht um das Herz Eures Sohnes, Majestät, so wie ich mich nicht um meinen Kopf sorge. Bin ich etwa in der Lage, etwas über diese sinnlose Leidenschaft zu lehren?

Unter der aufmerksamen Fürsorge des Philosophen wuchs der Prinz zurückgezogen im Palast und in den Gärten heran. In seinen Diensten standen stumme schwarze Sklaven, denen man die Zunge herausgerissen hatte und die nichts von der Liebe wussten, oder zumindest nicht darüber sprechen konnten. Eben Bonabben bemühte sich vor allem um die geistige Erziehung des Jünglings und versuchte, ihn in die geheimnisvolle Weisheit der Ägypter einzuführen; leider zeigte der Prinz aber wenig Neigung zur Philosophie und seine Fortschritte waren auf diesem Gebiet nicht sehr zufriedenstellend.

Der junge Ahmed war andererseits jedoch außergewöhnlich fügsam und bereit, allen Ratschlägen zu folgen, um es jedem recht zu machen. Daher ließ er sich seine Langeweile nicht anmerken und hörte geduldig den langen und gelehrten Ausführungen seines Lehrers zu. Mit der Zeit gewann er dadurch eine ansehnliche Anzahl oberflächlicher Kenntnisse und mit zwanzig Jahren verfügte er über das außergewöhnliche Wissen, das einem Prinzen ansteht, allerdings mit einer Ausnahme, er wusste nichts von der Liebe.

Nun veränderte sich eines Tages plötzlich sein ganzes Wesen. Er vernachlässigte die Studien und begann stundenlang durch die Gärten zu streifen und an den Springbrunnen zu träumen. Seine wenigen Kenntnisse in Musik und Poesie waren nun das Einzige, das ihn interessierte. Der weise Eben Bonabben war höchst besorgt und versuchte, ihn von diesen nutzlosen Neigungen mit einem trockenen Algebraunterricht abzubringen, was den Prinzen jedoch nur verärgerte.

-Ich kann die Algebra nicht ertragen -sagte er- . Ich verabscheue sie! Ich brauche etwas, das zu meinem Herzen spricht.

Eben Bonabben schüttelte seinen ehrwürdigen Kopf, als er diese Worte hörte.

Das ist das Ende aller Philosophie - dachte er -. Der Prinz hat entdeckt, dass er ein Herz hat!

Von da an beobachtete er seinen Schüler voll Unruhe und stellte fest, dass dessen sanftes und liebevolles Temperament einen Gegenstand für seine Zuneigung suchte. Der Prinz streifte durch die Gärten des Generalife und verstand selber nicht die Ursache seiner sehnsüchtigen Gefühle. Manchmal versank er in liebliche Tagträume oder er stimmte seine Laute an und entlockte ihr bewegende Klänge, wonach er sie heftig von sich warf, während er in Klagen und Seufzen ausbrach.

Mit der Zeit wandte er seine Liebessehnsucht den Gegenständen zu. Er streichelte seine Lieblingsblumen und grub seinen Namen in die Rinde eines Baumes ein, dessen liebliche Silhouette und zartes Geäst seine besondere Zuneigung angezogen hatte und der von ihm mit Girlanden behängt und mit Lautenbegleitung besungen wurde.

Eben Bonabben war höchst besorgt über dieses Benehmen seines Schülers, weil er ihn ganz in der Nähe der verbotenen Wissenschaft vermutete, die er beim kleinsten Hinweis entdecken konnte. Da er um den Prinzen und auch um seinen Kopf bangte, schloss er ihn in den höchsten Turm des Generalife ein. Die schönen Gemächer erlaubten einen fast unbegrenzten Blick in die Ferne, sie entfernten den Prinzen angesichts ihrer Höhe allerdings auch von der Atmosphäre der liebreizenden Gartenlauben, die sich als so gefährlich für die Gefühle des leicht zu beeindruckenden Prinzen Ahmed erwiesen hatten.

Nun stellte sich die Frage womit man den Prinzen an diese Einsamkeit gewöhnen und ihn von seiner Unruhe ablenken könnte. Er hatte beinah alle unterhaltsamen Kenntnisse ausgeschöpft und was die Algebra anging, so durfte man sie nicht einmal erwähnen. Glücklicherweise hatte Eben Bonabben in Ägypten von einem jüdischen Rabbiner die Sprache der Vögel gelernt. Der Rabbiner hatte dieses Wissen direkt vom weisen Salomon übermittelt bekommen und der hatte es wiederum von der Königin von Saba erlernt. Schon allein bei der Erwähnung dieser Kenntnisse glänzten die Augen des Prinzen vor Freude und er gab sich ihrem Studium mit solchem Eifer hin, dass er die Sprache der Vögel bald ebenso gut wie sein eigener Lehrer beherrschte.

Der Turm des Generalife war nun kein einsamer Ort mehr, denn jetzt hatte er Gefährten, mit denen er sich unterhalten konnte. Seine erste Bekanntschaft schloss er mit einem Sperber, der sein Nest in eine der Ritzen der hohen Mauerzinnen gebaut hatte. Von hier aus warf er sich in alle Richtungen auf die Suche nach Beute. Ahmed fand in ihm allerdings wenig Ermunterung und kaum Gemeinsamkeiten, denn sein neuer Bekannter war nur ein vulgärer Pirat der Lüfte, überheblich und angeberisch, der zudem mit seinen Raubzügen, Schlachtereien und schrecklichen Abenteuern prahlte.

Als nächstes machte er die Bekanntschaft einer Eule, einem Vogel mit großem Kopf, stieren Augen und dem Aussehen eines Philosophen. Die Eule verbrachte den ganzen Tag in der Befestigungsmauer in einem Loch, zwinkerte vor sich hin, indem sie die Pupillen verdrehte und streifte nur bei Nacht durch die Gegend. Dieser Vogel gab sich als sehr weise, sprach ein wenig über Astrologie und gab zudem vor, auch in die Geheimwissenschaften eingeweiht worden zu sein. Da er der Metaphysik zugeneigt war, fand der Prinz seine Vorträge noch langweiliger als die seines Lehrers Eben Bonabben.

Schließlich lernte er eine Fledermaus kennen, die den ganzen Tag in einer dunklen Ecke des Gewölbes hing und nur bei der Abenddämmerung flüchtig herumstreifte. Sie war ziemlich ungebildet, machte sich über alles lustig, was sie nicht kannte, und schien an nichts Gefallen zu finden.

Aber zudem gab es auch noch eine Schwalbe, die den Prinzen vom ersten Augenblick an für sich eingenommen hatte. Sie war sehr geschwätzig, aber auch unruhig und aufgeregt und flatterte immerzu in der Luft herum. Daher konnte man nur in den seltenen Momenten, in denen sie stillhielt, ein längeres Gespräch mit ihr führen. Ahmed musste schließlich einsehen, dass sie ziemlich oberflächlich war, unfähig zu tieferem Verständnis und außerdem davon überzeugt, alles zu wissen, ohne in Wirklichkeit irgendetwas zu kennen.

Das waren die einzigen geflügelten Gefährten des Prinzen, mit denen er seine neuerworbenen Kenntnisse anwenden konnte, da der Turm, der ihn gefangen hielt, zu hoch für den Besuch anderer Vögel war. Bald war er seine neuen Gefährten leid, deren Unterhaltung so wenig zu seinem Verstand und so gar nicht zu seinem Herzen sprach, weshalb er sehr schnell wieder in seine frühere Einsamkeit zurückfiel. Es verging der Winter, und der Frühling kehrte mit all seiner Schönheit und dem sanften Grün zurück, und mit dem Frühling begann die glückliche Zeit, in der die Vögel ihre Partner suchen und ihre Nester bauen. Plötzlich brach aus den Wäldern und Gärten des Generalife ein Konzert von Gesängen und Melodien hervor, das bis zum Prinzen in seine Einsamkeit vordrang. Überall erklang das gleiche Wort: Liebe, Liebe, Liebe - so tönte es in allen Tonlagen und Noten. Der Prinz hörte schweigend und verwundert zu.

"Was hat es wohl mit der Liebe auf sich, von der die ganze Welt erfüllt zu sein scheint und von der ich noch nie etwas gehört habe?" -grübelte er nachdenklich vor sich hin.

Er beeilte sich, seinen Bekannten den Sperber zu fragen und dieser grobschlächtige Vogel antwortete verächtlich:

-Da musst du schon diese einfachen und friedliebenden Vögel der Erde befragen, die geboren wurden, um unsere, der Prinzen der Lüfte Beute, zu sein. Meine Aufgabe ist der Krieg und mein Genuss der Kampf. Ich bin ein Krieger und weiß nichts von dem, was sie Liebe nennen.

Der Prinz wandte sich angewidert von ihm ab und suchte die Eule in ihrer Einsiedelei auf.

Dies ist ein Vogel mit ruhigen Gewohnheiten, -sagte er zu sich - und sicherlich kann er mir Antwort auf dieses Rätsel geben.

Die Eule nahm, nachdem sie die Frage gehört hatte, eine Haltung beleidigter Würde an.

-Ich widme meine Nächte den Studien und der Forschung -antwortete sie- und tagsüber denke ich in meiner Zelle über alles nach, was ich gelernt habe. Und was diese Singvögel angeht, von denen du sprichst, so höre ich ihnen nie zu, ich verachte sie und ihre Geschäfte. Allah sei Dank, kann ich nicht singen, ich bin ein Philosoph und weiß nichts von dem, was sie Liebe nennen.-

Der Prinz schaute sodann zum Gewölbe auf, an dem seine Bekannte, die Fledermaus, hing und stellte die gleiche Frage. Die Befragte rümpfte unwillig ihr Näschen.

-Warum störst du meinen Morgenschlaf mit solch dummen Fragen? -antwortete sie unwillig.- Ich bin nur nachts unterwegs, wenn alle Vögel schlafen, und ich habe mich nie um ihre Angelegenheiten gekümmert. Dem Himmel sei Dank, bin ich weder Vogel noch Biest. Ich kenne die Fehler sämtlicher Lebewesen und verachte sie alle, vom ersten bis zum letzten. Mit einem Wort, ich bin ein Misanthrop und weiß nichts von dem, was sie Liebe nennen.

Zu guter Letzt suchte der Prinz dann die Schwalbe und hielt sie an, als sie ihre Kreise um den Turm drehte. Die Schwalbe hatte es wie immer sehr eilig und kaum Zeit, die Frage zu beantworten.

Ich versichere dir -sagte sie- ich habe so viel zu tun und so vieles zu erledigen, dass ich keine Zeit gehabt habe, darüber nachzudenken. Jeden Tag muss ich tausende Besuche und unzählige Angelegenheiten erledigen und ich habe nicht mal einen Augenblick Ruhe, so dass ich mich nicht auch noch um solch einen Unsinn kümmern werde. Kurz gesagt, ich bin ein Weltbürger und weiß nichts von dem, was sie Liebe nennen.

Danach schwang sich die Schwalbe in das Tal und war kurz danach nicht mehr zu sehen.

Der Prinz blieb verwundert und sprachlos zurück, obwohl seine Neugier nur noch zugenommen hatte angesichts der Schwierigkeiten, sie zu befriedigen. In dieser Stimmung befand er sich, als sein alter Behüter und Lehrer zu ihm in den Turm kam. Ahmed ging ihm aufgeregt entgegen.

-Oh, Eben Bonabben -rief er aus-. Ihr habt mir viele Weisheiten dieser Erde offenbart, aber es gibt etwas, das ich nicht kenne und von dem ich möchte, dass Ihr es mir erklärt.

-Mein Prinz braucht nur zu fragen und alles, was in den Grenzen meines Wissens liegt, steht zu seiner Verfügung.

-Dann sagt mir, oh gelehrtester aller Weisen, was ist es, was Liebe genannt wird?

Eben Bonabben fühlte sich wie vom Schlag getroffen. Er erbleichte und begann zu zittern und es schien ihm, er müsse um seinen Kopf bangen.

-Warum stellt mein Prinz mir solch eine Frage? Wo hat Er dieses unselige Wort gehört?

Der Prinz führte ihn zum Fenster des Turmes.

Höre Er zu, Eben Bonabben - sagte er zu ihm.

Der Weise lauschte. Die Nachtigallen in den Rosenbüschen und in den Sträuchern am Fuße des Turms sangen ihren Liebsten zu; eine Hymne erhob sich aus allen blühenden Zweigen und auch aus dem dichten Wald und alles wiederholte unweigerlich dasselbe: Liebe, Liebe, Liebe.

-Allah Akbar! Gott ist der Größte! -rief der Phiolosoph Bonabben aus.- Wer könnte dieses Geheimnis dem Herzen des Menschen vorenthalten, wenn sogar die Vögel in der Luft sich verschworen haben, um es zu ver-künden.

Danach wandte er sich Ahmed zu und sagte zu ihm:

-Oh mein geliebter Prinz. Höre Er nicht diesen ver-führerischen Gesängen zu. Verschließe Er sich dieser gefährlichen Wissenschaft. Wisse Er, dass die Liebe die Ursache aller Übel ist, unter denen diese Menschheit lei-det, die Quelle des Hasses und des Zwistes zwischen Brüdern und Freunden. Sie setzt das Verbrechen, den Verrat und die grausamen Kriege in die Welt; in ihrer Gefolgschaft stehen Sorgen und Kummer, Tage der

Betrübnis und Nächte der Schlaflosigkeit, sie lässt die Schönheit verblühen, verdunkelt die Freude der Jugend und bringt die Gebrechen eines verfrühten Alters mit sich. Allah behüte meinen geliebten Prinzen und bewahre ihm seine Unkenntnis dessen, was Liebe genannt wird.

Der weise Mann zog sich eilig zurück und hinterließ den Prinzen in einer noch größeren Verwirrung. Erfolglos versuchte dieser, jene Gedanken aus seiner Vorstellung zu verbannen, aber so sehr er sich auch bemühte, er konnte an nichts anderes denken und das löste bei ihm Unruhe und seltsame Überlegungen aus.

"In Wirklichkeit -sagte er sich, während er dem melodiösen Trillern lauschte- hört man keine Trauer in diesen Liedern, ganz im Gegenteil scheint alles von Freude und Zuneigung zu sprechen. Wenn die Liebe die Ursache solcher Leiden und Zwistigkeiten ist, warum sind dann die Vöglein nicht traurig und wenden sich voneinander ab oder zerreißen einander, statt fröhlich zwischen den Bäumen hin und her zu flattern oder zwischen den Blumen zu spielen?"

Eines Morgens ruhte Prinz Ahmed noch auf seinem Lager und wälzte wieder einmal diese unerklärliche Angelegenheit in seinem Kopfe hin und her. Das Fenster seines Zimmers stand offen, um die frühe und sanfte Morgenbrise hereinzulassen, die den Duft der Orangenblüte aus dem Tal des Darros zu ihm hochtrug. In der Ferne war noch schwach das Schlagen der Nachtigall zu vernehmen, die wie immer das gleiche Lied wiederholte. Während der Prinz wie verzaubert lauschte und dabei tiefe Seufzer ausstieß, hörte er plötzlich ein lautes Flügelschlagen in der Luft, und ein prächtiger Täuberich, gefolgt von einem Sperber, drang durch das offene Fenster und fiel keuchend auf den Boden, während sein Verfolger die Jagd aufgab und wieder zurück in die Berge flog.

Der Prinz hob den armen Vogel vom Boden hoch, streichelte sein Gefieder und barg ihn an seiner Brust. Nachdem er ihn beruhigt hatte, steckte er ihn in einen goldenen Käfig und bot ihm mit seinen eigenen Händen edlen weißen Weizen und das lauterste Wasser an. Der Täuberich weigerte sich indessen, die Nahrung anzunehmen und blieb traurig und mit hängenden Flügeln in einer Ecke seines Käfigs hocken, während er mitleiderregende Laute ausstieß.

-Was fehlt dir? -fragte ihn Ahmed-. Hast du nicht alles, was dein Herz begehren kann?

Ach nein, -antwortete der Täuberich.- Bin ich doch von der Gefährtin meines Herzens getrennt in dieser wunderschönen Zeit des Frühlings, der wahren Jahreszeit der Liebe.-

-Der Liebe....- wiederholte Ahmed- . Bitte, mein liebstes Vöglein, kannst du mir sagen, was die Liebe ist?

-Natürlich kann ich das, liebster Prinz. Die Liebe ist das Leid eines Einzelnen, das Glück zweier und der Zwist und das Zerwürfnis von dreien. Es ist eine Anziehungskraft, die zwei Wesen verbindet und sie durch eine wunderbare Sympathie eint, die sie glücklich macht, wenn sie zusammen sind und unglücklich, wenn getrennt. Gibt es denn niemanden, an den du durch diese zarten Bande gebunden bist?

-Ich liebe meinen alten Meister Eben Bonabben mehr als jedes andere Wesen auf der Welt; aber häufig ist er mir lästig und manchmal bin ich glücklicher, wenn er nicht in meiner Gegenwart ist.

-Ich spreche nicht von der Freundschaft. Ich spreche von der Liebe, dem großen Mysterium und dem Ursprung des Lebens, dem berauschenden Traum der Jugend und der ruhigen Freude des reifen Alters. Schau nur, oh Prinz, und merke, wie in dieser wohltuenden Jahreszeit die ganze Natur voll dieser Liebe ist. Jedes Lebewesen hat seinen Gefährten, das unscheinbarste

Vöglein singt für seine Braut, sogar der Käfer umwirbt sein Weibchen im Staub und auch jene Schmetterlinge, die du den Turm umflattern siehst, sind glücklich in ihrer gegenseitigen Liebe. Ach, mein lieber Prinz! Wie hast du nur die kostbaren Jahre deiner Jugend verbringen können, ohne etwas von der Liebe zu wissen? Gibt es kein köstliches Wesen des anderen Geschlechts, keine schöne Prinzessin, keine entzückende Dame, die dein Herz erobert hat und deine Brust mit einer sanften Wehmut erfüllt, in der sich angenehme Pein und zarte Begierden mischen?

-Nun beginne ich zu verstehen -seufzte der Prinz.- Mehr als einmal habe ich diese Unruhe verspürt, ohne ihre Ursachen zu kennen, aber sage mir: Wo kann ich in dieser traurigen Einsamkeit das Wesen finden, das du mir beschrieben hast?

So unterhielten sie sich noch einige Zeit und somit erhielt der Prinz die erste Lehre über die Liebe.

-Ach -rief er aus-, wenn die Liebe tatsächlich solch eine Wonne ist und die Abwesenheit des Geliebten solch ein Kummer, dann erlaube Allah nicht, dass ich die Freude der Liebenden trübe.

Und er öffnete den Käfig, holte den Täuberich heraus, und, nachdem er sein Köpfchen geküsst hatte, ging er mit ihm an das Fenster des Turmes.

-Fliege, glücklicher Vogel -sagte er zu ihm- und genieße mit der Gefährtin deines Herzens diese Tage des Frühlings und der Jugend. Warum sollte ich dich in diesem traurigen Käfig halten, in den nie die Liebe dringen kann?

Der Täuberich schlug seine Flügel voller Freude, zog einen Kreis in der Luft und flog eilig in die blühenden Pappeln am Darro.

Der Prinz folgte ihm mit den Blicken und gab sich danach bitteren Gedanken hin. Der Gesang der Vögel, der ihn zuvor entzückt hatte, erhöhte nur seine Pein.

Liebe, Liebe, Liebe! Ach, armer Prinz. Jetzt verstand er wohl, was jenes melodiöse Trillern bedeutete.

Aus seinen Augen schlugen Blitze, als sein Lehrer, der Philosoph Bonabben, ihn wieder einmal besuchte.

-Warum hat Er mich in dieser abscheulichen Unwissenheit belassen? -schrie er seinen Lehrer an.-

Warum wurde mir dieses große Mysterium und der Ursprung des Lebens nicht enthüllt, das sogar das niedrigste Geziefer kennt? Schaue Er nur, schaue Er nur, die ganze Natur lebt in einem Liebesrausch. Jedes Lebewesen erfreut sich mit seinem Gefährten. Dies, dies ist die Liebe, die ich zu kennen wünschte. Warum bin nur ich von ihren Genüssen ausgeschlossen? Warum habe ich alle Tage meiner Jugend verschleudert, ohne ihre Verzückung und ihren Genuss kennenzulernen?

Der weise Bonabben verstand, dass es vollkommen sinnlos war, weiterhin zu schweigen, da der Prinz schon von dieser gefährlichen und verbotenen Wissenschaft Kenntnis bekommen hatte. Daher enthüllte er ihm die Voraussagen der Astrologen und erklärte ihm die Vorkehrungen, die getroffen worden waren, um ihn vor den geweissagten Gefahren zu schützen.

-Und jetzt, geliebter Prinz, liegt mein Leben in Ihren Händen. Wenn der König, Ihr Vater, erfährt, dass Ihr unter meiner Aufsicht erfahren habt, was die Leidenschaft der Liebe bedeutet, dann muss ich mit meinem Kopf dafür herhalten.

Der junge Prinz, der so vernünftig war wie die meisten jungen Leute seines Alters, nahm aufmerksam die Entschuldigungen seines Lehrers an und konnte auch schwerlich etwas dagegen einwenden. Andererseits fühlte er sich durch eine ehrliche Zuneigung an Eben Bonabben gebunden, und da er die Liebe nur in der Theorie kannte, war er damit einverstanden, sein Wissen für sich zu behalten, um das Leben des Philosophen nicht zu gefährden.

Jedoch wurde sein Stillschweigen harten Prüfungen unterzogen. Einige Tage später, als er nachdenklich zwischen den Pappeln des Generalife spazieren ging, erschien in den Lüften plötzlich der Täuberich, den er befreit hatte, und setzte sich vertrauensvoll auf seine Schulter.

Der Prinz drückte ihn an sein Herz und sagte zu ihm:

-Glückliches Vöglein, das mit der Schnelligkeit des Sonnenaufgangs die entferntesten Regionen der Welt durchfliegen kann: wo bist du gewesen, seitdem wir uns nicht gesehen haben?

-In einem fernen Land, lieber Prinz, woher ich dir Neuigkeiten mitbringe als Dank für die Freiheit, die du mir geschenkt hast. In meinem schnellen und unaufhaltsamen Flug über die Täler und Berge habe ich eines Tages unter mir einen köstlichen Garten entdeckt, voller Blüten und Früchte. Er lag am Ufer eines plätschernden Baches neben einer grünen Wiese, und in seiner Mitte lag ein prächtiger Palast. Ich setzte mich nieder auf den Ast eines Baumes, um mich von meinem anstrengenden Flug zu erholen. Da sah ich am Ufer des Baches eine junge Prinzessin in der Blüte ihrer Jugend und Schönheit, umgeben von ebenso blühenden Jungfern, die sie mit Girlanden und Blumenkronen schmückten. Aber keine Blume in Feld und Wiese kann sich mit ihrer Schönheit vergleichen. Da lebte die Prinzessin in völliger Abgeschiedenheit und umgeben von hohen Mauern, die jedem Menschen den Eingang verwehren. Während ich diese wunderschöne Jungfrau beobachtete, so jung und unschuldig und noch unberührt vom Leben, dachte ich bei mir: Das ist das Wesen, das vom Schicksal dafür bestimmt ist, bei meinem Prinzen die Liebe zu erwecken.

Das Bild, das der Täuberich dem Prinzen beschrieben hatte, entflammte das so leicht entzündbare Herz Ahmeds. Seine immer vorhandene Neigung zu romantischen Gefühlen hatte nun endlich einen würdigen Gegenstand gefunden und so erwachte eine feurige Leidenschaft für diese Prinzessin in ihm. Er schrieb einen Brief, in dem er leidenschaftlich seine Liebe gestand und klagte, dass er durch seine Gefangenschaft daran gehindert sei, sich ihr zu Füßen zu werfen. Da er von Natur aus poetisch veranlagt war, fügte er einige zarte Gedichte hinzu, die seinen Gefühlen den besten Ausdruck verliehen, und richtete sein Schreiben

An die Schöne Unbekannte vom Prinzen Ahmed, dem Gefangenen

Er perfümierte den Brief mit Moschusduft und Rosenwasser und übergab ihn dem Täuberich.

- Fliege dahin, mein treuer Botschafter! Fliege über die Berge und die Täler, die Flüsse und die Ebenen; ruhe nicht auf grünem Zweig noch auf blühender Wiese, bis du nicht diesen Brief an die Herrin meines Herzens übergeben hast.

Der Täuberich erhob sich in die Höhe und wandte sich gerade wie ein Pfeil in die Richtung, in der die Prinzessin lebte. Der Prinz folgte ihm mit den Blicken, bis er nur noch wie ein Punkt zwischen den Wolken zu erkennen war und schließlich hinter den Bergen verschwand.

Nun wartete er Tag für Tag auf die Rückkehr seines Botschafters, aber alles war vergebens. Schon begann er an der Dankbarkeit des Vögleins zu zweifeln, als dieses eines Abends bei Sonnenuntergang in sein Zimmer geflogen kam und vor seinen Füßen sein Leben aushauchte. Der Pfeil eines grausamen Jägers hatte sein Herz durchbohrt, aber er hatte seine letzte Lebenskraft dazu benutzt, seine Aufgabe zu erfüllen. Als sich der Prinz voller Mitleid über diesen edlen Märtyrer der Treue beugte, entdeckte er an seinem Hals ein Perlenband, an dem eine emaillierte Miniatur hing, die das Antlitz einer wunderschönen Prinzessin wiedergab. Dies war zweifelsohne die schöne Unbekannte aus dem verschlossenen Garten, aber wer war sie, und wo befand sie sich? Wie hatte sie wohl seinen Brief aufgenommen? Sandte sie dieses Bildnis als Zeichen dafür, dass sie seine Liebe annahm? Unglücklicherweise tauchte der Tod des treuen Täuberichs alles ins Ungewisse und erfüllte ihn mit Zweifeln.

Der Prinz schaute das Bild so lange an, bis sich seine Augen mit Tränen füllten, er küsste es und drückte es gegen sein Herz und so verbrachte er lange Stunden damit, es voll liebevoller Schwermut zu betrachten.

Welch wunderschönes Bild -sprach er zu sich-. Ach, so bist du doch nur ein Abbild und dennoch, deine Augen schauen mich so zärtlich an und deine rosaroten Lippen scheinen mir Mut einflößen zu wollen. Welch leere Illusionen. Hast du wohl schon einen glücklicheren Rivalen als mich gesehen? Wo kann ich bloß das Original von diesem Bild in dieser großen Welt finden? Wer weiß, welche Berge und Königreiche uns trennen und welche Gefahren uns bedrohen! Zu diesem gleichen Zeitpunkt ist sie vielleicht umgeben von Anwärtern auf ihre Liebe, während ich hier eingesperrt in diesem Turm meine Lebenszeit damit verbringen werde, eine gemalte Illusion anzubeten...

Daraufhin fasste der Prinz einen Entschluss:

Ich werde aus diesem Palast fliehen, der sich in ein abscheuliches Gefängnis verwandelt hat, -sagte er zu sich- und als Pilger der Liebe werde ich die unbekannte Prinzessin auf der ganzen Welt suchen.

Tagsüber aus dem Turm zu fliehen, wenn alle wach waren, war ein schwieriges Unterfangen, aber nachts war der Palast nicht sehr stark bewacht, da niemand einen solchen Versuch beim Prinzen vermutet hätte, der immer Anzeichen von großer Fügsamkeit gegeben hatte. Wie sollte er sich nachts in einem Land zurechtfinden, das er nicht kannte? Da erinnerte er sich der Eule, die daran gewöhnt war, in der Dunkelheit zu fliegen und alle Wege und geheimen Übergänge kennen musste. So suchte er sie also in ihrem Versteck auf und befragte sie in diesem Sinne. Als die Eule diese Frage hörte, nahm sie eine würdevolle Haltung an.

-Du musst wissen, oh Prinz, -antwortete sie- dass wir, die Eulen, eine so zahlreiche wie würdige Familie sind und obwohl etwas heruntergekommen, sind wir noch die Herren vieler zerfallener Schlösser und Paläste in allen Teilen Spaniens. Es gibt keinen Turm in den Bergen noch Festung in den Ebenen noch Wachturm in den Stadtmauern, in der nicht irgendeiner unserer Brüder, Onkel oder Vettern lebte. Beim Besuch meiner zahlreichen Verwandten habe ich alle Geheimgänge und Winkel ausgekundschaftet und alle Verstecke dieses Landes entdeckt.

Der Prinz war höchst entzückt, als er hörte, wie gut die Eule das Gelände kannte, und vertraute ihr daraufhin seine zarte Leidenschaft und seine geplante Flucht an, indem er sie gleichzeitig darum bat, sein Gefährte und Begleiter zu sein.

Kommt nicht in Frage -rief die Eule aus,- und sie war ernstlich erbost. Bin ich etwa ein Vogel, dass ich mich um Liebesangelegenheiten kümmern soll! Ich, der ich mein ganzes Leben der inneren Versenkung und der Anbetung des Mondes gewidmet habe!

-Fühle dich nicht beleidigt, oh, du edelste aller Eulen, -erwiderte der Prinz;- unterbrich für eine Weile deine Meditation und die Betrachtung der Gestirne, hilf mir bei meiner Flucht und ich verspreche dir alles, was Dein Herz begehren kann.

-Ich habe alles, was ich brauche, -entgegnete die Eule.- Mir reichen einige Mäuse für meine bescheidene Mahlzeit und dieses Loch in der Wand ist groß genug für meine Studien. Was könnte ein Philosoph wie ich noch mehr wünschen!

-Erwäge nur, gelehrte Eule, dass, während du dein Leben in dieser Zelle bei der Betrachtung des Mondes vergeudest, deine ganze Begabung für die Menschheit verloren geht. Eines Tages werde ich der König sein und dann kann ich dir eine Stelle, die deiner Würde und deiner Ehre angemessen ist, verschaffen.

Die Eule, obwohl Philosoph und über den Bedürfnissen des normalen Lebens stehend, entbehrte nicht des Ehrgeizes, weshalb sie schließlich damit einverstanden war, mit dem Prinzen zu fliehen und ihm als Geleit und Führer auf seiner Pilgerfahrt zu dienen.

Da Verliebte ihre Pläne unverzüglich auszuführen pflegen, sammelte der Prinz seine Schmückstücke und versteckte sie zwischen seinen Gewändern, um damit die Unkosten des Weges bestreiten zu können. Schon in der gleichen Nacht ließ er sich an einem Seil vom Balkon des Turmes hinuntergleiten, kletterte über die Außenmauern des Generalife und, geleitet von der Eule, erreichte er noch vor Tagesanbruch die nahegelegenen Berge.

Dort hielt er an und hielt mit seinem Führer Rat darüber, wie sein Weg nun weiter verlaufen sollte.

-Wenn du meine Meinung hören willst -sagte die Eule- würde ich empfehlen, dass wir uns nach Sevilla aufmachen. Du musst wissen, dass ich dort vor vielen Jahren einen sehr mächtigen und würdevollen Onkel von mir besucht habe. Der lebte in einem verfallenen Winkel des Alcázar, den es an diesem Ort gibt. Bei meinen nächtlichen Besuchen der Stadt habe ich oft ein Licht beobachten können, das in einem einsamen Turm brannte. Daraufhin habe ich mich auf einer Turmzinne niedergelassen und gesehen, dass dieses Licht von der Lampe eines arabischen Magiers ausging, der vor seinen Zauberbüchern saß, mit seinem Lieblingstier auf der Schulter, einem alten Raben, den er aus Ägypten mitgebracht hatte. Ich bin mit diesem Raben befreundet und ihm verdanke ich einen Großteil meines Wissens. Der Magier starb schon vor langer Zeit, aber der Rabe lebt weiterhin in dem Turm, denn man weiß ja, dass diese Vögel sehr alt werden. Ich rate dir, oh Prinz, dass du diesen Raben aufsuchst, denn er ist Weissager und Zauberer und beherrscht sogar die schwarze Kunst, für die all diese Vögel bekannt sind, vor allem die aus Ägypten.

Der Prinz fand diesen Rat erstaunlich vernünftig und richtete daher seine Schritte in Richtung Sevilla. Um sich seinem Gefährten anzupassen, wanderte er nur nachts und erholte sich tagsüber in irgendeiner dunklen Höhle oder einem zerfallenen Aussichtsturm, denn die Eule kannte all diese Verstecke und begeisterte sich wie ein echter Archäologe für die Ruinen.

Eines Morgens bei Sonnenaufgang erreichten sie schließlich Sevilla, wo die Eule, die das Licht und den unruhigen Lärm der Straßen verabscheute, ihr Hauptquartier in einem Baumloch aufschlug.

Der Prinz betrat Sevilla und bald fand er den Zauberturm, der zwischen den Häusern des Ortes aufragte wie die Palme zwischen den Gräsern der Wüste; es war tatsächlich der gleiche Turm, der heute als die Giralda, der berühmte Maurenturm von Sevilla, bekannt ist.

Der Prinz erstieg eine lange gewundene Treppe bis hoch hinauf in den Turm, wo er den alten und geheimnisvollen Zaubervogel antraf, mit weißem Kopf und beinah ohne Federn und einem Triefauge, was ihm ein gespenstisches Aussehen verlieh. Er hielt sich auf einem Bein mit zur Seite gelegtem Kopf und beobachtete mit dem Auge, das ihm noch zur Verfügung stand, eine in den Boden geritzte geometrische Zeichnung.

Der Prinz näherte sich ihm mit dem natürlichen Respekt und der Ehrfurcht, die sein ehrwürdiges Aussehen und seine übernatürlichen Kenntnisse einflößten.

-Verzeihung, oh ältester und weisester Zauberrabe -rief er aus- wenn ich es mir erlaube, für einen Augenblick deine Studien zu unterbrechen, die die Bewunderung der ganzen Welt hervorrufen. Du hast einen Pilger der Liebe vor dir, der begierig auf deinen Rat wartet, um den Gegenstand seiner Leidenschaft zu erringen.

-Mit andern Worten -entgegnete der Rabe mit bedeutungsvollem Blick- möchtest du meine Wissenschaft in der Weissagung befragen: Komm näher und zeige mir deine Hand, damit ich die geheimnisvollen Linien deines Schicksals entziffere.

-Entschuldige -sagte der Prinz- . Ich komme nicht, um die Geheimnisse des Schicksals, die Allah den Sterblichen vorenthält, kennenzulernen; ich bin ein Pilger der Liebe und begehre nur den Weg zu erfahren, der mich zum Ziel meiner Wanderschaft bringen kann.

-Wie ist es nur möglich, dass du den Gegenstand deiner Liebe nicht in diesem verführerischen Andalusien findest? -fragte der Rabe, indem er ihn aus seinem einzigen Auge betrachtete.- Wie ist es nur möglich, dass du dich in diesem fröhlichen Sevilla, wo die Damen mit den schwarzen Augen die *Zambra* unter den Orangenbäumen tanzen, so verloren fühlst?

Ahmed errötete und wunderte sich darüber, dass ein so alter Vogel, der schon mit einem Bein im Grab stand, derart unverfroren sprechen konnte.

Glaube mir -sagte er sehr ernst zu ihm-. Ich bin kein leichtsinniger und verlorener Abenteurer, wie du anzunehmen scheinst. Diese schwarzäugigen andalusischen Schönheiten, die unter den Orangenbäumen des Guadalquivir tanzen, bedeuten mir nichts. Ich suche eine reine, unbekannte Schöne, das Original dieses Bildes; und ich flehe dich an, oh mächtiger Rabe, wenn es in den Grenzen deines Wissens und deiner Kunst nur möglich ist, dann sage mir, wo ich sie finden kann.

Der alte Rabe fühlte sich ein wenig beschämt bei den feierlichen Worten des Prinzen.

-Was verstehe ich schon von Jugend und Schönheit? Ich besuche nur die Alten und Gebrechlichen, nicht die Jungen und Schönen; ich bin der Botschafter des Schicksals, der den Tod von der Höhe der Kamine herabkräht und die Flügel neben den Fenstern der Kranken schlägt. Such dir woanders Nachrichten über deine schöne Unbekannte.

-Und wo sollte ich sie suchen, wenn nicht zwischen den Söhnen der Weisheit, die im Buch des Schicksals zu lesen verstehen? Du musst wissen, dass ich ein königlicher Prinz bin, auserwählt von den Sternen und für ein geheimnisvolles Unterfangen bestimmt, von dem vielleicht das Glück der Königsreiche abhängt.

Als der Rabe sah, dass es sich um eine sehr wichtige Angelegenheit handelte, in der die Deutung der Sterne mitspielte, veränderte sich sein Verhalten und er hörte aufmerksam der Geschichte des Prinzen zu, wonach er sagte:

-Was diese Prinzessin angeht, so kann ich dir keine Auskunft geben, denn ich fliege nicht zu den Gärten und Lauben, in denen sich die Damen aufzuhalten pflegen; eile jedoch nach Córdoba, suche dort die Palme des großen Abderrahman, die sich im Garten der großen Moschee befindet, und zu ihren Füßen wirst du einen berümten Reisenden treffen, der alle Fürstenhöfe und Länder besucht hat, und der Liebling von Königinnen und Prinzesinnen gewesen ist. Er wird dir Nachrichten über den Gegenstand deiner Nachforschungen geben.

-Ich danke dir für diese wertvolle Information -sagte der Prinz-. Lass es dir wohlergehen, verehrungswürdiger Zauberer!

Auf Wiedersehen, Pilger der Liebe! -entgegnete trocken der Rabe; und er wandte sich wieder der Betrachtung der geometrischen Zeichnung auf dem Boden zu.-

Der Prinz verließ Sevilla, suchte seinen Reisegefährten, die Eule, auf, die noch in ihrem Baumloch vor sich hindöste, und gemeinsam machten sie sich auf den Weg nach Córdoba.

In der Nähe jener Stadt durchquerten sie hängende Gärten und Orangen- und Zitronenhaine, die das prächtige Tal des Guadalquivir säumten. An den Eingangstoren der Stadt angekommen, flog die Eule in ein dunkles Loch in der Stadtmauer, und der Prinz setzte seinen Weg fort auf der Suche nach der Palme, die einmal vom großen Abderrahman gepflanzt worden war und die sich in der Mitte des Gartens der großen Moschee erhob, umgeben von Orangen und Zypressen. Einige Derwische und Fakire saßen in Gruppen unter den Bögen des Kreuzgangs und viele Gläubige verrichteten ihre Waschungen an den Brunnen, bevor sie die Moschee betraten.

Am Fuße der Palme stand eine Gruppe, die jemandem zuhörte, der anscheinend sehr unterhaltsam sprach. -Das muss wohl der große Reisende sein, der mir Nachrichten von der unbekannten Prinzessin geben soll- sprach der Prinz zu sich. Er mischte sich unter die Gruppe und es verschlug ihm die Sprache, als er sah, dass derjenige, dem alle zuhörten, ein Papagei war, der mit seinem glänzenden grünen Gefieder, seinem unverschämten Blick und seiner charakteristischen Federhaube wie ein sehr eingebildeter Vogel aussah.

-Wie ist es nur möglich -sagte der Prinz zu einem der Umherstehenden-, dass so viele ernsthafte Menschen sich an den Schwätzereien eines angeberischen Vogels ergötzen können?

-Du weisst nicht, von wem du sprichst -antwortete der Andere.- Dieser Papagei ist Abkömmling jenes berühmten Papageien aus Persien, der so bekannt war für seine unglaubliche Gabe, Geschichten zu erzählen. Auf seiner Zungenspitze liegt die ganze Weisheit des Orients und er trägt Verse mit der gleichen Schnelligkeit vor, mit der er spricht. Er hat mehrere Fürstenhäuser im Ausland besucht, an denen er wie ein Orakel der Weisheit betrachtet wird. Er hat auch viel Erfolg unter dem schönen Geschlecht, das große Bewunderung für die gelehrten Papageien empfindet, die Verse vorzutragen verstehen.

-Genug! -sagte der Prinz.- Ich möchte nun ganz privat mit diesem edlen Reisenden sprechen.

Ihm wurde tatsächlich eine private Unterredung gewährt und in ihr erklärte Ahmed das Ziel seiner Pilgerfahrt. Kaum hatte er zu Ende gesprochen, als der Papagei in solche Lachtiraden ausbrach, dass er vor Lachen zu bersten schien.

-Entschuldige bitte, dass ich mich so amüsiere -sagte er,- aber die bloße Erwähnung der Liebe macht mich lachen.

Der Prinz wunderte sich über diese unangemessene Reaktion und sagte zu ihm:

-Wie bitte? Ist die Liebe nicht das große Mysterium der Natur, der geheime Ursprung allen Lebens, die universale Fessel der Sympathie?

-Dummheiten -unterbrach ihn der Papagei-. Sag mir, wo hast du dieses sentimentale Geschwätz gelernt? Glaube mir, die Liebe ist nicht mehr modern und unter gebildeten oder vornehmen Leuten hört man nie von ihr sprechen.

Der Prinz seufzte, als er an den Unterschied zwischen diesen Worten und denen des Täuberichs dachte.

-Da dieser Papagei am Hof gelebt hat, möchte er einem edlen und witzigen Höfling gleichen, der nichts von dem versteht, was man Liebe nennt.

Da er vermeiden wollte, dass die Gefühle, die er in seiner Brust barg, noch mehr ins Lächerliche gezogen würden, stellte er unmittelbar die Frage, die sein Anliegen war.

- Sag mir -fragte er ihn-, oh edelster aller Papageien! Du, der du in den geheimen Gemächern der schönen Damen Zugang gefunden hast, bist du einmal durch Zufall im Verlauf deiner Reisen dem Original dieses Bildes begegnet?

Der Papagei nahm die Miniatur zwischen seine Klauen und indem er den Kopf hin und her bewegte, betrachtete er sie aus beiden Augen.

-Wahrhaftig -rief er aus-. Dies ist ein schönes Gesicht, sehr schön, aber ich habe so viele schöne Frauen auf meinen Reisen gesehen, dass ich mich kaum... Aber nur ruhig, warte! Ich werde sie von neuem betrachten; ach ja, es besteht kein Zweifel, dies ist die Prinzessin Adelgunde. Wie könnte ich nur eine meiner besten Freundinnen vergessen?

-Die Prinzessin Adelgunde! -wiederholte der Prinz.- Und wo könnte ich sie finden?

-Nur langsam, mein lieber Freund -sagte der Papagei.- Es ist einfacher, sie zu finden, als sie zu erringen. Es ist die einzige Tochter des christlichen Königs von Toledo. Sie ist der Welt entzogen bis zu ihrem siebzehnten Geburtstag auf Grund von gewissen Voraussagen dieser vorlauten Astrologen, die sich in alles einmischen. Du wirst sie nicht sehen können, denn kein Sterblicher darf sie sehen. Ich wurde in ihre Gegenwart gebracht, um sie zu zerstreuen, und ich gebe mein Papageienehrenwort, dass ich noch nie mit einer unschuldigeren Prinzessin gesprochen habe als mit dieser.

-Im Vertrauen gesagt, lieber Papagei -sagte Ahmed-; ich bin der Erbe eines Königsthrons und es wird der Tag kommen, an dem ich auf dem Thron sitzen werde. Ich kann sehen, dass du ein umsichtiger Vogel bist und die Welt gut kennst. Hilf mir, die Prinzessin zu erringen und ich verspreche dir eine vornehme Stellung an meinem Hof.

-Mit größtem Vergnügen -antwortete der Papagei.-

Aber ich wünschte, wenn es möglich wäre, ein Amt ohne Mühe, denn wir Papageien verabscheuen die Arbeit.

Bald hatten sie ihre Reisevorbereitungen getroffen und Prinz Ahmed verließ Córdoba durch die gleiche Tür, durch die er hineingekommen war. Er befahl der Eule, ihr Schlupfloch in der Stadtmauer zu verlassen und stellte ihr ihren neuen Reisegefährten vor, den er als weisen Kollegen empfahl. Danach nahmen sie gemeinsam die Wanderung auf.

Sie wanderten viel zu langsam für die Ungeduld des Prinzen, aber der Papagei war an ein fürstliches Leben gewöhnt und liebte es nicht, früh geweckt zu werden. Der Eule wiederum gefiel es, am hellichten Mittag zu schlafen, und so verloren sie einen großen Teil ihrer Zeit auf Grund ihrer langen *Siestas.* Ein anderer widriger Umstand war, dass sie sich für die archäologische Forschung begeisterte, denn sie bestand darauf, jede Ruine zu besuchen, an der sie lange und legendäre Geschichten über jeden alten Turm oder Palast des Landes zum Besten gab. Der Prinz hatte geglaubt, dass der Papagei und die Eule, beides gelehrte Vögel, eine enge Freundschaft schließen würden; aber da hatte er sich getäuscht, denn sie stritten unablässig. Der eine war ein Spaßvogel, während der andere Philosoph war. Der Papagei rezitierte Verse, kritisierte die Neuerscheinungen und sprach gewandt über einige wissenschaftliche Themen. Die Eule empfand dies alles als Bagatellen und erquickte sich an den metaphysischen Problemen. Daraufhin stimmte der Papagei Lieder an und machte sich über seinen ernsthaften Freund mit schlauen Bemerkungen und Witzen lustig, wobei er schallend über seine eigenen Einfälle lachte. All dies wurde von der Eule als eine schwere Verletzung ihrer Würde empfunden und so runzelte sie die Stirn, erboste und erhitzte sich oder hüllte sich in tiefes Schweigen und öffnete den ganzen Tag den Schnabel nicht mehr.

Der Prinz kümmerte sich nicht um die Streitigkeiten seiner Begleiter, war er doch in seinen Gedanken und der Betrachtung des Bildes der schönen Prinzessin versunken. Auf diese Art durchquerten sie die wüstenähnlichen Pässe der Sierra Morena und die brennenden Ebenen der Mancha und Kastiliens und folgten dem Lauf des "goldenen Tajo", der halb Spanien und Portugal durchläuft. Schließlich erblickten sie eine befestigte Stadt mit Mauern und Türmen, die sich auf einem felsigen Vorsprung erhebt, umspült vom schnellen Lauf dieses Flusses.

-Schaut nur! -rief die Eule aus-. Dies ist die alte und berühmte Stadt Toledo, die bekannt ist für ihre Altertümer. Betrachtet nur ihre altehrwürdigen Türme und Kuppeln mit ihrem Staub von Jahrhunderten, umgeben von legendärer Größe, in denen so viele meiner Vorfahren sich ihren philosophischen Betrachtungen hingaben.

-Ach was! -rief der Papagei aus, indem er die feierliche Begeisterung des Archäologen unterbrach.- Was haben wir mit deinen Legenden und Altertümern oder deiner edlen Abstammung zu schaffen. Schau nur, jetzt kommt es darauf an, dass wir das Haus der Jugend und der Schönheit vor uns sehen. Betrachte endlich, oh Prinz, den Sitz der Prinzessin, die Du schon so lange gesucht hast.

Ahmed schaute in die Richtung, die der Papagei angab, und erkannte einen prächtigen Palast, der sich zwischen den Bäumen eines wunderschönen Gartens erhob und auf einer grünen und lieblichen Wiese am Tajo lag. Dies war wahrlich der gleiche Ort, den ihm der Täuberich beschrieben hatte, der Wohnsitz des Originals, das das Bild wiedergab. Er betrachtete es, ohne die Augen davon abzuwenden, und sein Herz schlug heftig vor Aufregung.

Vielleicht -dachte er- genießt die Prinzessin gerade unter diesen dichten Pappelhainen einen Spaziergang, oder sie durchstreift langsam diese herrlichen Terrassengärten oder erholt sich gerade in diesem prächtigen Gebäude.

Nach aufmerksamer Betrachtung bestätigte sich, dass die Gartenmauern sehr hoch waren, was es unmöglich machte, sie zu übersteigen und zudem wurden sie von bewaffneten Wächtern bewacht.

Der Prinz wandte sich dem Papageien zu und sagte zu ihm:

-Oh vollkommenster aller Vögel! Du, der du die Sprache der Menschen beherrschst, fliege zu diesem Garten, suche das Idol meiner Seele und sage ihr, dass Prinz Ahmed, der Pilger der Liebe, geführt von den Sternen und auf der Suche nach ihr, an die blühenden Ufer des Tajo gelangt ist.

Der Papagei, voll Stolz auf seinen Auftrag, flog in Richtung Garten, überflog seine hohen Mauern und, nachdem er einige Zeit über den grünen Wiesen der Pappelhaine hin- und hergeflattert war, setzte er sich auf den Balkon eines Pavillons, der zum Fluss schaute. Von dort aus sah er im Inneren des Gartenhäuschens die Prinzessin. Sie lag auf ihrem Diwan ausgestreckt und heftete ihre Blicke auf ein Papier, während die Tränen sanft, eine nach der anderen, auf ihre blassen Wangen herabglitten.

Daraufhin ordnete der Vogel seine Federn, legte sein grünes und glänzendes Wams fest um seinen Körper und, indem er seine Federhaube erhob, näherte er sich der Prinzessin mit einer eleganten Gebärde und sagte liebevoll zu ihr:

-Trockne deine Tränen, oh schönste aller Prinzessinen, denn ich komme, um deinem Herzen die Freude wiederzugeben.

Die Prinzessin erschrak, als sie diese Stimme hörte,

aber da sie sich umkehrte und vor sich nur ein Vöglein mit grünen Gefieder sah, das sie grüßte und sich vor ihr verneigte, sagte sie:

-Ach, welche Freude kannst du mir schon bringen, da du doch nur ein Papagei bist?

Der Vogel ärgerte sich über diese Antwort.

-Ich habe schon viele schöne Damen in meinem Leben getröstet -antwortete er-; aber lassen wir das. Jetzt bin ich hier als Botschafter eines königlichen Prinzen. Du musst wissen, dass Ahmed, Prinz von Granada, gekommen ist, um dich zu suchen und zur Zeit auf den blühenden Ufern des Tajos seine Zelte aufschlägt.

Als sie diese Worte hörte, glänzten die Augen der Prinzessin noch mehr als die Diamanten ihrer Krone.

-Oh du gütigster aller Papageien -rief sie aus.- Das sind tatsächlich frohe Nachrichten, die du mir bringst, denn ich war schon traurig und niedergeschlagen, weil ich an der Zuverlässigkeit Ahmeds zweifelte. Kehr schnell zu ihm zurück und sage ihm, dass in meinem Herzen alle Worte seines Briefes eingebrannt sind und dass seine Verse die Nahrung meiner Seele gewesen sind. Sag ihm auch, dass er sich darauf vorbereiten muss, mir seine Liebe mit der Kraft der Waffen zu zeigen. Morgen werde ich siebzehn Jahre alt und mein Vater, der König, bereitet ein großes Turnier vor an dem mehrere Prinzen teilnehmen werden, wobei dem Sieger meine Hand als Preis verliehen werden wird.

Der Papagei flog von neuem los und, indem er die Pappelhaine durchquerte, gelangte er dahin, wo der Prinz ihn erwartete. Die Freude Ahmeds darüber, dass er das Original seines vergötterten Bildes gefunden hatte und seine Prinzessin treu und verliebt vorfand, können sich nur die glücklichen Sterblichen vorstellen, die das gesegnete Schicksal gehabt haben, ihre Träume verwirklicht zu sehen. Jedoch gab es etwas, das sein Glück trübte, und das war das bevorstehende Turnier. Tatsächlich, schon glänzten die Rüstungen an den Ufern des Tajo und man hörte die Trompeten der zahlreichen Ritter, die sich mit ihrer prächtigen Gefolgschaft Toledo näherten, um am Turnier teilzunehmen. Die gleiche Sternenkonstellation, die das Geschick des Prinzen bestimmt hatte, war auch bei der Prinzessin im Spiel gewesen, weshalb sie bis zu ihrem siebzehnten Geburtstag vor den Augen der Welt verborgen gehalten wurde, um sie vor der zarten Leidenschaft der Liebe zu hüten. Trotzdem wuchs der Ruf ihrer Schönheit über die Mauern ihrer Gefangenschaft hinaus. Mehrere Prinzen hatten sich um ihre Hand beworben, aber ihr Vater, ein vorausschauender König, zog es vor, die Wahl dem Waffenglück zu überlassen, um sich derart keine Feinde unter den abgewiesenen Bewerbern zu schaffen. Unter den rivalisierenden Kandidaten waren mehrere berühmt für ihre Geschicklichkeit und ihren Mut im Umgang mit den Waffen. Welch unglückliche Situation für Ahmed, da er weder über Waffen noch über Erfahrung im Waffenkampf verfügte.

Welch unglückseliger Prinz bin ich doch! -rief er aus-. Dafür habe ich nun eingesperrt unter den Blicken eines Philosphen gelebt. Wofür kann ich nun meine Kenntnisse in Algebra und Philosophie einsetzen, um meine Liebe zu errringen? Ach, Eben Bonabben! Warum hast du nur nicht daran gedacht, mich in den Umgang mit den Waffen einzuweihen?

Als die Eule sein Jammern hörte, unterbrach sie ihr Schweigen und begann ihre Rede mit einer Anrufung Allahs, denn sie war ein gläubiger Moslem.

-Allah Akbar, Gott ist der Größte! -rief sie aus-. In seinen Händen liegen alle Geheimnisse der Dinge und nur er regiert die Geschicke der Menschen. Du musst wissen, oh Prinz, dass dieses Land voller Mysterien ist, von denen keiner etwas weiß, außer denen, die wie ich, die geheimen Wissenschaften erkunden können. Du musst auch wissen, dass in den nahegelegenen Bergen eine große Höhle liegt und in ihr steht ein eiserner Tisch; auf diesem Tisch liegt eine Zauberrüstung und daneben steht ein verzaubertes Ross, und all dies ist seit vielen Generationen dort eingesperrt.

Der Prinz schaute sie voller Verwunderung an, während die Eule, indem sie mit ihren großen und runden Augen blinzelte und ihre Federn spreitzte, folgendermaßen fortfuhr:

-Vor vielen Jahren begleitete ich meinen Vater, als er in dieser Gegend seine Besitztümer besuchte. Wir kamen in jener Höhle unter und dort habe ich dieses Geheimnis entdeckt. Es wird in unserer Familie überliefert und ich habe von meinem Großvater, als ich noch sehr klein war, erfahren, dass diese Rüstung einem gewissen arabischen Zauberer gehörte, der sich in diese Höhle flüchtete, als Toledo in die Hände der Christen fiel; dort starb er und hinterließ sein verzaubertes Ross und seine Rüstung, die nur von einem Moslem benutzt werden können und dies auch nur von Sonnenaufgang bis zum Mittag. Wer Ross und Rüstung während dieser Zeit benutzt, wird jeden seiner Widersacher besiegen.

-Genug, -rief der Prinz aus-. Gehn wir auf die Suche nach dieser Höhle!

Geführt von seinem legendären Begleiter fand der Prinz die Höhle. Sie befand sich in einer der steilen Einbuchtungen auf den felsigen Bergspitzen, die Toledo umgeben, und nur der durchdringende Blick einer Eule oder eines Archäologen war in der Lage, ihren Eingang zu finden. Eine ewige Öllampe warf ihr blasses Licht in die Gruft. Auf einem Eisentisch in der Mitte befand sich die Zauberrüstung und ein Speer und daneben ein arabisches Ross, das, obwohl für den Kampf gesattelt, unbeweglich wie eine Statue stand. Die Rüstung blitzte so sauber wie zu ihren besten Zeiten. Das Ross war in einem solch guten Zustand, als würde es täglich auf den

Wiesen weiden. Als Ahmed seine Hand auf seinen Hals legte, begann es zu tänzeln und wieherte tief vor Freude, so dass sich die Wände der Höhle bewegten. Auf diese Art gut versorgt mit Ross und Rüstung, beschloss Ahmed am Turnier teilzunehmen.

Der unvergessliche Tag brach nun an. Der Turnierplatz war für den Kampf in der *Vega* unter den starken Stadtmauern Toledos vorbereitet worden, wo man auf Holzgerüsten die Tribünen, die mit reichbestickten Teppichen belegt und mit Sonnendächern geschützt waren für die Zuschauer aufgebaut hatte. Alle Schönheiten des Landes hatten sich auf den Tribünen zusammengefunden, während sich vom Land her hoch zu Ross die federgeschmückten Ritter, die am Wettkampf teilnehmen würden, mit ihren Waffenträgern und Pagen näherten. Die Schönheit der anderen Frauen verblasste, als Adelgunde die königliche Tribüne betrat und sich zum ersten Mal den Blicken der dort Versammelten darbot. Ein überraschtes Murmeln erhob sich aus der Menge, als diese ihre außergewöhnlich verwirrende Schönheit betrachtete; die Prinzen, die ihre Hand begehrten und sich schon vom Ruhm ihrer Reize angezogen gefühlt hatten, fühlten nun ihren Kampfesmut wachsen.

Die Prinzessin jedoch sah traurig aus. Die Farbe ihrer Wangen wechselte häufig und ihre Blicke wanderten unruhig und aufgeregt über den Haufen der reichgeschmückten Ritter hin und her. Es sollte schon das Signal für den Beginn des Kampfes ertönen, als ein Herold die Ankunft eines fremden Ritters ankündigte, womit Ahmed auf seinem Pferd auf dem Turniergelände erschien: Ein perlenübersäter Stahlhelm saß auf seinem Turban, seine goldziselierte Rüstung glänzte, sein Maurensäbel und sein Schwert zeugten von ihrer Herstellung in Fez und waren beide mit kostbaren Edelsteinen besetzt. Er trug auf der Schulter ein rundes Schild und in der Hand die

Zauberlanze. Das reichbestickte Geschirr seines arabischen Rosses reichte bis zum Boden und das edle Tier tänzelte und schnaubte durch die Nüster, während es vor Freude angesichts der glänzenden Waffen wieherte. Das selbstbewusste und siegreiche Auftreten des Prinzen zog alle Blicke auf sich, und als er unter dem Namen "Pilger der Liebe" angekündigt wurde, vernahm man ein Murmeln und bemerkte eine allgemeine Aufregung unter den schönen Damen der Tribüne.

Ahmed wollte sich für das Turnier eintragen, erfuhr jedoch, dass dieses nur den Prinzen hoher Abstammung offen stand. Daraufhin verkündete er seinen Namen und seine Abstammung, doch das verschlechterte die Situation nur erheblich; er war Moslem und konnte nicht an einem Wettkampf teilnehmen, dessen Preis die Hand einer christlichen Prinzessin war.

Die rivalisierenden Prinzen schauten ihn hochmütig und drohend an und einer von ihnen, mit unverschämtem Blick und einem Körper wie Herkules, machte sich sogar über seinen Beinamen der Liebe lustig. Das erweckte die Wut des Prinzen, der ihn zum Kampf herausforderte. Sie gingen in Position und warfen sich aufeinander. Kaum traf ihn die Zauberlanze, als der prahlerische Herkules auch schon aus dem Sattel gehoben wurde. Der Prinz hätte es damit gut sein lassen, aber ach, er hatte es mit einem verteufelten Pferd und einer Rüstung zu tun, die, wenn sie einmal zu kämpfen begonnen hatten, von niemandem mehr aufgehalten werden konnten. Das arabische Ross stürmte auf die Gruppe der Ritter los und die Lanze warf jeden, der ihr in den Weg kam, auf den Boden. Der freundliche Prinz wurde gegen seinen Willen über das Feld geschleift, das bald mit Großen und Kleinen, Edlen und Plebeyern übersät war, während Ahmed innerlich seine ungewollten Heldentaten verfluchte. Der König tobte und wütete angesichts dieses Angriffs gegen seine Vasallen und

Gäste, und er sandte seine gesammte Garde gegen Ahmed aus; diese jedoch fand sich entwaffnet vor, sobald sie eingriff. Daraufhin entledigte sich der Monarch seiner Festkleidung, ergriff sein Schild und seine Lanze und stellte sich dem Fremden, um ihm mit seiner königlichen Gegenwart Furcht einzuflößen. Jedoch, ach, es erging seiner Majestät nicht besser als den Anderen, denn Ross und Rüstung hatten keine Achtung vor Rang und Würde. Ahmed sah sich zu seinem eigenen Entsetzen mit aller Wucht gegen den König vorgehen, der einen Augenblick später durch die Lüfte flog, während seine Krone durch den Staub rollte.

In diesem Augenblick erreichte die Sonne den Zenith; die Zauberkraft ging verloren und der arabische Hengst sprang durch die Ebene davon, übersprang die Absperrung, warf sich in den Tajo, durchschwamm seinen reißenden Strom und brachte den atemlosen und unendlich verwunderten Prinzen zurück in die Höhle. Dort nahm er sofort seinen früheren Zustand wieder an, unbeweglich wie eine Statue neben dem Eisentisch. Ahmed stieg mit seiner üblichen Ruhe vom Pferd, legte die Rüstung ab und schickte sich von neuem in die Anweisungen seines Schicksals. Er setzte sich in die Höhle und dachte über die aussichtslose Situation nach, in die ihn das verteufelte Pferd und die Rüstung gebracht hatten. Wie könnte er es sich jetzt erdreisten, wieder in Toledo zu erscheinen, nachdem er seinen Rittern solch eine Niederlage und seinem Herrscher eine solche Beleidigung zugefügt hatte? Was würde selbst die Prinzessin von solch einem wilden und groben Verhalten denken? Voller Unruhe beschloss er, seine geflügelten Botschafter auf die Suche nach Neuigkeiten auszuschicken. Der Papagei flog an alle öffentlichen Plätze, an denen sich die Menschen versammelten und bald kam er mit einem Haufen Geschichten zurück. Ganz Toledo war höchst verwundert. Die Prinzessin war ohnmächtig in ihren Palast zurückgetragen worden, das Turnier in großer Verwirrung abgebrochen worden und alles sprach von dem plötzlichen Erscheinen, den erstaunlichen Heldentaten und dem seltsamen Verschwinden des muslimischen Ritters. Einige behaupteten, er sei ein muslimischer Zauberer, andere, es handele sich um einen Teufel in Menschenform, während andere wiederum Geschichten von verzauberten Rittern erzählten, die in den Höhlen der Berge lebten und von denen man annahm, einer habe einen plötzlichen Ausfall aus seinem Versteck unternommen. Alle waren sich allerdings darin einig, dass kein normaler Sterblicher in der Lage gewesen wäre, so Erstaunliches zu vollbringen noch so viele außergewöhnliche und tüchtige christliche Ritter zu besiegen.

Die Eule ihrerseits flog durch die Nacht und schwebte in der Dunkelheit über der Stadt, wobei sie sich abwechselnd auf Dächer und Kamine setzte. Danach flog sie zum königlichen Palast, der auf einer felsigen Hochebene Toledos liegt, schwebte über dessen Terrassen und Mauerabsätzen, lauschte durch alle Ritze und schaute mit ihren großen hervorspringenden Augen durch jedes erleuchtete Fenster, wobei sie zwei oder drei Ehrendamen erschreckte. Erst als der Himmel sich am Horizont aufhellte, kehrte sie von ihrer heimlichen Expedition zurück und erzählte dem Prinzen alles, was sie gesehen hatte.

-Ich erforschte von einem der höchsten Türme des Palastes die Umgebung, als ich plötzlich durch ein Fenster die schöne Prinzessin erblickte, die, umgeben von Dienern und Ärzten, auf einem Lager ausgestreckt lag, ohne deren Hilfe oder Trost annehmen zu wollen. Nachdem sich diese zurückzogen hatten, konnte ich beobachten, wie sie einen Brief aus ihrem Busen zog, ihn las und küsste und sich danach bitteren Klagen hingab, was mich vor Mitleid bewegte, obwohl ich ein Philosoph bin.

Das weiche Herz Ahmeds litt, als er diese Nachrichten hörte.

-Wie hattest du doch Recht, oh weiser Eben Bonabben! -rief er aus.- Sorgen, Kummer und schlaflose Nächte sind das Los der Verliebten. Allah bewahre die Prinzessin vor dem beklagenswerten Einfluss dessen, was Liebe genannt wird.

Alle Nachrichten, die auch später zu dem Prinzen drangen, bestätigten die Erzählung der Eule. Die Stadt war voller Aufregung und Unruhe. Man hatte die Prinzessin in den höchsten Turm der Stadt gebracht und alle Zugänge wurden stark bewacht. Währenddesssen war die Prinzessin in eine tiefe Melancholie verfallen, deren Ursache niemand erklären konnte, und sie weigerte sich, Speisen zu sich zu nehmen oder tröstenden Worten Gehör zu schenken. Die geschicktesten Ärzte wandten ihre Wissenschaft erfolglos an. Es wurde angenommen, sie sei einem Zauberspruch zum Opfer gefallen, weshalb der König eine Kundgebung veröffentlichen ließ, in der er versprach, dass derjenige, der in der Lage wäre, sie zu heilen, das kostbarste Juwel aus dem königlichen Schatz erhalten sollte.

Als die Eule, die in einer Ecke vor sich hindöste, dies hörte, bewegte sie ihre großen Augen und sah geheimnisvoller denn je drein.

-Allah Akbar! -rief sie aus-. Wie glücklich wird der Mann sein, der diese Heilung bewirkt, wenn er nur Vorsicht bei der Auswahl der Belohnung walten lässt.

-Was willst du damit sagen, verehrteste Eule?- fragte Ahmed.

-Hör zu, oh Prinz, was ich dir zu sagen habe. Du musst wissen, dass wir Eulen ein sehr gebildetes Volk sind, mit der Neigung, das Unbekannte und Versteckte zu erforschen. Auf meinem letzten Flug zwischen den Kuppeln und Türmen Toledos habe ich eine archäologische Akademie der Eulen entdeckt, die ihre

Versammlungen in dem hohen Turmgewölbe abhält, das den königlichen Schatz enthält. Ihre Mitglieder diskutierten über die Formen, Inschriften und Zeichen auf den Perlen und antiken Juwelen und über die Gold- und Silbergefäße, die Auskunft geben über die Gewohnheiten und Moden der verschiedenen Völker zu allen Zeiten. Aber sie bezeigten vor allem Interesse für gewisse Reliquien und Talismane, die dort seit der Herrschaft des Gotenkönigs Don Rodrigo aufbewahrt sind. Zu diesen gehört eine Zederntruhe, die auf orientalische Weise durch Stahlbänder verschlossen ist und geheimnisvolle Inschriften trägt, die nur sehr wenige Gelehrte verstehen können. Mit dieser Truhe und ihren Inschriften hatte sich die Akademie schon während einiger Sitzungen in langen und heftigen Auseinandersetzungen beschäftigt. Während meines Besuches konnte ich beobachten, wie ein sehr alter Weiser, eine Eule, die gerade aus Ägypten angekommen war, auf dem Deckel saß und versuchte, ihre Inschriften zu entziffern. Diese besagten seiner Meinung nach, dass die Truhe einen Seidenteppich vom Thron des Königs Salomon enthält, der zweifelsohne nach der Zerstörung Jerusalems von emigrierten Juden bis Toledo gebracht worden sein muss.

Nachdem die Eule ihre Ausführungen über Antiquitäten beendet hatte, versank der Prinz für einige Zeit in tiefes Nachdenken.

-Ich habe den weisen Eben Bonabben die außergewöhnlichen Eigenschaften dieses Talismans erwähnen hören -sagte er schließlich.- Dieser verschwand nach dem Fall Jerusalems und man glaubte, er sei der Menschheit verloren gegangen. Sicherlich ist dies ein Geheimnis, das den Christen von Toledo weiterhin unbekannt ist. Wenn ich mich dieses Teppiches bemächtigen könnte, wäre mein Glück gesichert.

Am Tage darauf legte der Prinz seine fürstliche Kleidung ab und verkleidete sich mit der bescheidenen

Tracht des Beduinen der Wüste. Er färbte sein Gesicht dunkelbraun, so dass niemand in ihm den überheblichen Ritter hätte vermuten können, der so viel Bewunderung und Furcht im Turnier verursacht hatte. Mit einem Stock in der Hand und einem Sack auf der Schulter und einer kleinen Hirtenflöte machte er sich auf den Weg nach Toledo und an den Toren des königlichen Palastes angelangt, ließ er sich als Kandidat für die Heilung der Prinzessin ankündigen. Die Wache versuchte ihn mit Stöcken zu vertreiben, indem sie sagte:

Was glaubt ein arabischer Vagabund bewirken zu können, wo die weisesten Männer dieses Landes gescheitert sind?

Der König, der den Lärm hörte, befahl, den Araber in seine Gegenwart zu führen.

-Mächtiger König -sagte Ahmed-: Vor Euch steht ein Beduine, der den größten Teil seines Lebens in der Einsamkeit der Wüste verbracht hat. Das ist, wie bekannt, der Ort, an dem sich die Teufel und bösen Geister treffen, die die armen Schäfer an ihren einsamen Abenden quälen und sich der Herden bemächtigen und sogar die geduldigen Kamele erbosen. Das beste Mittel dagegen ist unsere Musik; wir kennen einige legendäre Melodien, die von Generation zu Generation überliefert werden und die wir singen und spielen, um diese bösen Geister zu vertreiben. Ich gehöre einer Familie an, die diese Gabe in hohem Maße besitzt. Falls Eure Tochter von einem bösen Einfluss dieser Art besessen ist, hafte ich mit meinem Kopf dafür, dass sie ganz davon befreit werden wird.

Der König, der ein kluger Mann war und wusste, dass die Araber wunderbare Geheimnisse bewahren, schöpfte wieder Hoffnung bei Ahmeds selbstsicheren Worten. Und so führte er ihn unverzüglich in den hohen Turm, durch mehrere Tore hindurch, bis sie in den letzten

Raum, das Zimmer der Prinzessin, gelangten. Die Terrassenfenster, von deren Balustrade man ganz Toledo und seine Umgebung betrachten konnte, waren angelehnt, und die Prinzessin lag in ihrem Raum danieder, Opfer einer tiefen Trauer und gleichgültig gegenüber jedem Trost.

Der Prinz setzte sich auf die Terrasse und spielte mit seiner Flöte einige volkstümliche arabische Hirtenlieder, die er von seinen Dienern im Generalife von Granada gelernt hatte. Die Prinzessin reagierte nicht und die anwesenden Ärzte schüttelten den Kopf. Daraufhin legte Ahmed seine Flöte zur Seite, und mit einer schlichten Melodie begann er, die Liebesgedichte zu singen, mit denen er in seinen Briefen der Prinzessin seine Leidenschaft erklärt hatte.

Die Prinzessin erkannte das Lied wieder und eine plötzliche Freude bemächtigte sich ihrer Seele; sie erhob den Kopf und lauschte. Tränen strömten aus ihren Augen und glitten ihre Wangen hinab, während ihre Brust vor Aufregung bebte. Sie hätte sich den Troubadour vorführen lassen wollen, aber ihre große Schüchternheit erlaubte ihr nicht zu sprechen. Der König erriet jedoch ihren Wunsch und ließ Ahmed in ihr Zimmer führen. Sehr zurückhaltend waren die Verliebten, denn sie tauschten nur Blicke aus, obwohl diese mehr als tausend Bände sprachen. Nie hat die Musik einen eindeutigeren Sieg davongetragen: die rosige Farbe kehrte in die sanften Wangen der Prinzessin zurück, die Frische in ihre Lippen und ein Leuchten wie Morgentau in ihren schmachtenden Blick.

Alle anwesenden Ärzte blickten einander verwundert an. Der König beobachtete den arabischen Troubadour mit einer Mischung aus Bewunderung und Angst.

-Wunderbarer junger Mann! -rief er aus-. Du wirst in

Zukunft der erste Arzt an meinem Hof sein und ich werde keine andere Medizin nehmen als deine Musik. Aber zuerst erhalte deine Belohnung, das schönste Juwel meines Schatzes.

-Oh, König -antwortete Ahmed-. Nichts bedeuten mir Gold, Silber oder Edelsteine. In Eurem Schatz bewahrt Ihr eine Reliquie der Moslems auf, die die früheren Herren Toledos zurückgelassen haben: eine Zederntruhe, die einen Seidenteppich enthält. Gebt mir diese Truhe und damit werde ich mich begnügen.

Die Anwesenden waren erstaunt angesichts der Bescheidenheit des Beduinen und noch mehr waren sie es, als die Zederntruhe gebracht und der Teppich herausgeholt wurde. Er war aus feiner grüner Seide und mit hebräischen und chaldäischen Schriftzeichen bestickt. Die Ärzte des Hofes schauten einander an, zuckten mit den Schultern und machten sich über die Unbedarftheit dieses neuen Heilers lustig, dem ein so geringes Honorar genügte.

-Dieser Teppich -sagte der Prinz- bedeckte in früheren Zeiten den Thron Salomons und er ist es wert, der Schönheit zu Füßen gelegt zu werden.

Und während er dies sagte, legte er ihn auf die Terrasse unter eine Otomane, die für die Prinzessin gebracht wurde und setzte sich daraufhin zu ihren Füßen.

-Wer kann sich dem widersetzen, was im Buche des Schicksals geschrieben steht? -rief er aus-. Hiermit erfüllen sich die Voraussagen der Astrologen. Ihr müsst wissen, oh König, dass Eure Tochter und ich uns schon seit langem im Geheimen lieben. Erkennt in mir den Pilger der Liebe!

Kaum hatte er diese Worte ausgesprochen, als sich der Teppich in die Luft erhob, und mit ihm der Prinz und die Prinzessin. Der König und die Ärzte schauten dem

Teppich mit offenem Munde nach, bis nur noch ein kleiner Punkt zu erkennen war, der sich auf dem weißen Hintergrund einer Wolke abhob, bis er schließlich im blauen Himmelsgewölbe verschwand.

Der König war wütend und ließ seinen Schatzmeister rufen.

-Wie hast du es nur zulassen können, -sagte er zu ihm- dass ein Ungläubiger sich eines solchen Talismans bemächtigt?

-Ach Herr, wir kannten seine Eigenschaften nicht, noch konnten wir die Inschriften der Truhe entziffern. Wenn es tatsächlich der Teppich vom Throne Salomons ist, dann hat er Zauberkräfte und kann den, der ihn besitzt, von einem Ort zum anderen bringen.

Der König versammelte ein mächtiges Heer und machte sich auf die Verfolgung der Flüchtigen bis nach Granada. Nach einem langen und beschwerlichen Weg schlug er sein Lager in der *Vega* auf und schickte einen Herold, um seine Tochter einzufordern. Der König von Granada persönlich ging ihm entgegen und mit ihm sein ganzer Hof. Sofort erkannte er den Troubadour, denn Ahmed hatte den Thron nach dem Tod seines Vaters bestiegen und die schöne Adelgunde zu seiner Sultanin gemacht.

Der christliche König ließ sich schnell besänftigen, vor allem als er erfuhr, dass man seiner Tochter erlaubte, weiterhin ihrem Glauben anzuhängen, nicht, weil er sehr gläubig gewesen wäre, wohl aber, weil die Religion immerhin eine Sache des Stolzes und der Etikette für die Prinzen ist. Statt blutiger Kämpfe fanden viele Feste und fröhliche Zusammenkünfte statt, wonach der König sehr zufrieden nach Toledo zurückkehrte, und das junge Ehepaar eben so glücklich wie weise weiter auf der Alhambra regierte.

Es bleibt noch hinzuzufügen, dass die Eule und der

Papagei dem Prinzen einzeln und in gemütlichen Etappen bis Granada folgten. Erstere reiste des Nachts und suchte unterwegs die verschiedenen Besitztümer ihrer Familie auf; der Zweite nahm er an allen fröhlichen Festen der Dörfer und Städte teil, die er auf seinem Rückweg überflog.

Ahmed entlohnte voll Dankbarkeit die Dienste, die sie ihm während seiner Pilgerfahrt geleistet hatten. Er ernannte die Eule zu seinem Premierminister und den Papageien zum Zeremoniemeister. Es ist wohl überflüssig zu erwähnen, dass niemals in einem Königreich weiser regiert noch an einem Fürstenhof sorgsamer die Etiquette befolgt wurde, als zu Zeiten Ahmeds und Adelgundes.

EIN STREIFZUG DURCH DIE HÜGEL

Abends, wenn sich die Hitze legte, vertrieb ich mir oft die Zeit damit, lange Spaziergänge durch die umliegenden Hügel und die schattigen Täler in Begleitung meines geschichtskundigen Knappen Mateo zu machen, dem ich bei solchen Gelegenheiten die uneingeschränkte Erlaubnis gab, seiner Neigung zum Plaudern nachzugehen. Es gab kaum Felsen, Ruinen, verfallene Brunnen oder einsame Schluchten an denen er nicht eine wunderbare Geschichte oder eine Legende über goldene Schätze zu erzählen gewusst hätte, denn niemals hat ein armer Teufel freigiebiger vergrabene Schätze verteilt als er.

Im Laufe einer dieser Spaziergänge war Mateo noch gesprächiger als sonst. Gegen Sonnenuntergang gingen wir aus dem Tor der Gerechtigkeit und stiegen eine Pappelallee hoch, bis wir eine Gruppe Feigen- und Granatapfelbäume am Fuße des Turmes der Sieben Böden (*Torre de los siete suelos*) erreichten; dies war der Turm durch den Boabdil die Stadt nach ihrer Übergabe verlassen haben soll. Hier erzählte Mateo mir, indem er auf ein niedriges Gewölbe in den Grundfesten hinwies, von einem scheußlichen Gespenst, das diesen Turm seit den Zeiten der Mauren bewohnen soll und dort einen maurischen Königsschatz beschütze. Manchmal komme es in der Dunkelheit der Nacht heraus und streife durch die Alleen der Alhambra und die Straßen Granadas in Gestalt eines kopflosen Pferdes, verfolgt von sechs schrecklich bellenden und jaulenden Hunden.

-Aber Mateo, hast du es jemals selber auf einem deiner Streifzüge gesehen? - fragte ich. - Nein *Señor*, Gott sei Dank! Aber mein Großvater, der Schneider, kannte mehrere Leute, die es gesehen hatten, denn damals erschien es häufiger als heutzutage; manchmal in einer Gestalt, dann wieder in einer anderen. Jeder in Granada hat von dem *Belludo* sprechen hören, denn die alten Frauen und die Ammen erschrecken die Kinder damit, wenn sie weinen. Einige behaupten, es sei der Geist eines grausamen maurischen Königs, der seine sechs Söhne getötet und in diesen Gewölben vergraben habe, und die ihn dafür zur Rache nachts verfolgen.

Ich unterlasse es, mich über die ertaunlichen Einzelheiten, die mir der leichtgläubige Mateo über dieses furcherregende Gespenst erzählte, auszulassen, um welches tatsächlich in Granada seit Menschengedenken Ammenmärchen und volkstümliche Legenden gewoben worden sind, auf die auch ein alter und gelehrter Historiker und Topograph dieser Region ausführlich hinweist.

Wir entfernten uns von diesem ereignisreichen Gebäude und spazierten weiter um die fruchtbaren Obstgärten des Generalife herum, in denen zwei oder drei Nachtigallen ihren melodiösen Gesang erklingen ließen. Hinter diesen Obstgärten gingen wir an mehreren maurischen Wasserspeichern vorbei mit einer Tür, die in die Tiefe des felsigen Hügels geschlagen worden war, jetzt aber verschlossen gehalten wurde. Diese Wasserspeicher, so erzählte mir Mateo, waren für ihn und seine Kameraden in ihrer Kindheit ein bevorzugter Badeplatz, bis man sie mit einer Geschichte über einen grauenhaften Mauren erschreckte, von dem es hieß, er stürze aus der Tür und überfiele unvorsichtige Badende.

Die verwunschenen Wasserspeicher zurücklassend, setzten wir unseren Spaziergang fort und schlugen einen einsamen Saumpfad ein, der sich in die Hügel schlängelte. Bald befanden wir uns inmitten wilder und melancholischer Berge ohne Baum noch Strauch und nur hier und dort von sparsamen Grün belebt. In Sichtweite war alles dürr und unfruchtbar und man konnte sich kaum vorstellen, dass nicht weit von uns entfernt der Generalife mit seinen üppigen Obstgärten und blühenden Terrassen lag, und dass wir uns in der Nähe des köstlichen Granadas befanden, der Stadt der Gärten und Brunnen. Aber so ist die Natur in Spanien, sie ist wild und hart, sobald sie nicht bearbeitet wird; Wüste und Gärten liegen immer Seite an Seite.

Die enge Schlucht, durch die wir gingen, heißt, Mateo zufolge, el *Barranco de la tinaja*, die Schlucht des Kruges, denn ein Krug voll maurischem Gold wurde hier in alten Zeiten einmal gefunden. Die Gedanken des armen Mateos drehten sich unentwegt um solche Legenden über goldene Schätze.

Aber was bedeutet dieses Kreuz, das ich auf einem Steinhaufen am Ende der Schlucht sehe?

-Oh, das ist nichts, ein Maultiertreiber wurde vor einigen Jahren ermordet.

-Mateo, gibt es also dann Räuber und Mörder sogar vor den Toren der Alhambra?

-Zur Zeit nicht *Señor*, das war früher so, als noch viel liederliches Volk in der Festung herumhing, aber sie sind alle vertrieben worden. Nicht dass die Zigeuner, die in den Höhlen an den Abhängen der Hügel in der Nähe der Festung wohnen, nicht zu allem fähig wären; aber wir haben hier schon seit langem keine Morde mehr erlebt. Der Mörder des Maultiertreibers wurde in der Festung erhängt.

Unser Weg führte uns weiter die Schlucht hoch, wobei wir auf unserer linken Seite einen steilen und steinigen Hügel zurückließen, die *Silla del Moro* genannt, weil dorthin, wie schon erwähnt, Boabdil während eines

Volksaufstandes geflohen war, und den ganzen Tag vom Felsen aus traurig auf seine rebellierende Stadt geblickt hatte.

Schließlich erreichten wir den höchsten Punkt des Hügels der Granada überragt, den sogenannten Sonnenberg (*Cerro del sol*). Der Tag ging zur Neige; die untergehende Sonne vergoldete gerade noch die höchsten Gipfel. Hier und dort war ein einsamer Schafhirt zu erkennen, der seine Herde den Abhang herunterführte, um sie für die Nacht unterzubringen; oder man sah einen Maultiertreiber und seine müden Tiere auf einem Bergpfad in Richtung Stadt gehen, um vor Sonnenuntergang noch die Tore zu erreichen.

Jetzt drangen die tiefen Töne von der Glocke der Kathedrale hoch in die Schlucht hinauf und verkündeten die Stunde des Gebetes oder *Oración*. Ihr Klang wurde von allen Glockentürmen der Stadt beantwortet und auch von den lieblichen Glocken, der in den Bergen verstreuten Klöster. Der Schafhirt am Abhang und der Treiber mitten auf dem Weg hielten an; sie nahmen ihre Hüte ab und blieben einen Augenblick unbeweglich stehen, wobei sie ihr Abendgebet murmelten. Es liegt immer etwas rührend Feierliches in dieser Sitte, bei der auf ein melodisches Signal hin alle Menschen in der Gegend in einem Dankgebet an Gott für die Gaben des Tages vereint sind. Es breitet sich vorübergehend eine weihevolle Stimmung über das Land aus; und die in all ihrer Pracht untergehende Sonne, trägt nicht wenig dazu bei.

In jenem Augenblick wurde dieser Eindruck durch die wilde und einsame Natur dieses Platzes nur noch unterstrichen. Wir standen hoch oben auf dem kahlen und abschüssigen Sonnenberg, wo kaputte Wasserspeicher und Zisternen und die verfallenen Grundmauern weitläufiger Gebäude von einer ehemaligen Wohnsiedlung Zeugnis ablegten; jetzt herrschte dort aber nur Stille und Einsamkeit.

Während wir zwischen jenen Ruinen der Vergangenheit herumstreiften, kamen wir zu einer runden Öffnung, die in die Tiefe des Berges zu führen schien, auf die Mateo als eine der Wunder und Geheimnisse dieser Gegend hinwies. Ich hielt es für einen Brunnen, den die unermüdlichen Mauren gegraben hatten, um ihr liebstes Element in seiner größten Reinheit zu erhalten. Mateo hatte jedoch eine andere Geschichte zur Hand, die ihm sehr viel besser gefiel. Einer Legende zufolge an die sein Vater und Großvater fest glaubten, war dies ein Eingang zu den unterirdischen Höhlen des Berges, in dem Boabdil und sein Gefolge unter einem magischen Bann lagen; und woher sie bei Nacht zu einer bestimmten Uhrzeit aufbrachen, um ihre ehemaligen Wohnstätten zu besuchen.

-Ah *Señor*, in diesem Berg geschehen viele Wunder dieser Art. An einem anderen Platz war ein ähnliches Loch und in der Mitte hing ein eiserner Topf an einer Kette; niemand wusste was in diesem Topf war, denn er war immer bedeckt, aber jeder nahm an, er sei mit maurischem Gold gefüllt. Viele versuchten ihn herauszuholen, denn er schien in Reichweite zu hängen; aber in dem Augenblick an dem man ihn berührte, sank er immer tiefer und kam für einige Zeit nicht mehr zum Vorschein. Schließlich berührte ihn jemand, der ihn für verzaubert hielt, mit einem Kreuz, um den Bann zu brechen; und wahrhaftig brach er ihn, denn der Topf sank, bis er aus den Augen verschwand und ward nie mehr gesehen.

-All dies sind Tatsachen *Señor*, denn mein Großvater war Augenzeuge.

-Wie bitte Mateo, er hat den Topf gesehen?

-Nein Señor, aber er sah das Loch, in dem der Topf gehangen hatte.

-Das ist das Gleiche Mateo.

Das abnehmende Zwielicht, das in dieser Gegend nur kurz dauert, ließ es ratsam erscheinen, diesen verwunschenen Boden zu verlassen. Als wir die Schlucht hinuntergingen, waren der Schafhirt und der Maultiertreiber nicht mehr zu sehen, und nur unsere eigenen Fußtritte und das Zirpen der Grillen zu hören. Der Schatten breitete sich mehr und mehr über das Tal aus, bis alles um uns herum in der Dunkelheit verschwand. Nur auf dem höchsten Gipfel der Sierra Nevada hielt sich noch der Abglanz des Tageslichts. Die beschneiten Gipfel hoben sich glänzend gegen das dunkelblaue Firmament ab und erweckten den Eindruck, in unserer Nähe zu liegen, da die Atmosphäre so außergewöhnlich rein war.

Wie nah die Sierra heute Abend aussieht! -sagte Mateo.-

-Es hat den Anschein als könne man sie mit der Hand berühren, und dabei liegt sie viele Meilen weit von uns entfernt.

Während er dies sagte, erschien ein Stern über dem weißen Gipfel des Berges; so klar und groß, so strahlend und schön, dass dies bei Mateo einen Freudenschrei hervorrief:

¡Qué estrella más hermosa! ¡Qué clara y limpia es! ¡No puede haber estrella más brillante! (Was für ein herrlicher Stern! So klar und rein! Kein Stern könnte strahlender sein!)

Ich habe häufig in Spanien diesen Sinn der einfachen Leute für den Zauber der natürlichen Dinge beobachten können. Der Glanz eines Sternes, die Schönheit oder der Duft einer Blume, die durchsichtige Reinheit eines Brunnens, all dies ruft bei ihnen so etwas wie ein poetisches Entzücken hervor und dann, welch wohlklingende Sätze erlaubt ihnen ihre wunderbare Sprache, um ihrer Begeisterung Ausdruck zu verleihen!

-Aber Mateo, was sind dies für Lichter, die ich in der Sierra Nevada unterhalb der Schneeregion blinken sehe, und die man für Sterne halten könnte, wären sie nicht rot, und glänzten sie nicht am dunklen Berghang?

-Dies *Señor* sind Feuer, die die Männer anzünden, die dort oben Schnee und Eis zusammentragen, um Granada zu versorgen. Jeden Abend steigen sie mit Maultieren und Eseln in die Sierra und ruhen sich abwechselnd aus; einige erwärmen sich am Feuer, während andere die Körbe füllen. Danach gehen sie den Berg herunter, um vor Sonnenaufgang die Tore Granadas zu erreichen. Diese Sierra Nevada *Señor* ist eine Eismasse mitten in Andalusien, die den ganzen Sommer Kühle spendet.

Nun war es ganz dunkel; wir kamen durch die Schlucht, in der das Kreuz des ermordeten Maultiertreibers stand, als ich einige Lichter in der Ferne sah, die sich offenbar den Pfad hochbewegten. Aus der Nähe stellte sich heraus, dass es Fackeln waren, die von einer seltsam anmutenden, schwarzgekleideten Gruppe Menschen getragen wurden. Zu jeglicher Tageszeit wäre dies eine unheimliche Prozession gewesen, war es aber besonders an diesem wilden und einsamen Platz.

Mateo näherte sich mir und flüsterte mir zu, es handele sich um einen Trauerzug, der einen Leichnam zum Friedhof trage, der zwischen den Hügeln lag.

Als die Prozession an uns vorüberging, rief das düstere Licht der Fackeln, das auf die zerfurchten Gesichter und die Trauerkleidung der Begleitung fiel, einen gespenstischen, als der Tote sichtbar wurde, geradezu grauenvollen Eindruck hervor, da dieser, spanischem Brauch zufolge, unbedeckt auf einer offenen Bahre lag. Ich starrte einige Zeit dem trostlosen Zug nach, der sich auf den dunklen Pfaden dieses Berges hochschlängelte. Er erinnerte mich an jene alte Geschichte, in der die

Teufel in einer Prozession den Leichnam eines Sünders zum Krater von Stromboli hinauftragen.

-Ah *Señor*! -rief Mateo aus.- Ich könnte Ihnen die Geschichte einer Prozession erzählen, die einmal in diesen Bergen gesehen wurde; aber sie würden mich auslachen und mir sagen, dies sei eine der Legenden, die ich von meinem Großvater dem Schneider übernommen habe.

Keineswegs, Mateo. Nichts gefällt mir besser als eine wunderbare Geschichte.

-Nun gut *Señor*: sie handelt von einem dieser Männer von denen wir vorher gesprochen haben, die den Schnee in der Sierra zusammentragen. Sie müssen wissen, dass vor vielen Jahren, zu Zeiten meines Großvaters, ein alter Mann lebte, *Tío Nicolás* genannt, der eines Tages, nachdem er seine Körbe mit Schnee und Eis gefüllt hatte, von der Sierra zurückkehrte. Da er sehr müde war, stieg er auf seinen Esel und schlief bald ein, so dass sein Kopf hin und her von einer Seite zur anderen schaukelte, während sein altes und erfahrenes Maultier an den Abgründen entlang ging, in die tiefen und zerklüfteten *Barrancos* hinabstieg so fest und sicher, als sei es auf ebenem Boden. Schliesslich erwachte *Tío Nicolás* und spähte um sich herum; und er rieb seine Augen - und tatsächlich, er hatte allen Grund dazu. Der Mond schien so hell als sei es bei Tag und er sah die Stadt unter ihm so klar wie seine Hand, mit ihren weißen Häusern wie ein Silberteller im Mondlicht glänzend. Aber, oh Gott *Señor*, diese Stadt sah nicht so aus wie die, die er einige Stunden zuvor verlassen hatte. Statt der Kathedrale mit ihrer großen Kuppel und ihren Türmchen, den Kirchen mit ihren Glockentürmen und den Klöstern, deren Spitztürme mit dem Heiligen Kreuz gekrönt sind, sah er arabische Moscheen, Minaretts und orientalische

Kuppeln, alle mit glänzenden Halbmonden bestückt, wie sie auf den Fahnen der Berber zu sehen sind. Nun gut *Señor*, wie sie sich vorstellen können, war *Tío Nicolás* höchstlich erstaunt, als er all dies sah. Aber während er noch auf die Stadt starrte, stieg ein großes Heer den Berg hoch und bahnte sich seinen Weg durch die Schluchten, manchmal im Mondschein, manchmal im Schatten. Aus der Nähe sah er, dass es sich sowohl um Fußvolk als auch um Reiter in maurischen Rüstungen handelte. *Tío Nicolás* versuchte ihnen auszuweichen, aber das alte Maultier stand stocksteif und weigerte sich auch nur einen Schritt zu tun, während es wie Espenlaub zitterte; denn das dumme Tier, *Señor*, erschreckt sich vor solchen Sachen genauso wie der Mensch. Nun gut *Señor*, die Gespensterarmee rückte näher; da gab es Männer, die die Trompete zu blasen, und andere, die zu trommeln oder die Zimbeln zu schlagen schienen, aber kein Ton war zu hören. Sie bewegten sich alle lautlos vorwärts, genauso wie die gemalten Armeen, die ich in den Theatern Granadas über die Bühne habe gleiten sehen, und alle sahen aus wie der Tod. Zu guter Letzt, am Ende der Armee, zwischen zwei schwarzen maurischen Soldaten zu Pferde, ritt der Großinquisitor von Granada auf einem schneeweißen Maultier. *Tío Nicolás* wunderte sich darüber, ihn in solch einer Begleitung zu sehen, denn der Inquisitor war berühmt für seinen Hass gegen die Mauren und tatsächlich auch gegen alle anderen Ungläubigen, wie Juden und Abtrünnige, die er gewöhnlich mit Feuer und Schwert verfolgte. Trotzdem fühlte sich *Tío Nicolás* sicher in seiner Gegenwart, da er solch einen heiligen Priester zur Hand hatte. So bekreuzigte er sich und rief, er möge ihm seinen Segen gewähren. Als *Hombre..* er einen Schlag erhielt, der ihn und sein altes Maultier über den Rand eines Abgrundes

beförderte, in den er kopfüber bis in die Tiefe kullerte. Der arme Mann kam erst lange nach Sonnenaufgang wieder zu Bewusstsein und stellte fest, dass er sich in der Tiefe einer Schlucht mit dem Maultier, das an seiner Seite graste, befand, während das Eis in den Körben ganz zerschmolzen war. Er schleppte sich mit schwer zerschundenem und zerschlagenem Körper nach Granada zurück, freute sich aber darüber, die Stadt wie immer mit christlichen Kirchen und Kreuzen vorzufinden. Als er die Geschichte seines nächtlichen Abenteuers erzählte, lachte jeder über ihn. Einige sagten, er habe das alles geträumt, während er auf seinem Maultier vor sich hin schlummerte; andere dachten, es sei reine Erfindung; aber das Seltsamste von allem *Señor*, und was allen zu denken gab, war die Tatsache, dass der Großinquisitor in jenem Jahr starb. Ich habe meinen Großvater, den Schneider, oft sagen hören, dass das Gespensterheer, das mit dem Double des Großinquisitors durch die Berge ritt, viel mehr zu bedeuten hatte, als die Leute dachten.

-Damit willst du wohl andeuten -mein Freund Mateo,- dass es so etwas wie ein maurisches Fegefeuer im Inneren dieses Berges gibt, wohin der *Padre* Inquisitor geführt wurde.

-Gott behüte *Señor*! Davon verstehe ich nichts. Ich erzähle nur, was ich von meinem Großvater gehört habe.

Während Mateo seine Erzählung beendete, die ich nur kurz zusamengefasst habe, und die er mit vielen Beobachtungen und den kleinsten Einzelheiten ausgeschmückt hatte, waren wir wieder zu den Toren der Alhambra zurückgekehrt.

Die wunderbaren Geschichten über den Turm der Sieben Böden, auf die Mateo im ersten Teil unseres Spaziergangs angespielt hatte, brachten mich wieder zu meinen üblichen Nachforschungen über die Geisterwelt zurück. So erfuhr ich, dass jenes furchterregende Phantom, der *Belludo*, vor undenklichen Zeiten ein Lieblingsthema der Ammenmärchen und der volkstümlichen Legenden in Granada gewesen ist, wie in einem glaubwürdigem Bericht eines alten Historikers und Topographen dieser Gegend zu lesen ist. Die verstreuten Stücke eine dieser volkstümlichen Überlieferungen, habe ich gesammelt, mit unsäglicher Mühe zusammengesetzt und in der folgenden Legende verwoben, die nur einige Fußnoten und gelehrte Verweise benötigt, um zu einer dieser wahrheitsgetreuen Erzählungen zu gehören, die der Welt ganz ernsthaft als historische Tatsachen überliefert werden.

DAS ERBE DES MAUREN

Im Inneren der Festung der Alhambra liegt dem Königspalast gegenüber ein großer und weiträumiger Platz, der *Plaza de los Aljibes*, der seinen Namen den unterirdischen Zisternen aus den Zeiten der Mauren verdankt. Auf diesem Platz befindet sich in einer Ecke ein maurischer Brunnen. Er ist tief in den Felsen gegraben und sein Wasser ist eiskalt und kristallklar. Die Brunnen der Mauren sind berühmt, denn jederman weiss, welche Anstrengungen sie unternahmen, um an die saubersten und köstlichsten Quellen zu gelangen. Der Brunnen, von dem wir sprechen, ist so beliebt in Granada, dass die Wasserträger -einige mit großen Karaffen auf ihrem Rücken und andere mit Wasserkrügen auf ihrem kleinen Esel- unauflässig die dichtbelaubten und steilen Alleen der Alhambra rauf- und runterlaufen und das von frühmorgens bis spät in die Nacht hinein.

An Quellen und Brunnen tauscht man seit biblischen Zeiten in den warmen Ländern den neuesten Klatsch aus. An unserem Brunnen findet jeden Tag eine Art Dauertreffen statt, an dem die Invaliden, die alten Frauen und andere neugierige und untätige Bewohner der Festung teilnehmen. Sie sitzen auf den Steinbänken unter einem Sonnendach, das den Beauftragten des Brunnens vor der Sonne zu schützen hat und verbringen ihre Zeit damit, über die Ereignisse in der Festung zu schwatzen, die Wasserträger über die Nachrichten aus der Stadt auszufragen und zu allem, was man sieht und hört, ihre Meinung zum Besten zu geben. Zu keiner Tagesstunde fehlt es an trägen Hausfrauen und Dienstmädchen, die mit dem Krug auf dem Kopf oder in der Hand unermüdlich geschwätzig diese guten Leute nach dem neuesten Klatsch ausfragen.

Unter den Wasserträgern, die regelmäßig zum Brunnen kamen, war einmal ein kräftiger, breitschultriger und krummbeiniger kleiner Mann Namens Pedro Gil, bekannter unter der Abkürzung Perejil. Als Wasserträger musste er natürlich *Gallego* sein, denn die Natur scheint bei den Menschen wie bei den Tieren jeden für eine andere Art Arbeit geschaffen zu haben. In Frankreich sind alle Schuhputzer Savoyarden, die Hausmeister sind Schweizer; und zu Zeiten des Reifrocks und der gepuderten Haare konnte in England niemand so gut wie ein Irländer, der es gewöhnt ist, durch den Schlamm zu stampfen, einer Sänfte ein regelmäßiges Schaukeln verleihen. Desgleichen sind in Spanien alle Wasser- und Lastenträger kräftige Söhne Galiciens. Niemand sagt: suche mir einen Wasserträger, sondern: rufe einen *Gallego*.

Aber zurück zu unserer Geschichte. Der *gallego* Perejil hatte mit nur einem großen Tonkrug, den er auf der Schulter trug, sein Handwerk begonnen; mit der Zeit blühte sein Geschäft und er konnte sich einen Gehilfen kaufen: ein starkes und langhaariges Eselsfüllen, ein Tier, das für einen Wasserträger bestens geeignet ist. An jeder Seite seines langohrigen Gehilfen hingen in einer Art großen Strohkorbs seine Wasserkrüge, bedeckt mit Feigenblättern, um sie vor der Sonne zu schützen. In ganz Granada gab es keinen fröhlicheren und tüchtigeren Wasserträger als ihn. Auf den Straßen erschallte seine fröhliche Stimme, während er hinter seinem Eselchen schritt, indem er mit dem typischen Sommerruf, den man in allen spanischen Städten hört, sein Wasser anpries: *Quién quiere agua - agua más fria que la nieve!*

Wer möchte Wasser, Wasser, kälter als Schnee? Wer möchte eiskaltes und kristallklares Wasser vom Brunnen der Alhambra? Wenn er einem Kunden ein frisches Glas einschenkte, wandte er sich immer mit einem freundlichen Wort an ihn, womit er ihn zum Lächeln brachte; und wenn es sich um eine schöne Dame oder ein reizendes Fräulein handelte, sandte er ihr einen schelmischen Blick zu oder dichtete einen unwiderstehlichen Reim auf ihre Schönheit. Auf diese Art wurde der *gallego* Perejil in Granada für den höflichsten, angenehmsten und glücklichsten unter den Sterblichen gehalten. Aber es ist nicht notwendigerweise der am glücklichsten, der am lautesten singt und am meisten scherzt. Unter seinem umgänglichen Äußeren verbarg der gute Perejil Sorgen und Schmerzen. Er musste eine zahlreiche Familie unterhalten, einen Haufen zerlumpter kleiner Kinder, die ihn am Abend bei seiner Rückkehr nach Hause hungrig und aufgeregt wie ein Nest voll junger Schwalben um Brot anschrien. Er hatte auch ein Ehegespons, das alles andere als eine Hilfe war. Vor ihrer Heirat war sie ein schönes Bauernmädchen gewesen, berühmt für ihr Geschick beim Tanzen des *Bolero* und beim Spielen der Kastagnetten. Das waren auch weiterhin ihre Lieblingsbeschäftigungen, weshalb sie das sauer verdiente Einkommen des guten Perejils für Firlefanz ausgab oder sich sogar des Eselchens bemächtigte, um sonntags oder an anderen Festtagen, die in Spanien zahlreicher sind als die Arbeitstage, aufs Land zu reiten und sich dort zu verlustigen. Zudem war sie auch noch etwas verlottert, schlimmer noch als faul und vor allem eine Klatschtante ersten Ranges, die ihr Haus, ihre Familie und ihre Pflichten im Stich ließ, um mit ihren geschwätzigen Nachbarinnen zu tratschen.

Perejil hielt geduldig die Verschwendungssucht seiner Frau und seiner Kinder aus, mit der gleichen Sanftmut, mit der sein Esel die Wasserkrüge trug; und obwohl er manchmal, ganz für sich selbst seine Ohren schüttelte, wagte er nie, die häuslichen Tugenden seiner nachlässigen Ehefrau in Frage zu stellen.

Er liebte seine Kinder genauso wie eine Eule ihre Brut liebt, indem er in ihnen sein Ebenbild verfielfacht und verewigt sah, denn sie waren, wie er, kleinwüchsig und stark sowie breitschultrig und krummbeinig. Das größte Vergnügen des guten Perejil bestand darin, wann immer er einen Festtag feiern konnte und über ein paar *Marevedies* verfügte, alle seine Kinder zu versammeln, einige auf dem Arm und andere an seine Jacke geklammert oder ihm auf den Fersen folgend, und mit ihnen durch die Obstgärten der *Vega* zu tollen, während seine Frau mit ihren Freundinnen auf den *Angosturas* des Darro tanzen ging. Eines sommerlichen spätabends hatten die meisten Wasserträger schon von ihrer Arbeit abgelassen. Der Tag war außerordentlich schwül gewesen, aber es schien sich eine dieser köstlichen Mondnächte anzubahnen, die die Bewohner der südlichen Gefilde dazu verleiten, sich für die Hitze und Bewegungslosigkeit des Tages schadlos zu halten, und an der frischen Luft die milde Kühle bis tief in die Nacht hinein zu genießen. Noch gab es auf den Straßen Kunden für den Wasserträger, so dass Perejil als pflichtbewusster und vorsorglicher Vater an seine hungrigen Kinder dachte. "Ich gehe noch einmal zum Brunnen -sagte er zu sich- um das Sonntagsmahl, den *Puchero*, für meine Kleinen zu verdienen." Und während er dies zu sich sagte, stieg er entschieden den steilen Hang zur Alhambra hinauf. Dabei sang er vor sich hin und versetzte von Zeit zu Zeit seinem Eselchen einen Hieb mit dem Stock, als begleite er damit seinen Gesang oder als wolle er das Tier aufmuntern, denn in Spanien dient der Stock als Futter für alle Lasttiere.

Am Brunnen angelangt, fand er niemanden vor, mit Ausnahme eines einsamen Unbekannten, der gekleidet wie ein Maure auf einer der Steinbänke im Mondlicht saß. Perejil stand plötzlich still und schaute ihn furchtsam an; aber der Maure gab ihm durch Zeichen zu verstehen, er solle näher kommen.

-Ich bin schwach und krank -sagte er-, hilf mir zur Stadt zurückzukehren und ich werde dir doppelt soviel bezahlen, wie du mit deinen Wasserkrügen verdienen kannst.

Das gute Herz des ehrlichen Wasserträgers fühlte Mitleid mit dem Fremden angesichts dieses Anliegens.

-Gott bewahre -antwortete er-, dass ich für eine einfache menschliche Tat eine Belohnung oder Bezahlung erhalte.

So half er dem Mauren auf seinen Esel und richtete seine Schritte langsam in Richtung Granada; aber der arme Maure war so schwach, dass man ihn auf dem Tier festhalten musste, um ihn vor dem Hinfallen zu bewahren.

In der Stadt angekommen, fragte ihn der Wasserträger, wohin er ihn bringen solle.

-Ach, -rief der Maure mit ersterbender Stimme aus-. Ich habe weder Haus noch Zimmer, denn ich bin ein Fremder in diesem Land. Erlaube mir, dass ich diese Nacht in deinem Haus verbringe, und ich werde dich großzügig entlohnen.

Auf diese Art hatte sich der gute Perejil unerwarteter Weise einen Ungläubigen als Gast aufgehalst; aber er war zu menschenfreundlich, um einem Unglücklichen in dieser Lage die Zuflucht für eine Nacht zu verweigern. Die Kinder, die ihm, als sie die Schritte des Eselchens vernahmen, mit offenen Mäulern und wie üblich schreiend entgegengelaufen kamen, flüchteten entsetzt, als sie den Unbekannten mit dem Turban sahen und liefen davon, um sich hinter ihrer Mutter zu verstecken. Diese trat ihm tapfer entgegen, wie eine wütende Henne vor ihre Brut, wenn ein streunender Hund sich nähert.

-Was, du untreuer Gefährte -schrie sie- ist es das, was du zu dieser Tageszeit mit nach Hause bringst, um die Blicke der Inquisition auf uns zu ziehen?

Sei ruhig Frau -antwortete der *Gallego*-. Das ist ein armer und kranker Fremder, ohne Freunde und ohne Heim. Wärest du fähig, ihn im Stich zu lassen, damit er mitten auf der Straße umkommt?

Die Frau hätte noch weiter Einspruch erhoben, denn, obwohl sie in einer Hütte lebte, war sie sehr auf die Ehre ihres Hauses bedacht. Der arme Wasserträger jedoch hielt zum ersten Mal an seinem Willen fest und beugte sich nicht unter das Joch seiner Frau. Er half dem armen Moslem vom Eselsfüllen zu steigen und breitete ihm eine Matte und ein Schaffell im kühlsten Winkel des Hauses auf der Erde aus, denn dies war das einzige Bett, das er sich in seiner Armut leisten konnte.

Nach kurzer Zeit erlitt der Maure heftige Krampfanfälle, gegen die alle Anstrengungen und Bemühungen des einfachen Wasserträgers nutzlos waren. Die Blicke des armen Kranken drückten seine Dankbarkeit aus. Als seine Anfälle für einen Moment aussetzten, rief er Perejil zu sich und mit leiser Stimme sagte er:

-Ich fürchte mein Ende ist sehr nahe. Wenn ich sterbe, hinterlasse ich dir dieses Kästchen aus Sandelholz als Entgelt für deine Barmherzigkeit.- Und während er dies sagte, öffnete er seinen *Albornoz* und zeigte ihm ein Kästchen aus Sandelholz, das er am Körper trug.

-So Gott will, mein Freund, -antwortete der ehrliche *Gallego*- wirst du noch viele Jahre leben, um deinen Schatz oder was auch immer das sei zu geniessen.

Der Maure schüttelte den Kopf, legte seine Hand auf das Kästchen und wollte noch etwas dazu sagen; aber seine Krampfanfälle kehrten verstärkt zurück und kurze Zeit später gab er seinen Geist auf.

Die Frau des Wasserträgers spielte sich wie verrückt auf.

-Das geschieht uns -sagte sie- wegen deiner blödsinnigen Güte; weil du dich immer anderer Menschen wegen in Schwierigkeiten bringst. Was wird mit uns geschehen, wenn dieser Leichnam in unserem Haus gefunden wird? Man wird uns als Mörder ins Gefängnis werfen, und wenn wir mit dem Leben davon kommen, dann richten uns die Schreiber und die *Alguaciles* zugrunde.

Der arme Perejil machte sich auch Sorgen und beinahe hätte er seine gute Tat bereut. Schließlich fiel ihm eine Lösung ein.

-Noch ist es nicht Morgen -sagte er-. Ich kann den Leichnam aus der Stadt bringen und ihn im Sand am Ufer des Genil begraben. Niemand hat den Mauren in unser Haus kommen sehen und niemand wird etwas von seinem Tod erfahren.

Gesagt, getan. Seine Frau half ihm dabei. Sie wickelten den Körper des unglücklichen Moslems in die Strohmatte, auf der er seinen Geist aufgegeben hatte, luden ihn quer auf den Esel, und daraufhin zog Perejil mit ihm an das Ufer des Flusses.

Das Unglück wollte es aber, dass im gegenüberliegenden Haus ein Barbier Namens Pedrillo Pedrugo lebte, einer der neugierigsten, klatschsüchtigsten und verdorbensten Menschen der Welt. Das war ein Kerl mit einem Gesicht wie ein Wiesel, Beinen wie eine Spinne und so schlau wie bösartig; nicht einmal der Barbier von Sevilla persönlich hätte es mit ihm aufnehmen können, was seine Kenntnis von fremden Angelegenheiten anging, die er wie in einem Sieb aufbewahrte. Man sagte ihm nach, er schlafe mit einem offenen Auge und gespitzten Ohren, um sogar im Traum alles sehen und hören zu können, was um ihn herum geschah. Er war tatsächlich so etwas wie das Skandalblatt der Neugierigen in Granada und hatte mehr Kunden als alle anderen seiner Zunft.

Dieser neugierige Barbier hörte Perejil zu ungewohnter Stunde nach Hause kommen und auch die Ausrufe seiner Frau und der Kinder. Sofort lugte er aus dem Fensterchen, das ihm als Warte für seine Beobachtungen diente und sah, wie sein Nachbar einem Mann, der wie ein Maure gekleidet war, ins Haus half. Das war so seltsam, dass Pedrillo Pedrugo die ganze Nacht kein Auge zumachen konnte. Alle fünf Minuten lugte er aus dem Fensterchen und beobachtete die Lichter, die aus den Türritzen seines Nachbarn schienen; bis er kurz vor Sonnenaufgang Perejil mit seinem schwer beladenen Eselchen weggehen sah.

Der neugierige Barbier zog sich voll Neugierde in aller Eile an und vorsichtig schlich er dem Wasserträger in gewissem Abstand nach. Dort sah er, wie dieser ein Loch in das sandige Ufer des Genil grub und danach etwas, das einem Leichnam glich, darin vergrub.

Der Mann beeilte sich, nach Hause zurückzukehren und begann dort, Runden in seiner Rasierstube zu drehen und alles durcheinander zu wühlen, bis endlich die Sonne aufging. Dann nahm er ein Barbierbecken unter den Arm und ging zum Haus des *Alcalde*, der sein täglicher Kunde war.

Der *Alcalde* war gerade aufgestanden. Pedrillo hieß ihn, sich auf einen Stuhl zu setzen, legte ihm ein Handtuch um, wärmte das Wasser für das Rasierbecken und begann, seinen Bart mit den Fingern weich zu massieren.

-Welch seltsame Dinge geschehen doch! -rief er aus, während er gleichzeitig als Barbier und Berichterstatter arbeitete-. Welch seltsame Dinge! Raub, Totschlag und Begräbnis, alles in einer Nacht!

-Wie, was? Was sagst du da?- schrie der *Alcalde*.

-Ich sage- antwortete der Barbier, indem er die Nase und den Mund des hohen Beamten mit einer Seife bearbeitete (denn der spanische Barbier verachtet den

Gebrauch einer Rasierbürste) -ich sage, dass Perejil, der *Gallego*, in dieser verfluchten Nacht einen Mauren ausgeraubt, ermordet und beerdigt hat. *Maldita sea la noche*!

-Aber woher weisst du dies alles?- fragte ihn der *Alcalde*.

-Haben Sie nur Geduld, *Señor*, und Sie werden alles darüber hören- antwortete Pedrillo, indem er ihn an der Nase festhielt und das Rasiermesser auf seiner Wange herabgleiten ließ.

Dann erzählte er ihm, was er gesehen hatte, während er gleichzeitig zweierlei tat: einerseits rasierte und wusch er den Bart und trocknete das Gesicht des *Alcalde* mit einem schmutzigen Handtuch ab und andererseits schilderte er, wie der Moslem ausgeraubt, ermordet und beerdigt worden war.

Es ergab sich nun, dass der *Alcalde* der willkürlichste, geizigste und gierigste Mann von ganz Granada war. Man kann jedoch nicht leugnen, dass er großen Respekt vor dem Gesetz hatte, denn er wusste dessen Preis in Gold aufzuwiegen. Er nahm also an, dass es sich um einen Fall von Raub und Totschlag handelte und dass der geraubte Betrag ohne Zweifel beträchtlich hoch war. Wie konnte er es anstellen, um alles in die rechtmäßigen Hände der Justiz zu legen? Den Straftätigen einfach festzunehmen bedeutete nur, ihn dem Galgen auszuliefern, aber die Beute sicherzustellen bedeutete, den Richter zu bereichern, was seiner Meinung nach das Hauptziel der Rechtssprechung war. Diesen Gedanken nachhängend, rief er seinen treuesten *Alguacil* zu sich. Dies war ein dürres Wesen, das hungrig aussah und sich nach alter spanischer Sitte seinem Stand gemäß kleidete; mit einem breiten, schwarzen Zylinderhut, einem eigentümlichen Mützchen, einer schwarzen kurzen Pelerine, die ihm von den Schultern hing, einem abgetragenen Anzug, der auch schwarz war und den Zustand seines dünnen und abgemergelten Körpers nur noch mehr hervorhob, während er in der Hand eine Rute hielt, das gefürchtete Abzeichen seines Amtes. Dieser Art war ganz nach alter spanischer Sitte der unerbittliche Diener des Gesetzes, den der *Alcalde* auf die Spuren des unglücklichen Wasserträgers ansetzte. Und dieser war so geschickt und sicher in der Ausführung seines Geschäftes, dass er den armen Perejil schnappte, bevor dieser noch nach Hause zurückgekehrt war, so dass er ihn mit seinem Eselchen vor den Verwalter des Gesetzes brachte.

Der *Alcalde* richtete einen seiner furchteinflößenden Blicke auf ihn.

-Hör zu, du Schurke! -röhrte er mit einer Stimme, die die Knie des armen *Gallego* zusammenschlagen liess.- Höre mir zu! Es ist unnütz, dass du deine Untat verneinst, denn ich weiß alles. Auf dein Verbrechen steht der Galgen; aber ich bin barmherzig und bereit, Verständnis zu zeigen. Der Mann, der in deinem Haus ermordet worden ist, war ein Maure, ein Ungläubiger, ein Feind unseres Glaubens. Ohne Zweifel hast du ihn in einem Anfall von Glaubenseifer umgebracht. Daher werde ich Nachsicht mit dir walten lassen; gib alles zurück, was du ihm gestohlen hast und wir werden Gras über diese Angelegenheit wachsen lassen.

Der arme Wasserträger rief alle Heiligen als Zeugen seiner Unschuld an, aber ach, nicht einer von ihnen erschien; und sogar im Falle, dass sie erschienen wären, der *Alcalde* hätte nicht einmal allen Heiligen des Kalenderjahres geglaubt. Der Wasserträger erzählte die ganze Geschichte des todkranken Mauren voll ehrlicher Einfachheit, es war jedoch alles vergebens.

-Bestehtst du darauf zu behaupten,- fragte der Richter- dass der Moslem weder Geld noch Juwelen hatte, die du begehrt hättest?

-Das ist so wahr, wie wahr ist, dass ich damit rechne, mich zu retten, Euer Ehren -antwortete der arme Mann-.

210

Er hatte nur ein kleines Kästchen aus Sandelholz, das er mir zum Entgelt für meine Dienste übergab.

-Ein Kästchen aus Sandelholz! Ein Kästchen aus Sandelholz! - rief der *Alcalde* aus; und seine Augen glänzten bei der Vorstellung der kostbaren Juwelen.

-Und wo ist dieses Kästchen? Wo hast du es versteckt?-

-Mit Verlaub, Euer Gnaden -erwiderte der Wasserträger- es ist in einem der Wasserkörbe auf meinem Esel und steht ganz zur Verfügung Eures Hochwohlgeborenen.

Kaum hatte er diese Worte ausgesprochen, als der gerissene *Alguacil* wie ein Pfeil verschwand und sofort mit dem geheimnisvollen Kästchen aus Sandelholz wieder erschien. Der *Alcalde* öffnete es mit begierigen und zitterndern Händen und alle Anwesenden beeilten sich, näher zu kommen, um die erwarteten Schätze zu sehen. Aber zur großen Enttäuschung erschienen in seinem Inneren nur eine Urkundenrolle mit arabischen Schriftzeichen und ein Wachsstock.

Wenn es nichts daran zu verdienen gibt, dass ein Gefangener seine Schuld eingesteht, ist die Rechtssprechung auch in Spanien dazu geneigt, unparteiisch zu sein. Daher hörte nun der *Alcalde*, als er sich von seiner Enttäuschung erholt hatte, gelassen den Ausführungen des Wasserträgers zu, die zudem von seiner Frau bestätigt wurden. Von seiner Unschuld überzeugt, ließ er ihn frei und erlaubte ihm sogar, das Erbe des Mauren mitzunehmen, das heißt, das Kästchen aus Sandelholz, als gerechtes Entgelt für seine menschenfreundliche Handlung; aber den Esel behielt er zurück als Bezahlung für seine Unkosten.

Und da haben wir nun wieder den unglücklichen Wasserträger, der darauf angewiesen ist, selbst das Wasser zu tragen und mühsam zum Brunnen der Alhambra hochzusteigen, mit dem enormen Krug auf dem Rücken.

Wenn er mittags bei der unbarmherzigen Sommerhitze den Hügel hochging, verließ ihn seine sprichwörtliche gute Laune.

Alcalde, du Hund! -schrie er dann-. Wie kannst du nur einem armen Menschen das Wenige, das sein Überleben sichert, wegnehmen und auch dazu noch den besten Freund, den er auf der Welt hatte? Und wenn er sich dann an den geliebten Gefährten seiner Mühsal erinnerte, brach es aus seinem weichen Herzen hervor:

-"Ach Eselchen meines Herzens -rief er aus, und setzte seinen Krug auf einem Stein ab, indem er sich den Schweiß von der Stirne wischte-. Ach mein Herzenseselchen! Du hast sicherlich deinen alten Meister nicht vergessen! Ich bin sicher, dass du die Wasserkrüge vermisst! Ach mein armer Freund!"

Um ihm seine Leiden zu erleichtern, empfing ihn seine Frau zu Hause immer mit Beschwerden und Vorwürfen. Sie nahm ihren Vorteil wahr, da sie ihn vor dieser edlen Tat der Gastfreundschaft gewarnt hatte, die ihnen so viele Unannehmlichkeiten eingebracht hatte. Und mit aller Absicht verpasste sie keine Gelegenheit ihm ihre Überlegenheit und ihren Scharfsinn vorzuwerfen. Wenn ihre Kinder nichts zu essen hatten oder ein neues Kleidungsstück brauchten, sagte sie höhnisch:

-Geht zu eurem Vater, dem Erben des Königs Chico der Alhambra! Sagt ihm, er soll euch den Schatz geben, den er im Kästchen des Mauren versteckt hat.

Hat es je einen armen Sterblichen gegeben, der schwerer für eine gut Tat bestraft worden wäre? Der unglückliche Perejil litt an Körper und Seele, aber trotzdem hielt er mit Geduld den grausamen Spott seiner Frau aus. Schließlich, eines gewissen Abends, nach einem heißen Arbeitstag, nachdem er wieder beleidigt worden war, verließ den Mann die Geduld. Er traute sich nicht zu antworten, aber indem er seine Augen auf das Kästchen aus Sandelholz richtete, das in einem Regal halboffen stand, als wolle es sich über seine Demütigung lustig machen, nahm er es und warf es empört auf den Boden. -"Verflucht sei der Tag, an dem ich dich zum ersten Mal gesehen habe -rief er aus- und an dem ich deinem Besitzer Zuflucht in meinem Haus gewährte."-

Als das Kästchen auf den Boden schlug, öffnete es sich ganz und das Pergament rollte heraus.

Perejil blickte eine Weile nachdenklich die Rolle an. -"Wer weiss- sagte er zu sich, indem er seine Gedanken ordnete, -ob dieses Schreiben nicht doch irgendwie wichtig ist, denn der Maure schien gut darauf aufzupassen!"- Er hob es daher auf und barg es an seiner Brust. Am nächsten Morgen, als er das Wasser auf den Straßen anpries, ging er bei dem Geschäft eines Mauren aus Tanger vorbei, der Schmuck und Duftwasser im Zacatín verkaufte, und bat ihn, ihm den Text zu erklären.

Der Maure las aufmerksam die Urkunde durch und, indem er sich über den Bart strich, sagte er lächelnd:

Dieses Manuskript enthält eine Zauberformel, um einen versteckten Schatz zurückzuerlangen, der sich unter einem Bann befindet. Es sagt, dass die stärksten Schlösser und Stangen und sogar der harte Felsen davor zurückweichen werden.

-Bah -rief der kleine *Gallego* aus-. Ich bin kein Zauberer und verstehe kein Wort von versteckten Schätzen.

Aber jene Nacht, als er sich zur Abenddämmerung am Brunnen der Alhambra ausruhte, fand er dort eine gesprächige Gruppe vor. Ihre Unterhaltung griff, wie immer um diese Tageszeit auf alte Legenden und wunderbare Überlieferungen zurück. Da alle ärmer als die Kirchenmäuse waren, sprachen sie mit Vorliebe über das volkstümliche Thema der verzauberten Reichtümer der Mauren, die an verschiedenen Stellen versteckt sein sollten. Alle waren sich einig im Glauben, dass große Schätze unter dem Turm der Sieben Böden verborgen waren.

Diese Geschichten machten einen grossen Eindruck auf den Geist des ehrlichen Perejil und schlugen immer tiefere Wurzeln in seinen Gedanken, als er durch die dunklen Pappelalleen ging. -"Wer weiß, ob nicht letzlich doch ein Schatz unter dem Turm vergraben ist und das Pergament, das ich dem Mauren ließ, mir helfen könnte, ihn zu erlangen."- In diese plötzliche Vorstellung versunken hätte wenig gefehlt und sein Wasserkrug wäre auf den Boden gefallen.

Jene Nacht verbrachte er unruhig und aufgeregt, ohne ein Auge schließen zu können auf Grund der Gedanken, die sein Gehirn marterten. Früh am nächsten Morgen richtete er seine Schritte zum Laden des Mauren und erzählte ihm, was ihm so durch den Kopf gegangen war.

-Sie können arabisch lesen -sagte er zu ihm-. Nehmen wir einmal an, dass wir zusammen zum Turm gehen und die Wirkung dieses Zauberspruchs erkunden. Wenn es nicht gut geht, haben wir nichts verloren; haben wir aber Erfolg, teilen wir uns den Schatz, den wir entdecken, zu gleichen Teilen auf.

-Nur langsam -erwiederte der Moslem-. Dieses Schreiben hat alleine keinen Wert; es muss zu Mitternacht beim Licht einer Kerze gelesen werden, die auf eine besondere Art zubereitet ist und deren Zutaten mir nicht zur Verfügung stehen. Ohne solch eine Kerze ist dieses Pergament nichts wert.

-Sagen sie nichts mehr! -schrie der *Gallego*-. Ich habe solch eine Kerze und bringe sie sofort her.

Und nachdem er dies gesagt hatte, lief er nach Hause und kehrte umgehend mit dem gelben Wachsstock zurück, den er in dem Kästchen aus Sandelholz gefunden hatte.

Der Maure nahm ihn in seine Hände und roch daran. In diesem gelben Wachs sind teure und seltene Parfüms verarbeitet. Dies ist die Art Kerze, auf die im Pergament hingewiesen wird. Während sie brennt, öffnen sich die stärksten Mauern und die geheimsten Höhlen; aber wehe dem, der nicht herauskommt, bevor sie ausgeht, denn er wird zusammen mit dem Schatz begraben werden.

Sie beschlossen daraufhin, dass sie den Zauberspruch in der gleichen Nacht ausprobieren würden. Und so zu später Stunde, als nur die Schleiereulen und die Fledermäuse wach waren, stiegen sie den belaubten Hügel der Alhambra hinauf und näherten sich jenem geheimnisvollen und furchterregendem Turm, der sowohl von Bäumen wie von außergewöhnlichen Legenden und Überlieferungen umgeben war. Beim Licht einer Laterne machten sie sich zwischen Dornengebüsch und auf dem Boden liegenden Steinblöcken den Weg frei, bis sie an eine Gruft unter dem Turm gelangten. Zitternd voller Furcht und Angst stiegen sie einige aus dem Felsen geschlagene Treppenstufen hinunter, die zu einem leeren, feuchten und düsteren Raum führten, von dem wiederum eine Treppe hinabging in eine andere, tiefer gelegene Gruft. Auf diese Art stiegen sie immer weiter in noch tiefer liegende Räume herab, die eine unter dem anderen lagen. Der vierte Raum hatte keinen Ausgang, und obwohl es der Tradition nach noch weitere vier gab, hieß es, man könne nicht weiter vordringen, denn die anderen seien durch einen mächtigen Zauber verschlossen. Die Luft in dieser vierten Gruft war feucht und kalt, es roch zudem nach Erde und kaum einige Lichtstrahlen drangen hinein. Sie hielten etwas unentschlossen und atemlos an, bis sie ganz schwach die Glocke zwölf schlagen hörten; da zündeten sie den Wachsstock an, der einen Duft nach Myrrhe, Weihrauch und Harz verbreitete.

Der Maure begann schnell, die Urkunde zu lesen. Kaum hatte er zu Ende gelesen, als ein Lärm wie von einem unterirdischen Donner zu vernehmen war. Die Erde bebte und öffnete sich und ließ einen neuen

Treppenabsatz sichtbar werden. Todesmutig stiegen sie hinunter und entdeckten beim Licht der Laterne eine neue Gruft, die mit arabischen Schriftzeichen bedeckt war. In ihrer Mitte stand eine große, mit sieben Eisenbändern verschlossene Truhe und an jeder Seite sahen sie einen verzauberten Mauren, bekleidet mit seiner Rüstung, aber durch einen Zauberspruch in völliger Unbeweglichkeit gehalten. Vor der Truhe standen mehrere Tonkrüge voll Gold, Silber und Edelsteine. In den größten Krug gruben sie ihre Arme bis zum Ellbogen hinein und holten mit vollen Händen große und wunderschöne Münzen aus maurischem Gold, Armreifen und anderen Schmuck aus dem gleichen wertvollen Metall und einige orientalische Perlenketten heraus, die sich ihnen in den Fingern verfingen. Zitternd und bebend füllten sie ihre Hosentaschen mit Gold und Juwelen, während sie mehrmals entsetzte Blicke auf die verzauberten Mauren warfen, die dort unbeweglich und schrecklich saßen und sie, ohne mit der Wimper zu zucken, beobachteten. Schließlich bemächtigte sich ihrer wegen eines eingebildeten Geräuschs eine plötzliche Panik, und sie liefen die Treppe hinauf, wobei sie im oberen Raum gegeneinander stießen und dabei die Kerze umwarfen, deren Licht dadurch ausging; und der Boden schloss sich von neuem mit einem fürchterlichen Geräusch.

Voller Schrecken liefen sie weiter hoch, bis sie aus dem Turm hinauskamen und die Sterne zwischen den Bäumen leuchten sahen. Da setzten sie sich auf das Gras und teilten die Beute untereinander auf, zufrieden mit der kurzen Auslese aus dem Krug, aber entschlossen, in einer anderen Nacht zurückzukehren und die Krüge bis zum Grund zu leeren. Um sich gegenseitig ihres guten Glaubens zu versichern, teilten sie die Talismane auf; einer behielt das Pergament, während der andere die Kerze mitnahm, wonach sie sich leichten Herzens und mit schweren Taschen in Richtung Granada entfernten.

Als sie den Hügel hinuntergingen, näherte sich der Maure in weiser Voraussicht dem Ohr des einfachen Wasserträgers, um ihm einen Rat zu geben.

-Mein Freund Perejil -sagte er zu ihm-; diese ganze Angelegenheit muss unter uns bleiben, bis wir den Schatz ganz ausgehoben haben und ihn in Sicherheit bringen können. Falls der *Alcalde* etwas davon zu hören bekommt, sind wir verloren!

-Das ist sicherlich wahr -entgegnete der *Gallego*.- Da hast du vollkommen Recht.

-Mein Freund Perejil -sagte der Maure-. Du bist ein kluger Mann und ich bin sicher, dass du ein Geheimnis für dich behalten kannst, denn du hast eine Frau.

-Sie wird nicht ein Wort davon erfahren - erwiderte der Wasserträger entschieden.

-Nun gut -sagte der Maure-. Ich rechne auf dein Schweigen und auf dein Versprechen.

Nie wurde ein Versprechen in besserer und ehrlicherer Absicht gegeben. Aber ach, wo ist der Mann, der seiner Frau ein Geheimnis vorenthalten kann? Wohl nirgendwo; und so war es auch im Falle Perejils, des Wasserträgers, einem der fügsamsten und zärtlichsten Ehemänner der Welt. Als er nach Hause kam, fand er seine Frau weinend in einer Ecke vor.

-Wunderbar -schrie sie, als sie ihn hineinkommen sah.- Nun bist du endlich da, nachdem du dich die ganze Nacht auf der Strasse herumgetrieben hast. Wie seltsam, dass du nicht noch einen Mauren als Gast mitbringst!

Und sie schlug sich an die Brust und brach händeringend in großes Schluchzen aus.

-Wie unglücklich bin ich doch!- rief sie aus. Was wird nun aus mir werden? Mein Haus ist von Schreibern und *Alguaciles* ausgeraubt worden und mein Mann ist ein Faulenzer, der nicht einmal Brot für seine Familie nach

Hause bringt und stattdessen Tag und Nacht mit diesen ungläubigen Mauren herumstreift. Ach meine Kinder, ach meine armen Kinder! Was wird nur aus uns werden? Wir werden auf der Straße um Almosen bitten müssen!

Das Jammern seiner Frau ging dem armen Perejil so sehr zu Herzen, dass auch er zu weinen begann. Sein Herz war so voll wie seine Taschen und er konnte sich nicht zurückhalten. Er steckte seine Hand in die Hosentasche und zog drei oder vier prächtige Goldmünzen heraus, die er ihr in den Schoß warf. Die arme Frau schaute ihn zutiefst verwundert an, denn sie konnte nicht verstehen, was es mit diesem Goldregen auf sich hatte. Bevor sie sich wieder von ihrer Überraschung erholt hatte, zog der *Gallego* eine Goldkette heraus und bewegte sie vor ihr hin und her, vor Freude hüpfend und die Mundwinkel von Ohr zu Ohr gezogen.

-Die Heilige Jungfrau beschütze uns! -rief die Frau aus-. Perejil, was hast du gemacht? Jetzt weiss ich es, Du hast jemanden umgebracht und ausgeraubt.

Kaum war ihr dieser Gedanke gekommen, da hielt sie ihn auch schon für wahr. Sie sah das Gefängnis und den Galgen vor sich und einen kleinen krummbeinigen *Gallego*, der daran baumelte. Diese schrecklichen Vorstellungen, die ihre Phantasie hervorgebracht hatten, lösten einen heftigen Schreianfall bei ihr aus.

Was sollte der arme Mann da machen? Er hatte keine andere Wahl, um seine Frau zu beruhigen und ihre eingebildeten Schrecken zu verscheuchen, als ihr die ganze Geschichte seines großen Glücks zu erzählen.

Ihre Freude zu beschreiben ist unmöglich. Sie warf ihre Arme um den Hals ihres Mannes und erwürgte ihn beinah mit ihren Umarmungen.

-Nun, meine liebe Frau -sagte Perejil mit ehrlicher Begeisterung-; was sagst du nun zu dem Erben des Mauren? In Zukunft solltest du mich nicht mehr beleidigen, wenn ich einem Mitmenschen aus der Not helfe.

Der würdigen *Gallego* zog sich auf sein Schaffell zurück und schlief so fest, als ob er auf einem Lager aus Federn ruhte. Nicht so seine Frau, die den ganzen Inhalt seiner Taschen auf die Strohmatte schüttete und sich hinsetzte, um die Münzen aus maurischem Gold zu zählen, die Perlenketten und Ohrrringe anzulegen und sich vorzustellen, wie sie vor der Welt erscheinen würde, sobald sie nur ihren Reichtum öffentlich geniessen dürfte.

Am nächsten Morgen nahm der ehrliche Wasserträger eine der großen Goldmünzen und wandte sich an einen Schmuckhändler des Zacatín, um sie zu verkaufen, wobei er vorgab, sie zwischen den Ruinen der Alhambra gefunden zu haben. Der Juwelier sah, dass sie eine arabische Inschrift trug und aus reinstem Gold war und bot ihm ein Drittel ihres Wertes an, womit Perejil höchst zufrieden war. Daraufhin kaufte er neue Kleider für seine Kinder und alles mögliche Spielzeug und natürlich auch große Vorräte für ein festliches Mahl. Danach kehrte er nach Hause zurück, wo er alle Kinder um sich herum tanzen ließ, während er in der Mitte Sprünge machte und sich für den glücklichsten aller Väter hielt.

Die Frau des Wasserträgers hielt sich erstaunlicherweise streng an das Versprechen, ihr Geheimnis nicht zu verraten. Während eines ganzen und eines halben Tages lief sie mit einem geheimnisvollen Ausdruck im Gesicht herum und ihr Herz war zum Überlaufen voll, aber sie hielt schließlich doch ihre Zunge, obwohl sie vom Klatsch ihrer Nachbarinnen umgeben war. Natürlich konnte sie es sich nicht verkneifen, ein bisschen aufzutrumpfen und sie entschuldigte ihre zerfetzen Kleider, indem sie sagte, sie habe schon eine neue *Basquiña* mit Goldblonden und Glasperlen bei der Schneiderin bestellt und auch eine neue Spitzenmantille. Sie gab auch zu verstehen, dass ihr Mann den Beruf als Wasserträger aufgeben würde, weil er seiner Gesundheit schadete und ließ vernehmen, ihre Familie würde den

Sommer auf dem Land verbringen, damit die Kinder die Bergluft genießen könnten, denn in der heißen Jahreszeit sei es ja in der Stadt nicht auszuhalten.

Die Nachbarinnen schauten einander an, als habe sie den Verstand verloren. Ihre Haltung, Gesten und eleganten Ansprüche waren Anlass zu allgemeiner Heiterkeit und ihre Freundinnen machten sich über sie lustig, sobald sie den Rücken kehrte.

Obwohl sie sich außer Haus mäßigte, hielt sie sich zu Hause schadlos. Sie legte sich eine Unzahl orientalischer Perlenketten und maurischer Armbänder um Hals und Arme und schmückte ihren Kopf mit einem Diadem aus Diamanten, wobei sie mit ihren zerlumpten Kleidern durch das Zimmer lief und sich ab und zu in einer Spiegelscherbe bewunderte. Aber damit war es nicht genug. In einem Anfall unschuldiger Eitelkeit konnte sie eines Tages der Versuchung nicht wiederstehen, sich am Fenster zu zeigen, um den Eindruck, den ihr Schmuck auf die Vorübergehenden machte, zu geniessen.

Da wollte es das Pech, dass der neugierige Barbier Pedrillo Pedrugo just an diesem Augenblick untätig in seinem Geschäft auf der gegenüberliegenden Straßenseite saß und seinem aufmerksamen Blick der Glanz der Diamanten nicht entging. Sofort ging er zu seiner Aussichtswarte und erkannte die Frau des Wasserträgers, die mit der Pracht einer orientalischen Braut geschmückt war. Nach einer Bestandsaufnahme ihres Zierats stürzte er schnellstens zum Haus des *Alcalde*. Sofort setzte sich wieder der ausgehungerte *Alguacil* auf die Fährte und bevor der Tag zu Ende ging, fiel er über den unglücklichen Perejil her, der von neuem in die Gegenwart des Richters geführt wurde.

-Was soll das, du Lump? -schrie der *Alcalde* ihn wütend an-. Du hast mir gesagt, dass der Ungläubige, der in deinem Haus gestorben ist, nichts als ein leeres Kästchen hinterlassen hat, und jetzt erfahre ich, dass deine Frau ihre Fetzen mit Perlen und Diamanten bedeckt. Ach, du Schurke! Beeile Dich, die Beute, die du deinem unglücklichen Opfer entrissen hast, wieder herzugeben und bereite dich darauf vor, am Galgen zu baumeln, der schon lange auf dich wartet.

Der zu Tode erschreckte Wasserträger fiel in die Knie und gab einen ausführlichen Bericht darüber, auf welch wundersame Weise er zu seinem Reichtum gekommen sei. Der *Alcalde*, der *Alguacil* und der neugierige Barbier lauschten aufmerksam und habgierig der arabischen Legende über den verzauberten Schatz. Der *Alguacil* wurde losgeschickt, um den Mauren zu holen, der ihm bei der Anwendung der Zauberformel geholfen hatte. Dieser war halb tot vor Angst, als er sich in den Händen dieser Häscher der Gerechtigkeit sah. Als er den Wasserträger sah, der ihm einen schüchternen und bedrückten Blick zuwarf, verstand er alles.

-Du miserables Vieh! -sagte er zu ihm, als er an ihm vorbeiging-. Habe ich dich nicht davor gewarnt, deiner Frau etwas zu erzählen?

Der Bericht des Mauren stimmte haargenau mit dem seines Gefährten überein; aber der *Alcalde* gab vor, nichts davon zu glauben, und begann, ihnen mit der Haft und einer strengen Untersuchung des Falles zu drohen.

-Nur langsam, Herr *Alcalde*! sagte der Moslem, der wieder zu sich gekommen war und seine übliche Geistesgegenwart und Kaltblütigkeit zurückgewonnen hatte-. Sie sollten nicht die Gunst des Glückes vergeuden, nur um alles an sich zu reißen. Niemand außer uns kennt ein Sterbenswörtchen von dieser Angelegenheit; so sollten wir also das Geheimnis unter uns bewahren. Noch gibt es in der Höhle Schätze genug, um aus uns allen reiche Männer zu machen. Versprechen Sie uns eine gerechte Aufteilung und wir werden Ihnen das Geheimnis enthüllen. Falls Sie sich weigern, wird es für immer verloren gehen.

Der *Alcalde* beriet sich mit dem *Alguacil*. Dieser war mit allen Wassern gewaschen und beriet ihn auf folgende Weise:

-Versprechen Sie alles, was Sie wollen, bis Sie im Besitz des Schatzes sind, so können Sie sich des ganzen Schatzes bemächtigen. Falls Perejil und sein Komplize es wagen sollten, sich zu beklagen, so können Sie sie als Glaubensverräter und Zauberer anzeigen und ihnen mit Folter und Feuertod drohen.

Der *Alcalde* hielt diesen Rat für gut. Die Furchen auf seiner Stirn glätteten sich, als er sich dem Mauren zuwandte und sagte:

-Dies ist eine seltsame Geschichte, die aber wahr sein könnte; nur möchte ich mich mit meinen eigenen Augen davon überzeugen. Heute Nacht werdet Ihr den Zauberspruch in meiner Gegenwart wiederholen. Wenn es diesen Schatz wirklich gibt, dann werden wir ihn freundschaftlich untereinander aufteilen und damit ist die Angelegenheit erledigt. Falls ihr mich aber betrogen habt, erwartet nichts Gutes von mir. Bis dahin aber seid ihr meine Gefangenen.

Der Maure und der Wasserträger nahmen diese Bedingungen gerne an, da sie davon überzeugt waren, dass die Ereignisse ihnen Recht geben würden.

So um Mitternacht herum schlich der *Alcalde* vorsichtig hinaus, begleitet vom *Alguacil* und dem neugierigen Bartkratzer, alle bewaffnet bis auf die Zähne. Sie führten den Mauren und den Wasserträger als ihre Gefangenen mit sich und auch das kräftige Eselchen des Letzteren, um den begehrten Schatz auf ihn zu laden. So erreichten sie den Turm, ohne von irgend jemandem gesehen zu werden, banden den Esel an einen Feigenbaum und stiegen hinab bis in das vierte Gewölbe.

Sie holten die Urkundenrolle heraus, zündeten den

Jurisdiccion de la
REAL FORTALEZ
de la
ALHAMBR

gelben Wachsstock an und der Maure las die Zauberformel. Wie beim ersten Mal erzitterte die Erde und der Boden öffnete sich mit einem grollenden Geräusch, womit die engen Treppenstufen sichtbar wurden. Der *Alcalde*, der *Alguacil* und der Barbier standen wie versteinert da und wagten es nicht hinabzusteigen. Der Maure und der Wasserträger gingen in die Gruft hinab und fanden wie beim ersten Mal die zwei Mauren vor, die unbeweglich und schweigend dort saßen. Daraufhin nahmen sie zwei der großen Krüge voll mit Goldmünzen und kostbaren Edelsteinen, und der Wasserträger trug einen nach dem anderen auf seinem Rücken hoch. Obwohl er ein starkes Männchen war und an große Lasten gewöhnt war, wankte er unter ihrem Gewicht. Als er die Krüge auf beide Seiten des Esels geladen hatte, versicherte er, dies sei alles, was das Tier aushalten könne.

-Damit ist es für jetzt genug -sagte der Maure-. Das sind die Schätze, die wir mitnehmen können, ohne Gefahr zu laufen, dass man uns entdeckt; genug um uns alle so reich zu machen, wie wir es uns nur wünschen können.

-Wieso? Gibt es unten noch mehr Schätze? - fragte der *Alcalde.*

-Der kostbarste von allen -antwortete der Maure- ist eine riesige Truhe, die mit Eisenbändern verschlossen ist und kostbare Perlen enthält.

-So müssen wir unter allen Umständen diese Truhe holen- schrie der habsüchtige *Alcalde.*

-Ich gehe nicht wieder hinunter - sagte der Maure entschlossen-; hier ist genug für vernünftige Menschen. Mehr wäre überflüssig.

-Und ich -fügte der Wasserträger hinzu- ich werde nicht noch mehr Gewicht holen, um meinem armen Esel die Wirbelsäule zu brechen.

Als er sah, dass weder Anordnungen noch Drohungen

oder Bitten fruchteten, wandte er sich an seine Gefolgsleute und befahl:

-Helft mir, die Truhe hochzutragen und wir werden ihren Inhalt unter uns aufteilen.

Und indem er dieses sagte, stieg er die Stufen hinab, gefolgt von dem vor Entsetzen zitternden *Alguacil* und dem Barbier.

Als der Maure sich sicher war, dass sie schon weit genug heruntergestiegen waren, blies er die Kerze aus und der Boden schloss sich mit dem gewöhnlichen Lärm, wobei er die drei Habgierigen unter sich begrub.

Dann stieg er schnell die Treppen hinauf und hielt nicht an, bis er sich nicht wieder an der freien Luft befand. Der Wasserträger folgte ihm, so gut es ihm seine kurzen Beine erlaubten.

-Was hast Du getan? -schrie Perejil, sobald er wieder zu Atem kam-. Der *Alcalde* und die beiden anderen sind unten eingeschlossen in der Gruft.

-Dies war der Willen Allahs!- sagte der Maure fromm.

-Und wirst du sie nicht herauslassen?- fragte ihn der *Gallego*.

-Gott behüte! -erwiderte der Maure, indem er sich über den Bart strich-. Es steht im Buche des Schicksals, dass sie unter diesem Zauber leben werden, bis es irgendeinem zukünftigen Abenteurer gelingt, den Bann zu brechen. Gottes Wille geschehe!

Und indem er dies sagte, warf er mit aller Kraft den Wachsstock in das dichte Gestrüpp am Ufer des Flusses.

Nun war nichts mehr daran zu ändern. Daher gingen der Maure und der Wasserträger mit dem reich beladenen Eselchen zur Stadt, während der ehrliche Perejil es nicht lassen konnte, den langohrigen Gefährten seiner Pein und seiner Mühsal, der auf diese Art vor den Klauen der Gerechtigkeit gerettet worden war, zu küssen und zu umarmen. Man hätte zu diesem Zeitpunkt tatsächlich daran zweifeln können, was dem bescheidenen Manne mehr Freude machte: einen Schatz gewonnen oder sein Eselsfüllen wieder bekommen zu haben.

Die beiden glücklichen Gefährten teilten freundschaftlich und zu gleichen Teilen ihren Schatz; nur dass der Araber, der eine Vorliebe für Schmückstücke hatte, mehr Perlen, Edelsteine und sonstigen Firlefanz für sich aufhäufte, wofür er dem Wasserträger immer die prächtigen massiven Schmuckstücke aus Gold gab, die fünfmal so groß waren, womit Letzterer sehr zufrieden war. Um widrige Umstände zu vermeiden und um in Ruhe ihren Reichtum zu geniessen, zogen sie in andere Gefilde. Der Maure kehrte nach Afrika, genauer gesagt, in seine Heimatstadt Tanger zurück und der *Gallego* richtete seine Schritte mit seiner Frau, seinen Kindern und seinem Eselchen nach Portugal. Dort verwandelte er sich unter der Anweisung und dem Rat seiner Frau in eine wichtige Persönlichkeit, denn sie sorgte dafür, dass ihr ehrwürdiger Mann seinen Körper und seine kurzen Beine mit Wams und Kniehosen, einem federgeschmückten Hut und einem Schwert am Gürtel schmückte und zudem den Familiennamen Perejil gegen den besser klingenden Namen Don Pedro Gil austauschte. Seine Nachkommenschaft wuchs stark und fröhlich heran, obwohl alle kleinwüchsig und kurzbeinig waren; während die Señora Gil von Kopf bis Fuß bedeckt mit Rüschen, Brokat und Spitzen und mit glänzenden Brillantringen an allen Fingern, sich in ein Vorbild buntscheckiger Eleganz verwandelte.

Was den *Alcalde* und seine Gefolgsleute betrifft, so blieben sie unter dem Turm der Sieben Böden begraben und unter diesem Zauber stehen sie noch heute. Sobald es in Spanien an kleinlichen Barbieren, schuftigen *Alguaciles* und korrupten *Alcaldes* fehlen sollte, kann man sie dort suchen gehen; wenn aber bis dahin auf ihre Befreiung gewartet werden muss, dann laufen sie Gefahr, bis zum Tage des letzten Gerichts unter diesem Bann zu stehen.

DER TURM DER KÖNIGSTÖCHTER

B ei einem Abendspaziergang in einem engen Tal, das, überschattet von Feigen-, Granatbäumen und Myrten, die Festung vom Generalife trennt, entdeckte ich zu meine Überraschung einen romantischen, maurischen Turm an der Außenwand der Alhambra, der hoch über die Wipfel der Bäume hinauragte und die rötlichen Strahlen der Abendsonne auffing. Ein einzelnes Fenster in großer Höhe beherrschte den Blick über das Tal; und als ich es betrachtete, steckte eine junge Frau mit blumengeschmückten Haaren ihren Kopf heraus. Sie gehörte offensichtlich einer Familie an, deren Stand dem der anderen Bewohner der Türme überlegen war. Diese plötzliche, malerische Erscheinung erweckte in mir die Vorstellung, es handele sich wie in den Märchen um eine schöne, gefangene Jungfrau. Meine Phantasiebilder wurden durch den Bericht meines Dieners Mateo, dass dies der Turm der Königstöchter (*la Torre de las Infantas*) sei, in dem die Töchter der maurischen Könige eingesperrt zu leben pflegten, nur noch genährt. Später habe ich diesen Turm, der den fremden Besuchern im allgemeinen nicht gezeigt wird, besucht. Seine ornamentale Schönheit steht den anderen Teilen des Palastes in nichts nach. Die Eleganz des Hauptsaales mit seinem Marmorbrunnen und hohen Bögen sowie den reich verzierten Decken, die Arabesquen und das Stuckwerk der kleinen aber schönen Gemächer, all dies zeugt, trotz den Spuren des

Verfalls, davon, dass dies einmal der Sitz der Schönheit war.

Die kleine Hexenkönigin, die in einer Nische unter der Treppe in der Alhambra lebt und an den abendlichen Treffen bei *Doña Antonia* teilnimmt, erzählt phantastische Legenden über drei maurische Prinzessinnen, die einmal von ihrem Vater in diesem Turm eingesperrt wurden, einem tyrannischen König Granadas, der ihnen nur erlaubte, nachts durch die Hügel zu reiten und unter Androhung der Todesstrafe verboten hatte, sich ihnen zu nähern. Immer noch kann man sie -ihrer Erzählung nach- an Vollmondnächten durch einsame Berggegenden auf reichgeschmückten Zeltern und behangen mit leuchtenden Juwelen, reiten sehen; sie lösen sich aber in Luft auf, sobald man sie anspricht.

Bevor ich noch mehr über diese Prinzessinnen erzähle, möchte der Leser sicher erfahren, was es mit dieser schönen Bewohnerin des Turmes auf sich hat, die mit ihrem blumengekrönten Kopf aus dem Fenster geschaut hatte. Ich erfuhr, dass sie die frischvermählte Frau des Flügeladjutanten der Invaliden war, der, obwohl schon bejahrt, den Mut aufgebracht hatte, ein junges, vollbusiges andalusisches Fräulein sein eigen zu machen. Ich kann nur hoffen, dass der gute, alte Adjutant eine glückliche Wahl getroffen hat und der Turm der Königstöchter die weibliche Schönheit heute sicherer hütet, als dies zu Zeiten der Mauren der Fall war, wenn man der folgenden Geschichte glauben schenken soll.

DIE LEGENDE DER DREI SCHÖNEN PRINZESSINEN

Es regierte einmal in Granada ein Maurenkönig genannt Mohammed, dem seine Untertanen den Beinamen *El Hayzari*, das heisst der "Linkshänder", gegeben hatten. Einige führen seinen Namen darauf zurück, dass er tatsächlich geschickter mit der linken als mit der rechten Hand war, andere hingegen sind der Ansicht, dass dieser Name auf seine Fähigkeit hinwies alles verkehrt zu machen, mit anderen Worten, in jeder Lage das Falsche zu tun. Tatsache ist, dass er aus Pech oder aus Unfähigkeit unaufhörlich in Schwierigkeiten geriet: dreimal wurde er vom Thron abgesetzt, und bei einer Gelegenheit konnte er sich knapp vor dem Tod retten, indem er als Fischer verkleidet nach Afrika floh. Er war jedoch so tapfer wie unbesonnen und, obwohl linkshändig, so geschickt im Gebrauch seines Maurensäbels, dass er den Thron immer wieder mit Waffengewalt zurückerobern konnte. Seine Misserfolge lehrten ihn indes keine Vorsicht. Er wurde zusehends unflexibler und starrköpfiger, so dass sich sein linker Arm in seinem Eigensinn versteifte. Das Unglück in öffentlichen Geschäften, das er auf diese Art über sich und seine Untertanen brachte, ist in den arabischen Annalen Granadas nachzulesen; diese Legende spricht aber nur von seinen privaten Angelegenheiten.

Eines Tages machte Mohammed mit seinem Gefolge am Fuße der Sierra Morena einen Ausflug zu Pferde, als er auf einen Trupp berittener Soldaten stieß, die von einem Überfall im Land der Christen zurückkehrten. Sie führten einen langen Zug schwer beladener Maultiere mit sich und viele Gefangene beiderlei Geschlechts. Die Aufmerksamkeit des Monarchen wurde von einer schönen und prunkvoll gekleideten jungen Frau gefesselt, die unaufhörlich weinend auf einem kleinen Zelter ritt und den Trostworten der sie begleitenden *Dueña* keinerlei Beachtung schenkte.

Der Monarch war sehr eingenommen von ihrer Schönheit und erfuhr vom Kapitän des Reitertrupps, dass es sich um die Tochter des *Alcaide*, einer im Grenzgebiet gelegenen Festung handelte, die von ihnen in einem Überraschungsstreich überfallen und ausgeraubt worden war. Mohammed forderte sie als Teil der königlichen Beute ein und führte sie zu seinem Harem in die Alhambra. Dort war alles dafür geschaffen, sie zu zerstreuen und von ihrer Trauer zu heilen; zudem verliebte sich der Monarch jeden Tag mehr in sie und beschloss sie zu seiner Sultanin zu machen. Die junge Spanierin wies jedoch anfangs seine Anträge zurück, da er ein Ungläubiger war, zudem ein erklärter Feind ihrer Heimat und zu allem Unglück auch noch, schon ziemlich bejahrt.

Als der König sah, dass seine Beharrlichkeit zu keinem Ziel führte, beschloss er sich die *Dueña* gewogen zu machen, die mit der jungen Frau gefangen genommen worden war. Jene Frau stammte aus Andalusien und ihr Name ist nicht bekannt, da sie in den maurischen Legenden nur unter ihrem Beinamen Kadiga, die Umsichtige, erwähnt wird, und das war sie tatsächlich, wie ihre Geschichte zeigen wird. Kaum hatte der Maurenkönig eine Unterredung mit ihr gehabt, als sie die Stärke seiner Argumente erkannte und das Anliegen des Königs vor ihrer jungen Herrin zu verteidigen begann.

-Gott helfe mir -sagte sie-. Wozu all dies Weinen und

diese Trauer? Ist es nicht besser die Herrin dieses wunderschönen Palastes mit all seinen Brunnen und Gärten zu sein, als in dem alten Grenzturm Eures Vaters eingesperrt zu leben? Und was bedeutet es schon, dass Mohammed ein Ungläubiger ist? Was ist schon Schlechtes daran, an dem, was er Euch vorschlägt? Ihr würdet ihn heiraten, nicht seine Religion; und wenn er auch ein wenig alt ist, so werdet Ihr dadurch noch früher Witwe und somit Herrin und Gebieterin nach Eurem Gutdünken; und da Ihr in jedem Fall seine Gefangene seid, lebt Ihr besser als Königin denn als Sklavin. Wenn man in die Hände eines Räubers fällt, ist es klüger ihm die Waren zu einem guten Preis zu verkaufen, als sie sich mit Gewalt entreißen zu lassen.

Die Argumente der umsichtigen Kadiga hatten schließlich Erfolg. Die junge Spanierin trocknete ihre Tränen und verwandelte sich in die Ehefrau Mohammeds des Linkshänders. Sie schien mit der Religion ihres königlichen Gemahls einverstanden zu sein, während sich die umsichtige *Dueña* sofort eifrigst zu den moslemischen Glaubenssätzen bekannte. Von da an trug sie den arabischen Namen Kadiga und man erlaubte ihr weiterhin in den Diensten und im Vertrauen ihrer Herrin zu stehen.

Nach einiger Zeit wurde der Maurenkönig glücklicher Vater von drei wunderschönen Töchtern, die bei einer einzigen Geburt zur Welt kamen. Obwohl er lieber Söhne gehabt hätte, tröstete er sich mit dem Gedanken, dass es für einen älteren Mann, zudem auch noch Linkshänder, keine so schlechte Leistung war, drei so schöne Töchter zu bekommen.

Nach Sitte der moslemischen Monarchen rief Mohammed seine Astrologen zu diesem glücklichen Anlass zu sich. Diese erstellten das Horoskop der Prinzessinnen und schüttelten ihre Köpfe.

-Töchter, oh König -sagten sie-, sind immer ein unsicherer Besitz; aber diese werden Ihrer Überwachung noch mehr bedürfen, sobald sie heiratsfähig sind. Von da ab sollten sie unter Ihrer königlichen Obhut leben und niemand anderem anvertraut werden.

Mohammed der Linkshänder wurde von seinen Höflingen für einen weisen König gehalten und auch er hielt sich dafür. Die Voraussagen der Astrologen beunruhigten ihn daher nur wenig; er vertraute auf seinen Verstand, um seine Töchter nicht zu verlieren und die bösen Geister zu täuschen.

Die dreifache Geburt war die letzte Trophäe dieser Ehe des Monarchen, denn die Königin gebar ihm keine Kinder mehr und starb wenige Jahre später, indem sie ihre drei Töchterchen der liebevollen und treuen Fürsorge der umsichtigen Kadiga übergab.

Es mussten noch viele Monde vergehen bis die Prinzessinen das gefährliche Alter erreichen würden, das heisst das heiratsfähige Alter. "Es ist trotzdem besser vorzusorgen", sagte sich der umsichtige Monarch. Daher beschloss er, sie sollten im königlichen Palast von Salobreña erzogen werden. Dies war ein prächtiger Palast, eingebettet in eine unbezwingliche maurische Burg, die hoch auf einem Hügel über dem Mittelmeer steht; ein königlicher Zufluchtsort in dem die moslemischen Monarchen diejenigen Verwandten, die ihre Sicherheit gefährdeten, einsperrten und ihnen jede Art Aufwand und Vergnügungen gewährten, um sie dort ihre Tage in sinnenfreudiger Untätigkeit verbringen zu lassen. Dort lebten nun die Prinzessinnen, entfernt von der Welt, aber umgeben von Bequemlichkeiten und bedient von Sklavinnen, die ihnen ihre Wünsche von den Lippen ablasen. Es standen ihnen die köstlichsten Gärten voll außergewöhnlicher Früchte und Blumen zu ihrem Genuss zur Verfügung und zudem duftende Baumalleen und parfümierte Bäder. An drei Seiten des Palastes konnte man ein grünes, blumengeschmücktes und mit vielerlei Pflanzen bebautes Tal sehen, das von den hohen Bergen der Alpujarra umgeben war; auf der anderen Seite lag vor ihren Augen das breite und leuchtende Meer.

In diesem köstlichen Heim mit einem angenehmen Klima und einem unbewölkten Himmel wuchsen die drei schönen Prinzessinnen heran. Obwohl sie alle die gleiche Erziehung erhielten, zeigte sich schon sehr früh wie unterschiedlich sie waren. Sie hießen Zayda, Zorayda und Zorahayda und sie wurden in dieser Reihenfolge geboren, mit genau drei Minuten Unterschied.

Zayda, die Älteste, besaß einen unerschrockenen Geist und war ihren Schwestern immer in allem voraus, wie schon zur Zeit der Geburt. Sie war neugierig und begierig, den Dingen auf den Grund zu gehen.

Zorayda fiel durch ihre Leidenschaft für die Schönheit auf; zweifelsohne war dies der Grund, warum sie es liebte, ihr Bildnis in einem Spiegel oder Brunnen zu betrachten, und sie eine außergewöhnliche Zuneigung für Blumen, Juwelen und andere schmückende Gegenstände hatte.

Was Zorahayda, die jüngste der Schwestern, angeht, so war sie sanft und scheu und mit einer ungeheuren Fähigkeit zur Hingabe, zudem besonders empfindsam, was an der Zahl der Blumen, Vögel und anderer Tiere abzulesen war, die sie mit der größten Zuneigung streichelte. Auch ihre Vergnügungen waren einfacher Art, durchsetzt mit Tagträumen und Anfällen tiefer Versunkenheit. Sie verbrachte viele Stunden auf einem Balkon, ihre Blicke unverwandt auf die Sterne einer Sommernacht oder auf das vom Mond erhellte Meer gerichtet. Drangen dann das Lied eines Fischers oder die Noten einer Maurenflöte von einem Strand schwach zu ihr hoch, so reichte es, um ihre Gefühle in Extase zu versetzen. Aber das kleinste ungestüme Naturereignis erfüllte sie mit Schrecken und schon bei dem Grollen des Donners fiel sie in Ohnmacht.

So vergingen die Jahre ruhig und friedlich. Die umsichtige Kadiga, in deren Obhut die Prinzessinen standen, diente ihnen treu und mit unermüdlicher Fürsorge.

Das Schloss von Salobreña stand, wie schon erwähnt, auf einem Hügel an der Küste. Eine der Außenmauern wand sich um den Berg herum bis zu einem vorspringenden Felsen, der über dem Wasser schwebte und zu dessen Füßen eine kleine sandige Bucht von den Wellen umspült wurde. Dieser kleine Aussichtsplatz auf dem Felsen war als eine Art Pavillon mit Jalousien hergerichtet worden, um die Meeresbrise durchstreifen zu lassen. An diesem Platz liebten es die Prinzesinnen die heißen Mittagsstunden zu verbringen.

Eines Tages saß die neugierige Zayda an einem der Fenster des Pavillons, während ihre Schwestern die *Siesta* ausgestreckt auf ihren Ottomanen schliefen. Da zog eine Galeere, die mit gleichmäßigen Ruderschlägen die Küste entlang fuhr, ihre Aufmerksamkeit auf sich. Als sie sich näherte, konnte sie bewaffnete Männer darin erkennen. Die Galeere ging am Fuße des Turmes vor Anker und eine Gruppe maurischer Soldaten, die mehrere Christen als Gefangene mit sich führten, stieg ans Ufer. Die neugierige Zayda weckte ihre Schwestern und die drei Mädchen näherten sich vorsichtig und lugten durch die dichten Jalousien, die sie war jedem Blick verbargen. Unter den Gefangenen waren drei reichgekleidete spanische Edelmänner; sie standen in der Blüte ihrer Jugend und sahen gefällig und edel aus, während ihr hochmütiger Stolz, obwohl sie von Feinden umgeben und in Ketten gelegt waren, ihre Seelengröße bezeugte. Die Prinzessinnen beobachteten zutiefst aufmerksam dieses Schauspiel. Da sie in jenem Schloss zwischen Dienerinnen eingesperrt lebten und keine anderen

Männer als die schwarzen Sklaven oder die ungeschlachteten Fischermänner kannten, war es nicht verwunderlich, dass die Gegenwart dieser drei jungen
Männer voll Jugend und männlicher Schönheit eine
gewisse Bewegung in ihren Herzen hervorrief.

-Gibt es auf der Welt ein edleres Wesen als jenen
Edelmann in seinem roten Gewand? -rief Zayda, die älteste der Schwestern aus.- Schaut nur welch stolzer Schritt,
als seien alle, die ihn umgeben, seine Sklaven.

-Schaut euch nur jenen grüngekleideten jungen Mann
an! -rief Zorayda aus-. Welch eine Anmut! Wie edel!
Was für ein Geist!

Die sanfte Zorahayda sagte nichts, aber im Stillen
schenkte sie ihre Gunst dem blaugekleideten Edelmann.
Die drei Prinzessinnen blickten den Gefangenen unverwandt nach, bis sie sie aus den Augen verloren; dann
drehten sie sich traurig seufzend um und schauten einander einen Augenblick an, woraufhin sie sich nachdenklich auf ihre Ottomanen legten. In dieser Haltung
fand sie die umsichtige Kadiga vor.

Sie erzählten ihr, was sie gesehen hatten, und sogar
das verwelkte Herz der *Dueña* erwärmte sich.

-Diese armen jungen Männer! -rief sie aus-. Ich könnte schwören, dass ihre Gefangenschaft das Herz einiger
schöner und hochgestellter Damen ihres Landes gebrochen hat. Ach meine Kinder! Ihr könnt Euch nicht vorstellen welches Leben diese Edelmänner in ihrer Heimat
führen. Welche Eleganz auf den Turnieren! Welche
Hingabe für die Damen ihres Herzens! Welche
Serenaden und welch Liebeswerben!

In Zayda erwachte eine ungeheure Neugier; sie war
unersättlich in ihren Fragen und wollte von den Lippen
ihrer *Dueña* die anschaulichsten Geschichten ihrer
Jugendtage hören. Die schöne Zorayda hob den Kopf
und schaute heimlich in den Spiegel sobald in der
Unterhaltung eine Anspielung auf die Reize der spani-

schen Damen fiel; während Zorahayda einen Seufzer unterdrückte, als sie von den Serenaden unter dem Mondlicht sprechen hörte.

Täglich stellte die neugierige Zayda erneut ihre Fragen und täglich wiederholte die umsichtige *Dueña* ihre Geschichten, die von ihren schönen Zuhörerinnen mit größter Aufmerksamkeit und häufigen Seufzern angehört wurden. Die umsichtige Alte bemerkte schließlich, welchen Schaden sie angerichtet hatte. Da sie daran gewöhnt war, die Prinzessinnen wie Kinder zu behandeln, hatte sie nicht erkannt, wie diese beinah unmerklich groß geworden waren und dass sie jetzt drei schöne junge Frauen in heiratsfähigem Alter vor sich hatte. "Es ist an der Zeit -dachte die *Dueña*- den König zu benachrichtigen."

Eines morgens saß Mohammed der Linkshänder auf einem Diwan in einem der kühlen Räume der Alhambra, als ein Sklave von der Festung Salobreña mit einer Nachricht der umsichtigen Kadiga erschien, die ihm zum Geburtstag seiner Töchter gratulierte. Gleichzeitig bot ihm der Sklave einen lieblichen blumengeschmückten Korb dar, in dem auf Feigen- und Weinblättern ein Pfirsich, eine Aprikose und eine Nektarine lagen, deren frische Farbe und süsse Reife eine wahre Versuchung darstellten. Der König war bewandt in der orientalischen Sprache der Früchte und Blumen, weshalb er unmittelbar die Bedeutung dieser symbolischen Gabe erriet. "Demnach -sagte er zu sich- ist nun der kritische Zeitpunkt gekommen, auf den die Astrologen hingewiesen haben: meine Töchter haben das heiratsfähige Alter erreicht. Was solch ich tun? Sie sind den Blicken der Männer entzogen und leben unter der Bewachung der umsichtigen Kadiga. Alles läuft ausgezeichnet, aber sie stehen nicht unter meiner Aufsicht, wie die Astrologen voraussagten; ich muss sie unter meinen Schutz stellen und darf sie niemandem anvertrauen."

Daher ordnete er an, einen Turm der Alhambra zu ihrem Empfang herzurichten, und zog mit seinen Wächtern zur Festung Salobreña, um sie persönlich abzuholen.

Drei Jahre waren vergangen seitdem Mohammed seine Töchter zum letzten Mal gesehen hatte; und er traute seinen Blicken kaum angesichts der wunderbaren Verwandlung, die im Aussehen seiner Töchter in so kurzer Zeit stattgefunden hatte. In diesem Zeitraum hatten die Prinzessinnen diese erstaunliche Trennlinie im Leben einer Frau überschritten, die das unvollkommene, ungeformte und gedankenlose Mädchen von der anmutigen, schamhaften und bedachten jungen Frau trennt. In etwa zu vergleichen mit dem Übergang zwischen den trockenen, verlassenen und langweiligen Ebenen der Mancha und den sinnenfreudigen Tälern und dichtbelaubten Hügeln Andalusiens.

Zayda war groß und wohlgeformt und zeichnete sich durch eine stolze Haltung und einen durchdringenden Blick aus. Sie betrat den Raum mit entschiedenen und majestätischen Schritten und machte einen tiefen Knicks vor Mohammed, wobei sie ihn eher wie den Souverän als wie den Vater behandelte. Zorayda, von mittlerer Gestalt, besaß einen verführerischen Blick, ein angenehmes Auftreten und eine außergewöhnliche Schönheit, die durch ihren Haarschmuck nur noch hervorgehoben wurde. Sie näherte sich ihrem Vater lächelnd, küsste ihm die Hand und begrüßte ihn mit einigen Strophen eines bekannten arabischen Dichters, womit sie den Monarchen entzückte. Zorahayda war schüchtern und zurückhaltend, kleiner als ihre Schwestern und ihre zarte und hilflose Schönheit war derart, dass sie um Zuneigung und Schutz zu bitten schien. Sie war von Natur aus nicht zum Befehlen begabt, wie ihre große Schwester, noch war sie eine blendende Schönheit wie die zweite, sondern dafür geboren, die Liebe eines

Mannes in ihrem Busen zu nähren, sie darin zu bergen und dabei glücklich zu sein. Sie näherte sich schüchtern, beinah zögernd ihrem Vater, und sie hätte ihm gerne die Hand geküsst. Als sie ihm jedoch ins Gesicht sah, das von einem väterlichen Lächeln erleuchtet war, ließ sie ihrem zärtlichen Wesen vollen Lauf und warf sich an seinen Hals.

Mohammed der Linkshänder betrachtete seine schönen Töchter mit einer gewissen Mischung aus Stolz und Bestürzung, denn obwohl er an ihrem Liebreiz gefallen fand, erinnerte er sich der Voraussagen der Astrologen. Drei Töchter! Drei Töchter! -murmelte er plötzlich- und alle in heiratsfähigem Alter. Das ist eine verlockende Frucht aus dem Garten der Hesperiden, die eines Drachens zu ihrer Bewachung bedarf!

Er bereitete seine Rückkehr nach Granada vor und schickte Boten aus mit dem Befehl, es dürfe niemand auf den Wegen, die sie benützen würden, verkehren und dass jeder seine Türen und Fenster beim Herannahen der Prinzessinnen geschlossen zu halten habe. Danach brachen sie unter dem Schutze eines Schwadrons schwarzer, fürchterlich aussehender Reiter mit glänzenden Rüstungen auf.

Die Prinzessinen ritten tief verschleiert an der Seite des Königs auf herrlichen weißen Zeltern, deren samtenes und goldbesticktes Reitzeug bis zum Boden hing; auch Zaum und Steigbügel waren aus Gold und die Zügel aus Seide, besetzt mit Perlen und Edelsteinen. Die Zelter waren bedeckt mit Silberglöckchen, die ein angenehmes Läuten bei jedem Schritt verursachten. Aber wehe dem, der beim Klang dieser Glöckchen anhielt! Die Wächter hatten den Befehl erhalten ihn ohne Gnade zu töten.

Der Reitertrupp näherte sich schon Granada, als er an einem der Ufer des Genils mit einer kleinen Gruppe maurischer Soldaten zusammenstieß, die eine Kolonne

Gefangener führte. Es war zu spät um vom Weg abzuweichen, weshalb jene Männer sich auf den Boden warfen und ihre Gesichter auf den Boden drückten, wobei sie den Gefangenen befahlen ein Gleiches zu tun. Unter diesen befanden sich die drei Kavaliere, die von den Prinzessinnen vom Pavillon aus beobachtet worden waren. Sei es wie es sei, weil sie die Anordnung nicht verstanden oder zu stolz waren sie zu befolgen, auf jeden Fall blieben sie stehen und sahen dem Reitertrupp, der sich ihnen näherte, entgegen.

Der Zorn des Monarchen entflammte angesichts dieses offenkundigen Ungehorsams gegenüber seinen Anordnungen. Er zückte seinen Maurensäbel und näherte sich ihnen. Schon wollte er den Schlag mit seiner linken Hand ausführen, ein Schlag, der ohne Zweifel zumindest für einen der Kavaliere tödlich verlaufen wäre, als die Prinzessinnen ihn umgaben und um Gnade für die Gefangenen baten. Sogar die schüchterne Zorahayda vergaß zu schweigen und wurde in ihrer Fürsprache gesprächig. Mohammed hielt mit erhobener Waffe inne, als der Kapitän des Trupps sich ihm zu Füßen warf.

-Majestät -sagte er- führe Er nicht diese Handlung aus, die das ganze Königreich in Aufruhr versetzen könnte. Dies sind drei tapfere und edle spanische Edelmänner, die im Kampf gefangen genommen worden sind, nachdem sie wie die Löwen gekämpft haben; sie sind hoher Abstammung und können ein Lösegeld wert sein.

-Nun gut! -sagte der König-. Ich werde ihnen das Leben schenken, aber sie sollen hart bestraft werden. Führt sie zu den Roten Türmen und lasst sie die schwerste Arbeit ausführen.

Mohammed war dabei, einen seiner üblichen linkshändigen, schweren Irrtümer zu begehen. Im Tumult und der Aufregung dieser stürmischen Szene hatten die drei Prinzessinnen ihre Schleier gelüftet und ihre blendende

Schönheit gezeigt; die Verlängerung des Gesprächs hatte erlaubt, dass diese ihre Wirkung nicht verfehlte. Zu jenen Zeiten verliebten sich die Leute schneller als heutzutage, wie alle alten Erzählungen beweisen. Daher ist es nicht verwunderlich, dass die Herzen der drei Kavaliere vollständig erobert wurden; vor allem weil sich ihre Dankbarkeit zu ihrer Bewunderung gesellte. Es ist jedoch ein wenig seltsam, wenn auch nichts destoweniger genauso wahr, dass jeder von ihnen sich von einer anderen Schönheit angezogen fühlte. Was die Prinzessinnen angeht, so waren sie mehr denn je von dem edlen Aussehen der Gefangenen eingenommen und hüteten in ihrem Inneren, was sie über ihre Tapferkeit und edle Abstammung gehört hatten.

Der Reitertrupp setzte seine Reise fort; die Prinzessinnen ritten nachdenklich auf ihren prächtigen Zeltern und von Zeit zu Zeit schauten sie heimlich nach hinten, um einen Blick auf die gefangenen Christen zu werfen, die in das ihnen bestimmte Gefängnis in den Roten Türmen überführt wurden.

Der Platz, den man für die Prinzessinnen hergerichtet hatte, war so köstlich wie er nur erträumt werden kann; ein vom Hauptpalast der Alhambra ein wenig abgelegener Turm, aber mit diesem durch die Mauer verbunden, die den Gipfel des Hügels umgibt. Auf der einen Seite blickte man in das Innere der Festung und zu ihren Füßen lag ein kleiner Garten mit den außergewöhnlichsten Blumen. Auf der anderen beherrschte der Turm einen tiefen und dicht bewachsenen Hohlweg, der das Gelände der Alhambra von dem des Generalife trennt. Das Innere des Turmes war in kleine, hübsche, in elegantem arabischen Stil eingerichtete Räume unterteilt, die einen hohen Saal umgaben, dessen gewölbtes Dach bis hoch in den Turm reichte; während seine Mauern und Täfelungen durch Arabesquen und Verzierungen in goldenen und brillanten Farben geschmückt waren. In der Mitte des Marmorbodens, umgeben von Blumen und aromatischen Kräutern, stand ein Alabasterbrunnen mit einem springenden Wasserstrahl, der das ganze Gebäude erfrischte und ein murmelndes Geräusch erzeugte. Um den Saal herum hingen Gold- und Silberkäfige mit feingefiederten Vögelchen, die lieblich trillerten.

Die Prinzessinnen waren im Palast von Salobreña immer in fröhlicher Stimmung vor ihm erschienen, weshalb der König erwartete, sie in der Alhambra voller Begeisterung vorzufinden. Aber zu seinem großen Erstaunen begannen sie dahinzuwelken, traurig und melancholisch gegenüber allem, was sie umgab. Sie nahmen den Duft der Blumen nicht wahr; das Schlagen der Nachtigall störte ihren Schlaf bei Nacht und das ewige Murmeln des Alabasterbrunnens von morgens bis abends und von abends bis morgens war ihnen beinahe unerträglich.

Der tyrannisch und reizbar veranlagte König erzürnte anfangs; aber dann überlegte er, dass seine Töchter ein Alter erreicht hatten, indem die weibliche Einbildungskraft wächst und die Begierden zunehmen. "Es sind keine Kinder mehr -sagte er sich-; jetzt sind es Frauen und sie brauchen einen angemessenen Gegenstand für ihre Aufmerksamkeit." Daher rief er alle Schneider, Schmuckhändler und Gold- und Silberschmiede des Zacatín von Granada zu sich und die Prinzessinnen wurden überhäuft mit Kleidern aus Seide, Lamé und Brokat, mit Kaschmirschals, Ketten aus Perlen und Diamanten, Ringen, Reifen und Bänder für die Arme und mit allen möglichen anderen kostbaren Gegenständen.

Es war jedoch alles umsonst; die Prinzessinnen blieben blass und traurig inmitten all dieses Überflusses und sie glichen drei welken Knospen, die sich auf ihren Stengeln verzehren. Der Monarch war mit seiner

Weisheit am Ende, obwohl er im allgemeinen ein sehr rühmliches Vertrauen in sein eigenes Urteil hatte, weshalb er nie um Rat bat. "Die Launen und Grillen von drei jungen, heiratsfähigen Frauen -sagte er sich- sind wirklich genug, um den besonnensten Menschen um seinen Verstand zu bringen." Und zum ersten Mal in seinem Leben suchte er Hilfe und Ratschlag. Der Mensch, an den er sich wandte, war die erfahrene *Dueña*.

Kadiga -sagte er zu ihr-, ich weiss, dass du eine der umsichtigsten Frauen der Welt bist, sowie die vertrauenswürdigste Person überhaupt. Aus diesem Grund habe ich dich immer an der Seite meiner Töchter behalten. Niemals sollten die Eltern sich denen verschließen, in die sie ihr Vertrauen gesetzt haben. Jetzt möchte ich, dass du erforschst, welch geheime Krankheit die Prinzessinnen quält und herausbekommst, wie man ihnen bald wieder zu Gesundheit und Frohsinn verhelfen kann.

Kadiga versprach natürlich ihm zu gehorchen. In Wirklichkeit kannte sie besser als die Prinzessinnen selbst die Krankheit unter der sie litten, weshalb sie sich mit ihnen einschloss und versuchte, ihr Vertrauen zu gewinnen.

-Meine lieben Mädchen, warum seid ihr so traurig und niedergeschlagen an einem so schönen Ort, wo ihr alles habt was ein Herz begehren kann?

Die Königstöchter warfen ihr einen melancholischen Blick zu und stießen einen Seufzer aus.

-Was könntet ihr sonst noch ersehnen? Wollt ihr, dass ich euch den wunderbaren Papagei bringe, der alle Sprachen spricht und ganz Granada in Entzücken versetzt?

-Wie schrecklich -rief die Prinzessin Zayda aus-. Ein schrecklicher und lärmender Vogel, der spricht, ohne zu wissen, war er sagt; man muss den Verstand verloren haben, um solch eine Plage ertragen zu können.

-Lasse ich euch einen Affen vom Felsen von Gibraltar holen, damit er euch mit seinen Gesten unterhält?

-Ein Affe! Bah! -rief Zorayda aus-. Eine abscheuliche Imitation des Menschen. Ich verabscheue dieses widerwärtige Tier.

-Und was sagt ihr zu dem berühmten schwarzen Sänger Casem, vom königlichen Harem in Marokko? Es wird versichert, dass seine Stimme so zart wie die einer Frau ist.

-Mich erschrecken diese schwarzen Sklaven - sagte die zarte Zorahayda-; und außerdem habe ich meine Neigung für die Musik verloren.

-Ach mein Kind! Das gleiche würdest du nicht sagen -antwortete die Alte arglistig- wenn du die Musik gehört hättest, die ich gestern von den drei spanischen Edelmännern, die wir auf unserer Reise getroffen haben, vernommen habe. Aber, mein Gott, meine Kinder! Was ist denn nur mit euch los, dass ihr euch so verschämt und verwirrt aufführt?

-Nichts, gar nichts, gute Mutter, sprecht bitte weiter!

-Nun gut, als ich gestern Abend an den Roten Türmen spazieren ging, sah ich die drei Edelmänner, die sich von des Tages Arbeit ausruhten. Einer von ihnen spielte sehr geschickt die Gitarre, während die anderen beiden abwechselnd sangen; und sie sangen mit soviel Anmut, dass selbst die Wächter wie versteinert oder verzaubert still standen. Allah habe ein Nachsehen, aber ich konnte nicht vermeiden, dass diese Lieder meiner Heimat mich berührten und zudem, wie schrecklich zu sehen, wie diese drei so edlen und liebenswürdigen jungen Männer in Ketten geschlagen in der Gefangenschaft leben!

Als sie zu diesem Teil ihrer Erzählung gekommen war, konnte die gute Alte ihre Tränen nicht zurückhalten.

-Vielleicht, Mutter, könnten Sie erreichen, dass wir diese Herren sehen -sagte Zayda.-

-Ich glaube -sagte Zorayda-, dass ein wenig Musik uns aufheitern würde.

Die schüchterne Zorahayda sagte nichts dazu, aber sie warf ihre Arme um den Hals von Kadiga.

-Oh weh, ich Arme! -rief die umsichtige Alte aus-. Was sagt ihr da, meine Töchter? Euer Vater würde uns alle töten, wenn er uns vernähme. Ohne Zweifel sind diese jungen Männer sehr edel und wohlerzogen. Aber was hilft uns das? Sie sind Feinde unseres Glaubens und ihr dürft nicht an sie denken, ohne sie zu verabscheuen.

Der weibliche Wille zeugt von einer bewundernswerten Unerschrockenheit, vor allem wenn es sich um Frauen im heiratsfähigem Alter handelt, weshalb diese nicht vor Gefahren oder Verboten zurückschrecken. Die Prinzessinnen schmiegten sich an die alte *Dueña* und baten und bettelten und drohten damit, dass ihre Weigerung ihnen das Herz brechen würde.

Was sollte sie da nur tun? Sie war ohne Zweifel die umsichtigste Frau der Welt und die treueste Dienerin des Königs; aber sollte sie zulassen, dass das Herz der drei schönen Königstöchter brach, nur um des Klanges einer Gitarre willen? Und zudem, obwohl sie schon so lange unter Mauren lebte und ihre Religion, dem Beispiel ihrer Herrin folgend, gewechselt hatte, war sie schließlich doch Spanierin und fühlte die Sehnsucht nach dem Christentum in der Tiefe ihres Herzens. Deshalb nahm sie sich nun vor, ein Mittel zu finden, um den Wunsch der Prinzessinnen zu erfüllen.

Die gefangenen Christen im Roten Turm lebten unter der Aufsicht eines breitschultrigen *Renegado* namens Hussein Baba, der für seine Bestechlichkeit berühmt war. Kadiga suchte ihn heimlich auf, und indem sie eine große Goldmünze in seine Hand gleiten ließ, sagte sie zu ihm:

-Hussein Baba: Meine Herrinnen, die im Turm eingesperrt leben, haben vom musikalischen Talent der drei spanischen Edelmänner sprechen hören und sehnen sich danach, sich ein wenig an ihrem Gesang zu ergötzen. Ich bin sicher, du wirst ihnen dieses kleine unschuldige Vergnügen nicht verwehren.

-Wie bitte! Damit mein Kopf danach Grimassen auf einem der Tore meines Turms schneidet! Dies wäre die Belohnung, die ich vom König erhalten würde, wenn er davon erführe.

-Es besteht keine Gefahr; wir können die Laune der Prinzessinnen erfüllen, ohne dass ihr Vater davon erfährt. Du kennst doch die tiefe Schlucht, die vor der Mauer gerade unter dem Turm verläuft. Bringe die drei Christen dorthin zur Arbeit; in ihren Arbeitspausen lasse sie singen und spielen, als ob es zu ihrem eigenen Vergnügen geschähe. Auf diese Art können meine Herrinnen sie von den Fenstern des Turmes aus hören und du kannst dich darauf verlassen, dass ich dein Zugeständnis gut entlohnen werde.

Nachdem die gute Alte ihn auf diese Weise belehrt hatte, drückte sie zutraulich die Hand des *Renegado*, indem sie noch eine Münze darin zurückließ.

Dies war ein unwiderstehliches Argument. Am nächsten Tag arbeiteten die drei Edelmänner in der Schlucht. In den heißen Mittagsstunden, während ihre Gefährten der Mühsal und Pein im Schatten schliefen und die Wache müde auf ihren Posten vor sich hinnickte, setzten sie sich aufs Gras am Fuße des Turmes und sangen spanische Melodien zur Begleitung ihrer Gitarre.

Die Schlucht war tief und hoch der Turm; aber ihre Stimmen erhoben sich klar in der Stille jener sommerlichen Mittagsstunden. Die Prinzessinnen lauschten auf ihrem Balkon; sie hatten von ihrer *Dueña* die spanische Sprache erlernt und waren gerührt von den lieblichen Worten des Liedes. Die umsichtige Kadiga hingegen war sehr beunruhigt.

-Allah behüte uns! -rief sie aus-. Sie singen ein

Liebeslied für euch. Wer hat jemals soviel Verwegenheit gesehen? Sofort werde ich dem Wächter der Sklaven sagen, er solle ihnen tüchtige Schläge versetzen.

-Wie bitte? Sollen solch galante Edelmänner dafür bestraft werden, dass sie so lieblich singen?

Die drei schönen Königstöchter waren entsetzt bei dieser Vorstellung. Trotz ihrer tugendhaften Empörung ließ sich die gute Alte, die ein friedliebendes Gemüt hatte, schnell beruhigen. Anderseits schien die Musik einen wohltuenden Einfluss auf ihre jungen Herrinnen zu haben. Unmerklich kehrten die Farben auf ihre Wangen zurück und ihre Augen begannen zu strahlen; daher wandte sie nichts mehr gegen die Liebeslieder der Kavaliere ein.

Nachdem die Gefangenen ihre Lieder beendet hatten, schwiegen die Jungfern eine Weile; schließlich ergriff Zorayda eine Laute und mit einer lieblichen, schwachen und bewegten Stimme, stimmte sie ein afrikanisches Lied an, dessen Reim Folgender war:

Auch wenn die Rose sich zwischen ihren Blättern verbirgt, hört sie voll Entzücken das Schlagen der Nachtigall

Von nun an arbeiteten die Kavaliere beinah jeden Tag in jener Schlucht. Der verständnisvolle Hussein Baba war täglich nachsichtiger und neigte noch häufiger dazu, auf seinem Posten einzuschlafen. Während einiger Zeit fand ein geheimnisvoller Austausch an volkstümlichen Liedern und Romanzen statt, die sich in gewisser Weise aufeinander bezogen und die Gefühle der Beteiligten verrieten. Jeden Tag lehnten sich die Prinzessinnen ein wenig mehr über ihren Balkon, wann immer sie vermeiden konnten von den Wächtern gesehen zu werden. Sie unterhielten sich auch mit den Edelmännern mittels einer symbolischen Blumensprache, die ihnen geläufig war. Die Schwierigkeiten, die sie zu überwinden hatten, um ihre Gefühle auszutauschen, erhöhten und belebten nur ihre Leidenschaft, die auf diese einmalige Weise in ihren Herzen erwacht war. Denn die Liebe erfreut sich am Kampf gegen Widerstände und wächst umso kräftiger, je enger und begrenzter ihr Spielraum ist.

Die Verwandlung im Aussehen und Wesen der Prinzessinnen, dank dieser geheimen Korrespondenz, überraschte und gefiel dem linkshändigen König; aber niemand zeigte sich zufriedener als die umsichtige Kadiga, die alles ihrer vorausschauenden Umsicht zuschrieb.

Aber es geschah, dass diese Unterredungen in Zeichensprache einige Tage unterbrochen wurden, denn die Edelmänner erschienen nicht mehr in der Schlucht. Umsonst hielten die drei jungen Frauen Aussschau; umsonst lugten sie mit ihren Schwanenhälsen über den Balkon; umsonst sangen sie wie Nachtigallen in ihrem Käfig: ihre verliebten Kavaliere waren nicht zu sehen, keine Note antwortete von der Schlucht. Die umsichtige Kadiga ging auf die Suche nach Nachrichten und kehrte bald mit verstörtem Blick zurück.

-Ach meine Töchter! -rief sie aus.- Ich konnte schon voraussehen, wohin das alles führen würde, aber es war euer Wille. Ihr könnt die Laute in die Weiden hängen. Die spanischen Edelmänner sind von ihrer Familie freigekauft worden, nach Granada hinuntergegangen und bereiten ihre Heimkehr vor.

Die drei schönen Königstöchter waren untröstlich bei dieser Nachricht. Zayda war empört darüber, dass sie ohne ein Abschiedswort verlassen worden war. Zorayda rang ihre Hände und weinte; sie schaute in den Spiegel und trocknete ihre Tränen, worauf sie von neuem in bittere Tränen ausbrach. Die sanfte Zorahayda lehnte sich auf den Fenstersims und weinte still vor sich hin; und ihre Tränen begossen Tropfen für Tropfen die Blumen des Hanges, auf dem die untreuen Edelmänner so oft gesessen hatten.

Die umsichtige Kadiga unternahm alles, was sie konnte, um ihren Schmerz zu lindern.

-Tröstet euch, meine Töchter -sagte sie-; das ist nicht mehr schlimm sobald ihr euch daran gewöhnt. So ist das Leben nun mal. Ach, wenn ihr erst einmal so alt seid wie ich, werdet ihr wissen, wie die Männer sind. Ich bin sicher, dass diese jungen Männer ihre Liebschaften mit einigen schönen Spanierinnen aus Córdoba oder Sevilla haben, wo sie bald für sie unter ihren Balkonen Serenaden singen werden, ohne sich der schönen Maurinnen der Alhambra zu erinnern. Tröstet euch also, meine Töchter, und werft sie aus euren Herzen.

Die ermunternden Worte der umsichtigen Kadiga bewirkten nur, dass der Schmerz der drei Prinzessinnen wuchs, so dass sie zwei Tage lang untröstlich waren. Am Morgen des dritten Tages, trat die alte Frau bebend vor Empörung in ihre Zimmer.

-Wer hätte sich nur solch eine Unverschämtheit bei einem Sterblichen vorstellen können! -rief sie aus, sobald sie wieder Worte fand, um ihre Gefühle auszudrücken.- Aber das ist die gerechte Strafe dafür, dass ich geholfen habe euren würdigen Vater zu betrügen. Sprecht mir niemals mehr von euren spanischen Edelmännern!

-Aber, was ist geschehen, gute Kadiga? -riefen die Prinzessinnen in atemloser Besorgnis aus.-

-Was geschehen ist? Dass sie Verräter sind oder, was das Gleiche ist, sie mir vorgeschlagen haben Verrat zu begehen. Mir, der treuesten Untertanin eures Vaters, der zuverlässigsten aller *Dueñas*! Ja, meine Töchter, die spanischen Edelmänner haben sich erdreistet mir vorzuschlagen, dass ich euch dazu überrede, mit ihnen nach Córdoba zu fliehen und ihre Gemahlinen zu werden!

Und als sie zu diesem Punkt ihrer Erzählung gekommen war, bedeckte die gerissene Alte ihr Gesicht mit den Händen und gab sich einem heftigen Anfall der Trauer und Empörung hin. Die drei schönen Königstöchter wurden abwechselnd rot und blass, sie schauerten, schlugen ihre Augen nieder und schauten einander aus den Augenwinkeln an, aber sie sagten nichts. Kadiga setzte sich mit allen Anzeichen großer Aufregung und brach in Jammern aus:

-Da habe ich so lange gelebt, um auf diese Art beleidigt zu werden! Ich, die treueste aller Dienerinnen!

Schließlich näherte sich ihr die älteste der Prinzessinnen, die am meisten Mut besaß und in allem die Initiative ergriff und sagte, indem sie ihr eine Hand auf die Schulter legte:

-Nun gut, Mutter, im Falle, dass wir bereit wären mit diesen christlichen Edelmännern zu fliehen, wäre das möglich?

Die gute Alte unterbrach plötzlich den Ausdruck ihrer Untröstlichkeit und indem sie den Blick hob, wiederholte sie:

-Möglich? Natürlich ist es möglich! Haben die Edelmänner nicht schon Hussein Baba, den abtrünnigen Kapitän der Wache bestochen und mit ihm den ganzen Plan abgesprochen? Aber wie? Wie kann ich nur daran denken euren Vater zu betrügen! Euren Vater, der sein ganzes Vertrauen in mich gesetzt hat!

Und hier gab sich die gute Frau erneut einem Schmerzensausbruch hin und rang wieder ihre Hände.

-Aber unser Vater hat niemals irgendein Vertrauen in uns gesetzt -erwiderte die älteste der Prinzessinnen-. Er hat uns unter Schloss und Riegel gehalten und wie Gefangene behandelt.

-Das ist wahr- antwortete Kadiga, wieder ihr Stöhnen unterbrechend. Er hat euch wirklich auf unwürdige Weise behandelt, indem er euch in diesem alten Turm eingesperrt hat, damit eure blühende Schönheit hier verschmachtet, wie die der Rosen, die in einer Vase ihre Blätter verlieren. Aber dennoch, wollt ihr aus eurer

Heimat fliehen?

-Würden wir nicht zur Erde unserer Mutter zurückkehren, wo wir in Freiheit leben würden? Dann hätten
jede von uns einen jungen Ehemann statt alle zusammen
einen alten und strengen Vater.

-Ja, auch das ist wahr! Ich muss gestehen, dass euer
Vater ein Tyrann ist; jedoch -sie wandte sich wieder
ihrem Schmerz zu-. Würdet ihr mich hier alt und verlassen zurücklassen, damit ich das Gewicht seiner Rache
zu verspüren bekomme?

-Keinesfalls, meine liebe Kadiga; könntest du nicht
mit uns kommen?

-Sicherlich, meine liebe Tochter. Wenn ich ehrlich
sein soll, hat Hussein Baba versprochen auch für mich
zu sorgen, wenn ich euch auf der Flucht begleite; aber
denkt gut darüber nach, meine Töchter: Seid ihr bereit
den Glauben eures Vaters abzulegen?

-Die christliche Religion war die erste Religion unserer Mutter -meinte die älteste der Prinzessinnen.- Ich bin
bereit sie zu empfangen und meine Schwestern sicherlich auch.

-Du hast Recht! -rief die Amme erfreut aus-. Dies war
die ursprüngliche Religion eurer Mutter und sie hat auf
ihrem Totenbett bitterlich bedauert ihr abgeschworen zu
haben. Daraufhin habe ich mich verpflichtet für eure
Seelen zu sorgen und jetzt freue ich mich darüber, euch
auf dem Weg zur Rettung zu sehen. Ja, meine Töchter,
auch ich bin als Christin geboren und bin es im Grunde
meines Herzens immer gewesen. Ich fühle mich entschlossen, zu meinem Glauben zurückzukehren. Mit
Hussein Baba habe ich darüber gesprochen; er ist
Spanier von Geburt und stammt aus einem Dorf nicht
weit entfernt von meiner Geburtsstadt. Auch er sehnt
sich danach, seine Heimat wiederzusehen und sich mit
der Kirche auszusöhnen. Die Edelmänner haben uns versprochen, dass wenn wir bereit sind, bei unserer

Heimkehr Mann und Frau zu werden, sie uns grosszügig helfen werden.

Mit anderen Worten: es stellte sich heraus, dass diese so vorsichtige und umsichtige alte Frau sich schon mit den Edelmännern und dem *Renegado* abgesprochen und den Fluchtplan ausgearbeitet hatte. Zayda war sofort damit einverstanden und ihr Beispiel entschied wie üblich das Verhalten ihrer Schwestern. Obwohl man dazu sagen muss, dass Zorahayda, die jüngste, unentschlossen war, denn ihre liebliche und scheue Seele schwankte zwischen der Liebe zu ihrem Vater und ihrer jugendlichen Leidenschaft; aber wie immer setzte sich die ältere Schwester durch und zwischen stillen Tränen und unterdrückten Seufzern bereitete auch sie sich auf die Flucht vor.

Der steile Hügel auf dem die Alhambra steht wird seit alten Zeiten von unterirdischen, aus dem Felsen geschlagenen Gängen durchzogen, die von der Festung zu mehreren Plätzen in der Stadt führen und zu verschiedenen Mauerdurchgängen an den Ufern des Darro und des Genil; diese wurden von verschiedenen maurischen Königen als Fluchtweg im Falle eines plötzlichen Aufstands oder für geheime Ausgänge bei privaten Abenteuern angelegt. Viele dieser geheimen Gänge sind heute gänzlich unbekannt und andere sind teilweise verschüttet oder vermauert worden; es sind Erinnerungen an die strengen Vorsichtsmaßnahmen und kriegsähnlichen Strategien der maurischen Regierungen. Durch einen dieser unterirdischen Gänge hatte Hussein Baba geplant, die Prinzessinnen bis zur anderen Seite der Stadtmauer zu führen, wo die Kavaliere mit ihren schnellen Rössern bereit stehen würden, um gemeinsam bis zur Grenze zu fliehen.

Es kam der verabredete Zeitpunkt. Der Turm der Prinzessinnen wurde wie immer verschlossen, und die Alhambra versank in tiefste Stille. Gegen Mitternacht lauschte Kadiga, die *Umsichtige*, vom Balkon eines Fensters, das zum Garten lag. Hussein Baba, der *Renegado*, stand schon darunter und gab das verabredete Signal. Die *Dueña* band das Ende einer Strickleiter an den Balkon, warf sie in den Garten und stieg hinunter. Die zwei ältesten Schwestern folgten ihr mit klopfendem Herzen; aber als Zorahayda, die jüngste Prinzessin an der Reihe war, zögerte und bebte sie. Mehrere Male setzte sie ihren kleinen zarten Fuß auf die Leiter und zog ihn immer wieder zurück, während ihr armes kleines Herz mehr und mehr flatterte, je länger sie zögerte. Sie warf einen sehnsüchtigen Blick zurück in den mit Seidentüchern verhängten Raum; sicherlich hatte sie darin wie ein Vogel in einem Käfig gelebt; aber sie hatte sich geborgen gefühlt; welche Gefahren würden wohl auf sie warten, sollte sie in die weite Welt hinaus fliehen? Sobald sie an ihren galanten christlichen Liebhaber dachte, setzte sich ihr kleiner Fuß entschlossen auf die Leiter; doch dann erinnerte sie sich ihres Vaters und sie zog ihn zurück. Ach, es ist unmöglich zu beschreiben, welcher Kampf sich im Busen dieser jungen, liebevollen und verliebten Frau abspielte, die zudem so scheu und unerfahren in den Dingen der Welt war.

Umsonst flehten sie ihre Schwestern an, ergebnislos schimpfte die *Dueña* und fluchte der *Renegado* unter dem Balkon; die zarte maurische Jungfrau war auch im Augenblick ihrer Flucht unsicher und unentschlossen; verführt durch den Zauber der Sünde, aber zu Tode erschreckt angesichts ihrer Gefahren.

Jeden Augenblick wuchs die Gefahr entdeckt zu werden. In der Ferne waren Schritte zu hören.

-Die Patrouillen machen ihre Runde! -schrie der *Renegado*.- Wenn wir zögern, sind wir verloren! Prinzessin, steigt sofort herunter, oder wir gehen ohne Euch.

Zorahayda fühlte sich einen Augenblick lang vor

Furcht hin und hergerissen; danach band sie in verzweifelter Entschlossenheit die Leiter vom Balkon und liess sie hinunterfallen.

-Es ist beschlossen! -rief sie aus-. Jetzt kann ich nicht mehr fliehen. Allah begleite und schütze euch, meine lieben Schwestern!

Die zwei älteren Schwestern waren entsetzt bei der Vorstellung, sie zurücklassen zu müssen, und wären liebend gerne geblieben; aber die Patrouille näherte sich, der *Renegado* war wütend und sie wurden zum unterirdischen Gang gestoßen. Sie ertasteten ihren Weg durch ein verworrenes, in das Herz des Berges geschnittenes Labyrinth und erreichten, ohne gesehen worden zu sein, eine Eisentür, die aus der Stadtmauer hinausführte. Die spanischen Edelmänner warteten auf sie, verkleidet als maurische Wachsoldaten, die dem *Renegado* unterstanden.

Der Liebhaber von Zorahayda war entsetzt, als er hörte, dass sie sich geweigert hatte, den Turm zu verlassen; aber es gab keine Zeit zum Klagen. Die zwei Prinzessinnen wurden hinter ihre verliebten Kavaliere auf die Pferde gesetzt; die umsichtige Kadiga setzte sich hinter den *Renegado* und alle galoppierten eiligst in Richtung Paso de Lope, dem Pass, der durch die Berge nach Córdoba führt.

Sie waren noch nicht weit gekommen, als sie von den Festungsanlagen der Alhambra her den Lärm von Trommeln und Trompeten hörten.

Sie haben unsere Flucht entdeckt! -sagte der *Renegado*.

Wir haben schnelle Pferde, die Nacht ist dunkel und wir können die Verfolger abschütteln- antworteten die Edelmänner.

Sie gaben ihren Rossen die Sporen und eilten ungestüm durch die Vega. Als sie den Fuß der Sierra Elvira erreichten, die sich wie ein Kap inmitten der Ebene erhebt, hielt der *Renegado* an und horchte.

Bisher ist noch niemand auf unserer Spur und wir können in die Berge fliehen.

Während er dies sagte, blinkte ein starkes Licht auf dem Wachturm der Alhambra auf.

-Verflucht! -schrie der *Renegado*-. Dies ist das Alarmzeichen für alle Wächter der Pässe. Vorwärts! Vorwärts! Wir müssen die Pferde bis aufs Blut antreiben, denn wir haben keine Zeit mehr zu verlieren.

Und sie stoben davon, während das Klappern der Hufe ein Echo von Felsen zu Felsen warf, als sie den Weg um die felsigen Berge von Elvira entlangstürmten. Und nun wurde das Feuerzeichen der Alhambra aus allen Richtungen beantwortet; ein Licht nach dem anderen blinkte von den *Atalayas* oder Wachtürmen der Berge auf.

-Vorwärts! Vorwärts! -schrie der *Renegado*- während er lauthals fluchte. Zur Brücke! Zur Brücke, bevor dort Alarm geschlagen wird.

Sie umritten das Bergkap und vor ihnen lag in Sichtweite die berühmte Brücke von Pinos, die über einen reißenden Storm führt, der häufig vom Blut sowohl der Christen wie der Mauren gefärbt worden ist. Zu ihrer Verwirrung blinkte der Turm über der Brücke voll mit Lichtern und bewaffneten Männern. Der *Renegado* zog an den Zügeln, stemmte sich in die Steigbügel und blickte einen Augenblick um sich herum; dann wies er die Edelmänner an ihm zu folgen, wandte sich vom Weg ab, ritt eine Weile den Fluss entlang und warf sich dann in seinen Strom. Die Edelmänner taten desgleichen, nachdem sie den Prinzessinnen zugerufen hatten, sich fest an sie zu halten. Für eine Weile wurden sie durch den Strom, dessen Wasser um sie herum schäumte, flussabwärts getrieben, aber die schönen Prinzessinnen klammerten sich an die Reiter, ohne sich mit einem Sterbenswörtchen zu beklagen. Die Edelmänner erreichten glücklich das gegenüberliegende Ufer und wurden vom *Renegado* über unwegsame, unbekannte Wege und wilde Abgründe durch das Herz des Berges geführt, wobei sie die bekannten Wege vermieden. In einem Wort: sie erreichten die alte Stadt Córdoba, wo die Rückkehr der Edelmänner in ihre Heimat und zu ihren Freunden mit großen Festlichkeiten gefeiert wurden, da sie den edelsten Familien angehörten. Die schönen Prinzessinnen wurden daraufhin in den Schoß der Kirche aufgenommen, und nachdem sie die christliche Religion angenommen hatten, verwandelten sie sich in glückliche Ehefrauen.

Indem wir uns beeilt haben von dieser schnellen Flucht zu berichten, haben wir vergessen das Schicksal der umsichtigen Kadiga zu erwähnen. Sie hatte sich bei dem Rennen durch die Vega wie eine Katze an Hussein Baba geklammert, wobei sie bei jedem Sprung aufschrie und dem bärtigen *Renegado* Schimpfworte entlockte; als dieser sich aber anschickte, mit dem Pferd ins Wasser zu steigen, kannte ihre Furcht keine Grenzen.

-Drücke mich nicht so -schrie Hussein Baba-; halte Dich an meinem Gürtel fest und fürchte nichts.

Sie hatte fest mit beiden Händen den Ledergürtel ergriffen, den der stämmige *Renegado* um seine Hüften trug; als dieser aber auf dem Gipfel des Berges die Pferde anhielt um wieder zu Atem zu kommen, war von der *Dueña* nichts mehr zu sehen.

Was ist mit Kadiga geschehen?- schrien die Prinzessinnen voller Aufregung.

-Das weiss nur Allah! -antwortete der *Renegado*-. Mein Gürtel löste sich mitten im Fluss und Kadiga wurde durch den Strom davongetrieben. Es geschehe der Wille Allahs, obwohl es ein sehr wertvoller, bestickter Gürtel war.

Es war keine Zeit mit unnützen Klagen zu verlieren; und trotzdem beweinten die Prinzessinnen bitterlich den Verlust ihrer umsichtigen Beraterin. Jedoch verlor jene ausgezeichnete Alte nur eines ihrer sieben Leben im

Wasser; ein Fischer, der seine Netze nicht weit von dort einholte, staunte nicht schlecht, als er seine wundersame Beute an Land zog. Was daraufhin mit Kadiga geschah, erwähnt die Legende nicht; aber man weiss, dass sie ihre Umsicht bewies, indem sie sich nie wieder in Reichweite Mohammeds des Linkshänders begab.

Es ist auch nicht viel über das Verhalten jenes weisen Monarchen bekannt, nachdem er von der Flucht seiner Töchter erfuhr und vom Verrat seiner treuesten Dienerin. Nur einmal in seinem Leben hatte er um Rat gebeten und nichts weist darauf hin, dass er dieser Versuchung noch einmal nachgab. Er sorgte gut dafür, jene Tochter zu bewachen, die nicht den Mut gehabt hatte zu fliehen. Es ist anzunehmen, dass sie im Geheimen bedauerte in der Alhambra geblieben zu sein. Manchmal war sie zu sehen, an den Mauersims des Turmes gelehnt und mit traurigen Blicken auf die Berge in Richtung Córdoba blickend; ein anderes Mal wiederum waren die Töne ihrer Laute zu hören, mit denen sie sehnsuchtsvolle Lieder begleitete, in denen sie den Verlust ihrer Schwestern und ihres Geliebten beklagte und ihr einsames Leben betrauerte. Sie starb jung und dem Volksmund zufolge wurde sie in einer Gruft unter dem Turm begraben, wobei ihr frühzeitiger Tod mehr als einmal den Anlass für traditionelle Ratschläge gegeben hat.

Die folgende Legende, die in gewisser Weise aus derjenigen entstanden zu sein scheint, die wir gerade erzählt haben, ist so sehr an edle und historische Namen gebunden, dass es uns nicht ansteht, vollständig an ihrem Wahrheitsgehalt zu zweifeln. Die Tochter des Grafen und einige ihrer jungen Freundinnen, denen sie auf eine ihrer nächtlichen *Tertulias* vorgelesen wurde, waren der Meinung, dass gewisse Teile durchaus der Wirklichkeit entsprechen könnten; und Dolores, die sehr viel erfahrener in den unwahrscheinlichen Wahrheiten der Alhambra war, glaubte ihr aufs Wort.

DIE ROSE DER ALHAMBRA

Einige Zeit nach der Übergabe Granadas durch die Mauren war diese entzückende Stadt eine der beliebtesten und häufigsten Aufenthaltstorte der spanischen Monarchen, bis diese sich von einer Anzahl ununterbrochener Erdbeben, die viele Gebäude zerstörten und die alten maurischen Türme bis in ihre Grundfesten erschütterten, vertreiben ließen.

Viele, viele Jahre vergingen, in denen Granada selten die Ehre eines königlichen Besuches erfuhr. Die Paläste der adligen Familien lagen still und verschlossen und die Alhambra glich einer verschmähten Schönheit in trauriger Einsamkeit inmitten ihrer verlassenen Gärten. Der *(Turm) Torre der Infantas,* zu anderen Zeiten Wohnsitz der drei schönen maurischen Prinzessinnen, nahm teil an dieser allgemeinen Trostlosigkeit; die Spinnen woben ihre Netze unter den vergoldeten Gewölben, während Fledermäuse und Eulen in jenen Gemächern nisteten, die zu anderen Zeiten durch die Anwesenheit Zaydas, Zaraydas und Zarahaydas ihren Glanz erhielten. Die Verlassenheit dieses Turmes war in gewisser Weise auch den abergläubischen Überzeugungen der Nachbarn zuzuschreiben. Es wurde gemunkelt, dass der Geist der jungen Zorahayda, die in diesem Turm gestorben war, häufig bei Mondlicht gesehen wurde, wie sie am Brunnen im Salon saß oder weinend durch die Baumalleen streifte, und dass die Melodie ihrer silbernen Laute bei Mitternacht im Tal von

Vorübergehenden vernommen werden konnte.

Nach langer Zeit wurde die Stadt Granada schließlich wieder von der Anwesenheit des Königshauses geehrt. Jederman weiß, dass Philipp V. der erste Borbone war, der das königliche Zepter in Spanien führte. Man weiß auch, dass er Elisabeth oder Isabela, die schöne Prinzessin von Parma, in zweiter Ehe heiratete, und ebenso ist bekannt, dass auf Grund dieser Umstände ein spanischer Prinz und eine italienische Prinzessin zusammen auf dem spanischen Thron saßen. Für einen Besuch dieses hohen Paares wurde die Alhambra in Stand gesetzt und in aller Eile zum Empfang der königlichen Gäste geschmückt. Mit der Ankunft des Hofes veränderte sich der Anblick der kurz zuvor noch verlassenen Festung vollständig. Das Schlagen der Trommeln und der Klang der Trompeten, das Stampfen der Pferde auf den breiten Wegen und in den Außenhöfen, das Blitzen der Waffen und das Wehen der Banner auf Festungsanlagen und Zinnen brachte den kriegerischen Glanz der Festung aus fernen Zeiten in Erinnerung. Es herrschte jedoch eine sanftere Stimmung im königlichen Palast; dort war das Rascheln der Gewänder zu vernehmen sowie der vorsichtige Schritt und die murmelnde Stimme der buckelnden Höflinge in den Vorkammern, das Kommen und Gehen der Pagen und Ehrendamen in den Gärten und der Klang der Musik, der durch die offenen Türen und Fenster drang.

Unter denen, die im königlichen Gefolge dienten, war auch ein Lieblingspage der Königin, genannt Ruiz de Alarcón. Es sagt schon viel über ihn aus, dass er der Lieblingspage der Königin war, denn jeder im Hofstaat der königlichen Isabela war auf Grund seiner Anmut, Schönheit oder ähnlicher Verdienste erwählt worden. Der Page war gerade achtzehn Jahre alt, leichtfüßig und hochgewachsen und schön wie ein junger Antonius. Der Königin gegenüber verhielt er sich immer voller

Ehrerbietung und Respekt, im Grunde aber war er ein ausgelassener, verwöhnter und von den Damen des Hofes verzogener Jüngling und erfahrener in Frauensachen, als es seinem Alter anstand.

Dieser müßige Page spazierte eines Morgens durch die Wälder des Generalife, die die Türme der Alhambra überblicken. Er hatte zu seiner Unterhaltung einen der Lieblingsfalken der Königin mitgenommen. Auf seinem Streifzug sah er einen Vogel aus dem Dickicht hochfliegen, worauf er dem Raubvogel die Kappe abnahm und ihn in die Luft warf. Der Falke schwang sich in die Höhe und ließ sich dann auf seine Beute fallen; aber sie entkam ihm und der Falke verfolgte sie, ohne auf die Rufe des Pagen zu achten. Dieser folgte dem eigenwilligen Flug des unartigen Vogels mit den Blicken, bis er sah, wie er sich auf die Zinne eines abgelegenen und einsamen Turmes niederließ, der an der Außenmauer der Alhambra über einem Steilhang steht, der die königliche Festung vom Gelände des Generalife trennt. Es handelte sich tatsächlich um den Turm der Königstöchter.

Der Page stieg den Hang hinunter und näherte sich dem Turm; aber es führte kein Weg durch die Schlucht und sie war so tief, dass es unmöglich schien, sie zu erklettern. Auf der Suche nach einem Tor zur Festung schlug er einen großen Bogen um diejenige Seite des Turmes, die zum Inneren der Mauer liegt.

Ein kleiner Garten, umstanden mit Schilf und überwuchert von Myrthen, lag vor dem Turm. Der Page öffnete das Gartentor und schritt zwischen Blumenbeeten und dichtstehenden Rosenbüschen bis hin zur Tür, die er verschlossen und verriegelt vorfand. Ein Guckloch erlaubte ihm jedoch einen Blick ins Innere. Dort sah er einen kleinen maurischen Salon mit verzierten Wänden, anmutigen Marmorsäulen und einem blumenumstandenen Alabasterbrunnen. In der Mitte hing ein goldener Käfig mit einem Singvögelchen darin; unter ihm auf einem Stuhl lag eine römische Katze, umgeben von Seidenknäueln und anderen Gegenständen weiblicher Handarbeit, und am Brunnen lehnte eine mit Bändern verzierte Gitarre.

Ruiz de Alarcón war beeindruckt von diesen Anzeichen weiblicher Eleganz und guten Geschmacks in einem einsamen Turm, den er für unbewohnt gehalten hatte. Das erinnerte ihn an die Legenden über verzauberte Säle, die so verbreitet waren in der Alhambra: vielleicht war diese Katze eine verzauberte Prinzessin!

Er klopfte leise an die Tür. Ein schönes Antlitz schaute aus einem hohen Fensterchen hinaus, verschwand aber umgehend wieder. Er wartete im Glauben, die Türe würde geöffnet werden, aber es war vergebens; keine Schritte waren im Inneren des Turmes zu vernehmen und alles blieb still. Hatten sich seine Sinne getäuscht oder war diese schöne Erscheinung der Geist des Turmes? Er klopfte noch einmal und diesmal lauter. Kurz danach erschien von neuem dieses verführerische Antlitz; es gehörte einem wunderschönen, fünfzehn Jahre alten Fräulein. Der Page lüftete umgehend seinen federbesetzten Hut und bat sie mit den höflichsten Ausdrücken, dass sie ihm erlauben möge auf den Turm zu steigen, um seinen Falken herunterzuholen.

-Ich wage es nicht, Euch die Türe zu öffnen, *Señor* -antwortete die Jungfer, indem sie errötete -, meine Tante hat es mir verboten.

-Ich flehe Euch an, schöne Jungfrau. Es handelt sich um den Lieblingsfalken der Königin und ich wage es nicht, ohne ihn zum Palast zurückzukehren.

-Seid Ihr demnach ein Kavalier des Hofes?

-Ja, das bin ich, schönes Fräulein; aber ich würde die Gunst der Königin und meine Stelle verlieren, wenn dieser Falke abhanden käme.

-*Santa María*! Ausgerechnet vor ihnen, den Kavalieren des Hofes, hat mich meine Tante gewarnt.

-Aber sie sprach sicherlich von den bösen Kavalieren. So einer bin ich nicht, ich bin nur ein einfacher und ungefährlicher Page, dessen Leben verloren und zerstört ist, wenn Ihr ihm diesen kleinen Gefallen verwehrt.

Das Herz des kleinen Fräuleins fühlte sich vom Kummer des Jünglings berührt. Es wäre doch eine Schande, wenn er solch einer Kleinigkeit wegen zugrunde gerichtet würde, dachte sie. Sicherlich war dieser junge Mann nicht einer jener gefährlichen Wesen, die ihre Tante ihr als eine Art Menschenfresser beschrieben hatte, die immer unter den unbedachten Jungfrauen auf Beute aus waren; und zudem, wie war er doch freundlich und bescheiden und so bezaubernd, wie er mit seinem Hut in der Hand bittend vor ihr stand!

Der listige Page erkannte, dass die Festung zu wanken begann, und verstärkte seine Bitten mit solch bewegenden Worten, dass es nicht im Wesen einer sterblichen Frau gelegen hätte, sie ihm abzuschlagen. So stieg die kleine, schamhaftige Wächterin des Turmes die Treppen hinunter und öffnete ihm die Türe mit zitternder Hand. War das Herz des Pagen schon beim Anblick ihres Antlitzes, als es aus dem Fenster lugte, erobert worden, so wurde es erst recht von der ganzen Figur eingenommen, die jetzt vor ihm stand.

Ihr andalusisches Mieder und der bestickte Rock hoben das runde, jedoch zarte Ebenmaß ihres mädchenhaften Körpers hervor. Sie trug ihre glänzenden Haare streng in der Mitte gescheitelt und der Landessitte gemäß mit einer frisch gepflückten Rose geschmückt. Ihre Haut, so muss man gestehen, war etwas gebräunt durch die sengende Sonne des Südens, aber dies verlieh der Farbe ihrer Wangen nur noch mehr Liebreiz und erhöhte den Glanz ihrer sanften Augen.

Ruiz de Alarcón gewahrte dies alles nur flüchtig, denn er wollte sich zu jenem Zeitpunkt nicht aufhalten lassen; er beschränkte sich darauf, ein paar Worte des Dankes zu murmeln, und sprang eilig die gewundene Treppe hoch auf der Suche nach seinem Falken.

Bald kehrte er mit dem unartigen Falken auf der Faust zurück. Das Fräulein hatte sich indessen im Saal neben den Brunnen gesetzt und Seide zu spinnen begonnen; in ihrer Verwirrung ließ sie jedoch eine Spule auf den Boden fallen. Der Page beeilte sich, sie aufzuheben, und galant sein Knie beugend, bot er sie ihr an; jedoch, indem er sich der Hand bemächtigte, die sie ausgestreckt hatte, um sie zu empfangen, presste er einen Kuss darauf, der brennender und inbrünstiger war, als alle, die er jemals auf die schöne Hand seiner Königin gedrückt hatte.

-*Ave María, Señor*!- rief die junge Frau aus, und errötete noch mehr voll Verwirrung und Überraschung, denn sie war noch nie auf diese Art begrüßt worden.

Der zurückhaltende Page bat sie tausendmal um Verzeihung und versicherte ihr, dass dies unter den Höflingen Brauch sei, um tiefste Ehrerbietung und Respekt zu bezeugen.

Der Ärger des Mädchens, falls sie ihn überhaupt verspürte, besänftigte sich schnell; ihre Beschämung und Verlegenheit hielten jedoch an und sie fühlte sich tiefer und tiefer erröten. Mit den Augen auf ihre Handarbeit geheftet, verwickelte sie die Spule, die sie zu entwirren suchte, nur noch mehr.

Der gewandte junge Mann bemerkte die Verwirrung im feindlichen Feld und er hätte sich ihrer liebend gern bedient. Aber die feinen Reden, die er benutzen wollte, erstarben auf seinen Lippen; sein Versuch, galant zu werben, fiel ungeschickt und wirkungslos aus und zu seiner eigenen Überraschung fühlte sich jener weltgewandte Jüngling, der sich durch seine Anmut und Sicherheit vor den erfahrensten Damen des Hofes auszeichnete, unsicher und stammelnd in der Anwesenheit eines unerfahrenen, fünfzehnjährigen jungen Mädchens.

Wahrhaftig hatte das unbedarfte Mädchen in seiner Bescheidenheit und Unschuld wirksamere Wächter als in den Stangen und Schlössern, die ihre wachsame Tante bereithielt. Jedoch, welches Herz einer Frau könnte gefühllos bleiben gegenüber dem ersten Flüstern der Liebe? Das kleine Fräulein in all seiner Unwissenheit verstand gefühlsmäßig alles, was die stammelnden Worte des Pagen nicht hatten ausdrücken können, und ihr Herz bebte, da sie zum ersten Mal einen Geliebten zu ihren Füßen sah- und welch einen Geliebten..!

Die Bestürzung des Jünglings, obwohl ehrlich, hielt nur kurz an. Er war im Begriff, seine gewöhnliche Sicherheit und Ruhe wiederzugewinnen, als eine schrille Stimme aus der Ferne zu hören war.

-Meine Tante kehrt aus der Messe zurück!- schrie das Mächen voller Schrecken. *Señor*, ich bitte Euch, geht fort.

-Nicht bevor Ihr mir diese Rose aus Eurem Haar als Erinnerung gewährt.

Eiligst befreite sie die Rose aus ihren schwarzen Locken.

-Nehmt sie -schrie sie aufgeregt und errötend- aber bitte geht fort!

Der Page nahm die Blume, indem er gleichzeitig die schöne Hand, die sie ihm gegeben hatte, mit Küssen bedeckte. Dann steckte er die Rose an seinen Hut, setzte sich den Falken auf die Faust und schlich aus dem Garten, wobei er das Herz der lieblichen Jazynthe mit sich trug.

Als die wachsame Tante den Turm erreichte, bemerkte sie die Aufregung ihrer Nichte und eine gewisse Unordnung im Saal; aber es reichten einige Worte der Erklärung.

-Ein Jagdfalke hat seine Beute bis hierher verfolgt.

-Um Gottes Willen! Daran zu denken, dass ein Falke in diesen Turm dringen konnte! Hat man jemals von einem dreisteren Falken gehört? Nicht einmal das Vögelchen in seinem Käfig kann sich sicher wähnen!

Die wachsame Fredegunde war eine dieser erfahrenen alten Jungfern, die großen Schrecken und starkes Misstrauen gegenüber dem hatte, was sie das "feindliche Geschlecht" nannte, und diese Gefühle hatten während ihres langjährigen Zölibats nur noch zugenommen. Nicht, dass die gute Frau jemals eine große Enttäuschung erlitten hätte, denn die Natur hatte ihr ein Gesicht zu ihrem Schutz verliehen, das jeden Wunsch, es zu besitzen, von vorneherein vereitelte. Die Damen jedoch, die sich wenig um sich selbst sorgen müssen, sind desto geneigter, Nachbarinnen zu überwachen, die reizvoller sind.

Ihre Nichte war das Waisenkind eines Offiziers, der im Krieg gefallen war. Sie war in einem Kloster erzogen und erst vor kurzem aus ihrem heiligen Zufluchtsort der unmittelbaren Aufsicht ihrer Tante unterstellt worden, unter derem wachsamen Schatten sie im Dunkeln dahinlebte, wie eine Rose die zwischen Dornen ihre Knospe öffnet. Dieser Vergleich ist nicht ganz zufällig, denn um ehrlich zu sein, hatte ihre frische und jugendliche Schönheit, trotz ihrer Abgeschiedenheit, die Aufmerksamkeit aller auf sich gezogen; und der poetischen Neigung folgend, die den Andalusiern eigen ist, taufte sie die ländliche Bevölkerung der Nachbarschaft mit dem Namen der "Rose der Alhambra".

Solange der Hof in Granada weilte, hielt die vorsichtige Alte weiterhin ein wachsames Auge auf ihre verführerische, kleine Nichte und beglückwünschte sich selbst zum Erfolg ihrer Überwachung. Tatsache ist, dass die gute Frau ab und zu außer sich geriet, wenn sie das Klimpern einer Gitarre und den Gesang von Liebesliedern hörte, die unter der Flut des Mondlichts vom Wald bis zum Turm hochdrangen. Dann ermahnte sie die Nichte, ihre Ohren vor so eitlen Tönen zu verschließen, wobei sie ihr versicherte, dass dieses eines der Kunstgriffe des "feindlichen Geschlechtes" sei, durch den unschuldige Jungfern schon oft ins Verderben gestürzt worden seien. Aber ach, welchen Wert haben für eine unschuldige Jungfrau solch trockene Warnungen gegen eine Serenade bei Mondenschein.

Schließlich brach König Philipp seinen Aufenthalt in Granada frühzeitig ab und verließ die Stadt mit seinem ganzen Gefolge. Die wachsame Fredegunde beobachtete den königlichen Zug, als er sich aus dem Tor der Gerechtigkeit herausschlängelte und die große Pappelallee in Richtung Stadt hinunterritt. Als sie das letzte Banner aus den Augen verloren hatte, kehrte sie innerlich jubelnd zu ihrem Turm zurück, denn nun hatten all ihre Sorgen ein Ende. Zu ihrer Überraschung wieherte ein leichtfüßiges arabisches Ross vor ihrem Gartentor und zu ihrem Entsetzen sah sie durch die Rosenbüsche einen eleganten jungen Mann zu Füßen ihrer Nichte. Beim Geräusch ihrer Schritte sagte er ihr ein liebevolles Adieu, sprang behend über die Hecke aus Myrthen und Schilf und war nach einem Augenblick entschwunden.

Die sanfte Jazynthe, voll Leid und Schmerz, vergaß ganz, welchen Kummer sie ihrer Tante damit verursachte; sie brach in Tränen aus und warf sich schluchzend in ihre Arme

- *Ay de mí*! -schluchzte sie-. Er ist fort! Er ist fort! Er ist fort! Nie mehr werde ich ihn wiedersehen!

-Fort? Wer ist fort? Wer ist dieser Jüngling, den ich zu deinen Füßen gesehen habe?

-Ein Page der Königin, Tante, er kam, um sich von mir zu verabschieden.

-Ein Page der Königin, meine Tochter! -wiederholte die wachsame Fredegunde mit aufgeregter Stimme-. Und wann hast du diesen Pagen der Königin kennengelernt?

-An dem Morgen, als der Jagdfalke in den Turm drang. Es war der Falke der Königin und er suchte ihn.

-Ach, du dummes, dummes Kind! Du solltest wissen, dass kein Falke so gefährlich ist wie diese leichtlebigen Pagen, die ausgerechnet ihre Beute unter solch treuherzigen Vögelchen wie dich suchen.

Anfangs, als sie erfuhr, dass trotz all ihrer vorsichtigen Überwachung ein Austausch an Liebesbezeugungen sozusagen unter ihrer Nase zwischen den jungen Liebenden stattgefunden hatte, war die Tante erbost. Aber als sie herausfand, dass ihre unschuldige Nichte, obwohl Stangen und Schlösser sie nicht hatten schützen können, unversehrt den Fallstricken des anderen Geschlechts entkommen war, tröstete sie sich damit, dass dies Dank ihrer unermüdlich wiederholten, umsichtigen und tugendhaften Ratschläge geschehen sei.

Während sich die alte Jungfer mit diesem Balsam für ihren Stolz tröstete, wahrte ihre Nichte in ihrem Herzen die Erinnerung an die unermüdlichen Treueschwüre ihres verliebten Jünglings. Aber was ist schon die Liebe eines umherstreifenden Mannes? Sie ist wie ein flüchtiger Bach, der eine Weile innehält, um mit den Blümchen am Ufer zu spielen und dann weiterfließt, indem er sie tränenüberströmt zurücklässt.

Es vergingen Tage, Wochen und Monate und nichts wurde mehr vom Pagen der Königin gehört. Der Granatapfel reifte, die Weinrebe gab ihre Frucht, die heftigen Herbstregen flossen in Strömen durch die Berge, die Sierra Nevada bedeckte sich mit ihrer weißen Decke und die Winterwinde stöhnten in den Sälen der Alhambra; aber er kam nicht. Der Winter ging vorbei. Von neuem brach der Frühling aus mit dem Singen der Vögel, mit seinen Blumen und seinen sanften Winden. Der Schnee schmolz von den Bergen, bis nur noch ein Rest auf den luftigsten Gipfeln der Sierra Nevada zurückblieb, der in der heißen Sommerluft flimmerte. Aber nichts wurde vom wankelmütigen Pagen gehört.

Unterdessen verlor die arme Jazynthe Tag für Tag ihre

Farben und wurde immer trauriger. Sie gab ihre gewohnten Beschäftigungen und Unterhaltungen auf; ihre Seidenspulen blieben ungesponnen, ihre Gitarre schwieg, ihre Blumen wurden vernachlässigt, sie hörte nicht mehr den Gesang ihres Vogels und ihre Augen, die vordem so glänzten, verwelkten unter geheimen Tränen.

Man könnte sich kaum einen besseren Platz denken, um die Leidenschaft einer liebeskranken Jungfrau zu nähren als die Alhambra, in der alles angelegt zu sein scheint, um sanfte und romantische Gefühle zu nähren. Es ist wahrhaftig ein Paradies für die Verliebten; wie traurig ist es daher, alleine in solch einem Paradies zu sein und nicht nur alleine sondern verlassen.

-Ach, mein dummes Kind! -sagte die vernünftige und keusche Fredegunde, wenn sie ihre Nichte in dieser gedrückten Stimmung vorfand-. Habe ich dich nicht vor dem Betrug und Verrat dieser Männer gewarnt? Du kannst sicher sein, dass, falls der Jüngling dir treu wäre, sein Vater, der einer der stolzesten Edelmänner des Hofes ist, eine Bindung mit so einer einfachen und mittellosen Partie wie dir, verbieten würde. Was konntest du schon von einem jungen Mann erwarten, der zudem noch einer hochmütigen und ehrgeizigen Familie angehört, du das Waisenkind und Abkömmling eines verarmten und heruntergekommenen Geschlechts. Fasse daher einen energischen Entschluss und entferne diese eitlen Hoffnungen aus deinen Gedanken.

Die Worte der unbefleckten Fredegunde führten nur dazu, die Betrübnis ihrer Nichte zu erhöhen, aber Jazynthe versuchte von nun an, sich ihrer Trauer in der Einsamkeit hinzugeben. An einem Sommerabend zu später Stunde, als die Tante sich schon zum Schlaf zurückgezogen hatte, blieb sie alleine im Saal des Turmes neben dem Alabasterbrunnen sitzen. Hier hatte sich der treulose Page zum ersten Mal vor ihr hingekniet und ihre Hand geküsst; hier hatte er ihr immer wieder ewige Treue geschworen. Das Herz des armen Mädchens strömte über von so vielen süßen und traurigen Erinnerungen, ihre Tränen begannen zu fließen und fielen Tropfen für Tropfen in den Brunnen hinein. Unmerklich kam Bewegung in das durchsichtige Wasser des Brunnens, blub-blub-blub, begann es zu sprudeln und eine Blase nach der anderen zu werfen, bis schließlich eine weibliche Figur in reichgeschmückter maurischer Kleidung langsam vor ihren Augen erschien.

Jazynthe erschrak so sehr, dass sie aus dem Saal floh und nicht wagte zurückzukehren. Am nächsten Morgen erzählte sie ihrer Tante alles, was sie gesehen hatte; aber die gute Dame hielt es für eine Ausgeburt ihrer verstörten Phantasie oder nahm an, dass sie eingeschlafen war und am Brunnen geträumt hatte.

-Du hast wahrscheinlich an die Geschichte der drei maurischen Prinzessinnen gedacht, die einmal in diesem Turm gelebt haben -fügte sie hinzu- und hast von ihnen geträumt.

-Was ist das für eine Geschichte, Tante? Ich habe noch nie etwas davon gehört.

-Du hast sicherlich von den drei Prinzessinnen sprechen hören, von Zayda, Zorayda und Zorahayda, die in diesem Turm von ihrem Vater, dem König, eingesperrt gehalten wurden und beschlossen, mit drei christlichen Edelmännern zu fliehen. Den ersten zwei gelang die Flucht, aber der dritten fehlte der Mut und es heißt, dass sie hier gestorben ist.

-Ich erinnere mich jetzt daran, diese Geschichte gehört zu haben -sagte Jazynthe-, und ich habe sogar das Unglück der sanften Zorahayda beweint.

-Du tust gut daran, ihr trauriges Schicksal zu beweinen -fuhr die Tante fort-, denn der Liebhaber Zorahaidas war einer deiner Vorfahren. Er hat viel um seine geliebte Prinzessin getrauert; aber die Zeit heilte seine Wunden und er heiratete eine spanische Dame, von der du abstammst.

Jazynthe dachte viel über diese Worte nach. "Was ich gesehen habe -sagte sie zu sich-, ist kein Produkt meiner Einbildungskraft, dessen bin ich gewiss. Und falls es tatsächlich der Geist der schönen Zorahayda sein sollte, der, wie ich gehört habe, in diesem Turm umgeht, was hätte ich schon zu fürchten? Diese Nacht werde ich am Brunnen wachen und vielleicht wiederholt sich der Besuch."

Kurz vor Mitternacht, als schon tiefe Stille herrschte, setzte sich die junge Frau wieder in den Salon. Kaum schlugen die Glocken zwölf vom entfernten Wachturm der Alhambra, geriet der Brunnen von neuem in Bewegung, blub-blub-blub schlug das Wasser Blasen und vor ihren Augen erschien wieder die maurische Frau. Sie war jung und schön, ihre Kleider waren reich geschmückt und in der Hand trug sie eine silberne Laute. Jazynthe bebte und verlor fast das Bewusstsein; aber sie beruhigte sich beim Klang der süßen und traurigen Stimme der Erscheinung und beim Anblick des gütigen Ausdrucks in ihrem blassen und traurigen Gesicht.

-Tochter der Sterblichen! -sagte sie zu ihr-. Was ist es, das dich so bekümmert? Warum trüben deine Tränen das Wasser meines Brunnens und warum stören deine Klagen und Seufzer die Ruhe der Nacht?

-Ich beweine die Treulosigkeit der Männer und ich beklage meine trostlose Verlassenheit.

-Tröste dich, denn deine Leiden mögen bald ein Ende haben. Vor dir steht eine maurische Prinzessin, die wie du sehr unglücklich in der Liebe war. Ein christlicher Edelmann, einer deiner Vorfahren, eroberte mein Herz und wollte mit mir in seine Heimat und in den Schoß seiner Kirche fliehen. In der Tiefe meines Herzens war ich schon bekehrt; aber mir fehlte der Mut, der meinem Glauben entsprochen hätte, und ich zögerte, bis es zu spät war. Daher ist es den bösen Geistern erlaubt, ihre Macht über mich auszuüben und ich werde hier verzaubert in diesem Turm sein, bis eine reine christliche Seele es wagt, diesen Zauberbann zu brechen. Würdest du diese Aufgabe übernehmen?

-Ja, gerne- antwortete bebend das junge Mädchen.

-So komme näher und fürchte nichts; tauche deine Hand in den Brunnen, gieße Wasser über mich und taufe mich, dem Brauch deiner Religion folgend. Auf diese Art wird der Bann gebrochen werden und mein verstörter Geist seinen Frieden finden können.

Das Mädchen näherte sich zögernd, tauchte die Hand in den Brunnen, schöpfte mit ihrer Hand das Wasser und sprenkelte es über das bleiche Antlitz des Geistes.

Dieser lächelte unsäglich lieblich. Die Maurin ließ ihre silberne Laute zu den Füßen Jazynthes gleiten, kreuzte ihre weißen Arme über der Brust und zerschmolz vor ihren Blicken gleich einem Schauer Tautropfen über dem Brunnen.

Jazynthe lief aus dem Raum voll Staunen und Angst. Sie konnte jene Nacht kaum ein Auge schließen, aber als sie bei Tagesanbruch aus ihrem unruhigen Schlaf erwachte, erschien ihr alles wie ein Alptraum. Nachdem sie in den Saal hinunterging sah sie jedoch, dass es sich nicht um einen Traum handelte, denn neben dem Brunnen gewahrte sie die silberne Laute, die im Morgenlicht glänzte.

Da lief sie zu ihrer Tante und erzählte ihr alles, was ihr widerfahren war, und forderte sie auf, sich die Laute als Zeugnis für die Wahrhaftigkeit ihrer Geschichte anzuschauen. Falls die gute Frau im geheimen Zweifel gehegt hatte, so wurden diese zerstreut, als ihre Nichte das Instrument berührte. Denn sie entlockte ihm derart hinreißende Klänge, dass sogar das eiskalte Herz der unbefleckten Fredegunde, jene Region ewigen Winters, wie in einem Bächlein dahinschmolz. Nur eine übernatürliche Melodie konnte solch eine wunderbare Wirkung ausüben.

Die außergewöhnliche Macht jener Laute wurde jeden Tag offensichtlicher. Der Spaziergänger, der am Turm vorbeiging, blieb stehen und fühlte sich von einem unbeschreiblichen Wonnegefühl in Bann gezogen. Selbst die Vögel versammelten sich auf den Bäumen in der Nähe und unterbrachen ihren eigenen Gesang, um in verzücktem Schweigen zu lauschen.

Bald verbreitete sich diese Nachricht weit und breit. Die Bewohner Granadas zogen zur Alhambra, um zumindest einige Töne dieser wunderbaren Musik zu hören, die um den Turm der Königstöchter schwebte.

Die liebliche Minnesängerin wurde schließlich aus ihrem Schlupfloch geholt. Die Reichen und Mächtigen des Landes stritten sich darum, sie zu bewirten und zu ehren - oder besser gesagt darum, mit dem Klang der wundersamen Laute die angesehensten Mitglieder der Gesellschaft in ihre Salons zu locken. Wohin sie auch ging, klebte die wachsame Tante an ihren Fersen und verscheuchte den Schwarm leidenschaftlicher Bewunderer, die verzückt an den Seiten ihres Instruments hingen. Der Ruhm ihrer wunderbaren Gabe verbreitete sich von Stadt zu Stadt. Málaga, Sevilla, Córdoba, ganz Andalusien war von der schönen Minnesängerin der Alhambra besessen. Und wie hätte es auch anders sein können unter Menschen, die so sehr der Musik und dem Liebeswerben zugeneigt sind wie die Andalusier, wenn die Laute Zauberkräfte besaß und ihr Spiel von der Liebe beseelt war.

Während ganz Andalusien sich auf diese Art für die Musik begeisterte, herrschte eine ganz andere Stimmung am spanischen Königshof. Philipp V. war bekanntlich ein armseliger, eingebildeter Kranker, der alle möglichen Grillen hatte. Manchmal lag er wochenlang im Bett und stöhnte über eingebildete Leiden. Zu anderen Zeiten bestand er darauf, den Thron niederzulegen, zum großen Ärger seiner königlichen Gemahlin, die eine ausgesprochene Vorliebe für die Pracht des Hofes und den Ruhm der Krone hatte und das Zepter ihres unfähigen Gemahls mit geschickter und fester Hand führte.

Nichts war wirksamer zur Linderung der königlichen Kopfschmerzen als die Macht der Musik, weshalb die Königin Wert darauf legte, die besten Künstler um sich zu scharen, die sowohl im Gesang wie auch auf einem Instrument bewandert waren, und sie hielt den berühmten italienischen Sänger Farinelli als eine Art königlicher Hofarzt an ihrem Hof.

Zu der Zeit, von der wir sprechen, hatte sich dieses illustren und weisen Borbonen eine verrückte Idee bemächtigt, die alle vorherigen in ihrer Ausgefallenheit in den Schatten stellte. Nach einer langen eingebildeten Krankheit, gegen die alle Melodien Farinellis nichts hatten ausrichten können, noch die Violinkonzerte des königlichen Violinorchesters, bestand der Monarch auf dem Gedanken, dass er in Wirklichkeit schon seinen Geist aufgegeben habe und tatsächlich gestorben sei.

Dies wäre nicht weiter schlimm gewesen und in gewisser Weise sogar bequem für die Königin und ihre Höflinge, wenn er sich damit begnügt hätte, sich ruhig und unbeweglich, wie es sich für einen Verstorbenen gehört, zu benehmen. Aber zum großen Ärger aller bestand er auf einer offiziellen Beerdigung und zu allergrößter Überraschung wurde er sogar ungeduldig und warf ihnen bitterlich Nachlässigkeit und Respektlosigkeit vor, da sie ihn nicht begruben. Was sollten sie da machen? Den nachdrücklichen Anordnungen des Königs nicht zu gehorchen, war undenkbar für die respektvollen Höflinge eines streng auf die Regeln bedachten Hofes. Aber ihm zu gehorchen, und ihn zu begraben, bedeutete wahrhaftig Königsmord zu begehen.

Als sie sich unschlüssig in dieser schrecklichen Zwickmühle befanden, erreichte den Hof die Nachricht von der weiblichen Minnesängerin, die ganz Andalusien den Kopf verdreht hatte. Unverzüglich sandte die Königin Boten aus, um sie nach San Ildefonso bringen zu lassen, der Ort, an dem der Königshof damals residierte.

Einige Tage danach, als die Königin in Begleitung ihrer Ehrendamen in jenen prächtigen Gärten spazieren ging, die mit ihren Alleen, Terrassen und Brunnen den Ruhm Versailles in den Schatten stellen wollten, wurde die berühmte junge Minnesängerin in ihre Gegenwart geführt. Die königliche Isabela starrte überrascht auf das jugendliche und natürliche Auftreten dieses kleinen Fräuleins, nach der alle verrückt waren. Sie trug die volkstümliche andalusische Tracht, hielt ihre silberne Laute in der Hand und die Augen schamhaft niederge-schlagen, aber ihre Schlichtheit und jugendliche Schönheit erklärten sie immer noch zur "Rose der Alhambra". Wie üblich wurde sie von der immer wach-samen Fredegunde begleitet, die auf Anfragen der Königin die Abstammung und die ganze Geschichte ihrer Nichte erzählte. So sehr sich die königliche Isabela für das Aussehen Jazynthes interessiert hatte, fand sie noch mehr Gefallen an der Tatsache, dass diese einem edlen, wenn auch verarmten Geschlecht angehörte und dass ihr Vater im tapferen Kampf im Dienste der Krone gefallen war.

-Wenn Eure Gaben Eurem Ruhm entsprechen -sagte sie zu ihr- und Ihr in der Lage seid den bösen Geist, der sich Eures Königs bemächtigt hat, zu verbannen, wird Euer Glück in Zukunft meine Sorge sein und Ehren und Reichtümer Euch erwarten.

Sie brannte darauf, die Fähigkeiten der Lautenspielerin auf die Probe zu stellen, und führte sie umgehend in die Räume des launenhaften Monarchen.

Jazynthe folgte ihr mit niedergeschlagenen Augen zwischen den Reihen der Wächter und den Gruppen der Höflinge. Schließlich gelangten sie zu einem großen, mit schwarzen Tüchern verhängten Raum. Die Fenster waren geschlossen, um das Tageslicht abzuhalten; zahlreiche wachsgelbe Altarkerzen in silbernen Leuchtern verbreiteten ein trübes Licht und ließen kaum die Figuren der Klageweiber in Trauerkleidern und die der Höflinge erkennen, die sich vorsichtig und mit Trauermiene bewegten. Auf einem Totenbett oder Sarkophag lag mit auf der Brust gekreuzten Händen und nur an der Nasenspitze sichtbar dieser vielleicht-zu-beerdigende Monarch.

Die Königin trat schweigend in das Gemach und indem sie auf einen Schemel wies, der in einer dunklen Ecke stand, befahl sie der jungen Frau sich hinzusetzen und zu beginnen.

Zu Anfang spielte sie ihre Laute mit zitternder Hand; aber mit der Zeit gewann sie ihre Zuversicht und ihren guten Mut zurück und entlockte ihrem Instrument solch süße und himmlische Harmonien, dass diese von den Anwesenden kaum für irdisch gehalten wurden. Was den Monarchen betrifft, der sich schon im Reiche der Geister wähnte, hielt er es für Engels- oder Sphärenmusik. Unmerklich änderte sich das Thema und die Stimme der Minnesängerin begann, ihr Instrument zu begleiten. Sie sang eine legendäre Ballade, die vom vergangenen Ruhm der Alhambra sprach und von den kriegerischen Erfolgen der Mauren. Sie sang aus ganzer Seele, denn die Erinnerung an die Alhambra war für sie verbunden mit der Geschichte ihrer Liebe. Die Todeskammer erhallte mit den belebenden Tönen. Sie drangen in das düstere Herz des Monarchen. Er hob den Kopf und schaute um sich herum; er setzte sich in seinem Sarg auf, seine Augen begannen zu leuchten und schließlich sprang er auf den Boden und bat um Schwert und Schild.

Der Sieg der Musik oder, besser gesagt, der verzauberten Laute war vollständig; der böse Geist der Trauer war verscheucht und wahrhaftig ein Mensch von den Toten auferstanden. Die Fenster des Raumes wurden geöffnet, die glorreichen Strahlen der spanischen Sonne strömten in das vordem düstere Gemach und alle Augen suchten die reizende Zauberin. Aber die Laute war ihr entfallen und sie war auf den Boden gesunken und im nächsten Augenblick drückte Ruiz de Alarcón sie an seine Brust.

Die Hochzeit des glücklichen Paares wurde kurze Zeit darauf mit großem Glanz gefeiert und die "Rose der Alhambra" schmückte und entzückte von nun an das Leben am Hof.

"Aber bitte, etwas langsamer!" -höre ich da den Leser ausrufen.- "Das geht mir alles ein wenig zu schnell. Der Autor hat einfach das Ende einer schönen Liebesgeschichte übersprungen. Lass uns erst einmal wissen, wie Ruiz de Alarcón es angestellt hat, seine lange Abwesenheit vor Jazynthe zu rechtfertigen."

Nichts einfacher als das. Die respektable und bekannte Ausrede: der Widerstand, den sein unbeugsamer alter Vater seinen Bitten und Wünschen entgegengesetzt hatte. Junge Leute, die einander wirklich lieben, finden leicht wieder zueinander und vergessen vergangene Schmerzen, wenn sie sich wiedersehen.

-Aber wie kam es dazu, dass dieser stolze und unbeugsame Vater sich mit der Hochzeit einverstanden erklärte?-

Ach, was das anbetrifft, lösten sich seine Bedenken schnell nach einigen Worten der Königin auf; vor allem dann, als es Ehren und Auszeichnungen über die schöne Favoritin des Königspaares regnete. Zudem, wie der Leser weiß, besaß die Laute Jazynthes Zauberkräfte und war fähig, über den schlimmsten Dickkopf und das härteste Herz den Sieg davon zu tragen.

Und was geschah mit der verzauberten Laute?

Ach, dies ist das erstaunlichste an allem und beweist

eindeutig die Wahrhaftigkeit der Geschichte. Diese Laute blieb einige Zeit in der Familie, wurde aber, wie man glaubt, vom großen Sänger Farinelli aus lauter Eifersucht gestohlen und entführt. Bei seinem Tod ging sie in Italien in andere Hände über, die ihre Zauberkräfte nicht kannten, ihr Silber einschmolzen und es für die Saiten einer alten Geige aus Cremona benutzten. Die Saiten haben immer noch etwas von ihrer alten wunderbaren Eigenschaft erhalten. Ein Wort in das Ohr des Lesers, aber bitte nicht weiter sagen: diese Geige verzaubert jetzt die ganze Welt. Es ist die Geige Paganinis!

DER VETERAN

Zu den seltsamen Bekanntschaften, die ich auf meinen Spaziergängen durch die Festung schloss, gehörte ein tapferer und kampferprobter alter Oberstleutnant der Invaliden, der wie ein Sperber in einem der maurischen Türme nistete. Seine Lebensgeschichte, die er mit Vorliebe erzählte, war ein Gewebe aus Abenteuern, Widrigkeiten und wechselhaften Zufällen, das dem Leben beinah aller beachtlichen Spanier eine so abwechslungsreiche und unvorhersehbare Eigenart verleiht, wie wir es in den Erzählungen über *Gil Blás* nachlesen können.

Mit zwölf Jahren war er in Amerika gewesen und es zählte zu den wichtigsten und glücklichsten Ereignissen seines Lebens, General Washington gesehen zu haben. Seitdem hatte er an allen Kriegen seiner Heimat teilgenommen und konnte aus eigener Erfahrung über die meisten Gefängnisse und Kerker der Halbinsel sprechen. Er hinkte auf einem Bein, seine Hände waren verkrüppelt und er war so oft verletzt und zusammengeflickt worden, dass er eine Art wandelndes Monument der kriegerischen Unruhen Spaniens darstellte, von denen er eine Narbe für jede Schlacht oder Scharmützel zurückbehalten hatte, auf die gleiche Art, wie jedes Jahr der Gefangenschaft auf dem Baum Robinson Crusoes abgelesen werden konnte. Aber es war allem Anschein nach das größte Missgeschick dieses tapferen, alten Edelmanns, in Málaga in unruhigen und gefährlichen

Zeiten das Kommando, mit dem Auftrag die Bevölkerung vor dem Einfall der Franzosen zu schützen, übernommen zu haben. Daher fühlte er sich dazu berechtigt, so viele gerechte Forderungen für seine geleisteten Dienste an die Regierung zu stellen, dass er wahrscheinlich, so befürchte ich, bis zu seinem Lebensende damit beschäftigt sein wird, Anträge und Memoranden zu verfassen und auszudrucken; etwas, das seinem Geist viel Unruhe, seiner Börse unendliche Ausgaben und seinen Freunden nicht wenig Verdruss bereitet. Niemand konnte ihn besuchen, ohne sich verpflichtet zu sehen, irgendein unerträgliches, mindestens halbstündiges Dokument anzuhören und in seiner Hosentasche ein halbes Dutzend Protestschreiben mitzunehmen. Das ist jedoch in Spanien recht häufig der Fall; überall trifft man ehrwürdige Persönlichkeiten, die grollend in einer Ecke sitzen und über die Beleidigungen, die sie erfahren haben, nachgrübeln und sich über die Ungerechtigkeiten, deren Opfer sie sind, beklagen. Zudem muss man sagen, dass der Spanier, der ein Verfahren oder eine Klage gegen seine Regierung in Gang setzt, für den Rest· seines Lebens als beschäftigt zu gelten hat.

Ich pflegte den Veteranen in seinem Quartier in den oberen Räumen des Turmes *Torre del Vino* zu besuchen. Sein Zimmer war klein, aber bequem und erlaubte einen wunderbaren Blick über die *Vega*. Es war mit soldatischer Genauigkeit geordnet; an der Wand hingen drei saubere, blitzende Musketen, ein Paar Pistolen und nebeneinander ein Säbel und ein Stock, darüber zwei Dreispitze, einer für Festtage und ein anderer für täglich. Seine Bibliothek bestand aus einem halben Dutzend Bücher auf einem kleinen Regal, von denen eines, ein altes und zerflettertes Büchlein mit philosophischen Grundsätzen, seine Lieblingslektüre war. Daher blätterte er jeden Tag darin und grübelte darüber nach, wobei er jeden weisen Spruch auf seinen eigenen Fall bezog, wann immer er ein wenig von Bitterkeit gefärbt war oder von den Ungerechtigkeiten der Welt sprach.

Nichtsdestoweniger war er ein umgänglicher und gütiger Mensch, und wenn man ihn von seinem Unglück und seiner Philosophie ablenken konnte, war er ein unterhaltsamer Gefährte. Ich mag diese alten, vom Leben gegerbten Söhne des Schicksals und genieße ihre ungeschlachteten Anekdoten aus dem Soldatenleben. Im Verlauf meiner Besuche bei diesem Mann erfuhr ich einige erstaunliche Tatsachen aus dem Leben eines alten Kommandanten der Festung, der ihm in einiger Hinsicht zu gleichen schien, und ein ähnliches Schicksal im Krieg erfahren haben musste. Ich habe diesen Bericht mit Nachforschungen unter den alten Nachbarn der Alhambra ergänzt, vor allem mit dem, was mir der Vater von Mateo Jiménez erzählt hat, dessen historischen Legenden, in die ich im Folgenden den Leser einführen werde, den besagten Edelmann zu ihrem Helden erkoren hatten.

DER STATTHALTER UND DER NOTAR

Früher herrschte einmal als Statthalter ein tapferer, alter Edelmann in der Alhambra, der, da er einen Arm im Krieg verloren hatte, allgemein als *Gobernador Manco* oder der *Einarmige Statthalter* bekannt war. Er hielt sich sehr viel darauf zugute ein altgedienter Soldat zu sein, trug seinen Bart hochgezwirbelt bis zu den Augen, an den Füßen ein Paar Feldstiefel und ein toledanisches Schwert so lang wie ein Stoßdegen an der Hüfte und ein Taschentuch im Säbelkorb.

Zudem war er außergewöhnlich stolz und gewissenhaft und sehr auf die Bewahrung all seiner Privilegien und Rechte bedacht. Unter seiner Herrschaft wurden die Immunitätsrechte der Alhambra, die ihr als königliche Residenz und Domäne zustanden, streng beachtet. Niemand durfte die Festung mit Feuerwaffen betreten, nicht einmal mit einem Säbel oder Stock, es sei denn, es handelte sich um eine hochgestellte Persönlichkeit; zudem war jeder Reiter verpflichtet, am Tor abzusteigen und sein Pferd am Zügel hineinzuführen. Da aber der Hügel der Alhambra aus der Mitte Granadas ragt und sozusagen ein Auswuchs der Stadt ist, muss es zu allen Zeiten ziemlich lästig für den Generalkapitän gewesen sein, der in der Provinz als Statthalter das Sagen hatte, auf diese Art ein *imperium in imperio*, eine kleine unabhängige Festung inmitten seines Gebietes vor sich zu haben. Diese Lage war zum damaligen Zeitpunkt noch unerträglicher, weil der Statthalter in seinem Übereifer bei jeder Gelegenheit, die seine Autorität und die Rechtslage der Alhambra betraf, überempfindlich reagierte, und zum anderen, weil sich langsam aber sicher in der Alhambra alles mögliche herumstreifende Gesindel wie in einem Heiligtum eingenistet hatte, um von dort aus auf Kosten der anständigen Bewohner der Stadt Überfälle und Einbrüche auszuführen.

Auf diese Art herrschte ununterbrochen Feindschaft und Streit zwischen dem Generalkapitän und dem Statthalter und daran war vor allem Letzterer schuld, da von zwei Nachbarn immer der kleinere seine Würde heftiger verteidigt. Der prächtige Palast des Generalkapitäns steht auf der *Plaza Nueva* am Fuße des Hügels der Alhambra, und dort konnte man zu allen Zeiten das Kommen und Gehen von Wachposten, Dienern und Beamten der Stadt beobachten. Das Außenwerk der Festung überragt den Palast und den davor liegenden öffentlichen Platz. Dort pflegte der alte Statthalter mit seinem toledanischen Schwert an der Hüfte hin und her zu stolzieren, wobei er seinen Rivalen prüfend im Blick behielt, wie ein Falke, der seine Beute aus dem Nest in der Höhe eines morschen Baumes belauert.

Immer wenn er zur Stadt hinunterging, veranstaltete er einen Paradezug. Er saß hoch zu Ross, umgeben von Soldaten, oder aber in seiner Karrosse, einem spanischen, alten und schweren Ungetüm aus geschnitztem Holz und vergoldetem Leder, gezogen von acht Mauleseln und begleitet von berittenen Dienern und Lakaien als Fußvolk. Bei solchen Gelegenheiten fühlte er sich geschmeichelt durch die Angst und Bewunderung, die er als Vertreter des Königs bei allen hervorzurufen glaubte, obwohl die Spaßvögel von Granada und vor allem die, die um den Palast des Generalkapitäns herumlungerten, bereit waren, sich über diese lächerliche Parade lustig zu machen, indem sie auf den liederlichen

Charakter seiner Untertanen anspielten und ihn als den "König der Bettler" begrüßten. Einer der ergiebigsten Anlässe zum Streit zwischen diesen hochfahrenden Rivalen war der Anspruch des Statthalters alle Dinge, die für seinen persönlichen Gebrauch oder den der Garnison gedacht waren, steuerfrei durch die Stadt einzuführen. Dieses Privileg hatte mit der Zeit zu einem weit verbreiteten Schmuggelgeschäft geführt. Ein Nest von *Contrabandistas* hatte sich in den Hütten der Festung und in den zahlreichen Höhlen der Nachbarschaft festgesetzt und im Einverständnis mit den Soldaten der Garnison ein blühendes Geschäft in Gang gebracht.

Dies zog die Aufmerksamkeit des Generalkapitäns auf sich. Er beriet sich mit seinem Rechtsberater und Faktotum, einem gerissenen und geschäftigen *Escribano* oder Notar, der es genoss, bei jeder Gelegenheit den alten Herrscher der Alhambra zu ärgern, indem er ihn in ein Labyrinth legaler Spitzfindigkeiten verwickelte. Dieser Mann riet dem Generalkapitän, dass er darauf bestehen solle, jeden Transport durch die Stadttore zu kontrollieren und er verfasste ein langes Dokument, in dem dieses Recht begründet wurde. *Gobernador Manco* war ein waschechter Soldat, der keine Winkelzüge kannte und die *Escribanos* mehr hasste als den Teufel selber und den besagten mehr als alle anderen *Escribanos* zusammen.

-Wie? -sagte er- indem er wie wild an seinem Schnauzbart zwirbelte-. Der Generalkapitän benutzt diesen Schreiberling, um mich in Verlegenheit zu bringen? Ich werde ihm schon zeigen, dass ein alter Soldat sich durch solch eine Paragraphenstecherei nicht verwirren lässt.

Er nahm die Feder zur Hand und schrieb eilig und in kritzliger Schrift ein paar Zeilen, in denen er, ohne sich herabzulassen, auf die Argumente einzugehen, auf sein

Recht zur freien Durchfahrt pochte und jedem Zollbeamten Rache schwor, der es wagen sollte, seine unverschämte Hand an einen Transport unter dem Banner der Alhambra zu legen.

Während diese Angelegenheiten zwischen diesen mächtigen Herrschern hin- und herdiskutiert wurden, geschah es eines Tages, dass ein Maulesel, beladen mit Verpflegung für die Festung, auf dem Weg zur Alhambra am Tor des Genil, dem Durchgang zu einem Vorort der Stadt, erschien. Der Transport wurde von einem alten grimmigen Gefreiten angeführt, der lange in Diensten des Statthalters gestanden hatte und ein Mann seines Herzens war, so unbiegsam und verrostet wie eine Klinge aus Toledo.

Während er sich den Toren der Stadt näherte, hatte der Gefreite das Banner der Alhambra auf dem Packsattel des Maultiers befestigt und indem er sich stocksteif aufsetzte, ritt er mit erhobenem Kopf voran, aber mit dem wachsamen Seitenblick eines Straßenhundes, der durch feindliches Gelände streift und bereit ist, beim kleinsten Anzeichen zu bellen oder zu beissen.

-Wer da?- sagte der Wachposten am Tor.

-Ein Soldat der Alhambra!- antwortete der Gefreite, ohne den Kopf zu wenden.

-Was ist deine Ladung?

-Verpflegung für die Garnison.

-Vorwärts!

Der Gefreite ritt, gefolgt vom Transport, geradeaus weiter, aber er war noch keine paar Schritte vorangekommen, als eine Gruppe Zollbeamter aus ihrem Wachhäuschen stürmte.

-Halt -schrie der Anführer-. Halt an, *Mulero,* und öffne diese Ballen!

Der Gefreite warf sich herum und machte sich zum Angriff bereit.

-Achtet die Fahne der Alhambra -rief er aus-. Diese Dinge sind für den Statthalter.

-Ich scheiß auf den Statthalter und ich scheiß auf seine Fahne. Halt habe ich gesagt, *Mulero*!

-Haltet den Transport an, wenn ihr es wagt! -schrie der Gefreite, indem er seine Muskete auflud-. Vorwärts, *Mulero*!

Dieser versetzte dem Biest einen kräftigen Hieb mit dem Stock; aber der Zollbeamte warf sich nach vorne und ergriff den Zügel, woraufhin der Gefreite anlegte und ihn mit einem Schuss tötete.

Sofort gab es großen Aufruhr auf der Straße. Der alte Gefreite wurde festgenommen und nachdem ihm mehrere Fußtritte, Schläge und Ohrfeigen versetzt worden waren, die in Spanien im allgemeinen vom Straßenmob als Vorgeschmack für die Strafe verteilt werden, wurde er in Ketten gelegt und zum Stadtgefängnis gebracht, während man seinen Gefährten nach einer ausführlichen Durchsuchung des Gepäcks erlaubte, zur Alhambra weiterzuziehen.

Der alte Statthalter stieg beinah die Wände hoch, als er von der Beleidigung seiner Fahne erfuhr und von der Haft seines Gefreiten. Einige Zeit tobte er durch die maurischen Säale und schäumte vor Wut, wobei er über das Außenwerk lief und Blicke auf den Palast des Generalkapitäns warf, aus denen es blitzte und donnerte. Nachdem er seinen ersten Zorn ausgetobt hatte, sandte er eine Botschaft, in der er die Übergabe des Gefreiten forderte, da nur ihm das Recht zustehe über die Verbrechen derer zu urteilen, die unter seinen Befehlen stünden. Der Generalkapitän, mit Hilfe der Feder des *Escribanos,* der sich ins Fäustchen lachte, antwortete ihm nach einiger Zeit mit dem Argument, dass dieses Verbrechen zwischen den Mauern der Stadt und gegen einen Zivilbeamten verübt worden sei und daher ohne Zweifel unter seine Zuständigkeit fiele. Der

Statthalter antwortete mit der Wiederholung seiner Forderung; der Generalkapitän gab eine neue Erwiederung mit einem noch längeren und spitzfindigeren juristischen Dokument; woraufhin der Statthalter sich weiter erboste und dringlicher wurde in seinen Forderungen und der Generalkapitän kühler und umständlicher in seinen Formulierungen; bis das Löwenherz des alten Soldaten vor Wut zu bersten drohte, als er sich derart in die Netze einer juristischen Auseinandersetzung verwickelt sah.

Während sich der spitzfindige *Escribano* auf diese Weise auf Kosten des Statthalters vergnügte, führte er den Prozess gegen den Gefreiten weiter, der in seinem engen Verlies im Gefängnis nur über ein kleines vergittertes Fenster verfügte, durch das er sein Gesicht zwischen den Eisenstangen zeigte und den Trost seiner Freunde erhielt.

Der unermüdliche *Escribano* verfasste fleißig nach spanischer Sitte einen Haufen schriftlicher Zeugenaussagen; der Gefreite, überwältigt von so viel Argumenten, erklärte sich des Mordes schuldig und wurde zum Strang verurteilt.

Umsonst legte der Statthalter Einspruch ein und stieß aus der Höhe der Alhambra Drohungen aus. Der Unglückstag stand bevor und für den Gefreiten war es an der Zeit, in der *Capilla* über sein nahes Ende nachzudenken und seine Sünden zu bereuen, wie es in Spanien ein Tag vor der Hinrichtung Brauch ist.

Als er sah, dass die Dinge so weit gediehen waren, beschloss der Statthalter, sich persönlich um diese Angelegenheit zu kümmern. Zu diesem Zweck ordnete er an, seine Karrosse anzuspannen, und umgeben von seinen Wachen, fuhr er die Allee der Alhambra hinunter bis zur Stadt. Er näherte sich dem Haus des *Escribano* und ließ ihn ans Tor rufen.

Die Augen des Statthalters leuchteten wie glühende

Kohlen, als er den schmierigen Mann des Gesetzes mit strahlender Miene auf sich zukommen sah.

-Was habe ich da gehört -schrie er ihn an-, Ihr habt einen meiner Soldaten zum Tode verurteilt?

-Wie es das Gesetz vorschreibt, alles in strenger Anwendung der Gesetze -antwortete der selbstgefällige *Escribano* glucksend und rieb sich die Hände-. Ich kann Eurer Exzellenz die schriftlichen Zeugenaussagen von diesem Fall zeigen.

-Bringt sie her -sagte der Statthalter.

Der *Escribano* eilte in sein Büro, hoch erfreut über jede Gelegenheit, seine Kenntnisse auf Kosten des dickköpfigen Veteranen vorzeigen zu können. Er kam mit einer Mappe voller Papiere zurück und begann eine lange Erklärung mit fachmännischer Gewandheit vorzulesen. Während dessen hatte sich eine Menschenmenge zusammengeschart, die mit gestrecktem Hals und offenem Mund den Ausführungen zuhörte.

-Ich bitte Euch, steigt in den Wagen ein, entfernt von dieser stinkenden Menge, damit ich Euch besser hören kann -sagte der Statthalter.

Der *Escribano* stieg in die Karrosse ein, blitzschnell wurde der Schlag zugeworfen, der Kutscher knallte mit der Peitsche und Maultier, Karrosse und Wachen verschwanden in Windeseile, die Menschenmenge in sprachloser Verwunderung zurücklassend. Der Statthalter hielt nicht an, bis er seinen Gefangenen in einem der tiefsten Verliese der Alhambra sicher untergebracht hatte.

Daraufhin sandte er nach militärischer Sitte einen Unterhändler mit einer weissen Fahne, mit dem Auftrag, einen Austausch der Gefangenen vorzuschlagen: den Gefreiten gegen den Notar. Der Stolz des Generalkapitäns war verletzt; er wies dieses Ansinnen verächtlich zurück und befahl, einen festen und hohen Galgen in der Mitte der Plaza Nueva für die

Hinrichtung des Gefreiten zu errichten.

-"Aha, ist es das, was wir wollen?" sagte der *Gobernador Manco*. Er gab Befehle und unverzüglich wurde ein Galgen auf der Mauer, die zum Platz liegt, errichtet.

-Jetzt -sagte er in einer Botschaft an den Generalkapitän- jetzt könnt ihr meinen Soldaten erhängen; aber sobald er auf dem Platz in der Luft schaukelt, schaut nach oben und ihr werdet dort euren *Escribano* in der Höhe baumeln sehen.

Der Generalkapitän wollte nicht nachgeben; die Wache trat auf dem Platz an, die Trommeln schlugen, die Glocken erklangen. Eine riesige, neugierige Menschenmenge versammelte sich dort, um der Hinrichtung beizuwohnen. Seinerseits hatte der Statthalter seine Garnison auf dem Außenwerk antreten lassen, während die Glocke der *Torre de la Campaña* die Hinrichtung des Notars einläutete.

Die Frau des Notars bahnte sich ihren Weg durch die Menschenmenge, gefolgt von ihrer zahlreichen Nachkommenschaft, alles *Escribanos* in Kleinformat, die sich an ihre Fersen hefteten. Sie warf sich dem Generalkapitän zu Füßen und flehte ihn an, das Leben ihres Mannes, ihr eigenes Wohlergehen und das ihrer zahlreichen Kinder nicht seines Stolzes wegen zu opfern, "denn Sie kennen den Statthalter gut genug, um zu wissen, dass er seine Drohung wahrmachen wird, wenn Sie den Soldaten erhängen."

Der Generalkapitän konnte ihren Tränen und dem Jammern ihrer hungrigen Brut nicht widerstehen. Der Gefreite wurde unter Bewachung in der Kleidung mit der er auf den Galgen gestiegen war, wie ein vermummter Mönch, aber mit erhobenem Haupt und eiserner Miene hoch zur Alhambra geschickt. Der *Escribano* wurde im Austausch gemäß den Bedingungen des Abkommens eingefordert. Der vordem so geschäftige und selbstgefällige Mann des Gesetzes stieg mehr tot als lebendig aus seinem Kerker. All sein Hochmut und seine Überheblichkeit hatten sich in Luft aufgelöst und seine Haare, so sagt man, waren weiss geworden vor Schreck und sein Blick war unsicher und niedergeschlagen, als fühle er noch den Druck der Schlinge um seinen Hals.

Der Statthalter stemmte seinen einzigen Arm in die Seite und eine Zeitlang beobachtete er ihn mit seinem stahlharten Lächeln.

-Von nun an, mein Freund -sagte er zu ihm-, habts nicht so eilig, andere an den Galgen zu bringen; habt auch nicht zu großes Vertrauen in Eure eigene Sicherheit, sogar dann, wenn das Gesetz auf Eurer Seite steht. Und vor allem, versucht nicht noch einmal mit Euren Winkelzügen vor einem alten Soldaten zu prahlen.

DER EINARMIGE STATTHALTER UND DER SOLDAT

Während *Gobernador Manco*, der *Einarmige Statthalter*, in der Alhambra sein Regiment zur Schau stellte, belästigte man ihn mit unentwegten Beschwerden darüber, dass diese sich in einen Zufluchtsort für Räuber und *Contrabandistas* verwandelt habe. Eines Tages beschloss der alte Machthaber daher plötzlich Abhilfe zu schaffen. So machte er sich also energisch daran, die Nester der Strolche auszuheben und sie aus der Festung und den Zigeunerhöhlen zu vertreiben, die über den ganzen Hügel verstreut sind. Er sandte auch Soldaten aus, um die Alleen und Wege zu bewachen, mit dem Befehl jedweden Verdächtigen festzunehmen.

An einem strahlenden Sommermorgen rastete eine Patrouille unterhalb der Gartenmauer des Generalife, in der Nähe des Weges, der vom Sonnenberg hinabführt. Sie setzte sich aus dem alten Korporal, der sich in der Angelegenheit mit dem Notar hervorgetan hatte, einem Trompeter und zwei Soldaten zusammen. Plötzlich hörten sie Pferdegetrappel und eine Männerstimme, die mit rauhen, jedoch nicht unmusikalischen Tönen ein altes kastilisches Kriegslied sang.

Kurz darauf erblickten sie einen stämmigen, sonnenverbrannten Mann in der abgetragenen Uniform eines Infanteriesoldaten, der ein prächtiges, maurisch aufgezäumtes Pferd am Zügel führte.

Verwundert über das Erscheinen eines fremden

Soldaten, der mit einem Pferd am Zügel von diesem einsamen Berg hinunterkam, stellte sich der Korporal ihm entgegen und forderte ihn heraus.

-Wer da?

-Gut Freund.

-Wer und was seid Ihr?

-Ein armer Soldat, der gerade vom Krieg zurückkommt und als Dank des Vaterlandes nichts als einen kaputten Kopf und eine leere Tasche mitbringt.

Jetzt konnten sie ihn aus der Nähe betrachten. Er trug eine schwarze Augenbinde, die ihm zusammen mit seinem grauen Bart ein ziemlich verwegenes Aussehen verlieh, während sein leichtes Schielen zudem noch der ganzen Person eine gewisse humorvolle Note verlieh.

Nachdem er einige Fragen der Patrouille beantwortet hatte, fühlte er sich im Recht seinerseits Fragen zu stellen.

-Darf man fragen -sagte er-, was für eine Stadt ich da am Fuße des Berges sehe?

-Was für eine Stadt? -rief der Trompeter aus-. Was für eine seltsame Frage. Da streicht ein Kerl um den Sonnenberg herum und fragt wie die berühmte Stadt Granada heißt!

-Granada! *Madre de Diós*! Ist das möglich?

Wieso nicht! -antwortete der Trompeter-. Weisst du etwa nicht, dass diese Türme dort zur Alhambra gehören?

-Also bitte, Sohn einer Trompete! -erwiderte der Unbekannte-. Mach dich nicht über mich lustig. Wenn das tatsächlich die Alhambra ist, habe ich dem Statthalter seltsame Dinge zu enthüllen.

-Dazu wirst du gleich Gelegenheit haben -sagte der Korporal- denn wir beabsichtigen, dich vor ihn zu führen.

Dabei ergriff der Trompeter die Zügel des Pferdes, die zwei Soldaten jeweils einen Arm des Unbekannten und der Korporal, indem er sich an die Spitze stellte, gab den Befehl: "Vorwärts! Abteilung marsch!" und fort ging´s in Richtung Alhambra.

Das Schauspiel eines zerlumpten Infanteristen mit einem prächtigen arabischen Pferd, der als Gefangener inmitten der Patrouille marschierte, zog die Aufmerksamkeit aller Untätigen der Festung auf sich und auch derjenigen, die sich täglich schon in früher Morgenstunde an den Brunnen und Zisternen der Alhambra zum Schwatzen versammeln. An den Brunnen hielten die Laufräder still und die Dienstmägde in ihren Schlappen mit den Wasserkrügen in der Hand blieben mit offenem Mund stehen, als sie den Korporal mit seinem Gefangenen sahen. Langsam aber sicher formte sich ein langer Zug Neugieriger hinter der Patrouille. Jeder meinte zu wissen oder stellte Vermutungen darüber an, um wen es sich handeln könnte. "Das ist sicherlich ein Fahnenflüchtiger", sagte einer. "Ein *Contrabandista*", meinte ein anderer. "Ein *Bandolero*", versicherte ein dritter. Bis man zu dem Schluss kam, der Korporal habe in einem verwegenen Überfall mit seiner Patrouille den Hauptmann einer schrecklichen Räuberbande festgenommen. -Nun gut, nun gut -sagten die alten Klatschbasen zueinander-. -Ob Hauptmann oder nicht, mal sehen, wie er es anstellt, sich aus den Klauen von *Gobernador Manco* zu befreien, obwohl dieser nur einen Arm hat.-

Gobernador Manco saß in einem der inneren Säle der Alhambra und trank gerade seine Tasse Morgenschokolade in Gegenwart seines Beichtvaters, einem feisten Franziskanermönch aus dem benachbarten Kloster. Ein sittsames, schwarzäugiges Mädchen aus Málaga, die Tochter seiner Haushälterin, wartete ihm auf. Die Leute munkelten, dass das junge Mädchen trotz seiner augenscheinlichen Sittsamkeit ein leichtlebiges Schätzchen sei, das die schwache Stelle im eisernen

Herzen des alten Gouverneurs entdeckt habe und ihn ganz unter der Fuchtel halte. Aber lassen wir das beiseite: man sollte sich nicht zu sehr in die häuslichen Angelegenheiten der Mächtigen dieser Erde einmischen.

Als ihm mitgeteilt wurde, dass ein verdächtiger Fremder herumlungernd in der Umgebung der Festung festgenommen worden war und dieser sich in jenem Moment im Außenhof in der Gewalt des Korporals befand, der darauf wartete, von Seiner Exzellenz empfangen zu werden, ließ die Würde seines Amtes seine Brust vor Stolz schwellen. Indem er die Tasse Schokolade in die Hände des sittsamen Mädchens zurückgab, forderte er, man solle ihm sein Schwert bringen, schnallte es sich um, zwirbelte seinen Schnauzbart, setzte sich in einen großen, hochlehnigen Sessel, nahm eine strenge und einschüchternde Miene an und befahl, ihm den Gefangenen vorzuführen. Immer noch fest von den zwei Soldaten, die ihn gefangen genommen hatten, gepackt und vom Korporal bewacht wurde der Soldat gebracht. Er bewahrte jedoch seine selbstbewusste Haltung und erwiderte den durchdringenden und forschenden Blick des Statthalters mit einem leichten Schielen, was dem alten Machthaber, der sehr auf seine Würde bedacht war, nicht im mindesten gefiel.

-Nun gut, Angeklagter -sagte der Gouverneur zu ihm, nachdem er ihn eine Weile stumm gemessen hatte-, was könnt Ihr zu Eurer Verteidigung sagen? Wer seid Ihr?

-Ein Soldat, der gerade zurückkehrt und dem der Krieg nichts als Narben und Beulen eingebracht hat.

-Ein Soldat -so, so- ein Infanterist nach der Uniform zu urteilen. Aber man hat mir gesagt, dass Ihr ein prächtiges arabisches Pferd besitzt. Ich nehme an, dass Ihr auch das aus dem Krieg mitgebracht habt, also nicht nur Narben und Beulen.

Wenn Eure Exzellenz es erlauben, habe ich etwas sehr Merkwürdiges über dieses Pferd zu erzählen. Tatsächlich etwas Einmaliges und Wunderbares, das auch die Sicherheit dieser Festung betrifft und sogar die ganz Granadas. Aber dies ist eine Angelegenheit, die nur für das Ohr Eurer Exzellenz bestimmt ist oder für die Gegenwart derer, die Euer ganzes Vertrauen genießen.

Der Statthalter überlegte eine Weile und befahl dann dem Korporal und seinen Männern sich zurückzuziehen, aber in Rufweite vor der Türe zu warten.

-Dieser fromme Mönch -sagte er- ist mein Beichtvater und Ihr könnt getrost in seiner Gegenwart sprechen; und dieses Fräulein- auf seine Dienerin zeigend, die vor Neugier platzend herumlungerte-, dieses Fräulein ist sehr zuverlässig und zurückhaltend und man kann ihr alles anvertrauen.

Der Soldat warf dem sittsamen Mädchen einen halb schielenden, halb anzüglichen Blick zu und sagte:

Ich bin ganz damit einverstanden, dass das Fräulein bleibt.

Nachdem sich alle anderen zurückgezogen hatten, begann der Soldat mit seiner Geschichte. Er war ein angenehmer, sprachgewandter Kerl, der die Sprache besser beherrschte, als es seinem Rang entsprach.

Mit der Erlaubnis Eurer Exzellenz -sagte er-. Ich bin, wie vorhin schon erwähnt, ein Soldat, der harte Dienste geleistet hat. Nach dem Ende meiner Dienstzeit, wurde ich vor kurzem in Valladolid aus dem Heer entlassen und begab mich zu Fuß auf meinen Heimweg in mein Dorf nach Andalusien. Gestern Abend ging die Sonne gerade unter, als ich eine weite und trockene Ebene Alt Kastiliens durchquerte.

-Halt -schrie der Statthalter-. Was sagst Ihr da? Alt Kastilien ist ungefähr zwei bis dreihundert Meilen von hier entfernt.

-Ich weiss -entgegnete der Soldat ungerührt-. Ich habe Eurer Exzellenz gesagt, dass ich sehr seltsame Dinge zu berichten habe, die so seltsam wie wahr sind, wie Eure

Exzellenz bestätigen wird, wenn Er bereit ist mir geduldig zuzuhören.

-Fahrt fort, Gefangener -sagte der Statthalter, indem er seinen Schnauzbart zwirbelte.

-Als die Sonne unterging -fuhr der Soldat fort-, blickte ich auf der Suche nach einem Nachtquartier umher, aber so weit mein Auge reichte war keine Behausung auszumachen.

Ich sah, dass ich mein Lager unter freiem Himmel aufschlagen musste, mit meinem Rucksack als Kopfkissen; da Eure Exzellenz selbst Veteran ist, weiss Er, dass für jemanden, der aus dem Krieg kommt, solch eine Übernachtung kein großes Angehen ist.

Der Statthalter nickte zustimmend, während er sein Taschentuch aus dem Säbelkorb zog, um eine Fliege, die ihm um die Nase summte, zu verscheuchen.

-Nun gut, der langen Rede kurzer Sinn -fuhr der Soldat fort-, ich marschierte einige Meilen weiter, bis ich an eine Brücke gelangte, die sich über ein tiefes Flussbett erstreckte, durch das nur ein kleines Rinnsal floss, da es beinah von der sommerlichen Hitze ausgetrocknet war. Am anderen Brückenkopf stand ein maurischer Turm, dessen oberer Teil verfallen war, aber im unteren Teil war ein Gewölbe erhalten. "Dies ist ein guter Platz zum Übernachten", sagte ich zu mir. So ging ich zum Bach hinunter und trank einen großen Schluck, denn das Wasser war klar und köstlich und ich vor Durst verschmachtet; danach öffnete ich meinen Proviantsack, nahm eine Zwiebel und einige Brotkanten heraus, woraus mein ganzer Proviant bestand, setzte mich auf einen Stein am Flussufer und begann mein Abendbrot zu verspeisen mit der Absicht, danach die Nacht im unteren Gewölbe des Turms zu verbringen. Es wäre kein schlechtes Nachtquartier gewesen für jemanden, der gerade aus dem Krieg zurückkehrte, wie Eure Exzellenz, als alter Soldat, sich vorstellen kann.

-Zu meinen Zeiten habe ich gerne mit Schlimmerem Vorlieb genommen -sagte der Statthalter, indem er sein Taschentuch wieder in den Säbelkorb steckte.

Während ich in aller Ruhe an meiner Brotkante kaute -setzte der Soldat fort-, hörte ich, dass sich etwas im Gewölbe regte; ich horchte, es war das Stampfen eines Pferdes. Bald darauf erschien ein Mann in einem Tor, das aus den Grundfesten des Turmes führte, gleich neben dem Bach mit einem feurigen Pferd am Zügel. Beim Sternenlicht konnte ich nicht gut ausmachen, wer es war. Ich fand es jedoch verdächtig, dass sich jemand zwischen den Trümmern eines Turmes in jener einsamen und verlassenen Gegend versteckte. Es konnte natürlich einfach ein Wanderer sein, so wie ich; aber auch ein *Contrabandista* oder sogar ein *Bandolero*! Und wenn schon! Dank dem Himmel und meiner Armut hatte ich nichts zu verlieren, weshalb ich in aller Ruhe weiter an meiner Brotkante kaute.

Der Mann führte in der Nähe der Stelle, an der ich sass, sein Pferd zum Wasser, so dass ich ihn gut beobachten konnte. Zu meiner Überraschung trug er maurische Kleidung, eine Stahlrüstung und eine polierte Sturmhaube, die ich durch das Sternenlicht, das sich auf ihr wiederspiegelte, erkennen konnte. Auch war sein Pferd auf maurische Art mit schaufelförmigen Steigbügeln geschirrt. Er führte es zum Bach, wie ich schon sagte, wo das Tier seinen Kopf beinah bis zu den Augen in das Wasser steckte und trank, bis ich dachte, es würde bersten.

"Kamerad - sagte ich zu ihm: Dein Pferd trinkt nicht schlecht. Es ist ein gutes Zeichen, wenn ein Pferd sein Maul tapfer ins Wasser steckt."

-"Es hat gut trinken -sagte der Unbekannte, mit einem starken maurischen Akzent- denn es hat zum letzten Mal vor mehr als einem Jahr getrunken."

-"Um *Santiagos* Willen -rief ich aus-. Da schlägt es

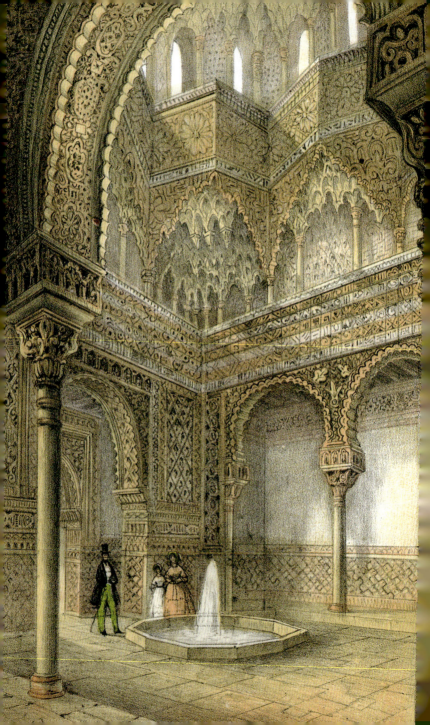

Granada. J.F. Lewis

sogar die Kamele, die ich in Afrika gesehen habe. Aber komm näher, Du siehst aus, als seist du auch ein Soldat. Willst du dich nicht setzen und die Ration mit einem Kameraden teilen?" Ich fühlte wirklich Bedürfnis nach Begleitung in dieser großen Einsamkeit und gab mich auch mit einem Ungläubigen zufrieden. Zudem, wie Eure Exzellenz sehr wohl weiss, kümmert einen Soldaten das Glaubensbekenntnis seiner Kameraden recht wenig, denn die Soldaten aller Länder sind Kameraden in Friedenszeiten.

Von neuem nickte der Statthalter zustimmend.

-Nun gut, wie ich eben sagte, lud ich ihn ein mein Abendessen zu teilen, denn das war das Mindeste was ich den Regeln der Gastfreundschaft nach tun konnte. "Ich habe keine Zeit zum Essen oder Trinken" -entgegnete er.- "Ich muss noch eine lange Reise machen, bevor die Sonne aufgeht."

"In welche Richtung?"-fragte ich ihn.- "Nach Andalusien!" antwortete er.

"Das ist auch mein Ziel," sagte ich; "da du dich nicht aufhalten lassen willst, um mit mir zu essen, erlaube mir, mit dir aufs Pferd zu steigen. Ich kann sehen, dass es ein starkes Tier ist und bin sicher, es wird uns beide tragen können." "Einverstanden," sagte der Reiter. Und es wäre nicht höflich für einen Soldaten gewesen, mir diesen Gefallen abzuschlagen, vor allem, da ich ihn vorher zum Essen eingeladen hatte. Daher stieg er auf sein Pferd und ich schwang mich hinter ihn. "Halte dich fest," warnte er mich, "denn mein Pferd läuft wie der Wind." "Sei meinetwegen unbesorgt," erwiderte ich, und los gings. Das Pferd ging bald von Schritt zu Trab über, fiel dann in Galopp und vom Galopp in ein wildes Rennen. Felsen, Bäume, Häuser, alles schien an uns vorbeizufliegen. "Welche Stadt ist das?" fragte ich ihn. "Segovia," antwortete er. Und bevor dieses Wort aus seinem Mund war, konnten wir die Türme Segovias schon nicht mehr sehen.

Wir flogen die Sierra de Guadarrama hoch und kamen am Escorial vorbei, umritten die Mauern Madrids und rasten durch die Ebenen der Mancha. Auf diese Art ging es bergauf, bergab, an Türmen und Städten vorbei, die in tiefem Schlaf lagen, und hinter uns ließen wir Berge, Ebenen und Flüsse, die im Sternenlicht schimmerten.

Fassen wir es kurz, um Eure Exzellenz nicht zu ermüden. Ganz plötzlich zog der Reiter die Zügel an einem Berghang. "Wir sind" -sagte er- "zum Ziel unserer Reise gekommen." Ich schaute umher, konnte aber keine Anzeichen einer menschlichen Behausung entdecken, nur den Eingang zu einer Höhle. Als ich genauer hinsah, entdeckte ich eine Menschenmenge in maurischer Kleidung, einige zu Pferd und andere zu Fuß. Sie erschienen wie vom Winde herangetragen aus allen Himmelsrichtungen und strömten in die Höhle wie die Bienen in ihren Korb. Bevor ich irgend etwas fragen konnte, stieß der Reiter seine langen maurischen Sporen in die Flanken seines Pferdes und mischte sich unter die Menge. Wir ritten einen steilen und gewundenen Weg hinunter, der bis in die tiefsten Tiefen des Berges führte. Als wir vordrangen, glimmte ein Licht auf, das mit der Zeit stärker wurde und den ersten Strahlen der Morgensonne glich. Es leuchtete immer stärker und erlaubte mir nun, alles um mich herum zu sehen. Ich bemerkte daraufhin im Vorbeireiten große Höhlen sowohl auf unserer rechten wie auf unserer linken Seite, die den Hallen eines Waffenlagers glichen. In einigen hingen an den Wänden Schilde, Helme, Rüstungen, Lanzen und Maurensäbel; in anderen lagen große Haufen Munition und Feldausrüstungen auf dem Boden herum.

Wie hätte sich das Herz Eurer Exzellenz, als altgedienter Soldat, der er ist, am Anblick all dieser militärischen Gegenstände erfreut! Zudem standen in anderen

Höhlen lange Reihen berittener, bis an die Zähne bewaffnete Edelmänner, mit der Lanze im Anschlag und wehenden Bannern, alle bereit zur Schlacht; sie saßen aber so unbeweglich im Sattel wie Statuen. In anderen Sälen schliefen die Krieger auf dem Boden neben ihren Pferden und es standen auch Infanteriesoldaten in Gruppen herum, jederzeit bereit in Reih und Glied anzutreten. Alle waren nach maurischer Art gekleidet und bewaffnet.

Nun gut Exzellenz, um zum Ende dieser langen Geschichte zu kommen. Wir gelangten schließlich in eine riesige Höhle, oder besser gesagt, in einen Palast in Form einer Höhle, deren Wände mit Gold und Silber geädert zu sein schienen und an denen auch Diamanten, Zaphire und viele andere Edelsteine schimmerten. Am Ende des Saales saß auf einem goldenen Thron ein Maurenkönig mit seinen Edelmännern an seiner Seite und einer Wache schwarzer Afrikaner mit gezogenem Säbel hinter ihm. Die ganze Menschenmenge, die weiterhin hineinströmte, und sich auf viele Tausende belief, zog an seinem Thron vorbei, um ihm die gebührenden Ehren zu erweisen. Einige unter ihnen trugen prächtige Kleider ohne jeden Fleck noch Riss und zudem strahlende Juwelen, andere leuchtende und polierte Rüstungen; während andere im Gegenteil in schmutzige und zerlumpte Uniformen gekleidet waren oder verbeutelte, kaputte und mit Rost überzogene Rüstungen vorwiesen.

Bis zu diesem Augenblick hatte ich meinen Mund nicht geöffnet, denn wie Eure Exzellenz sehr wohl weiss, darf ein Soldat im Dienst nicht zu viele Fragen stellen; aber nun konnte ich nicht mehr schweigen. "Bitte, Kamerad," -fragte ich ihn- "was bedeutet das alles?" "Dies ist" -sagte der Soldat- "ein grosses und fürchterliches Geheimnis. Du musst wissen, oh Christ, dass du vor Dir den Hof und das Heer Boabdils siehst, dem letzten

König von Granada." "Was sagst du da?" - rief ich aus. "Boabdil und sein Hof wurden vor vielen hunderten Jahren aus diesem Land vertrieben und sie alle starben in Afrika." "So wird es in euren Lügenchroniken erzählt" -antwortete der Maure-; "aber du musst wissen, dass Boabdil und seine Krieger, die die letzte Schlacht um Granada lieferten, alle in diesem Berg auf Grund eines mächtigen Zaubers eingeschlossen sind. Was den König und das Heer anbetrifft, das nach der Niederlage Granadas die Stadt verließ, so handelte es sich einfach um einen Geisterzug, denn Geister und Dämonen bekamen die Erlaubnis jene Form anzunehmen, um die christlichen Könige zu betrügen. Ich will dir noch etwas sagen, mein Freund: Ganz Spanien ist ein Land, das sich unter einem Zauber befindet. Es gibt keine Höhle in den Bergen, keinen einsamen Wachturm in der Ebene, noch verfallenes Schloss auf den Hügeln, das nicht einen verzauberten Krieger birgt, der durch die Jahrhunderte hindurch unter seinem Gewölbe schläft, bis die Sünden abgebüßt sind, wegen derer Allah erlaubt hat, dass seine Gebiete für einige Zeit in die Hände der Christen fielen. Einmal im Jahr am Vorabend vom Johannesfest sind sie von Mitternacht bis zum Morgengrauen vom Zauber befreit und es ist ihnen erlaubt hier zu erscheinen, um ihrem Herrscher Tribut zu zollen. Die Menschenmenge, die du in die Höhle schwärmen siehst, sind moslemische Krieger, die aus allen Höhlen Spaniens zusammenströmen. Was mich betrifft, hast du schon in Alt Kastilien den verfallenen Turm an der Brücke gesehen, in dem ich hunderte von Winter und Sommer verbracht habe und wohin ich vor Tagesanbruch zurückkehren muss. Die Kavalerie- und Infanteriebatallione, die Du in den umliegenden Höhlen hast sehen können, sind die verzauberten Krieger Granadas. Es steht im Buch des Schicksals geschrieben, dass wenn der Bann gebrochen ist, Boabdil am Kopf dieses Heeres vom Berg heruntersteigen und den Thron der Alhambra und das Reich Granada wiedererobern wird, woraufhin sich alle verzauberten Krieger Spaniens zur Wiedereroberung der Halbinsel versammeln werden, um die moslemische Herrschaft wieder einzusetzen. "Und wann wird all dies geschehen?" -wollte ich wissen. "Das weiss Allah allein. Wir glaubten alle, der Tag unserer Befreiung sei nahe; aber zur Zeit herrscht in der Alhambra ein eifriger Statthalter, ein treuer, alter Soldat, bekannt unter dem Namen *Gobernador Manco*. So lange dieser Krieger jenen Vorposten befiehlt und bereit ist, den ersten Einfall von den Bergen zurückzuschlagen, werden sich Boabdil und seine Soldaten, so fürchte ich, damit begnügen müssen auf ihren Waffen zu schlafen.

Hier setzte sich der Statthalter ganz gerade, zog sein Schwert fest und zwirbelte von neuem seinen Schnauzbart.

-Kurz und gut, wir kommen zum Ende dieser langen Geschichte, um Eure Exzellenz nicht zu ermüden. Der maurische Soldat, nachdem er mir all dies erzählt hatte, stieg von seinem Pferd und sagte zu mir: "Bleib hier und hüte mein Pferd, während ich mein Knie vor Boabdil beuge." Und nachdem er dies gesagt hatte, verschwand er in der Menge, die sich um den Thron scharte. "Was soll ich tun?" -dachte ich, als ich mich allein sah-. "Soll ich darauf warten, dass der Ungläubige zurückkehrt und mich auf seinem verzauberten Pferde, Gott weiss wohin, führt, oder benutze ich die Gelegenheit und fliehe aus dieser Geisterrunde?" Ein Soldat fällt schnelle Entschlüsse, wie Eure Exzellenz wohl weiss; und was das Pferd angeht, so gehörte es einem erklärten Feind unseres Glaubens und unserer Heimat, weshalb ich es nach Kriegsrecht als gerechte Beute betrachtete. So sprang ich von der Kruppe auf den Sattel des Pferdes, warf die Zügel um, stieß dem Tier die maurischen Sporen in die Flanken und öffnete mir meinen Weg, so gut ich konnte,

zurück durch den gleichen Gang, durch den wir hineingekommen waren. Als ich die Säle durchritt, in denen
die moslemischen Reiter in unbeweglichen Bataillonen
kampfbereit standen, meinte ich das Klirren der
Rüstungen und ein leises Murmeln der Stimmen zu vernehmen. Ich gab dem Pferd von neuem die Sporen und
verdoppelte meine Geschwindigkeit. Da hörte ich in
meinem Rücken ein Geräusch wie von einem heftigen
Wind; ich hörte das Klopfen von Tausend Hufen und sah
mich von einer unzähligen Menschenmenge überholt,
von ihr mitgerissen und aus dem Schlund der Höhle her-
ausgestoßen, während Tausende von Schattenfiguren
vom Wind in alle vier Himmelsrichtungen verstreut wurden.

Im Tumult und der Unordnung jener Szene, fiel ich
besinnungslos zu Boden. Als ich wieder zu mir kam,
befand ich mich auf der Höhe eines Hügels mit dem arabischen Pferd an meiner Seite, da sich beim Fallen mein
Arm in den Zügeln verfangen hatte, was wahrscheinlich
verhinderte, dass es nach Alt Kastilien geflüchtet ist.

Eure Exzellenz wird sich leicht mein Erstaunen vorstellen können, als ich um mich blickte und nichts als
Agaven und Kaktusgewächse um mich herum sowie
andere Anzeichen dafür sah, dass ich mich in einem
südlichen Klima befand; und unter mir eine große Stadt
mit Türmen, Palästen und einer großen Kathedrale.

Ich stieg den Berg vorsichtig hinab, indem ich mein
Pferd am Zügel führte, denn ich hatte Angst, es wieder
zu besteigen, sollte es mir einen bösen Streich spielen
wollen. Dabei stieß ich auf Eure Patrouille, die mir mit-
teilte, dass ich Granada vor Augen hatte und mich in den
Mauern der Alhambra befand, der Festung des gefürchteten *Gobernador Manco*, dem Schrecken der verzauberten Moslems. Als ich dies hörte, beschloss ich umgehend Eure Exzellenz aufzusuchen, um über alles was ich
gesehen und gehört hatte zu berichten und vor den

Gefahren, die Euch umgeben und bedrohen zu warnen, damit Ihr frühzeitig Maßnahmen zum Schutze der Festung und sogar des Reiches gegen das geheime Heer ergreifen könnt, das sich in den Tiefen der Erde verbirgt.

-So sagt mir, mein Freund, da Ihr Veteran seid und so viele wichtige Dienste geleistet habt -sagte der Statthalter-, was würdet Ihr mir raten, um diesen Gefahren vorzubeugen?

-Es steht einem einfachen Soldaten nicht an -antwortete der Soldat bescheiden- sich herauszunehmen, einem so erfahrenen Kommandanten wie es Eure Exzellenz ist, Ratschläge zu erteilen; aber es scheint mir, dass alle Höhlen und Eingänge, die ins Innere der Berge führen, vermauert werden sollten, damit Boabdil und sein Heer für immer in ihrer unterirdischen Behausung eingeschlossen bleiben. Wenn zudem dieser gute Pater -fügte der Soldat hinzu, indem er sich ehrfurchtsvoll vor ihm verneigte und sich fromm bekreuzigte- diese *Barricadas* segnen und einige Kreuze, Reliquien und Heiligenbilder davor aufstellen würde, wäre das meiner Meinung nach genug, um der Macht aller ungläubigen Zaubersprüche standzuhalten.

-Das wäre sicherlich sehr wirksam -sagte der Mönch.-

Der Statthalter stemmte daraufhin seinen einzigen Arm in die Seite und mit der Hand auf dem Griff seines toledanischen Schwertes blickte er den Soldaten starr an und sagte kopfschüttelnd:

-So mein guter Freund, glaubt Ihr also tatsächlich, dass Ihr mich mit dieser absurden Geschichte über verzauberte Berge und Mauren hereinlegen könnt? Höre Er zu, Gefangener: Kein Wort mehr! Es kann sein, dass Ihr ein mit allen Wassern gewaschener Soldat seid, aber Ihr werdet merken, dass Ihr es mit jemandem zu tun habt, der Euch darin weit voraus ist und sich nicht so leicht in die Irre führen lässt. Wachen! Werft diesen Kerl in Eisen und Ketten!

Die zurückhaltende Dienstmagd hätte gerne ein Wort für den Gefangenen eingelegt, aber mit einem Blick, befahl ihr der Gouverneur zu schweigen.

Während der Soldat gefesselt wurde, fühlte einer der Wachen etwas Hartes in seiner Jackentasche und indem er es herausholte sah er, dass es sich um einen grossen, gut gefüllten Lederbeutel handelte. Er drehte ihn an einem Zipfel um und schüttelte den Inhalt auf den Tisch vor dem Statthalter aus. Niemals hat der Beutel eines Banditen einen größeren Schatz enthalten als diesen. Es fielen Ringe, Juwelen, Perlenrosenkränze und glitzernde Diamantenkreuze heraus, zusammen mit einer großen Anzahl alter, goldener Münzen, von denen mehrere klirrend auf den Boden bis in die letzten Ecken des Raumes rollten.

Für einige Zeit wurde die Gerichtssitzung unterbrochen, denn es fand eine allgemeine Suche nach den glitzernden Gegenständen statt. Nur der Statthalter voll echtem spanischem Stolz behielt seine Würde bei, obwohl seine Augen eine gewisse Unruhe verrieten, solange nicht die letzte Münze und das letzte Juwel wieder im Sack waren.

Der Mönch war nicht so ruhig; sein Gesicht glühte wie ein Ofen und seine Augen schlugen Blitze, als er die Rosenkränze und Kreuze sah.

-Miserabler Schänder! -schrie er-. Welcher Kirche oder Kloster hast du diese geheiligten Reliquien entwandt?

-Weder der einen noch dem anderen, heiliger Pater. Falls es geraubtes Heiligtum ist, dann muss es zu alten Zeiten vom ungläubigen Soldaten, den ich erwähnt habe, geraubt worden sein. Gerade, als ich von Eurer Exzellenz unterbrochen wurde, wollte ich erzählen, dass ich, als ich mich des Pferdes bemächtigte, einen Lederbeutel vom Sattelknopf losband, dessen Inhalt, wie ich vermutete, die Beute alter Feldzüge enthielt, als die Mauren in das Land einfielen.

-Sehr gut; jetzt müsst Ihr Euch aber an den Gedanken gewöhnen Euer Quartier in den Roten Türmen aufzuschlagen, die, obwohl sie nicht unter einem Zauberbann stehen, Euch so sicher hüten werden, wie jegliche Höhle der verzauberten Mauren.

-Eure Exzellenz wird das tun, was Er für richtig hält -entgegnete der Gefangene ungerührt-. Ich werde Eurer Exzellenz dankbar für jede Unterkunft in der Festung sein. Ein Soldat, der im Krieg gewesen ist, wie Eure Exzellenz sehr wohl weiss, hat keine großen Ansprüche an seine Unterkunft. Sofern mein Kerker nur angenehm ist und meine Verpflegung regelmäßig, werde ich es mir schon gut ergehen lassen. Ich möchte Eure Exzellenz nur darum bitten, da Er sich schon um mich sorgt, Er möge auch Seine Festung bewachen lassen und über die Empfehlung nachdenken, die Eingänge zu den Höhlen zu verschließen.

Und damit war jene Szene beendet. Der Gefangene wurde in einen festen Kerker in den Roten Türmen geführt, das arabische Ross im Stall des Statthalters untergestellt und der Sack des Soldaten in eine seiner Sicherheitstruhen gesteckt. Gegen Letzteres hatte, ehrlich gesagt, der Mönch einiges einzuwenden, indem er darauf hinwies, dass diese heiligen Reliquien zweifelsohne der Kirche entwandt worden waren und ihr daher unterstellt werden müssten. Da der Statthalter sich aber in dieser Angelegenheit unnachgiebig zeigte und er der einzige Herr und Gebieter in der Alhambra war, hütete sich der Mönch weiter darauf einzugehen, nahm sich aber im Geheimen vor, den kirchlichen Behörden darüber Bericht zu erstatten.

Um diese schnellen und strengen Maßnahmen von Seiten des alten *Gobernador Manco* zu verstehen, muss man wissen, dass zur damaligen Zeit die Berge der Alpujarra, nicht weit entfernt von Granada, von einer

Räuberbande unter einem gefürchteten Anführer namens Manuel Borasco heimgesucht wurden. Dieser hatte die Gewohnheit übers Land zu streifen und wagte es sogar unter verschiedenen Verkleidungen in die Stadt einzudringen, um Nachrichten über den bevorstehenden Transport von Waren einzuholen oder ausfindig zu machen, wer sich mit vollen Taschen auf den Weg machen würde, um diesen dann auf einsamen und abgelegenen Wegen zu überfallen. Diese wiederholten und gefährlichen Überfälle hatten die Aufmerksamkeit des Statthalters auf sich gezogen und die Kommandanten der verschiedenen Wachposten hatten den Befehl erhalten, ein wachsames Auge auf alle verdächtigen Vagabunden zu halten. *Gobernador Manco* zeigte einen besonderen Eifer auf Grund der verschiedenen Klagen, die gegen seine Festung erhoben worden waren, und bei dieser Gelegenheit zweifelte er nicht daran, den außergewöhnlichen Unhold jener Bande festgenommen zu haben.

In der Zwischenzeit verbreitete sich diese Geschichte in Windeseile und war in aller Leute Munde, nicht nur in der Festung sondern in der ganzen Stadt Granada. Es wurde gesagt, dass der bekannte Bandit Manuel Borasco, der Terror der Alpujarras, in die Hände des alten *Gobernador Manco* gefallen sei, und dass dieser ihn in einem Verlies in den Roten Türmen gefangen hielte, weshalb jeder, der von ihm überfallen worden war, dorthin lief, um zu sehen, ob er den Straßenräuber wiedererkannte. Die Roten Türme liegen bekanntlich gegenüber der Alhambra auf einem Zwillingshügel, der von der Hauptfestung durch eine Schlucht getrennt ist, durch die die größte Allee verläuft. Sie waren nicht durch eine Außenmauer geschützt, aber wurden von einer Schildwache bewacht. Das eisenvergitterte Fenster des Raumes, in dem der Soldat eingesperrt war, lag zu einem kleinen Vorplatz. Da versammelten sich die guten Leute aus Granada, um den Gefangenen anzustarren, so wie sie es mit einer lachenden Hyäne im Käfig eines Tierparks getan hätten. Niemand erkannte in ihm allerdings Manuel Borasco, denn jener schreckliche *Bandolero* war bekannt für seine fürchterlichen Gesichtszüge und hatte keinesfalls den belustigten und schielenden Blick des Gefangenen. Es kamen nicht nur Leute aus der Stadt, sondern aus allen Teilen des Landes, um ihn zu sehen. Es erkannte ihn jedoch niemand, weshalb allmählich Zweifel in den Köpfen der einfachen Leuten aufkamen, ob seine Geschichte nicht doch wahr sei; denn dass Boabdil und sein Heer in der Tiefe des Berges eingeschlossen sei, war eine alte Legende, die die vielen alten Bewohner der Festung von ihren Vätern übernommen hatten. Viele Menschen gingen hoch zum Sonnenberg oder, besser gesagt, dem Berg der Heiligen Helena, auf die Suche nach der Höhle, die der Soldat erwähnt hatte; und sie sahen und lugten in ein tiefes, dunkles Loch, das weit, niemand weiss wie tief, in den Berg hineinführt, und das bis zum heutigen Tag dort zu finden ist, wobei es sich um den legendären Eingang zur unterirdischen Unterkunft Boabdils handeln könnte. Langsam aber sicher wurde der Soldat beliebt beim Volk. Ein *Bandolero* erfährt in Spanien keineswegs die allgemeine Ablehnung wie ein Räuber in anderen Ländern, sondern ganz im Gegenteil ist er in den Augen des einfachen Volkes so etwas wie ein Held. Gleichzeitig neigt man auch dazu, das Handeln der Mächtigen zu kritisieren; daher begannen viele gegen die strengen Massnahmen des alten *Gobernador Manco* im Geheimen zu munkeln und den Gefangenen für einen Märtyrer zu halten.

Der Soldat war zudem ein fröhlicher, unbeschwerter Geselle, der für jeden Besucher an seinem Fenster einen Spaß bereit hatte und ein nettes Wort für jedes weibliche Wesen. Er hatte sich eine alte Gitarre besorgen lassen, setzte sich neben sein Fenster und sang alte Balladen und Liebeslieder zur Freude der Frauen in der Nachbarschaft, die sich am Abend auf der Esplanade versammelten und *Boleros* zum Klang seiner Gitarre tanzten. Er hatte seinen dichten Bart gestutzt und sein sonnenverbranntes Gesicht fand Gefallen in den Augen der schönen Mädchen. Sogar die sittsame Dienstmagd des Statthalters musste zugeben, dass sein schielender Blick einfach unwiderstehlich war. Dieses weichherzige Wesen hatte von Anfang an ein tiefes Verständnis für seine unglückliche Lage gezeigt und nachdem sie erfolglos versucht hatte den Statthalter zu erweichen, hatte sie heimlich begonnen die Härte seiner Anordnungen zu mildern. Jeden Tag brachte sie dem Gefangenen einige tröstende Krümel, die vom Tisch seiner Exzellenz gefallen oder seiner Vorratskammer entnommen worden waren mit der einen oder anderen tröstlichen Flasche köstlichen Weines aus Valdepeña oder einem süssen Málaga.

Während dieser kleine Verrat in der Mitte der Festung selber verübt wurde, zog sich ein heftiger Kriegssturm außerhalb der Festung unter den Feinden des Statthalters zusammen. Die Tatsache, dass ein Beutel voll mit Goldmünzen und Juwelen im Besitz des angeblichen Räubers gefunden worden war, wurde in ganz Granada mit vielen Übertreibungen herumerzählt. Sofort stellte der Generalkapitän, sein unversöhnlicher Rivale, die Frage nach der territorialen Zuständigkeit. Er bestand darauf, dass der Gefangene außerhalb des Geländes der Alhambra gefangen genommen worden war und seiner Gerichtsbarkeit unterstand. Er forderte daher seine Person ein und die *spolia opima*, die mit ihm einbehalten worden waren. Da auch dem Großinquisitor vom Mönch die entsprechende Information über die Kreuze und Rosenkränze und andere Reliquien, die der Beutel enthielt, zugekommen war, forderte dieser den Gefangenen als Schuldigen an einem Sakrileg ein und bestand darauf, dass die geraubten Gegenstände der Kirche gehörten und sein Körper dem nächsten Autodafe. Die Fehde ging hoch her; der Statthalter war wütend und schwor, dass er statt seinen Gefangenen auszuliefern, ihn eher selbst in der Alhambra als Spitzel, der im Grenzgebiet der Festung festgenommen worden war, aufhängen würde.

Der Generalkapitän drohte mit einer Abteilung Soldaten, um den Gefangenen von den Roten Türmen in die Stadt zu verlegen. Auch der Großinquisitor war bereit eine gewisse Anzahl an Angehörigen der Heiligen Offizien hochzuschicken. Eines späten abends erfuhr der Statthalter von diesen Plänen.

-"Sie sollen nur kommen" -meinte er-. "Sie werden mich nicht überraschen. Wer einen alten Soldaten hereinlegen will, muss schon früh aufstehen."

Er ordenete daher an, dass der Gefangene bei Sonnenaufgang in einen Kerker innerhalb der Mauern der Alhambra überführt werden sollte.

-Und hör zu, mein Mädchen -sagte er zu seiner sittsamen Magd-: Klopf an meine Tür, damit ich vor dem ersten Hahnenschrei aufwache und persönlich die Ausführung meiner Anordnungen überwache.

Der Tag brach an, der Hahn krähte, aber niemand klopfte an die Tür des Statthalters. Die Sonne ging über den Berggipfeln auf und schien schon durch sein Fenster, als der Statthalter aus seinem Morgenschlaf von seinem alten Korporal geweckt wurde, in dessem stahlharten Gesicht sich das Entsetzen wiederspiegelte.

-Er ist verschwunden! Er ist weg! -schrie der Korporal tief Luft holend.

-Wer ist verschwunden? Wer ist weg?

-Der Soldat..., der Bandit..., der Teufel! Denn, was weiss ich, was er ist. Sein Kerker ist leer, aber die Tür geschlossen. Niemand kann sich erklären, wie er entkommen ist!

-Wer hat ihn zum letzten Mal gesehen?

-Ihre Magd, sie hat ihm das Abendessen gebracht.

-Sie soll sofort herkommen.

Da gab es von neuem Anlass zur Verwirrung. Das Zimmer der sittsamen Magd war auch leer und in ihrem Bett hatte niemand geschlafen. Es war offenkundig, dass sie mit dem Gefangenen geflohen war, denn man erinnerte sich, sie in den letzten Tagen in angeregtem Gespräch mit ihm gesehen zu haben.

Dies verletzte den Statthalter an seiner empfindlichsten Stelle; aber er hatte noch kaum Zeit gehabt sich von diesem Schlag zu erholen, als ein neues Missgeschick über ihn hereinbrach. In seinem Arbeitszimmer fand er die eiserne Truhe geöffnet vor und den Lederbeutel des Soldaten entwendet und mit ihm zwei dicke Beutel voll mit Dublonen.

Aber, wie und auf welchem Weg waren die zwei Flüchtlinge entkommen? Ein alter Bauer, der in einem Hof an einem Weg zur Sierra lebte, erklärte, er habe beim Morgengrauen die Schritte eines kräftigen Pferdes, das sich in Richtung Sierra entfernte, gehört. Daraufhin habe er seinen Kopf aus dem Fenster gesteckt und gerade noch einen Reiter sehen können, vor dem eine Frau im Sattel saß.

-Durchsucht die Ställe! -schrie *Gobernador Manco*.- Die Ställe wurden durchsucht, alle Pferde standen in ihren Boxen, nur das arabische Ross nicht. An seiner Stelle war ein dicker Knüppel angebunden und darauf ein Schild, auf dem zu lesen stand: "Geschenk für *Gobernador Manco* von einem alten Soldaten."

EIN FEST IN DER ALHAMBRA

Einige Tage nach seiner Ankunft feierte der Graf, mein Nachbar und aristokratischer Rivale auf der Alhambra, seinen Namenstag. Zu diesem Anlass gab er ein Fest für alle Mitglieder der Familie und seines Hausstandes; auch die Verwalter und Bediensteten seiner fernen Ländereien kamen, um ihm ihre Aufwartung zu machen und am Festmahl, das sie erwartete, teilzunehmen. Dies war eine symbolische Handlung, die an einen Brauch der spanischen Feudalherren aus alten Zeiten erinnerte.

Die Spanier waren schon immer bombastisch in ihrem Lebensstil: riesige Paläste, schwerfällige Karrossen, beladen mit Reitknechten und Lakaien, pompöses Gefolge und nichtsnutzige Abhängige aller Art. Die Würde eines Edelmanns entsprach offenbar der Anzahl untätigen Volkes, das in seinen Sälen herumhing, auf seine Kosten aß und bereit schien, ihn bei lebendigem Leibe aufzufressen. Das ist sicher alles auf die Notwendigkeit zurückzuführen, zu Zeiten der Kriege gegen die Mauren, Horden bewaffneter Gefolgsleute zu unterhalten; Kriege der Einfälle und Überraschungsangriffe bei denen ein Edelmann in seinem Schloss einem plötzlichen Angriff durch seine Feinde ausgesetzt war oder der König ihn jederzeit aufs Schlachtfeld zitieren konnte.

Diese Angewohnheit wurde nach der Beendigung der Kriege beibehalten; was aus Not begann, wurde aus

Prahlerei fortgeführt. Der Reichtum, der in dieses Land durch Eroberungen und Entdeckungen strömte, förderte die Neigung zur Prachtentfaltung. Dem wunderbaren spanischem Brauch zufolge, der Stolz und Großzügigkeit Hand in Hand gehen lässt, wurde ein dienstunfähiger Diener niemals entlassen, sondern den Rest seines Lebens auf Kosten des Herrn unterhalten. Langsam aber sicher gliederten sich sogar deren Kinder, Kindeskinder und häufig enfernte Verwandte von hier und dort der Familie an. Infolgedessen waren die riesigen Ausmaße der Paläste der spanischen Aristokratie, die so leer und pompös auf Grund der Mittelmäßigkeit und Knappheit ihres Mobiliars aussehen, unerläßlich im goldenen Zeitalter Spaniens für die Aufrechterhaltung des patriarchalischen Lebensstils ihrer Besitzer. Sie waren kaum mehr als riesige Kasernen für mehrere Generationen erblicher Trabanten, die auf Kosten der spanischen Edelmänner ihr Schmarotzerdasein führten.

Dieser patriarchalische Brauch der spanischen Aristokraten hat sich mit der Zeit den veränderten Einkünften angepasst, obwohl der ihm zugrundeliegende Geist häufig in Widerstreit mit dem schwindenden Vermögen gerät. Auch der ärmste unter ihnen hat immer irgendeinen ererbten Gefolgsmann, der auf seine Kosten lebt, und ihn noch ärmer macht. Diejenigen, die wie mein Nachbar, der Graf, einige ihrer einst fürstlichen Besitztümer bewahrt haben, halten den Schein des alten Systems aufrecht; ihre Ländereien sind überlaufen und die Erzeugnisse werden von Generationen untätiger alter Diener aufgebraucht.

Der Graf besitzt mehrere Güter an verschiedenen Orten im Königreich, wozu manchmal ganze Dörfer gehören. Die erwirschafteten Einkünfte sind jedoch relativ gering; einige, wie er mir versicherte, reichen kaum zum Unterhalt der dort eingenisteten Horden, die sich anscheinend berechtigt fühlen, freie Unterkunft und

Unterhalt zu beanspruchen, weil ihre Vorfahren es seit undenklichen Zeiten so gehalten haben.

Das Namenstagsfest des alten Grafen erlaubte mir, einen Blick in das Privatleben einer spanischen Familie zu werfen. Zwei oder drei Tage lang dauerten die Vorbereitungen für das Fest. Allerlei Fleischsorten wurden aus der Stadt hochgebracht, die die Geruchsnerven der alten, invaliden Wachen kitzelten, wenn sie an ihnen vorbei durch das Tor der Gerechtigkeit getragen wurden. Die Bediensteten liefen geschäftig durch die Höfe; die alte Küche im Palast lebte wieder auf unter den Schritten der Köche und Gehilfen und funkelte im Schein der ungewohnten Feuer.

Als nun der große Tag kam, erblickte ich den Grafen in seiner patriarchalischen Rolle, seine Familie und sein Gefolge um ihn herum, auch die Verwalter, die seine Güter in der Ferne verwirtschaften und deren Erzeugnisse aufbrauchen; während eine große Anzahl alter unnützer Diener und abhängiger Verwandter untätig durch die Höfe schlenderte und sich in Reichweite des Duftes, der der Küche entströmte, aufhielt.

Es war ein fröhlicher Tag in der Alhambra. Die Gäste zerstreuten sich vor dem Essen über den Palast und genossen dessen Höfe, Brunnen und liebliche Gärten; Musik und Gelächter erklang in den zuvor so stillen Sälen.

Das Festmahl, denn ein offizielles Essen ist in Spanien tatsächlich ein Festmahl, wurde in dem wunderschönen maurischen Saal *Las dos Hermanas* serviert. Die Tafel wurde in einer nahezu endlosen Folge von Speisen mit allen Köstlichkeiten der Saison beladen; wobei ich beobachten konnte, wie gut das Hochzeitsmahl des reichen Camacho im "Don Quijote" das Bild von einem spanischen Bankett wiedergibt. Eine unbeschwerte Heiterkeit herrschte in der Runde; denn, obwohl der

Spanier im allgemeinen enthaltsam ist, feiert er zu solchen Gelegenheiten aus ganzem Herzen, insbesondere der Andalusier. Was mich angeht, war es besonders aufregend für mich, auf diese Art an einem Fest in den königlichen Sälen der Alhambra teilzunehmen, das von jemandem gegeben wurde, der Anspruch darauf erheben könnte, eine ferne Beziehung zu den maurischen Königen zu haben, und der in direkter Linie von Gonzalo de Córdoba abstammt, einem der angesehensten spanischen Eroberer.

Das Bankett ging zu Ende und die Gesellschaft verlegte sich in den Saal der Gesandten. Hier wetteiferte jeder, etwas zur allgemeinen Unterhaltung beizutragen: singen, improvisieren, wunderschöne Geschichten erzählen oder volkstümliche Tänze tanzen zu dem allgegenwärtigen Talisman spanischer Lustbarkeit, der Gitarre.

Die begabte kleine Tochter des Grafen war wie üblich die Seele und das Entzücken der Versammlung und sie beeindruckte mich mehr denn je mit ihrer außergewöhnlichen Begabund und Vielseitigkeit. Sie nahm mit einigen ihrer Gefährtinnen an zwei oder drei Szenen in einer eleganten Komödie teil und spielte ihren Part mit erlesenem Stil und vollendeter Anmut; sie ahmte volkstümliche italienische Sängerinnen nach, einige ernsthaft, andere komisch. Ihre Stimme besaß eine seltene Qualität und, wie mir versichert wurde, war ihre Darstellung aussergewöhnlich wahrheitsgetreu; sie imitierte die Dialekte, Tänze, Balladen, Bewegungen und Art der Zigeuner und die der Bauern der *Vega* mit der gleichen Leichtigkeit; aber alles wurde mit einer alles durchdringenden Anmut und einem fasznierenden damenhaften Takt ausgeführt.

Der große Charme von allem was sie tat lag im Fehlen jeglicher Anmaßung oder Ehrgeiz, in ihrer glücklichen Unbefangenheit. Alles entsprang der Eingebung des

Augenblicks oder der unmittelbaren Gewährung eines Wunsches. Sie schien kein Bewusstsein von der Seltenheit und dem Ausmaß ihres Talents zu haben und verhielt sich wie ein Kind, das im Familienkreis seiner Lebensfreude freien Lauf lässt. Tatsächlich wurde mir gesagt, sie habe ihr Talent niemals öffentlich vorgezeigt sondern nur, wie bei dieser Gelegenheit, im häuslichen Rahmen.

Sie musste zweifelsohne über eine ungewöhnliche Beobachtungsgabe und Einfühlungsvermögen verfügen, denn sie hatte nur selten Gelegenheit gehabt die Szenen, Fertigkeiten und Bräuche, die sie so lebensecht dargestellt hatte, zu beobachten.

-Es ist wirklich ein absolutes Rätsel für uns -sagte die Gräfin- wo das Kind (*la Niña*) diese Dinge aufgenommen hat, da sie doch ihr ganzes Leben zu Hause im Schoß der Familie verbracht hat.

Der Abend ging zur Neige; in den Sälen begann es zu dämmern; die Fledermäuse verließen ihre Verstecke und flatterten herum. Das kleine Fräulein und einige ihrer jungen Gefährtinnen hatten den Einfall, Dolores darum zu bitten, sie auf der Suche nach Geheimnissen und verzauberten Plätzen, in die weniger bekannten Teile des Palastes zu führen. Unter ihrer Leitung spähten sie zaghaft in die dunkle, alte Moschee, wichen aber schnell zurück, als ihnen erzählt wurde, dass dort ein Maurenkönig ermordet worden war. Sie wagten sich in die geheimnisvollen Winkel der Bäder und ließen sich durch die Geräusche und das Murmeln der alten Wasserleitungen erschrecken; sie flohen mit gespieltem Entsetzen bei der Warnung vor maurischen Gespenstern. Dann unternahmen sie das Abenteuer vom Eisernen Tor, einem Platz mit einem traurigen Beiklang in der Alhambra. Es ist eine Seitenpforte, die zu einem dunklen Steilhang liegt; ein enger, überdachter Gang führt dahin; dies war ein Platz des Schreckens für Dolores und ihre

Spielkameradinnen in der Kindheit, denn es hieß eine körperlose Hand greife manchmal aus der Wand nach jedem der vorüberging.

Die kleine Gruppe lief auf der Suche nach Zauberplätzen zum Eingang des überdachten Gangs, aber nichts konnte sie dazu bewegen, sich im Halbdunkeln hineinzuwagen; sie fürchteten den Geisterarm zu sehr.

Schließlich rannten sie in einem gespielten Angstanfall zurück in den Saal der Gesandten und behaupteten ganz ernsthaft, zwei weißgekleidete Gespenster gesehen zu haben. Sie hätten sie nicht weiter untersucht, aber es seien unverwechselbar Geister gewesen, denn sie glänzten inmitten der Dunkelheit, die sie umgab. Kurz danach erschien Dolores und erklärte das Geheimnis. Die Gespenster stellten sich als zwei Alabasternymphen heraus, Statuen, die am Eingang des überwölbten Ganges ihren Platz haben. Daraufhin versicherte einer der Anwesenden, ein ernster, aber auch etwas sarkastischer älterer Herr, der, meiner Meinung nach, Rechtsanwalt oder Rechtsberater des Grafen ist, dass diese Statuen mit einem der größten Geheimnisse der Alhambra in Verbindung stünden; dass es dazu eine seltsame Geschichte gäbe und zudem, dass sie ein lebendiges Monument in Marmor für weibliche Zurückhaltung und Verschwiegenheit seien. Alle baten ihn darum, die Geschichte der Statuen zu erzählen. Er nahm sich etwas Zeit, sich die Einzelheiten ins Gedächtnis zu rufen und gab dann ungefähr folgende Legende zum Besten.

DIE LEGENDE DER ZWEI VERSCHWIEGENEN STATUEN

Es lebte einmal in einem der großen Gemächer der Alhambra ein freundliches Männchen namens Lope Sánchez, der in den Gärten arbeitete, den ganzen Tag sang und so fröhlich und geschäftig wie ein Grashüpfer war. Er war die Seele der Alhambra. Nach getaner Arbeit setzte er sich auf eine der Steinbänke auf den Vorplatz der Festung, schlug seine Gitarre an und sang zur Unterhaltung der Invaliden lange Romanzen über das Leben des Cid, über Bernardo del Carpio, Hernando del Pulgar und andere spanische Helden, oder er stimmte fröhliche Töne an, zu denen die jungen Leute *Boleros* und *Fandangos* tanzen konnten.

Wie die meisten kleinen Männer hatte Lope Sánchez eine große, vollbusige Frau, die ihn fast in ihre Tasche stecken konnte. Aber das Los des armen Mannes ward ihm nicht beschert, statt zehn Kinder hatte er nur eins. Dies war ein kleines, schwarzäugiges Mädchen, ungefähr zwölf Jahre alt, Sanchica genannt. Sie war genauso fröhlich wie er selbst und die Wonne seines Herzens. Während er in den Gärten arbeitete, spielte sie um ihn herum; wenn er im Schatten saß und auf der Gitarre spielte, tanzte sie zu ihren Klängen oder sie sprang wild wie ein junges Reh durch die Wälder, Pappelalleen und verfallenen Hallen der Alhambra.

Es war Johannisnacht. Männer, Frauen und Kinder der Alhambra, die kein Fest verstreichen ließen, stiegen abends auf den Sonnenberg oberhalb des Generalife, um dort die Sonnenwende auf der Hochebene zu feiern. Es war eine helle Mondnacht, alle Berge standen grau und silbrig, die Stadt mit ihren Kuppeln und Glockentürmen lag mitten im Schatten und die *Vega* war wie ein Feenreich mit ihren verzauberten Flüssen, die wie Silberbänder in den dunklen Waldhainen glänzten. Auf dem höchsten Gipfel des Hügels zündeten sie, entsprechend dem von den Mauren überlieferten Brauch des Landes, ein Johannisfeuer an. Die Bewohner der Umgebung feierten in ähnlicher Weise. Johannisfeuer hier und dort in der Vega und an den Hängen der Berge glühten schwach im Mondlicht.

Der Abend verlief höchst fröhlich, man tanzte zur Gitarre von Lope Sánchez, der nie so glücklich war wie bei solch festlichen Gelegenheiten. Während alles tanzte, vergnügte sich die kleine Sanchica mit einigen Freundinnen zwischen den Trümmern einer alten maurischen Festung, die den Gipfel des Hügels krönt. Sie sammelte Kieselsteine im Graben der Ruine, als sie plötzlich eine kleine, in schwarzen Bernstein geschnitzte Hand fand, deren Daumen fest auf die geschlossenen Finger drückte. Überglücklich lief sie ihren Fund der Mutter zu zeigen. Sofort wurden um diesen Gegenstand herum Geschichten gesponnen, während einige ihn mit abergläubigem Misstrauen betrachteten.

-Wirf ihn weg!- sagte einer.

-Er ist maurisch, glaube mir, darin liegt Gefahr und Hexerei -sagte ein anderer.

-Keinesfalls! -fügte ein dritter hinzu-. Du kannst ihn im Zacatín an die Juweliere verkaufen, auch wenn du wenig dafür bekommst.

Mitten in dieser Diskussion näherte sich ein alter, sonnenverbrannter Soldat, der in Afrika gedient hatte und dessen Gesicht so braun wie das eines Mauren war. Dieser untersuchte die Hand mit Kennerblick.

-Ich habe Dinge dieser Art unter den Berbern gesehen. Es ist ein Amulett mit großer Wirkkraft gegen den bösen Blick und gegen alle Art Zaubersprüche und Hexerei. Meinen Glückwunsch, mein Freund Lope, das wird deiner Tochter Glück bringen.

Als sie dieses hörte, band die Frau von Lope Sánchez die kleine Bernsteinhand an ein Band und hängte es ihrer Tochter um den Hals.

Der Anblick dieses Talismans brachte den dort Versammelten alte, überlieferte Aberglauben aus der Zeit der Araber in Erinnerung. Man vergaß den Tanz und setzte sich auf den Boden in Gruppen zusammen, um alte und legendäre Sagen zu erzählen, die von Generation zu Generation weitergegeben worden waren. Einige dieser Geschichten handelten von wundersamen Dingen, die sich auf den Berg bezogen, auf dem sie gerade saßen, da man diesen für einen Zauberberg hielt. Eine alte Klatschbase schilderte mit großer Genauigkeit den unterirdischen Palast im Inneren dieses Berges, von dem man glaubte, er beherberge den verzauberten Boabdil und sein ganzes moslemisches Gefolge.

-Zwischen jenen Trümmern -sagte sie, indem sie auf einen zerbröckelten Erdwall in der Nähe des Hügels zeigte- liegt ein tiefer und unheimlicher Schacht, der tief bis in das Herz der Erde führt. Ich würde für alles Geld Granadas nicht hineinsehen. Einmal, es ist schon lange her, gab es einen armen Mann, der in der Alhambra lebte und auf diesem Berg seine Ziegen weidete. Er stieg in den Schacht auf der Suche nach einem Zicklein, das dort hineingefallen war. Als er herauskam, war er leichenblass und er erzählte Dinge, die er behauptete gesehen zu haben, dass alle glaubten, er habe den Verstand verloren. Er phantasierte ein oder zwei Tage über die maurischen Geister, die ihn verfolgt hätten, und konnte kaum dazu gebracht werden, die Ziegen wieder auf diesem Hügel zu weiden. Schließlich tat er es doch, aber oh weh, der arme Mann kam nie zurück. Die Nachbarn fanden seine Ziegen, die zwischen den Trümmern weideten, und seinen Hut und seine Decke am Rande des Schachts; aber niemals wurde je wieder etwas von ihm gehört.

Die kleine Sanchica lauschte dieser Geschichte mit atemloser Aufmerksamkeit. Sie war von Natur aus neugierig und sofort fühlte sie einen großen Drang, in dieses gefährliche Loch hineinzuschauen. Sie stahl sich von ihren Gespielinnen fort und lief zu der abgelegenen Ruine. Nachdem sie eine Weile darin herumgetappt war, gelangte sie an eine kleine Mulde in der Nähe des Gipfels, von dem aus der Weg steil zum Tal des Darro abfällt. In der Mitte dieser Vertiefung öffnete sich der Schlund eines Schachtes. Sanchica wagte sich bis an seinen Rand und spähte hinein. Alles war pechschwarz und ließ seine unendliche Tiefe erahnen. Das Blut gerann ihr in den Adern; sie zog sich zurück, spähte wieder, wäre am liebsten wieder weggelaufen und warf noch einmal einen Blick hinein; das, was sie erschreckte, ließ sie gleichzeitig vor Entzücken erschauern. Schliesslich rollte sie einen grossen Stein heran und stieß ihn in die Tiefe. Für eine Weile fiel der Stein in die Stille hinein; dann schlug er heftig auf einem Felsvorsprung auf; daraufhin prallte er rollend und polternd unter Donnergetöse von einer Seite auf die andere und schlug schliesslich ganz, ganz unten im Wasser auf und alles war wieder still.

Die Stille hielt jedoch nicht lange an. Es schien, als sei etwas in diesem schaurigen Abgrund erwacht. Aus dem Schacht erhob sich nach und nach ein murmelndes Geräusch, wie das Summen und Hummen der Bienen in ihrem Korb. Es wurde lauter und lauter; da hörte man ein Durcheinander an Stimmen, wie von einer fernen Menschenmenge, zusammen mit einem schwachen Klirren von Waffen, sowie den Klang von Zimbeln und

Window in the Hall of Ambassadors.

Trompeten, als ob ein Heer sich anschickte, in den Eingeweiden des Berges ein Gefecht zu beginnen.

Das Mädchen wandte sich in entsetztem Schweigen ab und lief dahin, wo sie ihre Eltern und Freundinnen zurückgelassen hatte. Aber sie waren alle schon fortgegangen. Das Festfeuer glimmte nur noch und der letzte Rauch kräuselte sich im Mondenschein. Die fernen Johannisfeuer, die auf den Bergen und in der Vega geleuchtet hatten, waren alle erloschen und alles schien in Schlaf gefallen zu sein. Sanchica rief ihre Eltern und einige ihrer Freundinnen beim Namen, erhielt jedoch keine Antwort. Sie lief den Hang hinunter, an den Gärten des Generalife vorbei, bis sie zur Baumallee gelangte, die zur Alhambra führt, woraufhin sie sich auf eine Holzbank setzte, um Luft zu holen. Die Glocke vom Wachturm der Alhambra schlug Mitternacht. Es war so still, als schliefe die ganze Natur. Nur das leise Murmeln eines versteckten Baches, das unter den Büschen seinen Lauf nahm, war zu hören. Der milde Hauch der Nachtluft wog sie in den Schlaf, als ihr Blick plötzlich von einem Glänzen in der Ferne angezogen wurde, und sie zu ihrer großen Überraschung einen langen Zug maurischer Krieger entdeckte, die durch die dichtbelaubten Alleen den Hang hinunterritten. Einige waren mit Lanzen und Schilden bewaffnet, andere mit einem Maurensäbel oder einer Kriegsaxt und glänzenden Rüstungen, die das Mondlicht wiederspiegelten. Ihre Pferde wieherten stolz und zogen an der Kandare, aber sie traten so leise auf, als seien ihre Hufe mit Filz überzogen, und die Reiter sahen alle leichenblass aus. Zwischen ihnen ritt eine wunderschöne Dame mit langen, perlendurchflochtenen goldenen Zöpfen und einer Krone auf der Stirn. Die karmensinrote, goldbestickte Satteldecke ihres Zelters reichte bis zum Boden, sie aber schien todtraurig und hielt die Augen auf den Boden niedergeschlagen.

Dann folgte ein Zug reichgekleideter Höflinge, deren Umhänge und Turbanten in den verschiedensten Farben leuchteten, und zwischen ihnen auf einem Goldfuchs ritt König Boabdil el Chico in seinem juwelenbesetzten Königsmantel unter einer Krone, deren Diamanten blitzten. Die kleine Sanchica erkannte ihn an seinem blonden Bart und an seiner Ähnlichkeit mit dem Bildnis, das sie oft in der Gemäldegalerie des Generalife gesehen hatte. Sie beobachtete voller Erstaunen und Bewunderung jenen königlichen Zug, während dieser zwischen den Bäumen erschien. Obwohl sie wusste, dass dieses Königspaar und die Höflinge und Krieger, die so bleich und still zu sehen waren, nicht dem normalen Lauf der Dinge entsprachen, sondern Zauberwerk waren, schaute sie tapfer hin, denn solch einen Mut hatte ihr der mystische Talisman, die kleine Bernsteinhand, die an ihrem Hals hing, verliehen.

Als die Reiter vorbeigezogen waren, stand sie auf und folgte ihnen. Der Zug näherte sich dem Tor der Gerechtigkeit, das weit offen stand. Die alten wachhabenden Veteranen lagen auf den Steinbänken des Außenwerks, offenbar in einem tiefen Zauberschlaf und der Gespensterzug glitt geräuschlos mit flatternden Bannern und in Siegeshaltung an ihnen vorbei. Sanchica wäre ihnen gerne gefolgt, jedoch zu ihrem Erstaunen sah sie eine Öffnung in der Erde inmitten des Walles, die in die Grundmauern des Turmes führte. Sie ging hinein und wurde ermutigt weiterzugehen, da sie einige grob aus dem Felsen gehauene Stufen und einen engen gewölbten Gang sah, der durch silberne Lampen erleuchtet wurde, die gleichzeitig einen angenehmen Duft verbreiteten. Sie traute sich vor und gelangte schließlich in einen großen, wunderbar geschmückten Saal im Herzen des Berges, von Silber- und Kristalllampen erleuchtet. Dort auf einer Ottomane sah sie einen alten Mann in maurischer Kleidung und einem langem weißen Bart mit einem Stab in der Hand, der ihm beinah aus der Hand fiel, vor sich hinschlummern. In seiner Nähe saß eine wunderschöne Dame in alter spanischer Tracht mit einem diamantenbesetzten Diadem auf der Stirn und perlendurchwobenen Haaren, die lieblich auf einer silbernen Leier spielte. Die kleine Sanchica erinnerte sich daraufhin einer Geschichte, die sie von den alten Leuten der Alhambra gehört hatte, über eine christliche Prinzessin, die durch den Zauber eines alten arabischen Magiers im Inneren des Berges festgehalten wurde, den sie wiederum durch die Macht ihrer Musik in einem Zauberschlaf gefangen hielt.

Die Dame wunderte sich sehr, als sie plötzlich ein sterbliches Wesen in dem verzauberten Saal erscheinen sah.

-Ist es wieder Johannisnacht? -fragte sie.

-Ja -antwortete Sanchica.

-Dann ist für diese Nacht der magische Bann aufgehoben. Komm näher mein Kind und fürchte nichts. Ich bin Christin wie du, obwohl ich hier durch einen Zauberspruch gefangen bin. Berühre meine Fesseln mit dem Talisman, der an deinem Hals hängt, und ich werde für diese Nacht frei sein.

Und während sie dies sagte, öffnete sie ein wenig ihre Gewänder und zeigte ein breites Goldband, das ihre Taille umschnürte und eine Goldkette, die sie an den Boden fesselte. Das Mädchen zögerte nicht die Bernsteinhand an ihr Goldband zu halten und sofort fielen die Ketten auf den Boden. Bei diesem Geräusch erwachte der Alte und rieb sich die Augen; aber die Dame ließ ihre Finger von neuem über die Saiten der Leier gleiten, so dass er wieder in seinen Schlummer verfiel und vor sich hinzunicken begann und sein Stab beinah aus seiner Hand gefallen wäre.

-Jetzt -sagte die Gefangene- berühre seinen Stab mit deinem kleinen Talisman aus Bernstein.

Das Mädchen tat dies; der Stab glitt aus seiner Hand und er fiel auf der Ottomane in tiefen Schlaf. Die Dame legte vorsichtig ihre silberne Leier auf den Diwan nahe beim Kopf des schlafenden Zauberers und zupfte an den Saiten, bis sie in seinen Ohren vibrierten.

-Oh mächtiger Geist der Harmonien! -sagte sie-. Halte seine Sinne gefangen bis der Tag wieder anbricht. Jetzt folge mir, mein Kind -setzte sie hinzu- und du wirst die Alhambra in ihrer vollen Pracht sehen können, wie sie zu Zeiten ihrer Blüte war, denn du besitzt einen Talisman, der all ihre Wunder enthüllt.

Sanchica folgte der Dame schweigend. Sie stiegen hoch und durchquerten den Eingang zur Höhle, der sie wieder auf den Wall zum Tor der Gerechtigkeit führte und danach auf den Innenhof der Festung, der *Plaza de los Aljibes*. Hier standen in Reih und Glied maurische Soldaten, die zu Fuß oder hoch zu Ross mit fliegenden Bannern angetreten waren. Im Vorhof standen auch königliche Wachen und Reihen schwarzer Neger mit gezückten Säbeln. Niemand sprach ein Wort und Sanchica ging unerschrocken hinter ihrer Führerin her. Ihr Erstaunen wuchs, als sie in den königlichen Palast gingen, in dem sie aufgewachsen war. Der Vollmond erleuchtete alle Säle, Höfe und Gärten beinah so hell als sei es Tag, aber alles sah ganz anders aus, als sie es gewohnt war. Den Wänden hatte die Zeit weder Risse noch Flecken zugefügt. Statt mit Spinnweben waren sie mit reichbestickten Seidenteppichen aus Damaskus geschmückt und die goldenen Malereien und Arabesquen leuchteten in ihrer ursprünglichen Frische. In den Sälen, die sie leer und unmöbliert kannte, standen Diwane und Ottomane aus feinstem Material, bestickt mit Perlen und besetzt mit Edelsteinen, und in allen Brunnen der Höfe und Gärten spielte das Wasser.

In der Küche herrschte größte Geschäftigkeit: die Köche richteten eifrig Schattengerichte zu, brieten und kochten Hühner- und Wachtelgeister; die Diener liefen mit Silbertellern hin und her, auf denen die köstlichsten Gerichte für ein prächtiges Bankett lagen. Im Löwenhof drängten sich die Wachen, Höflinge und *Alfaquis*, die maurischen Priester, wie zu alten maurischen Zeiten, und am oberen Ende des Gerichtssaales saß Boabdil auf seinem Thron, umgeben von seinem Hof, und hielt für diese Nacht sein Geisterzepter in der Hand. Trotz der Geschäftigkeit und der Menschenansammlung war kein Laut zu hören, keine Stimme noch Fußtritt erklang; nichts unterbrach die Stille der Nacht außer dem Plätschern des Wassers in den Brunnen. Die kleine Sanchica folgte, stumm vor Staunen, der schönen Dame durch den ganzen Palast, bis sie zu einem Tor kamen, das sie zu den gewölbten Gängen unter dem großen Comaresturm führte. An jeder Torseite stand eine Nymphe aus Alabaster. Die Köpfe beider Statuen schauten zur Seite und ihre Blicke waren in die gleiche Richtung auf einen Platz im Inneren des Gewölbes geheftet. Die verwunschene Dame hielt an und winkte das Mädchen zu sich heran.

-Hier -sagte sie- ist ein großes Geheimnis, das ich dir zum Entgelt für deinen Mut und dein Vertrauen enthüllen werde. Diese verschwiegenen Statuen bewachen einen Schatz, der in alten Zeiten von einem maurischen König dort versteckt wurde. Sag deinem Vater er soll die Stelle suchen, auf die die Nymphen ihre Blicke gerichtet halten und er wird etwas entdecken, das ihn zum reichsten Mann Granadas machen wird. Nur in deinen unschuldigen Händen und unter dem Schutz des Talismans kann der Schatz ausgehoben werden. Rate deinem Vater ebenso, dass er ihn im Geheimen benutze und einen Teil dafür verwenden soll, für mich eine heilige Messe lesen zu lassen, damit ich aus diesem unheiligen Bann befreit werde.

Als die Dame dies gesagt hatte, führte sie das

Mädchen zum kleinen Garten der Lindaraja, der neben dem Gewölbe der Statuen liegt. Der Mond zitterte auf dem Wasser des einsamen Brunnens in der Mitte des Gartens und vergoss sein sanftes Licht über Orangen- und Zitronenbäume. Die schöne Dame schnitt einen Myrthenzweig ab und band ihn um den Kopf des Mädchens.

-Dies soll dich daran erinnern, was ich dir enhüllt habe und auch gleichzeitig die Wahrhaftigkeit dieser Geschichte bezeugen. Meine Stunde ist gekommen und ich muss zum verzauberten Saal zurückkehren. Folge mir nicht, damit dir kein Unglück zustösst. Lebe wohl! Vergiss nicht, was ich dir gesagt habe, und lasse Messen für meine Erlösung beten.

Indem sie dies sagte, veschwand sie im dunklen Gang unter dem Comares Turm und wurde nie wieder gesehen.

Da war in der Ferne das Schreien eines Hahnes drunten im Tal des Darro zu hören, wo die Häuschen am Fuße der Alhambra liegen, und ein heller Lichtstreifen erschien hinter den Bergen im Osten. Eine leichte Brise kam auf, in den Höfen und Gängen rauschte es wie von trockenen Blättern, die der Wind bewegt, und eine Türe nach der anderen schlug mit lautem Getöse zu.

Sanchica kehrte zu den vor kurzem noch mit einer gespenstischen Menschenmenge belebten Plätzen zurück, aber Boabdil und sein Geisterhof waren verschwunden. Das Mondlicht schien in leere Hallen und Galerien, die ihrer flüchtigen Pracht beraubt waren und in von der Zeit befleckte und beschädigte, mit Spinnweben durchzogene Säle; die Fledermaus flirrte in dem schwachen Licht herum und der Frosch quakte in den Wasserbecken.

Sanchica eilte über eine abgelegene Treppe nach Hause, die zu dem einfachen Raum führte, den ihre Familie bewohnte. Die Türe stand wie gewöhnlich offen, denn Lope Sánchez war zu arm, um Schloss oder Riegel zu benötigen; so schlich sie still zu ihrer Pritsche, legte den Myrthenkranz unter das Kopfkissen und war bald eingeschlafen.

Am nächsten Morgen erzählte sie ihrem Vater, was ihr widerfahren war. Lope Sánchez tat es jedoch als einen Traum ab und lächelte über das leichtgläubige Kind. Er ging in aller Ruhe seiner gewohnten Arbeit in den Gärten nach, war aber noch nicht lange dort, als seine Tochter atemlos auf ihn zugelaufen kam.

-Vater, Vater! -schrie sie-. Sieh nur, das ist der Myrtenkranz, den mir die maurische Dame um den Kopf gebunden hat.

Lope Sánchez starrte sprachlos darauf, denn der Myrthenzweig war aus reinem Gold und jedes Blatt ein glänzender Smaragd. Da er sich in Edelsteinen nicht auskannte, konnte er den wahren Wert jenes Juwels nicht einschätzen, aber was er sah, reichte, um ihn davon zu überzeugen, dass es nicht aus jener Materie bestand, aus der im allgemeinen die Träume sind, und dass das Kind zumindest nicht umsonst geträumt hatte. Sein erstes Anliegen bestand darin, seiner Tochter die allergrößte Verschwiegenheit aufzuerlegen; in dieser Hinsicht konnte er allerdings ganz ruhig sein, denn sie war weit über ihr Alter und ihr Geschlecht hinaus umsichtig und verschwiegen. Umgehend richtete er daraufhin seine Schritte zum Gewölbe der Alabasternymphen. Er bemerkte, dass sie ihre Köpfe vom Portal wegwandten und ihre Blicke starr auf den gleichen Punkt im Inneren des Gewölbes richteten. Lope Sánchez musste diese diskrete Einrichtung zur Bewahrung eines Geheimnisses uneingeschränkt bewundern. Er zeichnete eine Linie von den Augen der Statuen bis zu dem Punkt auf den sie blickten, brachte dort ein Zeichen an der Wand an, das nur er verstand und zog sich dann zurück.

Den ganzen Tag lang wälzte Lope Sánchez im Geiste

Tausende von Sorgen. Er konnte es nicht vermeiden, sich auf Sichtweite in der Nähe der Statuen aufzuhalten und der schreckliche Gedanke, man könne sein goldenes Geheimnis entdecken, machte ihn ganz unglücklich. Jeder Schritt, der sich jener Gegend näherte, ließ ihn erzittern. Er hätte alles darum gegeben, den Kopf der Alabasterstatuen in eine andere Richtung drehen zu können, wobei er vergaß, dass diese jahrhundertelang auf den gleichen Punkt geblickt hatten, ohne dass dies irgendjemand bemerkt hätte.

-Der Teufel soll sie holen! -sagte er zu sich selbst-. Sie werden alles verraten. Hat je ein Sterblicher so eine Art gesehen, ein Geheimnis zu wahren!

Wenn er dann hörte, dass sich jemand näherte, versteckte er sich heimlich, als ob seine bloße Gegenwart an jenen Plätzen Misstrauen hätte erregen können, danach kehrte er vorsichtig zurück und beobachtete von weitem, ob alles in Ordnung war; aber der Blick der Statuen würde von neuem seinen Unwillen hervorrufen. Ja, da stehen sie -sagte er zu sich selbst-, immer gucken sie und gucken gerade dahin, wohin sie nicht sollten. Der Blitz soll sie treffen! Sie sind wie alle ihres Geschlechts; wenn sie keine Zunge zum Schwatzen haben, dann reden sie ganz sicher mit den Augen.

Schließlich ging zu seinem Trost jener lange, unruhige Tag zu Ende. Kein Klang von Schritten war mehr in den hallenden Sälen der Alhambra zu hören; der letzte Fremde überquerte die Schwelle, das Haupttor wurde verriegelt und verschlossen und die Fledermaus, der Frosch und die Eule gaben sich nach und nach ihren nächtlichen Beschäftigungen im verlassenen Palast hin.

Lope Sánchez wartete dennoch ab, bis die Nacht weit vorgerückt war, bevor er es wagte mit seiner Tochter zum Saal der zwei Nymphen zu gehen. Da standen sie mit dem gewohnten wissenden und rätselhaften Blick und starrten auf den geheimen Platz des Schatzes.

Mit Ihrer Erlaubnis, meine Damen -dachte Lope Sánchez, als er an ihnen vorbeiging-, ich werde Sie von der Sorge befreien, die so schwer während der letzten zwei oder drei Jahrhunderte auf Ihnen gelastet haben muss.

Dann machte er sich an der bezeichneten Stelle an die Arbeit und nach einer kleinen Weile legte er eine versteckte Vertiefung frei, in der zwei Porzellankrüge standen. Er versuchte sie herauszuholen, doch sie waren nicht zu bewegen, bevor sie nicht von der unschuldigen Hand seiner Tochter berührt wurden. Mit ihrer Hilfe hob er sie aus der Nische und entdeckte zu seiner großen Freude, dass sie mit maurischen Goldmünzen gefüllt waren, vermischt mit Juwelen und Edelsteinen. Noch vor Tagesanbruch gelang es ihm die Krüge in seine Räume zu bringen und er ließ die zwei Statuen, die mit ihrem starren Blick die leere Nische bewachten, zurück.

So kam es dazu, dass der gute Lope Sánchez sich plötzlich in einen reichen Mann verwandelt sah; aber sein Reichtum brachte ihm wie gewöhnlich eine Unzahl Sorgen ein, die ihm bisher fremd gewesen waren. Wie sollte er seinen Schatz herausbringen und sicher unterstellen? Wie sollte er ihn sogar genießen, ohne Verdacht zu erregen? Jetzt hatte er auch zum ersten Mal in seinem Leben Angst vor Räubern. Er bedachte voller Schrecken wie unsicher seine Wohnung war und verbarrikadierte die Fenster und Türen. Trotz all dieser Vorsichtsmaßnahmen konnte er jedoch nicht ruhig schlafen. Sein üblicher Frohsinn verschwand, er sang und scherzte nicht mehr für seine Nachbarn und kurz gesagt, er verwandelte sich in den unglücklichsten Menschen in der ganzen Alhambra. Seine alten Freunde bemerkten seine Verwandlung, bemitleideten ihn von ganzem Herzen und begannen sich von ihm zurückzuziehen, da sie annahmen, er sei in Not geraten und befürchteten, er würde sie um Hilfe bitten. Wie sollten sie auch annehmen, dass die Ursache seines Leidens sein Reichtum war.

Die Frau von Lope Sánchez teilte seine Besorgnis, aber sie hatte einen geistlichen Trost. Wir hätten erwähnen müssen, dass seine Frau, da ihr Mann eher unbekümmert und leichtlebig war, sich daran gewöhnt hatte, in allen ernsten Angelegenheiten die Hilfe und den Rat ihres Beichtvaters zu suchen. Bruder Simon war ein stämmiger, blaubärtiger, stiernackiger Mönch mit dichtem Bart und grossem Kopf aus dem nahegelegenen Franziskanerkloster, der geistliche Tröster der meisten guten Ehefrauen aus der Nachbarschaft. Er wurde auch sehr von Nonnen aus verschiedenen Schwesternschaften geschätzt, die seinen geistlichen Beistand mit diesen köstlichen Süßigkeiten und Leckereien, die häufig in den Klöstern hergestellt werden, entgalten, wie zum Beispiel mit zartschmeckenden Konfitüren, süßen Biskuits und würzigen Likören, von denen man weiss, dass sie nach Fasttagen und Nachtwachen wunderbar wieder zu Kräften verhelfen.

Bruder Simon gedieh bei der Ausübung seines Amtes. Sein öliges Gesicht glänzte in der Sonne, wenn er an heißen Tagen den Hügel der Alhambra hochprustete. Trotz seines feisten Aussehens legte der geknotete Strick um seinen Leib Zeugnis von seiner Enthaltsamkeit ab; die Leute zogen ihre Hüte vor ihm, da er als Vorbild der Frömmigkeit galt, und sogar die Hunde witterten den Duft der Heiligkeit, der seiner Kutte entströmte, und heulten in ihren Behausungen, wenn er vorüberging.

Dies war also Bruder Simon, der geistliche Vater der ehrenhaften Frau von Lope Sánchez; und da in Spanien der Beichtvater auch der Ratgeber der einfachen Frauen in allen häuslichen Angelegenheiten ist, wurde er sehr bald mit der Bitte nach größter Geheimhaltung in die Geschichte des versteckten Schatzes eingeweiht.

Der Mönch riss Mund und Ohren auf und bekreuzigte sich ein dutzend Mal, als er diese Neuigkeiten hörte. Nach einer kurzen Pause, rief er aus:

-Tochter meines Herzens! Du musst wissen, dass dein Mann eine doppelte Sünde begangen hat. Eine Sünde gegen den Staat und eine gegen die Kirche. Der Schatz, den er sich angeeignet hat, gehört natürlich dem Staat, da er auf königlichem Boden gefunden worden ist; da es sich aber um einen Schatz von Ungläubigen handelt, der sozusagen den Klauen Satans entwandt worden ist, muss er der Kirche übergeben werden. Jedoch werden wir mal sehen, was wir da tun können. Bringe mir den Myrthenkranz mal her.

Als der gute Bruder den Kranz sah, glitzerten seine Augen mehr denn je und er bewunderte die Größe und Schönheit der Smaragden.

-Dies sollte -sagte er- für fromme Zwecke benutzt werden, da es die erste Frucht der Entdeckung ist. Ich werde ihn als eine Gabe in die Kapelle zu Füßen des Heiligen Franziskus aufhängen und ihn noch heute Nacht voll Inbrunst bitten, dass er deinem Mann gewähre, seine Besitztümer in Ruhe zu geniessen.

Die gute Frau war entzückt bei der Aussicht, zu so einem bescheidenen Preis ihren Frieden mit dem Himmel zu schließen und der Mönch, indem er die Girnalde unter seiner Kutte versteckte, begab sich mit frommen Schritten zu seinem Kloster.

Als Lope nach Hause zurückkehrte, erzählte ihm seine Frau was geschehen war. Er war außer sich vor Ärger, denn ihm fehlte die Frömmigkeit seiner Frau und er hegte schon seit einiger Zeit im geheimen Groll gegen die häuslichen Besuche des Mönchs.

-Frau! -sagte er zu ihr-. Was hast du getan? Du hast alles aufs Spiel gesetzt mit deinem Geschwätz.

-Was? -schrie die gute Frau-, würdest du mir verbieten mein Gewissen bei meinem Beichtvater zu erleichtern?

-Nein, Frau! Beichte so viele deiner eigenen Sünden,

wie du willst, aber dieser ausgegrabene Schatz ist meine Sünde und mein Gewissen leidet nicht unter seinem Gewicht.

Es half nichts sich zu beklagen; das Geheimnis war schon verraten und wie auf Sand gegossenes Wasser, konnte es nicht mehr eingesammelt werden. Die einzige Hoffnung bestand darin, dass der Mönch es für sich behalten würde.

Am nächsten Tag, als Lope Sánchez außer Haus war, ließ sich ein bescheidenes Klopfen an der Tür vernehmen und es erschien Bruder Simon in unterwürfiger und ehrbarer Haltung.

-Meine Tochter -sagte er-. Ich habe inbrünstig zum Heiligen Franziskus gebetet und er hat mein Gebet erhört. Mitten in der Nacht erschien mir der Heilige mit ernster Miene im Traum. "Wieso -sagte er- wagst du es, mich darum zu bitten, dass ich auf diesen Schatz verzichte, wo du doch die Armut meiner Kapelle kennst? Geh zum Haus von Lope Sánchez, erbitte in meinem Namen einen Teil des maurischen Goldes, um daraus zwei Leuchter für den Hauptaltar zu schmieden, wonach er in Ruhe den Rest geniessen soll."

Als die gute Frau von der Erscheinung hörte, bekreuzigte sie sich ehrfurchtsvoll und indem sie zu dem geheimen Platz ging, an dem ihr Mann den Schatz versteckt hielt, füllte sie einen großen Lederbeutel mit arabischen Goldmünzen und übergab ihn dem Mönch. Der fromme Franziskaner überschüttete sie zum Entgelt mit zahlreichen Segenssprüchen, die falls der Himmel ihm Gehör schenken wollte, ihren Abkommen bis in die letzte Generation zugute kommen konnten; danach steckte er den Beutel in den Ärmel seiner Kutte, kreuzte die Hände über seine Brust und zog sich mit einer Miene dankbarer Bescheidenheit zurück.

Als er von dieser zweiten Spende an die Kirche erfuhr, verlor Lope beinah den Verstand.

-Was bin ich doch für ein unglücklicher Mensch -rief er aus-. Was soll aus mir werden? Ich werde langsam aber sicher ausgeraubt, schließlich werde ich ruiniert sein und betteln gehen müssen.

Es kostete seiner Frau einige Anstrengung ihn zu beruhigen, indem sie ihn an die unendlichen Reichtümer erinnerte, die noch übrig waren, und daran, dass der Heilige Franziskus doch sehr bescheiden gewesen war, als er sich mit so wenig begnügte.

Leider hatte Bruder Simon eine große Anzahl armer Angehöriger zu unterhalten, nicht zu vergessen ein halbes Dutzend stämmiger, stiernackiger Waisenkinder und Findlinge, die er unter seinen Schutz genommen hatte. Er wiederholte daher Tag für Tag seine Besuche im Namen des Heiligen Dominikus, des Heiligen Andreas und des Heiligen Jakobs, bis der arme Lope, an den Rand der Verzweiflung getrieben, erkannte, dass er sich vor diesem frommen Mönch in Sicherheit bringen musste, wenn er nicht für jeden Heiligen des Kalenderjahres spenden wollte. Er beschloss daher seinen verbleibenden Reichtum einzupacken und an eine andere Stelle im Königreich zu ziehen.

Nach reiflicher Überlegung kaufte er zu diesem Zweck ein starkes Maultier und versteckte es in in einem düsteren Gewölbe unter dem Turm der Sieben Böden, in dem -wie man sagte- um Mitternacht das Geisterpferd *Belludo* erscheinen konnte, um danach die Straßen Granadas, verfolgt von einer Meute Höllenhunde, unsicher zu machen. Lope Sánchez glaubte nicht an diese Geschichte, ging aber mit Recht davon aus, dass niemand es wagen würde in dem unterirdischen Geisterstall herumzustöbern. Er sandte im Laufe des Tages seine Familie in ein entlegenes Dorf in der *Vega*, mit der Anordnung dort auf ihn zu warten. Bei vorgerückter Nacht brachte er seinen Schatz zum unterirdischen Gewölbe unter dem Turm, lud ihn auf den Maulesel, führte diesen hinaus und ging vorsichtig die dunkle Allee hinunter.

Der ehrliche Lope hatte alles mit der größten Vorsicht geplant, ohne dass irgend jemand außer der treuen Frau seines Herzens davon gewusst hätte. Auf Grund einer zweifelsohne übernatürlichen Offenbarung hatte Bruder Simon davon erfahren. Der eifrige Mönch erkannte, dass die Gefahr bestand, für immer diese Schätze der Ungläubigen aus den Augen zu verlieren und beschloss daher noch einmal zum Besten der Kirche und des Heiligen Franziskus seine Hand darauf zu legen. Daher, als die Glocken die *Animas* einläuteten und die Alhambra in tiefer Ruhe lag, schlich er aus seinem Kloster und indem er aus dem Tor der Gerechtigkeit hinunterging, versteckte er sich zwischen den Rosen- und Lorbeerbüschen, die den Rand der großen Allee umsäumen. Dort blieb er sitzen, die Viertelstunden zählend, die von der Glocke des Wachturms herüberklangen, und hörte dem furchteinflößenden Schreien der Käuzchen und dem fernen Bellen der Hunde in den Höhlen der Zigeuner zu.

Schließlich vernahm er das Geräusch von Hufschlägen und unter dem dunklen Schatten der Bäume erkannte er schwach die Umrisse eines Pferdes, das die Allee hinunterkam. Der stämmige Mönch lachte sich bei der Vorstellung ins Fäustchen, welchen Streich er dem guten Lope spielen würde.

Er raffte den Rock seiner Kutte zusammen und hingekauert wie eine Katze, die einer Maus auflauert, wartete er bis seine Beute genau vor ihm war. Dann sprang er aus seinem blättrigen Unterschlupf heraus und indem er eine Hand auf den Rücken und eine andere auf seine Kruppe legte, sprang er auf das Pferd, wie es einem erfahrenen Rittmeister keine Unehre gemacht hätte.

-Aha, sagte der stämmige Franziskaner-. Mal sehen, wer von uns beiden das Spiel besser beherrscht.

Aber kaum hatte er diese Worte ausgesprochen, als der Maulesel auszuschlagen begann, sich aufbäumte und herumsprang und im gestreckten Galopp den Hügel herunterstürmte. Der Mönch versuchte ihn anzuhalten, aber umsonst. Er sprang von Fels zu Fels und von Busch zu Busch; die Kutte des Mönchs wurde in Fetzen gerissen und flatterte im Wind; sein geschorener Schädel stieß hart gegen die Äste der Bäume und er holte sich nicht wenige Kratzer an den Dornen der Büsche. Wie groß war erst sein Schrecken und seine Angst, als er eine siebenköpfige Hundemeute heulend hinter sich herspringen sah und, wenn auch zu spät, erkannte, dass er in Wirklichkeit auf dem schrecklichen *Belludo* saß!

Und dahin ging´s, dem alten Spruch zufolge, "nenne den Teufel und es erscheint der Mönch", die große Allee hinunter über Plaza Nueva den Zacatín entlang rund um die Bibarambla -nie gab es eine wildere Jagd, noch war je ein Lärm höllischer, als in jener Nacht. Vergebens flehte der Mönch alle Heiligen des Kalenderjahres und die Heilige Jungfrau um Hilfe an. Jedesmal wenn er einen heiligen Namen nannte, schien er dem Pferd die Sporen zu geben, so dass das Geisterpferd beinah haushoch sprang. Die ganze Nacht wurde der unglückliche Bruder Simon gegen seinen Willen von einer Seite zur anderen geschleift, bis ihn jeder Knochen im Körper schmerzte und er einen Teil jener Haut verloren hatte, die zu empfindlich ist, um erwähnt zu werden. Schließlich kündigte der Hahnenschrei den Morgen an. Bei diesem Ton machte das Geisterross kehrtum und galoppierte schnellstens in Richtung Turm zurück. Von neuem überquerten sie die Bibarambla, den Zacatín, Plaza Nueva und die Pappalleen an den Brunnen, von den sieben Hunden verfolgt, die heulten, bellten, in die Höhe sprangen und dem zu Tode erschreckten Mönch in die Fersen bissen. Kaum war der erste Sonnenstrahl erschienen, als sie den Turm erreichten. Da schlug das Geisterpferd ein paarmal kräftig aus, warf den Mönch in einem Salto mortale durch die Luft, stürzte in das dunkle Gewölbe und verschwand, gefolgt von der höllischen Hundemeute. Eine tiefe Stille herrschte plötzlich nach diesem schrecklichen Lärm.

Wurde jemals einem frommen Mönch ein teuflischerer Streich gespielt? Ein Bauer, der frühmorgens zur Arbeit ging, fand den unglücklichen Bruder Simon unter einem Feigenbaum am Fuße des Turmes vor, aber dieser war so übel zugerichtet und zerschunden, dass er weder sprechen noch sich bewegen konnte. Er wurde sehr vorsichtig und liebevoll in seine Zelle gebracht und das Gerücht in die Welt gesetzt, er sei von Räubern überfallen und gequält worden. Es vergingen einige Tage bevor er seine Beine wieder benutzen konnte; währenddessen tröstete er sich damit, dass er, obwohl ihm der Maulesel mit dem Schatz entschlüpft war, vorher einen guten Teil der Beute dieser Ungläubigen sichergestellt hatte. Kaum konnte er sich bewegen, versäumte er keine Minute, unter seiner Pritsche den Platz zu suchen, an dem er den Myrthenkranz und die Lederbeutel mit dem Geld verborgen hielt, die er der Frömmigkeit der Frau Sánchez abgewonnen hatte. Aber wie groß war seine Bestürzung, als er sah, dass sich die Girlande in einen trockenen Myrthenzweig verwandelt hatte und die Lederbeutel nichts als Sand und Kieselsteine enthielten.

Trotz seiner Enttäuschung war Bruder Simon vorsichtig genug, seinen Mund zu halten, denn dieses Geheimnis zu verraten, hätte ihm nur den Spott der Leute und die Strafe seiner Vorgesetzten eingebracht. Nur viele Jahre später gestand er seinem Beichtvater jenen nächtlichen Ritt auf dem *Belludo*.

Nachdem er aus der Alhambra verschwunden war, wurde lange Zeit nichts mehr von Lope Sánchez gehört. Man erinnerte sich seiner immer als eines fröhlichen Kameraden, obwohl man befürchtete, dass seine traurige und gedrückte Stimmung kurz vor seinem geheimnisvollen Verschwinden vielleicht ein Zeichen dafür war, dass ihn Armut und Leid zu einem nicht wieder gutzumachenden Schritt hatten verleiten können. Einige Jahre später kam einer seiner alten Kameraden, ein Veteran, nach Málaga und wurde von einer sechspännigen Karrosse angefahren, die ihn beinah überrollt hätte. Die Karrosse hielt an und aus ihr stieg ein bejahrter, eleganter Edelmann, mit Schwert und Perücke angetan, um dem Invaliden zur Hilfe zu kommen. Wie groß war jedoch die Verwunderung des Veteranen, als er in jener wichtigen Persönlichkeit seinen alten Freund Lope Sánchez erkannte, der gerade die Hochzeit seiner Tochter Sanchica mit einem der *Grandes* des Reiches feierte.

In der Karrosse saß der Hochzeitszug. Da war die Dame Sánchez, nun so rund wie eine Tonne und geschmückt mit Federn, Juwelen, Perlen, Diamantketten und Ringen an allen Fingern; alles in allem solch eine elegante Erscheinung, wie sie seit Zeiten der Königin von Saba nicht mehr gesehen worden war. Die kleine Sanchica war jetzt zu einer Frau herangewachsen und ihre Anmut und Schönheit standen in nichts der einer Herzogin und nicht einmal der einer Prinzessin nach. Der Bräutigam saß neben ihr. Er war eher ein schmächtiges, spindeldürres Männlein, was nur bewies, dass er dem reinsten blauen Blut entstammte; ein wahrer spanischer *Grande* misst kaum jemals mehr als drei Zoll. Die Hochzeit war von der Mutter eingefädelt worden.

Der Reichtum hatte das gute Herz des ehrlichen Lope nicht verdorben. Er nahm für einige Tage seinen alten Kameraden mit zu sich nach Hause, bewirtete ihn fürstlich, lud ihn ins Theater und zum Stierkampf ein und schenkte ihm als Zeichen seiner Zuneigung beim Abschied einen großen Beutel voll von Geld für ihn und seine alten Freunde in der Alhambra.

Lope hatte immer behauptet, dass sein Bruder sehr reich in Amerika gestorben sei, und dass dieser ihm eine Kupfermiene vererbt habe. Aber die schlauen Klatschmäuler der Alhambra bestehen darauf, seinen ganzen Reichtum auf das Geheimnis der Alabasternymphen zurückzuführen. Es sollte noch erwähnt werden, dass diese verschwiegenen Statuen immer noch bis auf den heutigen Tag ihre Augen sehr vielsagend auf einen bestimmten Punkt in der Wand richten; was viele zu der Vermutung veranlasst, dass der versteckte Schatz dort weiterhin auf die Entdeckung durch einen mutigen Reisenden wartet. Obwohl andere, vor allem alle weibliche Besucher, es zufrieden als einen Beweis dafür betrachten, dass Frauen ein Geheimnis zu wahren verstehen.

DER KREUZZUG DES GROßMEISTERS VON ALCÁNTARA

Im Laufe meiner morgendlichen Nachforschungen in den alten Chroniken der Universitätsbibliothek traf ich auf eine kurze Begebenheit in der Geschichte Granadas, die ich als so bezeichnend für den frommen Eifer empfand, der häufig die Unternehmen der Christen gegen diese prächtige, wenngleich unglückliche Stadt auszeichnete, dass ich in Versuchung geriet, sie aus der Vergessenheit dieser Urkunde zu befreien und sie dem Leser wie folgt zu unterbreiten.

Im Jahre 1394 unserer Zeitrechnung lebte ein tapferer und frommer Großmeister in Alcántara namens Martín Yáñez de Barbudo, der von dem brennenden Wunsch erfüllt war, Gott zu dienen und die Mauren zu bekämpfen. Zum Unglück für unseren tapferen und frommen Edelmann herrschte zu jener Zeit tiefer Frieden zwischen den christlichen und moslemischen Mächten. Heinrich III. hatte vor kurzem den Thron von Kastilien geerbt und Yusuf Ibn Mohammed den von Granada, und beide Monarchen waren entschlossen, den Frieden, der zwischen ihren Vätern geherrscht hatte, zu verlängern. Der Großmeister war untröstlich angesichts der arabischen Fahnen und Waffen, die die Säle seines Schlosses schmückten, Trophäen, die die Heldentaten seiner Vorfahren bezeugten. Er haderte mit seinem Schicksal, das ihm solch eine jämmerliche Friedenszeit beschert hatte. Schließlich war seine Geduld zu Ende und da er sah, dass kein Krieg in Aussicht war, an dem er hätte teilnehmen können, beschloss er einen kleinen Krieg für seinen privaten Gebrauch zu führen. Zumindest ist es das, was einige alte Chroniken berichten, obwohl andere davon sprechen, dass er einen Vorwand fand, für seinen plötzlichen Entschluss in den Kampf zu ziehen.

Demnach soll eines Tages der Großmeister mit einigen seiner Ritter an der Tafel gesessen haben, als ein Mann ungestüm in die Halle hineinkam; er war groß, dünn, knochig und abgezehrt und blickte wild um sich. Alle erkannten in ihm einen Eremiten, der in seiner Jugend Soldat gewesen war und jetzt ein Leben der Buße in seiner Höhle führte. Dieser trat an den Tisch und schlug mit einer Faust darauf, die aus Eisen geschmiedet zu sein schien.

-Meine Herren -sagte er-, warum sitzen Sie mit Ihren Waffen an die Wand gelehnt hier untätig herum, während die Feinde unseres Glaubens den größten Teil des Landes beherrschen?

-Heiliger Vater -fragte ihn der Großmeister-; was sollen wir nur tun, da augenscheinlich die Kriege vorbei und unsere Waffen durch die Friedensabkommen zum Verrosten verurteilt sind?

-Hören Sie mir zu -antwortete der Eremit-. Als ich gestern Abend zu vorgerückter Abendstunde am Eingang meiner Höhle saß und den Himmel betrachtete, nickte ich ein und eine wunderbare Vision erschien vor meinen Augen. Ich sah den Mond, es war der Halbmond; er leuchtete und blitzte wie reinstes Silber und hing hoch am Himmel über dem Königreich von Granada. Während ich ihn betrachtete, schoss aus dem Himmel ein glänzender Stern, der hinter sich alle Sterne des Firmaments mitzog; und sie fielen den Mond an und stießen ihn aus dem Himmelsgewölbe, während sich das ganze Universum mit dem Glanz jenes siegreichen Sternes füllte. Noch waren meine Augen voll jenes glorreichen Anblicks, als eine leuchtende Erscheinung mit Flügeln weißer als der Schnee an meine Seite trat. "Oh du heiliger Mann der Gebete und der Buße! -sagte er zu mir-. Suche den Großmeister von Alcántara auf und erzähle ihm von der Erscheinung, deren Zeuge Du gewesen bist. Lass ihn wissen, dass er der leuchtende Stern ist, der auserwählt wurde um die Mondsichel, das Zeichen der Ungläubigen, aus dem Land zu vertreiben. Sage ihm zudem, dass er tapfer sein Schwert zücken soll, um das glorreiche Werk seiner Vorfahren, das in alten Zeiten von Don Pelayo begonnen wurde, fortzusetzen und versichere ihm, dass der Sieg sein Banner begleiten wird."

Der Großmeister hörte dem Eremiten zu, als habe ihn der Himmel geschickt, und beeilte sich seinen Rat in jeder Hinsicht zu befolgen. Daher sandte er zwei seiner unerschrockensten Krieger, die von Kopf bis Fuß bewaffnet waren, als Abgesandte zum Maurenkönig. Sie durchschritten das Tor Granadas, ohne aufgehalten zu werden, da zwischen beiden Nationen Frieden herrschte, und gingen daraufhin zur Alhambra, wo sie umgehend vor den König geführt wurden, der sie im Saal der Gesandten empfing. Sie überbrachten ihm tapfer und ohne Umschweife die Botschaft, deren Träger sie waren.

-Wir kommen, oh König, im Namen von Don Martín Yáñez de Barbudo, Großmeister von Alcántara. Er ist der festen Meinung, dass der Glaube an Jesus Christus wahrhaftig und heilig ist und der an Mohammed falsch und verachtungswürdig. Er fordert Euch heraus, das Gegenteil in einem Kampf von Mann zu Mann zu beweisen. Falls Ihr Euch weigern solltet, ist er bereit mit hundert seiner christlichen Ritter gegen zweihundert Eurer Männer zu kämpfen oder im gleichen Verhältnis mit tausend Mann, wobei er den Verteidigern Eurer

Religion immer die doppelte Anzahl an Kämpfern zugesteht. Bedenkt, oh König, dass Ihr Euch dieser Herausforderung nicht entziehen könnt, da der Prophet wusste, dass seine Doktrin nicht mit Argumenten verteidigt werden kann, und er daher anrät, sie mit dem Schwert zu verteidigen.

Der Bart Königs Yusufs bebte vor Empörung.

-Der *Maestre* von Alcántara -sagte er- ist verrückt, solch eine Botschaft zu senden und Ihr seid unverschämte Schurken, sie zu überbringen.

Danach befahl er die Abgesandten in einen Kerker zu sperren, wobei er ihnen eine Lehre in diplomatischem Verhalten erteilen wollte. Während man sie zu ihrem Verlies führte, wurden sie brutal vom Pöbel misshandelt, da dieser durch diese Beleidigung gegen ihren König und ihren Glauben aufgebracht war.

Der Großmeister von Alcántara konnte die Nachrichten über die Misshandlung seiner Abgeordneten kaum glauben, aber der Eremit war entzückt, als sie ihm wiederholt wurden.

-Gott -rief er aus- hat diesen ungläubigen König geblendet, um ihn zu verderben. Da er nicht auf Eure Herausforderung geantwortet hat, Don Martín, müsst Ihr davon ausgehen, dass er sie angenommen hat. Versammelt also Eure Streitkräfte, richtet Euch nach Granada und haltet nicht an, bis Ihr die Puerta Elvira seht. Ich bin sicher, dass ein Wunder zu Euren Gunsten geschehen wird. Es wird eine große Schlacht stattfinden und der Feind wird besiegt werden; aber nicht einer Eurer Krieger wird dabei umkommen.

Der Großmeister rief alle Krieger auf, die bereit waren das Anliegen der Christenheit zu verteidigen, ihn auf seinem Kreuzzug zu begleiten. In kurzer Zeit hatte er unter seinem Banner dreihundert Ritter und tausend Mann Fußvolk versammelt. Die Ritter waren erfahrene Veteranen, kampferbrobt und gut bewaffnet, aber die

Infanterie war ungeschlacht und undiszipliniert. Der Sieg jedoch sollte das Werk eines Wunders sein: der Großmeister war ein Mann unerschütterlichen Glaubens und wusste, dass je geringer die Mittel, desto größer das Wunder ist. Er zog also voll Zuversicht mit seinem kleinen Heer los, an deren Spitze der Eremit marschierte, der ein Kreuz auf einem langen Stab trug, unter dem das Banner des Ordens von Alcántara hing.

Als sie die Stadt Córdoba erreichten, wurden sie von Boten eingeholt, die in aller Eile hinter ihnen hergeritten waren und eine Botschaft des Königs von Kastilien brachten, der dieses Unternehmen verbot. Der Großmeister war ein Mann fester Ideen und festen Willens, in anderen Worten, einer einzigen fixen Idee.

-Wäre meine Aufgabe eine andere -sagte er-, würde ich dieser Botschaft gehorchen, da sie von meinem Herrn, dem König kommt; aber ich unterstehe einer höheren Gewalt als der des Königs. Seinen Geboten folgend, führe ich das Kreuz gegen die Ungläubigen; und es wäre Verrat an dem Zeichen Christi, würde ich jetzt den Rücken kehren, ohne meinen heiligen Auftrag auszuführen.

Daher ließ er die Trompeten blasen, das Kreuz wurde von neuem erhoben und die Gruppe der frommen Krieger setzte sich wieder in Bewegung. Auf ihrem Weg durch die Straßen Córdobas wunderten sich die Leute beim Anblick eines Eremiten, der ein Kreuz an der Spitze einer kriegerischen Menge vorantrug; aber als sie erfuhren, dass ein wunderbarer Sieg zu erwarten sei und Granada zerstört werden würde, warfen die Arbeiter und Handwerker ihre Geräte fort und schlossen sich, gefolgt von einer beutegierigen Menge, dem Kreuzzug an.

Eine gewisse Anzahl an Rittern edler Abstammung, die nicht an das versprochene Wunder glaubten, und die Folgen dieses unberechtigten Einfalls in moslemisches Territorium fürchteten, versammelten sich an der Brücke des Guadalquivir und versuchten den Großmeister davon abzubringen, ihn zu überqueren. Aber dieser war taub gegenüber allen Bitten, Vorhaltungen oder Drohungen. Seine Gefolgsleute machte dieser Widerstand gegen ihr heiliges Anliegen wütend und sie beendeten die Unterredung mit ihren Beschwerden. Das Kreuz wurde von neuem erhoben und im Triumphzug über die Brücke getragen.

Je weiter sie kamen, desto mehr Leute schlossen sich ihrem Kriegszug an; und als der Großmeister schließlich Alcalá la Real erreichte, die auf einem Berg über der Vega von Granada liegt, hatten sich mehr als fünftausend Mann Fußvolk unter seiner Standarte versammelt.

In Alcalá kamen Alonso Fernández de Córdoba, Herr von Aguilar, sein Bruder Diego Fernández, Marschall von Kastilien und andere tapfere und erfahrene Ritter ihnen entgegen. Indem sie sich dem Großmeister entgegenstellten, sagten sie:

-Was ist das für ein Wahnsinn, Don Martín? Der König von Granada rechnet in seinen Mauern mit zweihunderttausend Infanteriesoldaten und fünftausend berittenen Soldaten. Was könnt Ihr mit Eurer Handvoll Ritter und diesem lärmenden Pöbel gegen solch ein Heer ausrichten? Erinnert Euch des Unheils, das anderen christlichen Kriegsführern widerfahren ist, die diese felsigen Grenzen mit der zehnfachen Kriegsmacht überquert haben. Denkt auch an den Schaden, der dem Königreich zugefügt wird durch eine Unbesonnenheit dieser Art, ausgeführt von einem Mann Eures Ranges und Standes, dem Großmeister von Alcántara. Wir bitten Euch von ganzem Herzen, dass Ihr hier anhaltet, denn der Frieden ist noch nicht gebrochen. Wartet innerhalb unserer Grenzen auf die Antwort des Königs von Granada auf Eure Herausforderung. Wenn er bereit ist, im Einzelkampf gegen Euch anzutreten oder mit nur zwei oder drei Kriegern, dann wird dies nur Eure persönliche

Auseinanderstzung sein, und tragt sie aus in Gottes Namen. Wenn er sich weigert, könnt Ihr ehrenvoll nach Hause zurückkehren und die Schande wird über die Mauren fallen.

Mehrere Ritter, die bis dahin dem christlichen Führer mit großer Hingabe gefolgt waren, fühlten sich von diesen vernünftigen Ausführungen berührt und empfahlen ihm diese Meinungen vorsichtshalber zu erwägen.

-Meine Herren -antwortete Don Martín, wobei er sich an Don Alonso Fernández de Córdoba und seine Gefährten wandte-, ich danke Euch für den Rat, den Ihr mir liebenswürdigerweise erteilt habt und dem ich, wäre ich nur auf meinen persönlichen Ruhm aus, ganz sicher gefolgt wäre. Aber ich habe mich verpflichtet einen großen Sieg für den Glauben davonzutragen, den Gott als Wunder durch mich bewirken wird. Und was Sie angeht, meine Herren -indem er sich denen zuwandte, die ihm Vorsicht empfohlen hatten,- wenn Ihr Mut Sie verlässt, oder Sie bedauern, Ihre Hände für Gottes Werk bereit gestellt zu haben, so kehren Sie in Gottes Namen um und mein Segen sei mit Ihnen. Ich meinerseits, auch wenn ich niemanden an meiner Seite hätte als diesen heiligen Eremiten, werde vertrauensvoll voranschreiten, bis ich dieses heilige Zeichen auf die Mauern Granadas pflanze oder bei dem Versuch umkomme.

-Don Martín Yáñez de Barbudo -antworteten die Edelmänner-. Wir sind nicht die Art Männer, die ihrem Kriegsführer den Rücken kehren, so gefährlich auch das Unternehmen ist. Wir sprachen nur aus Vorsicht. Führe er uns also weiter, auch wenn es in den Tod geht und sei er gewiss, wir werden ihm bis in den Tod folgen.

Während dieses Gespräch stattfand, wurden die Soldaten ungeduldig.

-Vorwärts, vorwärts! -schrien sie-. Vorwärts im Namen unseres heiligen Glaubens.

Der Großmeister gab das Zeichen zum Aufbruch, der

Eremit hob das Kreuz in die Höhe und sie drangen in einen engen Pass in die Berge ein, indem sie feierliche Siegeslieder anstimmten.

Jene Nacht schlugen sie ihr Lager am Fluss Azores auf und am nächsten Morgen, einem Sonntag, überquerten sie die feindliche Grenze. Sie hielten zum ersten Mal bei einem *Atalaya* oder einsamen Turm an, der auf einen Felsen gebaut worden war. Dies war ein Grenzposten, von dem aus bei Gefahr Alarm geschlagen wurde. Man nannte ihn daher den Turm von *Egea* oder den *Spion*. Der Großmeister ließ anhalten und forderte dessen kleine Garnison auf die Waffen zu strecken. Ihm wurde mit einem Regen aus Steinen und Pfeilen geantwortet, wobei er an der Hand verletzt und drei seiner Männer getötet wurden.

-Wie ist das möglich, Vater? -sagte er zu dem Eremiten;- Ihr habt mir versichert, dass keiner meiner Männer umkommen würde.

-Sicherlich mein Sohn, aber ich bezog mich auf die große Schlacht gegen den ungläubigen König; wofür soll Gott ein Wunder bei der Eroberung eines kleinen Turmes bewirken?

Der Großmeister gab sich mit dieser Antwort zufrieden. Er odnete an, Holz am Tor des Turmes aufzuschichten, um ihn in Brand zu setzen. Währenddessen wurde der Proviant von den Maultieren abgeladen, und die Kreuzzügler setzten sich außer Schussweite zum Essen auf das Gras, um Kräfte für die harten Aufgaben der folgenden Tage zu sammeln. Bei dieser Beschäftigung wurden sie durch das Erscheinen einer großen Horde Mauren aufgeschreckt. Der *Atalaya* hatte mit Rauch und Feuer von der Bergspitze "Feind im Land" angezeigt, woraufhin der König von Granada mit einem großen Heer aufgebrochen war, um sich ihnen entgegenzustellen.

Die Kreuzzügler, die beinahe unvorbereitet angetroffen wurden, liefen zu ihren Waffen und machten sich bereit zum Kampf. Der Großmeister befahl seinen dreihundert Rittern abzusteigen um die Infanterie zu Fuß zu unterstützen. Die Mauren fielen aber mit solcher Schnelligkeit über sie her, dass sie die Ritter vom Fußvolk trennten und damit vereitelten, dass diese Seite an Seite kämpfen konnten. Der Großmeister stieß den alten Kriegsschrei aus: *Santiago, Santiago*! und "Spanien geschlossen". Sowohl er wie seine Ritter kämpften wie Löwen in der Hitze des Gefechts, aber sie waren umgeben von einer riesigen Menge und wurden mit Steinen, Pfeilen und Gewehrfeuer angegriffen. Trotzdem schlugen sie sich furchtlos und fügten dem Feind schreckliche Verluste zu. Der Eremit war bei den heißesten Kämpfen dabei. In einer Hand hielt er das Kreuz und in der anderen zückte er ein Schwert, mit dem er wie verrückt um sich schlug und mehrere Feinde tötete, bis er schwer verwundet zu Boden ging. Der Großmeister sah ihn fallen und verstand zu spät, wie trügerisch seine Prophezeiungen gewesen waren. Die Verzweiflung trieb ihn jedoch zu noch grösserem Wagemut an, bis auch er der erdrückenden Überzahl der Feinde zum Opfer fiel. Seine frommen Ritter eiferten ihm nach. Nicht einer lief davon und niemand bat um Begnadigung; alle kämpften bis in den Tod. Was die Infanterie angeht, wurden viele getötet, andere gefangen genommen und der Rest floh nach Alcalá la Real. Als die Mauren daran gingen die Leichen der Kreuzzügler zu plündern, konnten sie feststellen, dass alle Wunden den Rittern von vorne zugefügt worden waren.

Solcher Art war das katastrophale Ergebnis dieses fanatischen Unternehmens. Die Mauren benutzten es allerorts als ein entscheidendes Argument für die heilige Überlegenheit ihrer Religion und empfingen ihren König im Triumphzug bei seiner Rückkehr nach Granada.

Da bewiesen werden konnte, dass dieser Kreuzzug das Unternehmen eines Einzelnen gewesen war und den ausdrücklichen Anordnungen des Königs von Kastilien zuwider lief, erlitt der Frieden keinen Schaden. Nicht nur das: die Mauren bezeugten dem Mut des unglückseligen Großmeisters ihren Respekt und übergaben seinen Leichnam willig an Don Alonso Fernández de Córdoba, der von Alcalá anreiste, um ihn abzuholen. Die Christen der Grenzgebiete versammelten sich, um ihm die letzte Ehre zu erweisen. Der Leichnam wurde aufgebahrt und mit dem Banner des Ordens von Alcántara bedeckt; das kaputte Kreuz, Symbol seiner falschen Hoffnungen und verhängnisvollen Enttäuschung, wurde vorangetragen. Auf diese Art kehrten seine Reste in einem Trauerzug durch die bergigen Gebiete zurück, die er vorher so siegesgewiss durchquert hatte. Überall wo der Trauerzug erschien, in Städten und in Dörfern, folgte ihm das Volk mit Tränen in den Augen und der Großmeister wurde als tapferer Ritter und Märtyrer des heiligen Glaubens beweint. Sein Körper fand seine letzte Ruhestätte in der Kapelle des Klosters Santa María de Almogávar, und auf seinem Grabstein kann man immer noch die Inschrift, die Zeugnis von seinem Mut ablegt, in alter spanischer Sprache lesen:

Hier liegt jener, dessen Herz keine Furcht kannte
Aquí yaz aquel, que par neua cosa nunca eve pavor en
seu corazón

EINE REISE AUF DER SUCHE NACH EINEM TITEL

Eines der wichtigsten Ereignisse im Leben der Bewohner der Alhambra war die Reise Manuels nach Málaga, um dort seine Arztprüfung abzulegen. An anderer Stelle habe ich dem Leser schon erzählt, dass die Zukunft und die Heirat dieses jungen Mannes, des Neffen von *Doña Antonia*, mit Dolores, seiner Kusine, vom Erfolg dieser Prüfung abhingen; zumindest wurde mir dies im Geheimen von Mateo Jiménez mitgeteilt und die Ereignisse haben diese Annahme weitgehend bestätigt. Die Beziehung zwischen diesen jungen Leuten verlief jedoch so ruhig und unauffällig, dass sie mir wahrscheinlich entgangen wäre, wenn mich nicht der immer aufmerksame Mateo darauf hingewiesen hätte.

Diesmal verhielt sich Dolores weniger zurückhaltend als üblich und war mehrere Tage damit beschäftigt, die Reise des redlichen Manuel vorzubereiten. Sie ordnete und verpackte alle seine Kleidungsstücke auf das Genaueste, und nicht nur das, sie nähte für ihn eigenhändig eine schöne andalusische Reisejacke. Am Morgen seiner Abreise stand der starke Maulesel, auf dem er reisen sollte, vor dem Haupttor der Alhambra, und *Tío Polo*, ein alter invalider Soldat, unternahm es ihn zu satteln. Dieser gute Alte war einer der Kuriositäten des Ortes. Er hatte eine lange römische Nase, kleine schwarze Insektenaugen und eine lederne, tiefbraune Gesichtsfarbe, die er sich in den Tropen zugezogen hatte. Ich hatte ihn oft dabei beobachtet, wie er offenbar mit großem Interesse in einem alten, in Pergamin gebundenen Buch las. Manchmal war er von einer Gruppe seiner invaliden Kollegen umgeben, einige auf der Mauer sitzend, andere im Gras liegend, die alle mit grosser Aufmerksamkeit lauschten, während er langsam und mit starker Betonung aus seinem Lieblingswerk vorlas, wobei er sich von Zeit zu Zeit unterbrach, um etwas zu erklären oder Kommentare für seine weniger belesene Zuhörerschaft abzugeben.

Eines Tages hatte ich Gelegenheit zu erfahren, um welches Buch es sich bei diesem augenscheinlichen Ratgeber handelte und fand heraus, dass es ein seltener Band der Werke von Pater Benito Jerónimo Feijoo war, worin von den Zauberkräften in Spanien die Rede ist, von den geheimnisvollen Höhlen in Salamanca und Toledo, dem Fegefeuer vom Heiligen Patrizius und anderen mystischen Themen dieser Art. Seitdem hatte ich ihn immer mit grosser Aufmerksamkeit beobachtet.

Bei der Gelegenheit von der wir sprechen, unterhielt ich mich damit, ihm bei den Reisevorbereitungen für Manuel zuzuschauen, die er mit der Bedachtsamkeit eines altgedienten Soldaten ausführte. Zuerst brauchte er eine Ewigkeit, um dem Maulesel einen unbequemen alten Sattel alter Machart, der hinten und vorne hochgebogen ist und spatenähnliche maurische Steigbügel hat, anzulegen, was dem Ganzen das Aussehen einer Reliquie aus der Waffensammlung der Alhambra gab; danach legte er ein Schaffell als Satteldecke in den tiefen Sattel und band eine *Maleta*, die von Dolores liebevoll gepackt worden war, hintendrauf; darüber warf er eine *Manta*, die als Zudecke oder Mantel dienen konnte; dann wurden die immer gegenwärtigen *Alforjas* voll mit Proviant vorne angebunden wie auch die *Bota*, der lederne Sack für Wein oder Wasser und schließlich kam der *Trabuco* dran, eine Donnerbüchse, die der alte Soldat mit einem Segensspruch hinten auf das Gepäck legte. Es war, kurz gesagt, eine Ausrüstung wie sie in alten Zeiten ein maurischer Edelmann zur Jagd oder zu einem Turnier auf der Plaza Bibrambla benutzt hätte. Eine gewisse Anzahl Faulenzer aus der Festung hatte sich am Tor mit einigen der Invaliden zusammengefunden und alles schaute zu, bot Hilfe an, und jeder gab gute Ratschläge, zum großen Ärger *Tío Polos*.

Als alles vorbereitet war, verabschiedete sich Manuel von der Familie. *Tío Polo* hielt ihm die Zügel während er aufstieg, zog danach den Sattelgurt fest und grüßte den jungen Mann auf militärische Art. Danach wandte sich Manuel seiner Dolores zu, die entrückt beobachtete wie sich ihr Kavalier im Trott entfernte, zwinkerte ihr vielsagend zu und rief aus:

"Ah Dolorcita, es muy guapo Manolito en su chaqueta" (Ach Dolorcita, Manuel ist sehr schick in seiner Jacke). Das junge Mädchen errötete, kicherte und lief in ihr Haus hinein.

Es vergingen einige Tage, aber es kamen keine Nachrichten von Manuel, obwohl er versprochen hatte zu schreiben, weshalb das Herz von Dolores zu leiden begann. War ihm wohl etwas auf der Reise widerfahren? Hatte er die Prüfung nicht bestanden? Es geschah sogar etwas im Kreise ihrer kleinen Familie, das ihre Unruhe erhöhte und von ihr als schlechtes Vorzeichen empfunden wurde genauso wie damals, als ihr Täuberich entflogen war. Ihre römische Katze verschwand nachts mit ihrem Liebhaber auf den Dächern der Alhambra. In der Stille der Nacht hörte man ein schreckliches Miauen; ohne Zweifel verhielt sich irgendein Kater wenig galant ihr gegenüber. Danach war ein heftiges Umsichschlagen, ein Kratzen und Beissen zu hören und beide Kämpfer rollten vom Dach und fielen aus großer Höhe zwischen die Bäume am Hang des Hügels. Niemals mehr wurde etwas von der geflüchteten Katze gehört und die arme Dolores hielt dies für die Ankündigung großer Kalamitäten.

Nach zehn Tagen kehrte Manuel jedoch siegreich zurück, mit dem offiziellen Titel, der ihm von nun an die Befugnis verlieh zu heilen oder zu töten, und alle Sorgen des jungen Mädchens waren jetzt vorbei. In jener Nacht fand eine große Versammlung zwischen all den einfachen Menschen statt, die Freunde oder Bekannte von *Doña Antonia* waren und kamen, um ihr zu gratulieren und dem *Señor Médico* ihre Aufwartung zu machen, da dieser vielleicht eines Tages ihr Leben in der Hand haben würde. Einer der wichtigsten Besucher war der alte *Tío Polo* und ich nahm gerne diese Gelegenheit wahr, um meine Freundschaft mit ihm aufzufrischen.

Oh Señor! -rief Dolores aus-. Da Sie so sehr an den alten Geschichten der Alhambra interessiert sind! Niemand ist besser informiert als *Tío Polo*, der mehr als jeder Andere über diese Plätze Bescheid weiss, sogar mehr als Mateo Jiménez und seine ganze Familie zusammen. *Vaya, vaya, Tío Polo*, erzähl dem *Señor* all diese Geschichten, die du uns an jenem Abend über die verzauberten Mauren, den Zauberbrunnen vom Darro und die steinernen Granatäpfeln, die es seit Zeiten des *Rey Chico* dort gibt, erzählt hast.

Es verging einige Zeit, bevor der alte Invalide in der Stimmung war seine Erzählung aufzunehmen. Er schüttelte zweifelnd den Kopf, denn er hielt seine Geschichten alle für unbedeutend und nicht Wert, einem *Caballero* wie mir mitgeteilt zu werden. Erst nachdem ich meinerseits einige Geschichten dieser Art zum Besten gegeben hatte, war er bereit den Mund aufzumachen. Seine Erzählung war eine seltsame Mischung aus dem was er in der Alhambra gehört und im Buch von Pater Feijoo gelesen hatte.

Ich werde versuchen, dem Leser das Wichtigste davon wiederzugeben, obwohl ich keineswegs versprechen kann, dies mit den Worten *Tío Polos* tun zu können.

DIE LEGENDE VOM VERWUNSCHENEN SOLDATEN

Jeder hat von der Höhle vom Heiligen Cyprian in Salamanca sprechen hören, in der vor langer Zeit ein alter Küster oder, wie viele glaubten, der verkleidete Teufel in Person Sterndeutung, Hexerei, Weissagung und andere schwarze und schädliche Künste im Geheimen unterrichtete. Seit langem ist die Höhle geschlossen und sogar der Platz, an dem sie sich befand, ist in Vergessenheit geraten, obwohl man sagt, dass der Eingang in der Nähe des Steinkreuzes gelegen haben soll, das auf dem Plätzchen des Seminars von Carvajal steht. Diese Annahme scheint in gewisser Weise durch die Umstände bestätigt zu werden, von denen wir nun in der folgenden Geschichte berichten werden.

Es war einmal vor langer Zeit ein Student in Salamanca, Don Vicente genannt, der zu dieser unbekümmerten Sorte der Bettelmönche gehörte, die ihren Weg in die Wissenschaften mit leeren Taschen unternehmen und die in den Semesterferien durch Dörfer und Städte ziehen, um den Unterhalt, der ihnen erlauben wird ihr Studium fortzusetzen, zu erbetteln. In jenem Augenblick war er dabei seine Wanderung aufzunehmen, und da er ein Talent für Musik besaß, schwang er seine Gitarre auf die Schulter, um mit ihr die Dorfbewohner zu unterhalten und ein Mahl oder eine nächtliche Unterkunft bezahlen zu können.

Als er an dem Steinkreuz auf dem Seminarplatz vorbeiging, lüftete er seinen Hut und bat den Heiligen Cyprian in einem kurzen Gebet um Glück bei seinem Unternehmen. Dabei fiel sein Blick auf den Boden und er gewahrte einen glitzernden Gegenstand am Fuß des Kreuzes. Er hob es auf und erkannte, dass es sich um einen Siegelring aus Gold und Silber handelte. Das Siegelzeichen bildeten zwei überkreuzte Dreiecke, die sich zu einem Stern zusammenfügten. Es heisst, dass dieses ein kabbalistisches Zeichen von außerordentlicher Wirkkraft gegen jede Art Zauberei ist, das König Salomon der Weise erfunden hat; aber da der redliche Student weder ein Weiser noch ein Zauberer war, wusste er das nicht. Er nahm den Ring als ein Geschenk des Heiligen Cyprians als Antwort auf sein Gebet an, steckte ihn an seinen Finger, verbeugte sich vor dem Kreuz, griff in die Saiten und machte sich fröhlich auf den Weg.

Das Leben eines bettelnden Studenten ist in Spanien nicht gerade das armseligste der Welt, vor allem wenn er die Gabe hat, sich die Sympathie der Leute einzuhandeln. Er streift ungebunden von Dorf zu Dorf und von Stadt zu Stadt, überall dahin, wohin ihn seine Neugier oder seine Neigung treiben. Die Dorfpfarrer, die im allgemeinen selber Bettelstudenten gewesen sind, beherbergen ihn zur Nacht, bieten ihm eine reichliche Mahlzeit an und schenken ihm sogar am nächsten Morgen einige *Cuartos*. Und wenn er in den Straßen der Städte von Tür zu Tür geht, erfährt er weder harsche Zurückweisung noch kalte Ablehnung, denn niemand hält es für unehrenhaft ihn in seinem Bettlerdasein zu unterstützen, da viele der gebildeten Männer Spaniens auf diese Art ihre Studien begonnen haben. Falls es sich, wie in diesem Fall, zudem noch um einen gutaussehenden Jüngling und fröhlichen Gesellen handelt, der zudem die Gitarre zu spielen versteht, kann er immer mit dem Wohlwollen der Bauern rechnen und mit einem

Lächeln und der Zuneigung der Ehefrauen und Töchter. Auf diese Art durchwanderte also unser musikalischer und unbekümmerter Sohn der Wissenschaften das halbe Königreich mit der festen Absicht, die berühmte Stadt Granada vor seiner Rückkehr zu besuchen. Manchmal wurde er über Nacht im Haus eines Dorfpfarrers aufgenommen, andere Male kam er unter dem bescheidenen, aber gastfreundlichen Dach eines Bauern unter. Mit seiner Gitarre saß er in der friedlichen Abenddämmerung vor den Türen der Hütten, entzückte mit seinen Liedern die einfachen Leute oder spielte zu einem *Fandango* oder *Bolero* auf, damit die braungebrannten Dorfmädchen und Dorfjungen dazu tanzen konnten. Am nächsten Morgen wurde er mit freundlichen Worten von seinen Gastgebern verabschiedet und manchmal mit lieblichen Blicken der Töchter, die sie mit einem Händedruck begleiteten.

So erreichte er schließlich die berühmte Stadt Granada, das Ziel seiner musikalischen Wanderfahrt, und grüßte voll Erstaunen und Entzücken ihre maurischen Türme, die liebliche *Vega* und die verschneiten Berge, die in der heißen Sommerluft flimmerten. Man kann sich denken, mit welch unersättlicher Neugier er ihre Tore durchschritt, ihre Straßen durchlief und ihre orientalischen Monumente betrachtete. Jedes weibliche Gesicht, das sich an einem Fenster zeigte, schien ihm eine Zoraida oder eine Zelinda zu sein; und er traf nie auf eine elegante Dame bei ihrem Spaziergang in den Pappelalleen, ohne sie für eine maurische Prinzessin zu halten und ihr seine Studentenpelerine zu Füßen zu legen.

Sein musikalisches Talent, seine gute Laune, seine Jugend und sein gutes Aussehen gewannen ihm trotz seiner abgetragenen Kleidung die allgemeine Zuneigung, und er verbrachte einige Tage lang ein sehr angenehmes Leben in der alten arabischen Hauptstadt und ihrer Umgebung. Manchmal ging er zur *Fuente del Avellano*, einem Brunnen im Tal des Darro. Es ist eines der beliebten Ausflugsziele in Granada und dies seit den Zeiten der Mauren; dort hatte unser Student häufig Gelegenheit seine Studien über die weibliche Schönheit fortzusetzen, denn dies war ein Wissenszweig, dem er sehr zugeneigt war.

In dieser wunderschönen Umgebung saß er dann mit seiner Gitarre und improvisierte Liebeslieder vor den Gruppen der *Majos* und *Majas*, die ihm voller Bewunderung zuhörten, oder er lud mit seiner Musik zu einem Tänzchen ein, das immer willkommen war. Auf diese Art war er eines Abends mal wieder beschäftigt, als er sah, wie sich ein Kirchenvater näherte, vor dem alle Anwesenden den Hut zogen. Es handelte sich zweifellos um einen Mann mit einer konsequenten Lebensführung, einem Vorbild für einen guten, ja heiligen Lebenswandel; stämmig und rosig war er und schwitzte aus allen Poren bei dem warmen Wetter nach der Anstrengung des Spaziergangs. Im Vorübergehen pflegte er bisweilen einen *Maravedí* aus der Tasche zu ziehen und ihn einem Bettler mit dem Ausdruck tiefster Nächstenliebe zu überreichen.

-Ach, heiliger Vater -rief dieser dann aus-. Gott gewähre Ihnen ein langes Leben und hoffentlich bald einen Bischofssitz.

Manchmal stützte sich der Priester, um den Hang hochzusteigen, auf den Arm einer Magd, die augenscheinlich das Lieblingslamm des Pastors war. Ach, was war dies für ein Fräulein! Eine Andalusierin von Kopf bis Fuß, von der Rose an ihrem Haar bis zu ihren Feenschühchen und den Spitzenstrümpfen an den Füßen; Andalusierin in jeder Geste, in jeder Bewegung ihres Körpers, eine frische und heißblütige Andalusierin. Aber zudem war sie so schüchtern, so zurückhaltend! Immer hielt sie die Augen niedergeschlagen und hörte den Worten des *Padre* zu; und wenn ihr ab und zu ein flüchtiger Blick entschlüpfte, unterdrückte sie ihn schnell und blickte wieder auf den Boden.

Der gute *Padre* betrachtete wohlwollend die Gruppe am Brunnen und setzte sich mit einem gewissen Aufwand auf eine Steinbank, indes die Magd sich beeilte, ihm ein Glas sprudelndes Wasser zu bringen. Er trank es langsam und genussvoll und begleitete es mit jenen Süßigkeiten aus geschlagenem Eigelb und Zucker, die den spanischen Feinschmeckern so lieb sind. Und wenn er dem Mädchen das Glas zurückgab, zwickte er ihr mit unendlichem Wohlwollen in die Wange.

"Ach, guter Hirte" -sagte der Student im Stillen zu sich.- "Wie glücklich wäre ich doch in deiner Herde mit solch einem Lämmchen an meiner Seite."

Aber es bestand wenig Hoffnung für ihn, dieses Glück mit ihm zu teilen. Umsonst versuchte er mit den Künsten Gefallen zu finden, die bei Landpfarrern und Dorfmädchen so gut verfangen hatten. Noch nie hatte er seine Gitarre so kunstvoll gespielt, noch jemals rührendere Balladen gesungen, aber diesmal hatte er weder einen Landpfarrer noch eine Dorfmagd vor sich. Der gute Priester war offenbar kein Musikliebhaber und das scheue Fräulein hob nicht einmal ihren Blick vom Boden. Sie blieben eine Weile am Brunnen sitzen und dann beeilte sich der gute *Padre* nach Granada zurückzukehren. Das Fräulein warf ihm nur einen flüchtigen Blick beim Fortgehen zu, aber ach, sie riss ihm das Herz aus der Brust.

Nachdem sie fortgegangen waren, holte er Nachrichten über sie ein. Der *Padre Tomás* war einer der heiligen Männer Granadas, ein Vorbild der regelmäßigen Lebensführung; pünktlich beim Aufstehen sowie bei der Ausführung seiner *Paseos* um den Appetit zu öffnen; sowie auch beim Essen und zur Siesta, bei der Kartenpartie am Abend mit den Damen des Zirkels der

Kathedrale, pünktlich beim Abendessen und schließlich auch, wenn es an der Zeit war, sich zurückzuziehen, um neue Kräfte für ähnliche Beschäftigungen am nächsten Tag zu sammeln. Er besaß für seine Spaziergänge einen friedfertigen und bequemen Maulesel, hatte eine Haushälterin, die sehr geschickt in der Zubereitung von Leckerbissen war und das junge Hauslamm, um sein Kissen zur Nacht glattzustreichen und seine Morgenschokolade zu bringen.

Nun war es aus mit dem fröhlichen und unbeschwerten Studentenleben; jener flüchtige Blick aus leuchtenden Augen wurde ihm zum Verhängnis. Bei Tag und bei Nacht konnte er das Bild des scheuen Fräuleins nicht aus seiner Vorstellung verbannen. Er brachte in Erfahrung wo der *Padre* lebte; aber ach, sein Haus war einem herumziehendem Studenten wie ihm verschlossen. Der ehrwürdige *Padre* hegte keine Sympathie für ihn; er war nie *Estudiante sopista* gewesen, der für seine Suppe singen musste. Er belagerte das Haus Tag für Tag und fing von Zeit zu Zeit einen Blick von dem Fräulein auf, wenn diese am Fenster vorbeiging. Aber jene Blicke fachten nur das Feuer seiner Leidenschaft an, ohne ihm Hoffnung zu geben. Er begann auch Serenaden unter ihrem Balkon zu singen und einmal glaubte er sogar, etwas Weißes an ihrem Fenster zu erblicken; aber ach, es war nur die Schlafmütze des Priesters.

Niemals war ein Liebhaber hingebungsvoller, noch ein junges Fräulein zurückhaltender, als es bei diesen beiden jungen Leuten der Fall war. Den armen Studenten brachte dies fast zur Verzweiflung. Schließlich war es Johannisnacht, in der die einfachen Leute von Granada aufs Land gehen, den Abend durchzutanzen und die Nacht an den Ufern des Darro und des Genil zu verbringen. Glücklich diejenigen, die in solch einer ereignisreichen Nacht ihr Gesicht im Wasser des Flusses waschen, genau wenn die Uhr zwölf schlägt, denn dann hat dieses die einzigartige Gabe Schönheit zu verleihen. Unser Student, der nichts Besseres zu tun hatte, ließ sich an jenem Abend mit der feiernden Menschenmenge treiben, bis er sich im engen Flussbett des Darro unter dem luftigen Hügel und den roten Türmen der Alhambra vorfand. Das trockene Flussbett und die umliegenden Felsen, die Gartenterrassen über ihnen, alles war belebt von zahlreichen Grüppchen, die unter den Weinreben und Feigenbäumen zum Spiel der Gitarre und dem Schlagen der Kastagnetten tanzten.

Der Student stand eine ganze Weile in trauriger und gedrückter Stimmung an einen der großen Granatäpfel aus Stein gelehnt, die an beiden Enden die kleine Brücke des Darros schmücken. Er warf einen sehnsüchtigen Blick auf die fröhliche Gesellschaft, wo jeder Herr seine Dame oder besser gesagt, jeder *Majo* seine *Maja* hatte, seufzte über seinen eigenen einsamen Zustand, ein Opfer der schwarzen Augen einer unerreichbaren Schönen, und gab seinem abgetragenen Anzug die Schuld, der ihm die Türen seiner Hoffnung verschlossen hielt.

Nach einer Weile zog eine Gestalt seine Aufmerksamkeit auf sich, die so einsam wie er zu sein schien. Es war ein hochgewachsener Soldat mit harten Gesichtszügen und grauem Bart, der wie ein Posten an dem Granatapfel auf der anderen Brückenseite Wache zu stehen schien. Sein Gesicht war wettergebräunt; er trug eine alte spanische Rüstung sowie Schild und Lanze und hielt sich unbeweglich wie eine Statue. Aber was den Studenten am meisten überraschte war die Tatsache, dass er trotz seiner eigentümlichen Kleidung niemandem auffiel, denn die Menschenmenge berührte ihn fast, ohne ihn wahrzunehmen. "Diese alte Stadt ist voll seltsamer Dinge aus anderen Zeiten" -dachte der junge Mann- "und ohne Zweifel ist dieses eines davon, und die Bewohner Granadas sind zu sehr daran gewöhnt, um überrascht zu sein."

Da jedoch sein Interesse erwacht und er von Natur aus gesellig war, wandte er sich dem Soldaten zu und sagte zu ihm:

-Seltsam und alt ist diese Rüstung, die du trägst, mein Freund. Darf man wissen zu welcher Waffengattung du gehörst?

Der Soldat knurrte eine stockende Antwort und es hörte sich an, als seien seine Kinnbacken verrostet.

-Zur königlichen Garde von Ferdinand und Isabella.

-*Santa María*! Wie ist das möglich? Die hat doch schon vor drei Jahrhunderten ihren Dienst geleistet!

-Und seit drei Jahrhunderten stehe ich hier Wache. Jetzt hoffe ich endlich meinen Dienst beenden zu können. Willst du dein Glück versuchen?

Der Student zeigte vielsagend auf seine abgewetzte Pelerine.

-Ich verstehe -sagte der andere-. Doch wenn du Glauben und Vertrauen hast, dann folge mir und dein Glück ist gemacht.

-Langsam, langsam, Kamerad; wenig Mut braucht der, der nichts zu verlieren hat, es sei denn das Leben und eine alte Gitarre, beides von geringem Wert. Aber was meinen Glauben angeht, so ist das schon etwas anderes, und ich möchte ihn nicht in Versuchung führen. Wenn ich mein Glück durch eine unredliche Handlung gewinnen soll, dann glaube nicht, dass mein abgewetzter Studentenmantel dafür Grund genug ist.

Der Soldat warf ihm einen ärgerlichen Blick zu.

-Niemals habe ich mein Schwert gezückt, wenn nicht für den Glauben oder den Thron. Ich bin *Cristiano viejo*: Hab Vertrauen und fürchte nichts.

Daraufhin folgte ihm unser Student voller Verwunderung. Er bemerkte, dass niemand ihre Unterhaltung wahrgenommen hatte, und dass der Soldat sich seinen Weg zwischen den verschiedenen Gruppen der Untätigen bahnte, als sei er unsichtbar.

Nachdem sie die Brücke überquert hatten, führte ihn sein Führer über einen engen und steilen Weg an einer Mühle und einer maurischen Wasserleitung vorbei und stieg danach die Schlucht hoch, die den Generalife von der Alhambra trennt. Der letzte Sonnenstrahl ging hinter ihren roten Zinnen unter, die in der Höhe schwebten und die Glocken läuteten die Feier des nächsten Tages ein. Die Schlucht wurde überschattet von Feigenbäumen, Weinstöcken und Myrthenbüschen und von den Außenmauern und Türmen der Festung. Es war dunkel und einsam und die Fledermäuse, die das Zwielicht lieben, begannen herumzuflattern. Schließlich hielt der Soldat vor einem abgelegenen und zerfallenen Turm an, der offenbar dazu bestimmt gewesen war, eine maurische Wasserleitung zu beherbergen. Er schlug mit der Spitze seiner Lanze an die Grundfesten. Ein rumpelnder Lärm war zu hören und die schweren Steine öffneten sich einen Spalt, so breit wie eine Tür.

-Geh hinein, im Namen der Heiligen Dreifaltigkeit -sagte der Soldat- und fürchte nichts.

Das Herz des jungen Mannes bebte; aber er bekreuzigte sich, murmelte ein Ave Maria und folgte seinem geheimnisvollen Führer bis in ein tiefes Gewölbe unter dem Turm, das tief in den Felsen hinein gehauen und mit arabischen Schriftzeichen bedeckt war.

Schau nur - sagte der Soldat -: Dies ist mein Lager seit dreihundert Jahren.

Der sprachlose Student wollte daraus einen Scherz machen.

Im Namen des Heiligen Antonius -sagte er-, das muss ein tiefer Schlaf gewesen sein auf diesem harten Bett.

Ganz im Gegenteil, der Schlaf ist meinen Augen fremd gewesen, denn mein Schicksal verdammte mich zum ewigen Wachen. Höre meine Geschichte. Ich war einer der königlichen Wachen Ferdinands und Isabellas;

aber ich wurde von den Mauren bei einem ihrer Angriffe gefangen genommen und hier in diesem Turm eingesperrt. Als die Vorbereitungen in Gang waren, um diese Festung an die Katholischen Könige zu übergeben, überzeugte mich ein *Alfaqui*, ein moslemischer Priester, ihm dabei zu helfen, einen Teil des Schatzes von Boabdil hier zu verstecken. Ich wurde für mein Vergehen gerecht bestraft. Der *Alfaqui* war ein afrikanischer Zauberer und mit seinen Höllenkünsten verdammte er mich dazu, seine Schätze zu hüten. Es muss ihm etwas widerfahren sein, denn er kehrte nie wieder zurück und seitdem bin ich hier lebendig begraben. Jahr für Jahr ist vorbeigezogen; die Erdbeben haben diesen Hügel erschüttert und ich habe gehört wie, durch die natürliche Wirkung der Zeit, Stein für Stein vom Turm auf den Boden fielen; aber die verzauberten Wände dieses Gewölbes haben der Zeit und den Erdbeben standgehalten. Einmal, jede hundert Jahre, verliert der Zauber in der Johannisnacht seine Macht und das erlaubt mir hinauszugehen und mich am Brunnen des Darros aufzustellen, da wo du mich gefunden hast, bis jemand kommt, der diesen Zauberbann bricht. Seitdem stehe ich immer wieder dort Wache, aber alles ist umsonst gewesen. Ich scheine offenbar von einer Wolke umgeben zu sein, die mich vor den Blicken der Sterblichen verhüllt. Du bist der Erste, der sich seit dreihundert Jahren an mich gewandt hat, und jetzt verstehe ich auch den Grund. Ich sehe, du trägst den Siegelring des weisen Salomon, der ein mächtiger Talisman gegen alle Zaubersprüche ist. Von dir hängt es ab, ob ich aus diesem entsetzlichen Kerker befreit werde oder weitere hundert Jahre hier verlassen meinem Schicksal überlassen bleibe.

Der Student lauschte dieser Erzählung voller Verwunderung. Er hatte viele Legenden über Schätze gehört, die durch einen Zauberbann in den unterirdischen Gewölben der Alhambra versteckt gehalten wur-

den, sie aber immer für Erfindungen gehalten. Jetzt
erfuhr er erst den Wert seines Ringes, der ihm in gewisser Weise vom Heiligen Cyprian geschenkt worden war.
Trotzdem fühlte es sich auch unter dem Schutz eines
mächtigen Talismans etwas unheimlich an, sich von
Angesicht zu Angesicht an solch einer Stelle mit einem
verwunschenen Soldaten zu befinden, der den Gesetzen
der Natur zufolge seit beinah dreihundert Jahren in aller
Ruhe in seinem Grab hätte liegen müssen.

Indes steht solch eine Persönlichkeit außerhalb aller
natürlichen Gesetzmäßigkeiten und das durfte nicht auf
die leichte Schulter genommen werden. Daher versicherte der Student dem Soldaten seine Freundschaft und
versprach ihm, alles was in seinen Kräften lag für seine
Befreiung zu unternehmen.

-Ich vertraue noch einem besseren Grund als deiner
Freundschaft -sagte der Soldat.

Und er zeigte auf eine schwere Eisentruhe, die durch
Schlösser mit arabischen Inschriften verschlossen gehalten wurde.

-Diese Truhe enthält einen unermesslichen Schatz an
Gold, Juwelen und Edelsteinen. Brich den Zauberbann,
der mich gefangen hält, und die Hälfte des Schatzes ist
Dein.

-Gut, aber was soll ich tun?

-Wir brauchen die Hilfe eines Priesters und einer jungen Christin. Den Priester, um die Kräfte der Dunkelheit
auszutreiben und die junge Frau, um die Truhe mit dem
Siegel Salomons zu berühren. Dies muss zur Nacht
geschehen. Aber sei vorsichtig. Es ist ein heiliges
Unterfangen und darf nicht von einem fleischlichen
Geist ausgeführt werden. Der Priester muss ein *Cristiano
viejo* sein, ein Vorbild an Heiligkeit; er muss sein Fleisch,
bevor er hierher kommt, vierundzwanzig Stunden lang
mit strengem Fasten kasteien. Und was das Mädchen
angeht, muss sie über jeden Zweifel erhaben sein und

jeder Versuchung widerstehen können. Zögere nicht diese Hilfe zu suchen, denn in drei Tagen geht meine Lizenz zu Ende und wenn ich nicht vor Mitternacht der dritten Nacht frei bin, muss ich von neuem ein ganzes Jahrhundert hier wachen.

Keine Angst -sagte der Student-. Ich habe den Priester und das Fräulein, das du beschreibst, im Auge. Aber wie soll ich wieder in den Turm kommen?

Der Siegel Salomons wird ihn dir öffnen.

Unser Held verließ den Turm viel fröhlicher als er gekommen war. Die Mauer schloss sich hinter ihm und sah wieder so solide wie vorher aus.

Am nächsten Morgen richtete er sich kühn zum Haus des Priesters, nicht mehr wie ein umherstreifender Student mit seiner Gitarre, sondern wie der Abgesandte einer Geisterwelt, die verzauberte Schätze gewährt. Es ist nicht bekannt, wie die Verhandlung verlief, außer dass der Eifer des würdigen Priesters bei der Vorstellung entflammte, einen alten Verteidiger des Glaubens und eine Truhe des *Rey Chico* aus den Klauen Satans zu befreien. Und zudem, wie viele Almosen würden gespendet, wie viele Kirchen gebaut und wieviele arme Verwandte reich werden mit dem moslemischen Schatz!

Was die keusche Jungfrau angeht, zeigte sie sich bereit, ihre Hand zur Verfügung zu stellen, denn dies war alles was für diese fromme Tat von ihr benötigt wurde; und wenn einem scheuen Blick von Zeit zu Zeit glauben zu schenken ist, so begann der Abgesandte dieses Unternehmens in die Gunst ihrer schamhaften Augen zu kommen.

Die größte Schwierigkeit bestand allerdings darin, dass der gute *Padre* sich einem strengen Fasten unterwerfen musste. Zweimal versuchte er es und zweimal war der Geist zu schwach für das Fleisch. Erst am dritten Tag fand er die Kraft, den Versuchungen seiner Speisekammer zu widerstehen; aber es blieb noch zu beweisen, dass er in der Lage sein würde, bis zur Aufhebung des Zauberbanns durchzuhalten.

Zu ziemlich später Stunde unternahmen die drei den Aufstieg durch die Schlucht im Licht einer Laterne und beladen mit Proviantkörben, um den Geist des Hungers auszutreiben, sobald die anderen Geister in die Tiefe des Roten Meeres verbannt sein würden.

Der Siegel Salomons öffnete ihnen den Weg in den Turm. Sie fanden den Soldaten, der auf der verzauberten Truhe saß und auf ihre Ankunft wartete. Die Geisteraustreibung wurde in aller Regel vorgenommen; das Fräulein näherte sich der Truhe und berührte ihre Schlösser mit dem Ring Salomons. Daraufhin sprang der Deckel auf und welch wunderbare Schätze aus Gold, Juwelen und Edelsteinen blendeten ihren Blick!

-Schnell, weiter gehts! -schrie der Student, wild vor Freude, während er sich die Taschen vollstopfte.

-Immer langsam -rief der Soldat aus-. Lasst uns erst die Truhe hinaustragen und dann den Schatz verteilen.

So legten sie alle eifrig Hand an; aber es war eine schwierige Aufgabe, denn der Koffer war ungeheuer schwer und hatte sich im Laufe der Jahrhunderte in den Boden eingegraben. Während sie derart beschäftigt waren, ging der gute Priester etwas zur Seite und machte sich an den Proviantkörben zu schaffen, mit der Absicht die Dämonen des Hungers auszutreiben, die ihm in den Eingeweiden rumorten. Im Nu hatte er einen fetten Masthahn verschlungen, den er mit einem guten Schluck *Valdepeñas* begoss. Und als Dank für die Mahlzeit gab er dem Hauslamm, das ihm aufwartete, einen herzhaften Kuss.

Nie zuvor waren die Folgen eines Fastenbruchs und eines Kusses schrecklicher. Der Soldat stiess einen fürchterlichen Schrei der Verzweiflung aus; die halbgeöffnete Truhe ging zu und kehrte an ihren Platz zurück und der

Priester, der Student und die Jungfrau befanden sich plötzlich wieder vor dem Turm, dessen Mauern sich mit grossem Lärm schlossen. Ach, der gute *Padre* hatte seine Enthaltsamkeit zu früh unterbrochen.

Nachdem er sich von seiner Überraschung erholt hatte, wollte der Student wieder in den Turm zurück; aber er musste zu seinem Entsetzen feststellen, dass das Fräulein in ihrem Schreck den Siegel Salomons hatte fallen lassen; er war im Inneren des Gewölbes geblieben.

Kurz und gut: die Glocke der Kathedrale schlug zwölf; der Bann wurde wieder erneuert und der Soldat war verdammt noch einmal hundert Jahre den Schatz, mit dem er eingesperrt war, zu bewachen; und dort sind er und der Schatz immer noch eingesperrt und das nur, weil der gütige Priester seine Dienstmagd geküsst hatte.

-Ach *Padre, Padre* -sagte der Student, den Kopf vorwurfsvoll schüttelnd, als sie die Schlucht hinuntergingen.- Ich fürchte, das war eher der Kuss eines Sünders, denn der eines Heiligen.

Und so geht die Legende, soweit sie belegt ist, zu Ende. Einer gewissen Überlieferung nach, hatte der Student allerdings genügend Schätze in seiner Tasche gesammelt, um seinen Status und seinen Rang in der Welt zu verbessern; er hatte Erfolg bei seinen Unternehmen, so dass der ehrwürdige *Padre* ihm gerne das Hauslamm zur Braut gab, um sein Vergehen in der Gruft wieder gut zu machen. Es heißt auch, dass sich die züchtige Jungfrau als so vorbildliche Ehefrau entpuppte, wie sie es als Dienstmagd gewesen war, und dass sie ihrem Mann eine zahlreiche Nachkommenschaft bescherte. Das erste war ein Wunderkind, denn es wurde schon nach sieben Monaten geboren und obwohl eine Frühgeburt, war es das stämmigste der ganzen Kinderschar. Alle anderen kamen zum vorgesehenen Zeitpunkt zur Welt.

Die Legende vom verwunschenen Soldaten ist weiterhin eine der volkstümlichen Überlieferungen in Granada, wenn sie auch auf verschiedene Weise erzählt wird. Die Leute behaupten, dass er weiterhin zur Johannisnacht Wache an dem riesigen Granatapfel an der Brücke des Darro hält; aber dass er unsichtbar ist außer für die Auserwählten, die das Siegel Salomons besitzen.

DER AUTOR VERABSCHIEDET SICH VON GRANADA

Meine beschauliche und glückliche Herrschaft in der Alhambra ging zu Ende, als eines Tages, während ich mich dem orientalischen Genuss eines Bades in ihren kühlen Hallen hingab, Briefe bei mir eintrafen, die mir geboten, mich aus dem maurischen Elysium zu entfernen, um von neuem am Treiben dieser Welt teilzunehmen. Wie würde ich mich wohl in ihrem Trubel und Jubel zurechtfinden nach diesem Leben der Ruhe und der Tagträume! Wie sollte ich ihre Gemeinplätze nach all der Poesie der Alhambra ertragen!

Es war nur wenig für meine Abreise vorzubereiten. Ein zweirädiger Pferdewagen, eine *Tartana*, einem bedeckten Karren ziemlich ähnlich, sollte das Beförderungsmittel für mich und einen jungen Engländer sein auf unserem Weg nach Frankreich über Murcia, Alicante und Valencia; und ein langbeiniger Kerl, der *Contrabandista* gewesen war, und soweit ich weiß auch Räuber, sollte unser Führer und Beschützer sein. Die Vorbereitungen waren schnell erledigt, aber die Abreise fiel mir schwer. Tag für Tag verschob ich sie; Tag für Tag verbrachte ich meine Zeit an meinen Lieblingsplätzen und Tag für Tag erschienen sie noch schöner in meinen Augen.

Auch die kleine häusliche Gesellschaft, in der ich mich bewegt hatte, war mir sehr ans Herz gewachsen; und die Betroffenheit, die sie angesichts meiner bevorstehenden Abreise zeigte, überzeugte mich davon, dass meine liebevollen Gefühle erwidert wurden. In der Tat, als schließlich der Tag kam, wagte ich nicht, mich im Haus von *Doña Antonia* zu verabschieden; ich wusste, dass zumindest das weiche Herz der kleinen Dolores randvoll und zum überfließen bereit war. So sagte ich also ein stilles Adieu zum Palast und seinen Bewohnern und ging zur Stadt hinunter, als ob ich wiederkommen wollte. Dort warteten allerdings die *Tartana* und der Führer auf mich; so dass ich nach einem kurzen Mittagsmahl in der Posada mit meinem Begleiter auf-brach.

Der Geleitzug für *Rey Chico* den Zweiten war schlicht und melancholisch. Manuel, der Neffe von *Tía Antonia*, Mateo, mein diensteifriger und jetzt untröstlicher Schildknappe und zwei oder drei alte Invaliden der Alhambra, mit denen ich viele Stunden verplaudert hatte, waren heruntergekommen, um mich auf den Weg zu bringen; denn es ist eine der guten alten Sitten in Spanien, einem Freund bei der Ankunft mehrere Meilen entgegenzureisen, wie ihn auch bei der Abreise ein Stück auf seinem Weg zu begleiten. So begannen wir also unsere Reise; unser langbeiniger Führer mit seiner *Escopeta* über der Schulter ging voran, Manuel und Mateo an jeder Seite der *Tartana* und die alten Invaliden hinterher. voüberging

Im Norden, ganz in der Nähe Granadas, führt die Straße langsam hügelaufwärts; da stieg ich aus und ging ein wenig an Manuels Seite bergauf, der die Gelegenheit wahrnahm mir sein Herzensgeheimnis in Bezug auf Dolores anzuvertrauen und all die zarten Gefühle, von denen ich schon durch den allwissenden und mitteilsa-men Mateo Jiménez gehört hatte. Sein Doktortitel hatte den Weg zu ihrer Verbindung geebnet und es fehlte nur noch die Dispens durch den Papst auf Grund ihrer Blutsverwandtschaft. Wenn er dazu noch die Arztstelle auf der Festung bekommen könnte, wäre sein Glück vollkommen. Ich gratulierte ihm zu der vernünftigen Wahl seiner Lebensgefährtin und zu seinem guten Geschmack; wünschte ihnen das Allerbeste zu ihrer Vereinigung und auch, dass die überschüssige Zärtlichkeit der gutherzigen kleinen Dolores zu gegebener Zeit beständigere Objekte finden sollte als herumstreunende Katzen und untreue Täuberiche.

Es war tatsächlich ein trauriger Abschied, als ich mich von diesen guten Leuten trennte und sah, wie sie langsam den Hügel heruntergingen, wobei sie sich ab und zu umdrehten, um mir noch einmal zuzuwinken. Manuel hatte zumindest erfreuliche Aussichten, aber der arme Mateo schien völlig niedergeschlagen. Es war ein schmerzlicher Abstieg von der Stellung eines Premierministers und Geschichtsschreibers zurück zu seinem alten braunen Mantel und seinem Hungerleiderdasein als Bandweber; und ich hatte den armen Teufel trotz seines übertriebenen Diensteifers lieber, als mir bewusst gewesen war. Es wäre wirklich tröstlich gewesen, hätte ich bei meiner Abreise gewusst, welch glückliches Geschick, zu dem ich beigetragen hatte, ihn erwartete. Denn die Bedeutung, die ich seinen Erzählungen, Klatschgeschichten und seiner Ortskenntnis beigemessen hatte und meine Begleitung, die ich ihm auf den häufigen gemeinsamen Ausflügen gewährt hatte, führten bei ihm zu einer veränderten Einschätzung seiner Fähigkeiten, die ihm neue Möglichkeiten eröffnete. Der Sohn der Alhambra ist seitdem ein regelrechter und gutbezahlter Fremdenführer geworden und soweit ich erfahren habe, hat er nie wieder seinen alten, zerschlissenen braunen Mantel anlegen müssen, in dem ich ihn kennengelernt hatte.

Gegen Sonnenuntergang kam ich zu der Stelle, an der sich die Straße in die Berge windet, und hier hielt ich an, um Granada zum letzten Mal zu betrachten. Der Hügel, auf dem ich stand, erlaubte einen herrlichen Blick über die Stadt, die *Vega* und die umliegenden Berge. Er lag auf der gegenüberliegenden Seite der *Cuesta de las lágrimas*, bekannt als der "letzte Seufzer des Mauren". Ich konnte nun die Gefühle des armen Boabdils etwas nachvollziehen, als er von diesem Paradies, das er zurückließ, Abschied nahm, vor ihm nur eine holprige, staubige Straße, die ihn ins Exil führte.

Die untergehende Sonne tauchte die rauhen Türme der Alhambra wie üblich in ein melancholisches Licht. Ich konnte nur noch schwach das Balkonfenster vom Comaresturm erkennen, auf dem ich mich so vielen köstlichen Tagträumen hingegeben hatte. Die Obsthaine und Gärten um die Stadt herum wurden von der Sonne vergoldet und der rötliche Dunstschleier eines Sommerabends hing über der *Vega*; alles bot sich so schön, aber auch so schwermütig meinem Blick zum Abschied dar.

"Schnell weg von diesem Anblick -dachte ich,- schnell, ehe die Sonne untergegangen ist. Ich will die Erinnerung daran in all ihrer Schönheit mitnehmen."

Mit diesem Gedanken machte ich mich auf meinen Weg durch die Berge. Ein wenig weiter noch und Granada, die *Vega* und die Alhambra wurden meinen Blicken entzogen; auf diese Art ging der angenehmste Traum meines Lebens zu Ende, von dem der Leser vielleicht meint, er habe nur aus allzuviel Tagträumen bestanden.

ENDE